ACRO
POLIS
衛城
出版

ACRO
POLIS
衛城
出版

非洲

六十年的獨立史

下卷

馬丁·梅雷蒂斯◎著　黃中憲◎譯
Martin Meredith

The State of AFRICA

A History of the Continent Since Independence

下卷　目次

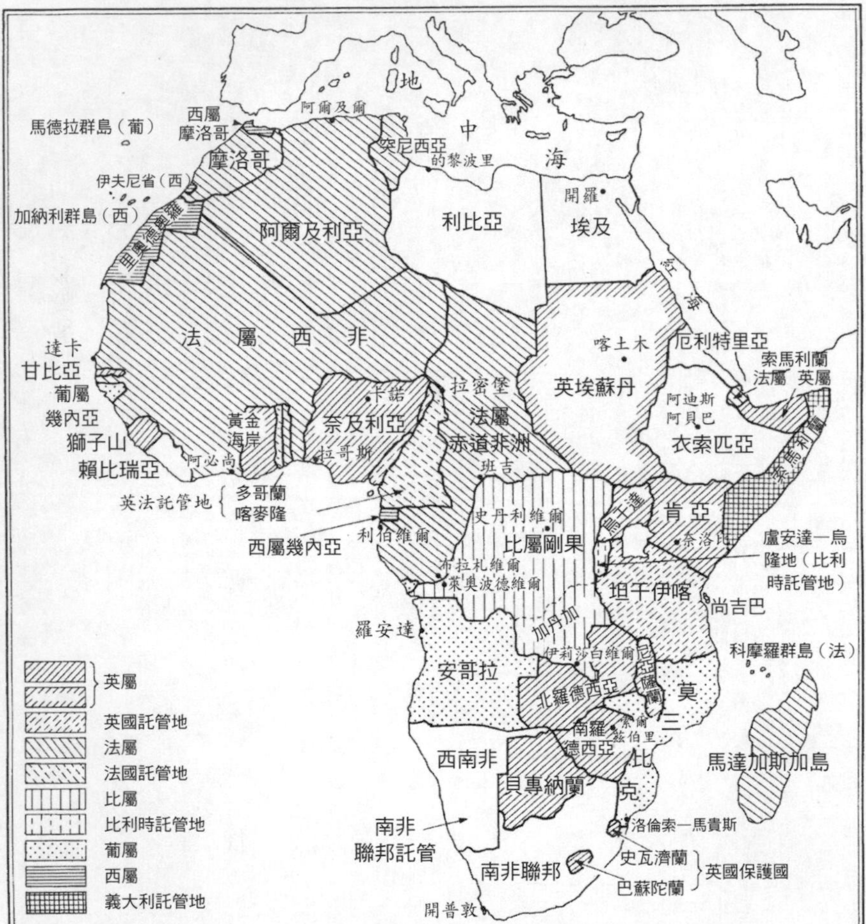
地
中
海
阿爾及爾
西屬
摩洛哥
馬德拉群島（葡）
摩洛哥
突尼西亞
的黎波里
伊夫尼省（西）
加納利群島（西）
里奧德奧羅
開羅
阿爾及利亞
利比亞
埃及
紅
海
法屬西非
喀土木
厄利特里亞
達卡
甘比亞
卡諾
拉密堡
英埃蘇丹
索馬利蘭
法屬
英屬
葡屬
幾內亞
獅子山
賴比瑞亞
黃金
海岸
阿必尚
奈及利亞
拉哥斯
法屬
赤道非洲
班吉
阿迪斯
阿貝巴
衣索匹亞
義屬索馬利蘭
英法託管地
多哥蘭
喀麥隆
西屬幾內亞
利伯維爾
史丹利維爾
比屬剛果
烏干達
肯亞
奈洛比
盧安達一烏
隆地（比利
時託管地）
布拉札維爾
萊奧波德維爾
坦干伊喀
尚吉巴
羅安達
加丹加
科摩羅群島（法）
伊莉沙白維爾
安哥拉
尼亞薩蘭
北羅德西亞
莫
三
比
克
南羅
德西亞
索爾
茲伯里
西南非
貝專納蘭
馬達加斯加島
南非
聯邦託管
洛倫索一馬貴斯
史瓦濟蘭
英國保護國
南非聯邦
巴蘇陀蘭
開普敦
英屬
英國託管地
法屬
法國託管地
比屬
比利時託管地
葡屬
西屬
義大利託管地
0
500
1000 哩
0
500
1000
1500 公里
非洲：1955

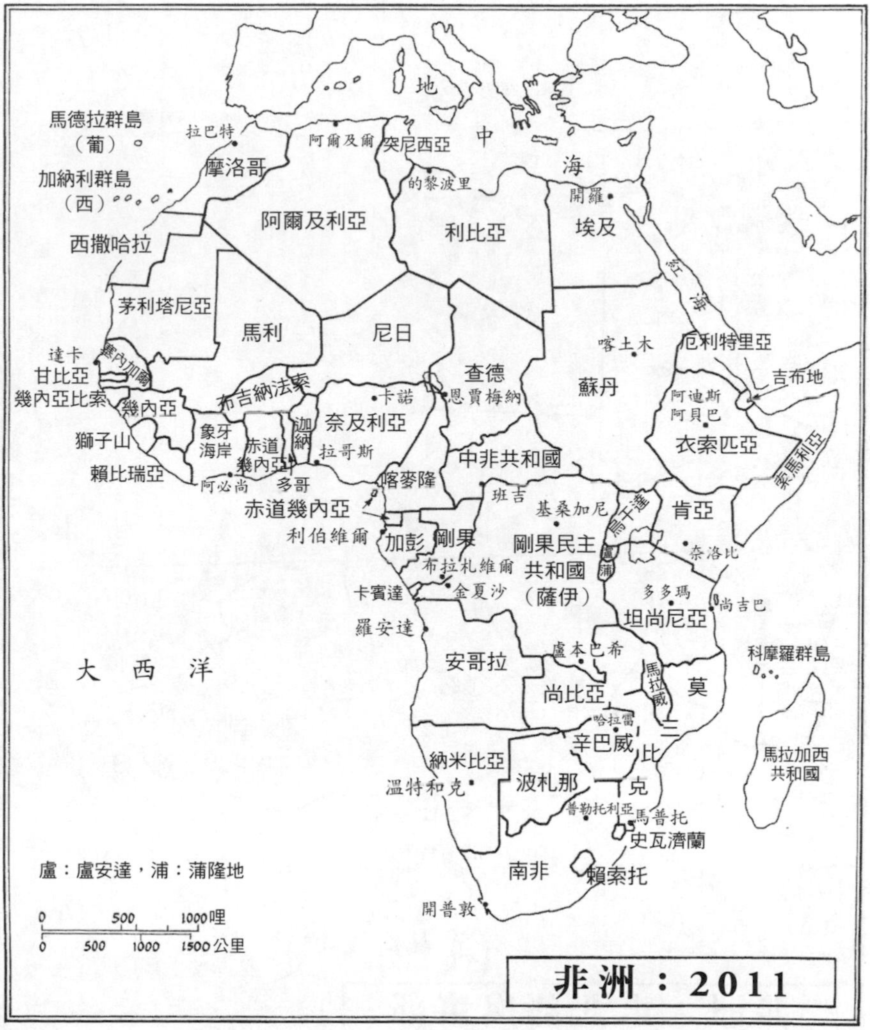
地中海
馬德拉群島
（葡）
加納利群島
（西）
拉巴特
摩洛哥
阿爾及爾
突尼西亞
的黎波里
開羅
阿爾及利亞
利比亞
埃及
西撒哈拉
紅海
茅利塔尼亞
馬利
尼日
喀土木
厄利特里亞
達卡
塞內加爾
甘比亞
幾內亞比索
幾內亞
布吉納法索
查德
蘇丹
吉布地
卡諾
恩賈梅納
阿迪斯
阿貝巴
獅子山
象牙
海岸
赤道
幾內亞
迦納
奈及利亞
衣索匹亞
索馬利亞
賴比瑞亞
阿必尚
多哥
拉哥斯
中非共和國
喀麥隆
班吉
赤道幾內亞
基桑加尼
烏干達
肯亞
利伯維爾
加彭
剛果
剛果民主
共和國
（薩伊）
盧
蒲
奈洛比
布拉札維爾
金夏沙
卡賓達
多多瑪
尚吉巴
坦尚尼亞
羅安達
安哥拉
盧本巴希
科摩羅群島
大西洋
尚比亞
馬拉威
莫
哈拉雷
三
辛巴威
比
納米比亞
溫特和克
波札那
克
馬拉加西
共和國
普勒托利亞
馬普托
史瓦濟蘭
南非
賴索托
開普敦
盧：盧安達，浦：蒲隆地
0 500 1000哩
0 500 1000 1500公里

非洲：2011

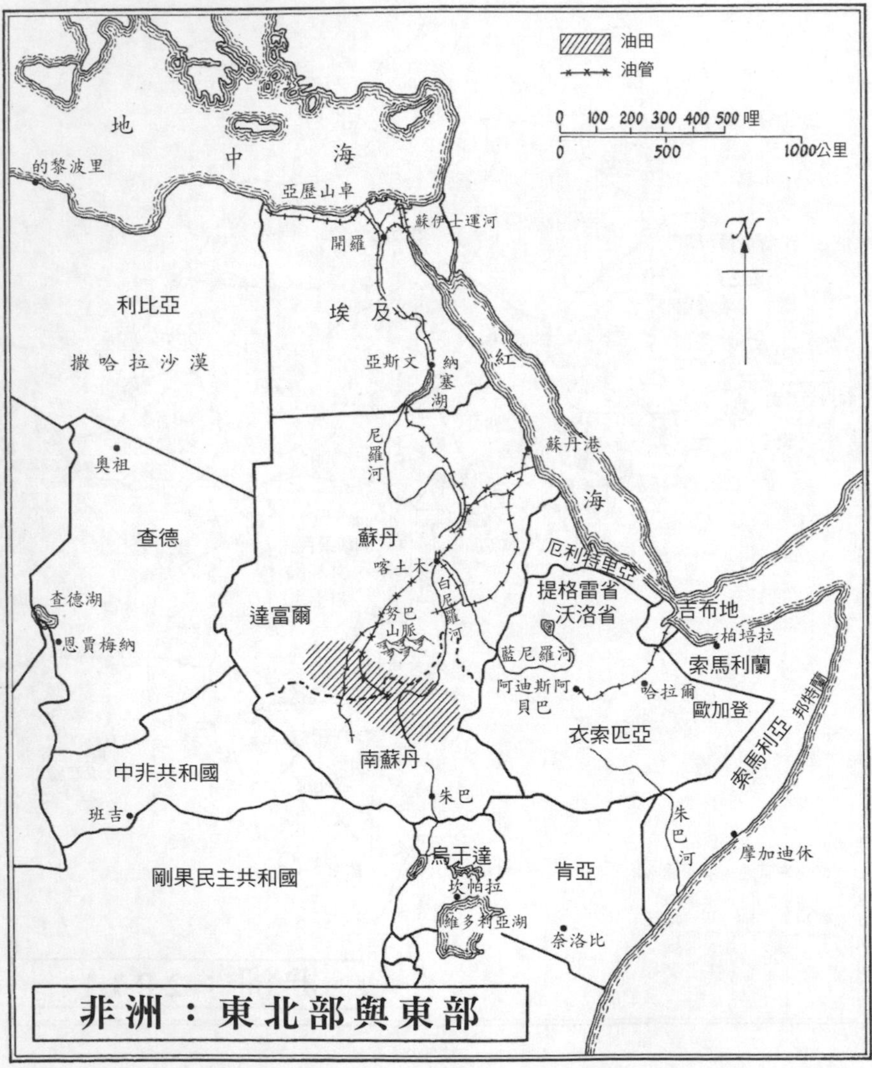
油田
油管
0 100 200 300 400 500哩
0 500 1000公里
地 中 海
的黎波里
亞歷山卓
開羅
蘇伊士運河
利比亞
撒哈拉沙漠
埃及
亞斯文
納塞湖
紅
尼羅河
蘇丹港
奧祖
海
查德
蘇丹
喀土木
厄利特里亞
查德湖
恩賈梅納
達富爾
努巴山脈
白尼羅河
提格雷省
沃洛省
吉布地
柏培拉
藍尼羅河
索馬利蘭
阿迪斯阿貝巴
哈拉爾
歐加登
衣索匹亞
南蘇丹
中非共和國
朱巴
班吉
烏干達
肯亞
剛果民主共和國
坎帕拉
維多利亞湖
奈洛比
朱巴河
摩加迪休
索馬利亞
邦特蘭
非洲：東北部與東部

大西洋
阿爾及爾
突尼斯
拉巴特
卡薩布蘭加
突尼西亞
摩洛哥
加納利群島（西）
阿爾及利亞
阿尤恩
利比亞
西撒哈拉
撒哈拉沙漠
茅利塔尼亞
努瓦克肖特
馬利
塞內加爾河
達卡
塞內加爾
班珠爾
甘比亞
尼日河
尼日
巴馬科
比索
幾內亞比索
尼亞美
查德湖
瓦加杜古
幾內亞
布吉納法索
卡諾
恩賈梅納
科納克里
貝南
奈及利亞
佛里敦
貝努埃河
獅子山
象牙海岸
迦納
多哥
阿布賈
賴比瑞亞
波多諾伏
拉哥斯
蒙羅維亞
亞穆蘇克羅
洛美
阿必尚
阿克拉
喀麥隆
哈科特港
雅溫德
獅子山的鑽石礦區
尼日河三角洲油田
赤道幾內亞
0 100 200 300 400 500 哩
0 500 公里
利伯維爾
幾內亞灣
加彭

非洲：西北部與西部

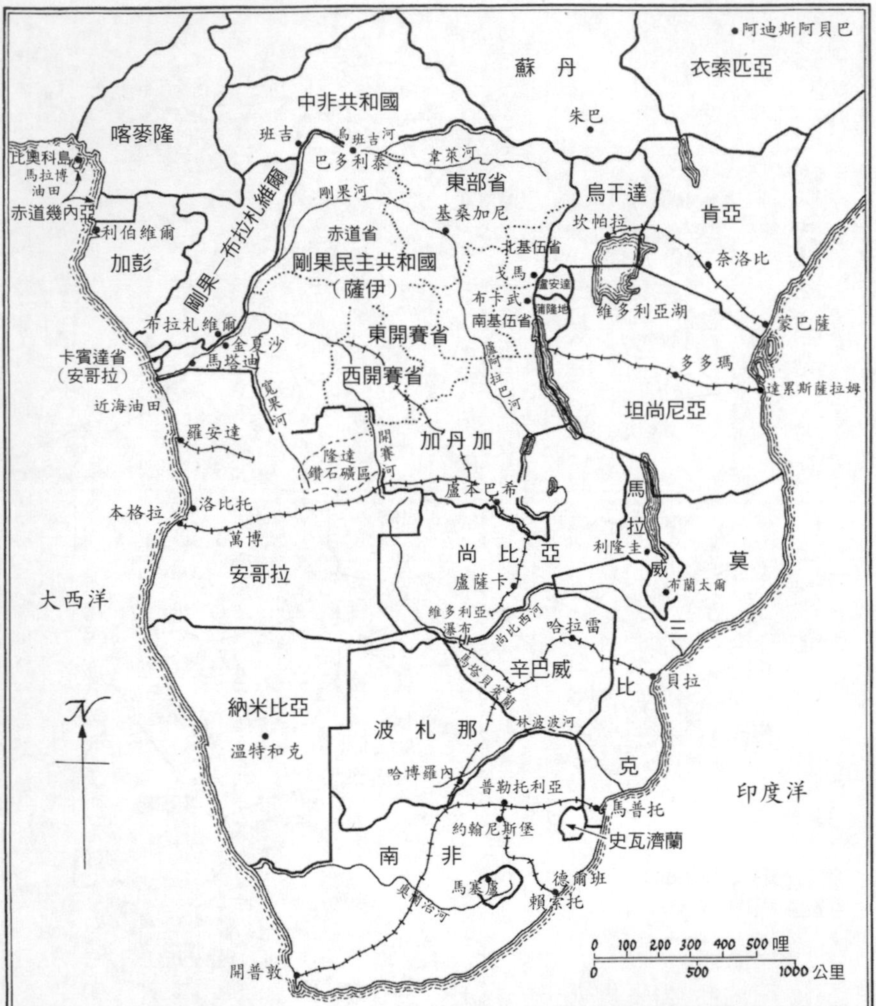
阿迪斯阿貝巴
蘇丹
衣索匹亞
中非共和國
朱巴
喀麥隆
班吉
烏班吉河
巴多利泰
韋萊河
比奧科島
馬拉博
油田
東部省
烏干達
肯亞
剛果河
基桑加尼
坎帕拉
赤道幾內亞
利伯維爾
赤道省
北基伍省
奈洛比
加彭
剛果民主共和國
（薩伊）
戈馬
盧安達
布卡武
蒲隆地
維多利亞湖
剛果—布拉札維爾
布拉札維爾
南基伍省
蒙巴薩
金夏沙
東開賽省
盧阿拉巴河
多多瑪
卡賓達省
（安哥拉）
馬塔迪
西開賽省
達累斯薩拉姆
近海油田
寬果河
坦尚尼亞
羅安達
加丹加
隆達
鑽石礦區
開賽河
盧本巴希
馬
拉
威
本格拉
洛比托
萬博
尚比亞
利隆圭
莫
安哥拉
盧薩卡
布蘭太爾
大西洋
維多利亞
瀑布
尚比西河
三
哈拉雷
馬塔貝萊蘭
辛巴威
貝拉
比
納米比亞
波札那
林波波河
溫特和克
克
哈博羅內
普勒托利亞
印度洋
馬普托
約翰尼斯堡
史瓦濟蘭
南非
德爾班
馬塞盧
奧蘭治河
賴索托
0 100 200 300 400 500 哩
0 500 1000 公里
開普敦
N

非洲：中部與南部

非洲

六十年的獨立史

下卷

第三部

19 紅淚

孟吉斯圖・海雷・馬里亞姆上校，在他設於梅內利克皇帝之故宮的總部，花了數個月計畫如何將衣索匹亞一九七四年革命的十週年紀念日，辦成該國歷來最盛大的慶祝活動。他打算利用這場盛會完成他所鍾愛的計畫——成立衣索匹亞工人黨（Workers' Party of Ethiopia）——並宣布一項對未來經濟成長充滿信心的新「十年計畫」。為顯示這場盛會的重要，他下令建造新會議廳「人民大會堂」（Great Hall of the People），該會議廳可容三千五百人，擁有最現代的會議設施。在數百名北韓指導員協助下，他著手替阿迪斯阿貝巴裝飾上帶有革命口號的凱旋門，高掛在建築上搭配了鍾子、鐮刀的巨大紅星，馬克思、列寧和孟吉斯圖三人的巨大海報。屆時會有數千名來自世界各地的共黨代表，應邀前來見證他「先鋒」馬列主義黨的誕生，會有浩大的遊行、跳舞和宴會。為了辦好這場盛會，將不惜巨資。

但就在孟吉斯圖更忙於十週年慶典的細部規話時，衣索匹亞二十世紀的最大災難——一九八四年饑荒——就要襲來。事前已有人要他提防這場天災，但他打定主意，不管發生什麼事，慶典都要如期舉行。有數個月，他不把這事放在心上。他下令阻撓救災。歡慶期間，首都北邊人民大批餓死之事完全未被提及。後來災情曝光，引起世界各地人民和政府無限的同情和慷慨救援，促成二十世紀國際社會最大規模的承平時期動員行動。當時並不知道這場天災其實有人禍成分，孟吉斯圖的平亂戰爭難辭其咎。即使明知饑民遍野，他仍堅決出兵平亂。

衣索匹亞的鄉村生活，普遍來講並不安穩。降雨不足或乾旱是常有的危險。研究衣索匹亞歷史的頂尖學者理查·潘克赫斯特（Richard Pankhurst），記實描述了十五至十九世紀間每十年裡發生的至少一場饑荒。一九五八、一九六六、一九七三年的饑荒，每次都奪走數萬條性命。即使在世道最好的時候，沃洛、提格雷兩地（一九八四年饑荒災情最慘重的地方）的農家，依舊過著勉強保住性命的日子。晚近幾年的人口成長，導致過度耕種、砍伐森林、土壤受蝕、地力劣化，使鄉村生活更為艱困。

孟吉斯圖的農業政策加重農民的負擔。軍事行政委員會（Derg）一九七五年的土地改革，使小農擺脫債務，不必再付地租給地主，但孟吉斯圖的施政重點乃是犧牲廣大小農的利益，確保城鎮和軍隊獲供應便宜糧食。小農得接受國營農業運銷公司（AMC；Agricultural Marketing Corporation）的官員所制訂的低價。一九八四年，該公司所訂的固定價格只有阿迪斯阿貝巴自由市場價格的約五分之一。

英國記者保羅·瓦勒利（Paul Vallely）在《泰晤士報》報導在悉達莫（Sidamo）省市集鎮阿雷卡（Areka）所發生的一件事時，描述了農業運銷公司官員所用的某些手法：

政府人員在小鎮阿雷卡的市場守株待兔，等小農上門。衣索匹亞的主要穀物苔麩（teff），在南部省分悉達莫產量並不高，但小農認為，那至少表示他們所擁有的少量剩餘作物會拿到好價錢……

那天，在阿雷卡，差點發生暴動。農業運銷公司的官員等到大部分小農把自家苔麩運到遍地塵土的市場後，表明自己身分。他們宣布他們已經決定的公定價，告訴農民該公司會把他們的穀物全買走。

價格低得離譜。農民群起抗議。有些人甚至開始收拾自家穀物，說這樣的價錢他們寧可不賣。農業運銷公司的人宣布，誰都不准把自家農產品收回去。農民開始叫喊，拖走他們的穀物。農業運銷公司的人遭到推擠。然後官方的打手出現，農民知道他們除了乖乖照辦別無選擇。

小農也必須將「配額」穀物繳給政府官員，不管穀物收成如何。「就連最窮的窮人都得賣，」有位沃洛省農民告訴研究人員。如果不這麼做，他們的資產可能遭充公，或他們可能下獄。在好多個例子裡，小農得拿出自己的儲糧，或變賣家產以在公開市場上買穀物，再以虧損價賣給農業運銷公司。一九八三年，在戈賈姆（Gojjam）省，將近三分之一的農民收成未達繳付配額，不得不賣牲畜買穀物。一九八四年，在沃洛省，即使遍地饑荒，農業運銷公司仍堅持訂定配額。強加在小農身上的，還有重稅和地方發展計畫經費的強制性攤派；透過嚴格的旅行許可制度，限制小農從事小生意、當流動工人之類的非農業活動；為政府工程無酬付出勞力的義務。

孟吉斯圖未援助小農，反倒把政府資源用於促進國營農場的發展，主要是革命後收歸國有的營利性農場。一九七八至一九八三年，約六成的農業經費用在國營農場。但國營農場管理不善，雖挹注巨額資金，產量不到全國穀物總產量的四%。孟吉斯圖也致力於推動集體化，以各種技術援助和設備支持集體農場。但集體農場也失敗。孟吉斯圖種種農業政策的整體結果，乃是拉低人均產出，使衣索匹亞愈來愈倚賴糧食進口。

但在乾旱發生之前，就有個因素使鄉村困境變成災難，那就是平亂。孟吉斯圖的軍隊忙於對付叛亂，尤其是在提格雷人民解放陣線（TPLF；Tigrayan People's Liberation Front）已牢牢穩住陣腳的提格雷和沃洛省北部地區。一九七〇年代期間，軍方發動五次重大攻勢掃蕩該組織。一九八〇年八月在提格雷中部展開的第六次攻勢，打了七個月，造成大範圍破壞。軍方使用焦土戰術，毀掉穀倉和房舍，燒掉作物和牧草地，殺掉牲畜，迫使約八萬農民離開家園。空中轟炸重創鄉村市場和農民生計。第七次攻勢於一九八三年二月在提格雷西部大舉展開，而該地區是重要的剩餘作物產區。超過十萬居民和三十七萬五千名流動工人被迫逃離。除了徹底破壞，軍方還強徵糧食，封鎖糧食、人的移動。糧食常被當成戰爭武器使用。

於是，乾旱降臨時，提格雷、沃洛兩省已充斥身無分文的難民。一九七五至一九八三年的降雨普遍來講有利於農作——等於或高於平均值。事實上，一九八二和一九八三這兩年的全國收成在歷史上名列前幾大。但在提格雷部分地區和沃洛省北部，有局部性乾旱。

一九七三年乾旱後，政府在阿迪斯阿貝巴設立了官方機構「救濟和復興委員會」（RRC；Relief and Rehabilitation Commission）。該機構的官員清楚提格雷和沃洛兩省即將爆發的危機。該委員會的新主管達威特．沃爾德．吉奧爾吉斯（Dawit Wolde Giorgis），孟吉斯圖之中央委員會的一員，一九八三年七月巡視了這個區域，目睹數千難民湧入救濟中心的慘況。他把此事歸因於他所堅稱的長期無雨，而非軍方的平亂行動。但回到阿迪斯阿貝巴後，他還是決意力促政府出手救助。

剛好，孟吉斯圖就要在梅內利克的皇宮主持為期三天的會議，討論年度預算。達威特利用這機會請求將救濟和復興委員會的經費增加九倍。孟吉斯圖坐在高起的紅絲絨椅上，列出政府的成就和未來目標，絲毫未提饑荒可能發生之事。達威特增加經費的要求遭拒。達威特未當著眾人面挑戰孟吉斯圖的權威，決定私下找他談或許比較有效。在自傳《紅淚》（*Red Tears*）中，他寫道：

我恭恭敬敬找孟吉斯圖談，盡量不激怒他。我告訴他，他的看法很有意思，對國內某些地方肯定有效，但依我個人的看法，如果貝爾格（belg，通常能生產一年作物之一成的短暫雨季）未在二、三月時如期降臨，會發生大饑荒。我說我們需要更多經費為這危機預做準備。

他不耐煩地聽我講完，然後要我別窮緊張，要冷靜。他說我主管的那個機構的名稱招來麻煩，鼓勵乞討。「你得記住，你是中央委員會一員，」他說。「你的首要職責是促進我們政治目標的達成。別把心思耗在那些始終存在於過渡期的常民小事。我們掌權之前，衣索匹亞就已有饑荒數年，那是大自然維持平衡之道。如今我們在干預自然的平衡機制，因此我們的人口才會爆增到四千多萬。」

他未就此詳細說明，但我知道他的意思。「讓大自然拿走它想拿走的，只是別讓此事曝光。我們得做個門面工夫，好讓外界覺得我們有所作為。」然後他突然結束談話，輕拍我的肩，走掉。

一九八三年十月至一九八四年五月，除了幾場零星的陣雨，衣索匹亞高原滴雨未下。貝爾格雨季完全未降雨，使春收泡湯。炙熱的乾旱，加上數年軍事壓迫的後果，沃洛省北部和提格雷省遍地荒蕪。數千農民為了籌錢買糧食，賣掉牲畜、農耕設備和家用器物，拋棄農田，帶著家人前往救濟中心以保住性命。但救濟中心不久就被吃垮，它們稀少的資源用盡。據救濟與復興委員會記載，一九八四年二月每個星期有一萬人死於救濟中心，三月則達一萬六千人。據該機構估計，總共有五百萬人陷入險境。

達威特從阿迪斯阿貝巴走公路往北到沃洛省的德塞（Dessie），親眼見到「衣衫破爛的饑民綿延數哩，乞求施捨一碗穀物、一小塊布，懇求救他們一命，其中許多人把許久以前用白銀製成的手工傳統飾物拿出來變賣」。科勒姆（Korem）是座山城，位於通往阿斯馬拉的幹道上。前往科勒姆途中，他記載了他所穿過的每個村子的慘況。「到處看到人擡屍體，挖墓穴，哀悼亡者，嚎啕大哭，祈禱。」開車上陡坡前往科勒姆時，達威特遇見許多又餓又累的人沿著公路成列行走，冀望在科勒姆找到吃的。

已經幾天沒吃東西的人，拖著虛弱病重的身軀往山上爬，形成一道蜿蜒看不到盡頭的苦難人流。車子經過他們身旁時，我看到他們氣力放盡；看到他們倒下，生氣漸漸消失，死在我們眼前。

有些較壯的人揹著小孩、病人或老人。有些人被迫在拋棄垂死妻子、丈夫或小孩與留下來和他們一起死之間選一條路走，我們看到這類人的深刻苦楚。

科勒姆本身就是苦難、死亡之地。平時它是個小鎮，人口約七千，一座教堂、一個軍營。但這時全鎮人口已增加到十萬。那裡的救濟中心，由救濟機構「拯救孩童」（Save the Children）經營，只應付得了一萬人。其他人就只能自謀生路。

大部分人只有破爛衣衫可用來抵禦高原夜晚的寒冷。夜裡他們在開闊地上竭盡所能縮擠在一塊取暖。疲累的救濟人員掌握生死大權，走過人堆時只挑最亟需拯救的人給予他們所僅有的食物，其他運氣不好的數千人則冷冷望著，等待另一天的到來。

有遮蔽的地方和倉庫式收容所附近的開闊地，病人和垂死者人滿為患。我們奮力穿過成群呻吟的人、哀痛的母親、抽泣的小孩，看到老漢、老嫗的臉，爬著蒼蠅而無精打采的臉，沒有希望的臉。死亡的氣味和聲音到處可聞到可聽到。到處有屍體，屍體或蓋上破爛的粗麻裹屍布擺放成排，或曝屍於民眾之間。還有些人在我們的注視下慢慢餓死。有些人的身體不由自主地抽動；有些人被饑餓慢慢吃掉活組織而痛苦不堪，有些人一動不動躺著，一息尚存，但幾乎和死人無異。那就像走過一塊開闊的墓地。

鑑於孟吉斯圖不願採取行動或不願發出警訊，西方捐款者不覺得這是亟需解決的危機。西方政府不信任孟吉斯圖的共產獨裁統治，心寒於他不斷發出的反西方論調，且批評他在十週年慶典上的鋪張浪費和他在國防上的龐大開支（衣索匹亞一半以上預算用於維持兵力達三十萬的野戰部隊）。西方官員決意盡力防止他憑藉西方的援助而得以集中資源打仗，保住他的政權，然後把饑荒的爛攤子丟給西方去處理。西方的救濟機構持類似看法。「救濟機構厭煩於幫一個似乎沒花多少力自救的政府，」樂施會（Oxfam）行政人員湯尼．沃（Tony Vaux）論道。

捐助者也對達威特的角色心存懷疑，不喜歡他的粗魯、不客氣作風和他對美國的公然敵視。對於他所預估衣索匹亞所需的援助數量，他們認為有待商榷，由於衣國政府本身不願承認自己碰到難題，他們對此預估數據更加存疑。根據達威特於三月提出的評估，若要捱過一九八四年，衣索匹亞需要九十萬噸穀物。聯合國糧農署的評估數據則是十二萬五千噸。

四月，達威特展開長達一個月的歐洲、北美巡迴之旅，以爭取更大的國際支持。在聯合國大會講話時，他談到一「威力前所未見的嚴重乾旱」正侵襲衣索匹亞。「目前我們有五百多萬人餓著肚子」。他未得到多少關注，返國後發現孟吉斯圖為他如此公開自曝衣索匹亞的困境而非常生氣。

我去他辦公室，他真的怒不可遏。認識孟吉斯圖的人，都看得出他有沒有生氣。他還沒開口，顴骨就因按壓住怒氣而猛烈顫動。我繃緊神經，準備迎接他的攻擊……

他說帝國主義分子會竭盡所能挫敗我們的努力，使我們難堪，摧毀革命成果。他說，讓我們難堪的方式之一，乃是利用這場乾旱大作文章。他話語裡的恐嚇之意非常清楚。他要我小心，勿落入他們的陷阱。他說，我向聯合國發表的聲明失實，誇大；那有損衣索匹亞的形象，因為那只講災難，完全不提政府的成就或政府為化解這場危機所做的努力。（他怪）我未強調那是場天災——是乾旱而非饑荒——未強調若非大自然加諸的這場挫敗，衣索匹亞人在克服糧食短缺上會有長足進展……

我想把我親眼見到的實情告訴他，那是其他許多人也看到的實情。孟吉斯圖不願聽。他一再說那只是被拿去大作文章的尋常糧食短缺。最後他一臉怒氣要我不要再開公開會議或捐助人會議，不要再到歐美巡迴募款，而要我乖乖待著，低調不張揚做我力所能及的事。

孟吉斯圖還下令不准外國人進入饑荒災區，禁止捐助者代表和記者在該地區四處走動。整個夏天，在提格雷和沃洛，每個星期餓死數千人，衣索匹亞報刊卻對此慘劇隻字未提，反倒以盛讚語氣大篇幅描述工人黨成立大會和十週年慶典的前置作業。梅赫爾雨季（meher，夏季雨季）未降雨，使災情更慘重，但政府仍是不發警報。一無所有的小農來到阿迪斯阿貝巴，遭逮捕並驅逐出城。

九月六日，在阿迪斯阿貝巴的新會議廳，孟吉斯圖在工人黨代表大會上向與會者發表了長達五小時的演說，並透過電視向全國轉播。他在演說中盛讚革命的種種成就，以鏗鏘有力的語氣談到，「為提高農業領域產量而採取的措施獲得成功，特別有助於紓解糧食作物的短缺。」但他完全不提衣索匹亞所遭遇的危機，只順便提到乾旱。「我們必須消除每當我國某些地區未降雨就有數百萬人民性命受威脅的難題，」他說。「從今以後，我們的口號，『我們要控制自然力量』，必須予以落實。我們必須動員所有人的力量，使農業擺脫天災的危害。」

同一天，孟吉斯圖為名叫「我們的奮鬥」的紀念碑揭幕。這座紀念碑以一組龐然的青銅橫飾帶為核心建造，橫飾帶刻劃被革命推翻的舊封建政權的劣行惡跡。主要的惡徒是個騎馬的地主，他的臉被一名土匪的頭巾遮去局部，挨餓的佃農懇求地主救助卻遭拒，整個刻劃的情景和衣索匹亞小農此時的困境非常類似。

接下來四個晝夜是一場場的典禮、宴會、遊行和體操表演。口號到處可見：「在孟吉斯圖．海雷．馬里亞姆同志的革命領導下前進」，「受壓迫民眾會獲勝」，「馬列主義是我們的指導原則」，「打倒美國帝國主義」，「一時的挫敗不會阻撓我們實現建設共產主義這個最後目標」。據估計孟吉斯圖總共花了一億五千萬美元在這些慶祝活動上。西方記者受邀到衣索匹亞參加這場盛會，但請求允許前往北部採訪饑荒災情遭拒。

不過，饑荒災情已大到再掩蓋也掩蓋不了多久。九月底，基督教救濟發展協會（Christian Relief Development Association）這個位於阿迪斯阿貝巴而下轄數個救濟機構的綜合組織，直接找上聯合國的救災組織，請其採取「立即且特別的行動」，表示若不如此「會有數十萬人喪命」。幾天後，孟吉斯圖理解到自己聲名可能會受損，終於注意到他所謂的「乾旱問題」，放寬對捐助者代表和外籍記者的旅行限制。十月，肯亞電視攝影師穆罕默德．阿敏（Mohamed Amin）來到科勒姆。「天剛亮，薄霧籠罩，這許許多多的人散落在這塊土地上，呻吟，哭泣，」他憶道。

阿敏的七分鐘影片，配上麥可．布爾克（Michael Buerk）的評論，十月二十三日在英國BBC播出，產生劇烈衝擊：

拂曉，陽光穿過科勒姆郊外平原上刺骨的夜寒，照亮發生於今日二十世紀（卻）猶如聖經中所描述的饑荒。這裡的工作人員說，這個地方是世上最像地獄的地方。數千個疲弱的人來這裡求助。許多人命喪此地。他們每天從數百哩外的村子湧入，餓得發昏，被逼到超乎絕望的境地……如今這裡有一萬五千名孩童——受苦、困惑、茫然……到處有人死掉。每二十分鐘就有一名小孩或大人死亡。科勒姆這個不見經傳的小鎮已成為悲傷之地。

後來這部影片在全球四百二十五家電視臺播出，群情驚駭。多國政府和政治人物爭相回應，承諾援助和派遣空軍運輸機。在英國，愛爾蘭流行歌手鮑勃．格爾多夫（Bob Geldof）組織眾多大牌歌手、樂手，合作錄製了募款歌曲〈他們知道現在是聖誕節嗎？〉（Do They Know It's Christmas?），得到廣泛支持。在美國，歌手哈利．貝拉方特（Harry Belafonte）找來眾多大牌歌星合作錄製了〈四海一家〉（We Are the World）。這首歌由麥可．傑克森和萊諾．李奇譜寫，由昆西．瓊斯製作。長達一天的搖滾音樂會Live Aid，在英美兩國聯合演出，透過電視轉播，在一百零八國播放，募得一億多美元。只一年多就募得十多億美元，並由西方的政府機構和非政府機構撥用於救助衣索匹亞饑民。

大批外人來到衣索匹亞瞭解災情——政治人物、教會人士、歌手、演員。但孟吉斯圖本人對救災沒什麼興趣。他只蜻蜓點水般去了災區一次，造訪兩個地方，全程只花三十分鐘。他擬出自己的一套解決方案，把更多心思放在該方案的落實上。

孟吉斯圖的計畫於十一月發布，下令將三十萬戶一百五十萬人從提格雷、沃洛的旱災區遷置到衣國東南部較肥沃的地區，並要求於一年內完成。人口從過度擁擠的北部漸漸移到人口較稀疏的南部，事實上老早就在進行，但在如此短的時間內，在事前規劃如此不周的情況下，進行如此規模的遷移，這還是史上頭一遭。此外，孟吉斯圖的動機，與其說是和關心饑民的福祉有關，不如說和他想要在南部建立新集體農場和大幅減少叛亂區人口藉以平亂的心態有關。

在達威特所出席的一場黨政要員會議中，孟吉斯圖說明了他的目的。他說，遷置營將是「我們社會主義鄉村結構的核心」。他接著說：「集體化的成敗大大取決於它們的成敗。」針對遷置行動與他戰爭目的的關連，他說得更清楚。

在座各位幾乎個個清楚我們有國安問題。在其中許多地區活動的游擊隊，其活動大大受益於當地居民。人民像海，游擊隊像悠游於那海中的魚。沒有海，就沒有魚。我們得把海水抽乾，或者說如果無法把海水完全抽乾，也必須把海水降到讓他們沒有空間隨意移動的程度，然後就能輕易限制他們的移動。

孟吉斯圖找上西方外交官和蘇聯集團官員，請求協助執行這計畫。在與法國、德國大使會晤時，他語出驚人，說屆時只會遷置體格健壯者；老的、小的會留在旱災區。大部分西方政府不願幫忙。聯合國資深救濟專家庫爾特·揚松（Kurt Jansson）示警：「要完成規模如此大的計畫，通常要花上五至七年。」但蘇聯迅即作出回應，派出巨型安托諾夫運輸機、直昇機和載了軍事人員的三百輛卡車車隊。

政府告訴饑民，會把他們安置在一年能三穫的肥沃地區，提供他們新家、自來水、電。許多人受到如此提議的鼓舞，志願前往，結果卻落入格格不入且幾乎沒有支援的環境。眼見志願前往者變少，孟吉斯圖下令強行遷置。科勒姆「拯救孩童」救濟中心的實地工作者，見到一個營的衣國部隊包圍他們營地，抓走數百人。數萬名瘦弱的饑民被捕，塞進擠得像沙丁魚的俄國運輸機和卡車。有些人悶死；有些人被壓死；孕婦流產；家庭被拆散。挨餓的小農成群逃離救濟中心，以免遭強行遣送到他地。數十萬人避難於蘇丹。數千人不顧可能遭射殺，試圖逃離遷置營。「如果能回家和自己家人度過一晚，我會走，如果在那之後他們殺了我，我不在乎，因為在這裡活著沒意思，」有位逃離者告訴研究人員。到了一九八六年二月停止遷置時，已有約六十萬人遭遷移；估計五萬人死於這場劇變中。受命掌管這項計畫的達威特後來寫道，那「或許是整場饑荒裡最殘酷的一章」。它未使人擺脫「匱乏的恐怖」，反倒成為「造成恐怖的更大根由」。

或許有百萬人死於一九八四至一九八五年的衣索匹亞饑荒。確切數字沒人知曉。西方援助使不計其數的小農保住了性命。但在提格雷境內，提格雷人民解放陣線所掌控的數大片區域，許多西方援助受阻而未能抵達。儘管西方外交官極力勸說，孟吉斯圖仍不願讓救濟物資「安全通過」送達住在那裡的三百萬平民。衣國代理外長提貝布．貝凱雷（Tibebu Bekele）與美國代辦大衛．孔恩（David Korn）就此問題交換意見時，貝凱雷脫口而出：「在我們對付分離主義分子的策略中，糧食是重要一環。」

對提格雷的人民來說，休養生息是奢望。一九八五年二月，就在救濟行動努力化解這場災難時，孟吉斯圖在提格雷發動第八次攻勢，帶來更多破壞。

20 斷層線

在北緯十二度線附近穿過蘇丹、查德那條斷層線，把穆斯林北部與非穆斯林南部隔開，把「阿拉伯人」與「黑人」隔開，成為無窮無盡衝突的根源。一九五六年蘇丹獨立時，北方人控制位於喀土木的中央政府，最後引發南方人叛亂。在鄰國查德，情況相反，一九六〇年獨立時南方人控制位於拉密堡（Fort Lamy，恩賈梅納（N' Djamena））的中央政府，最終引起北方人叛亂。一如位於蘇丹的英國人，法國人把查德視為由兩個地區組成的國家：南部，即他們所謂的「有用的查德」（le Tchad-utile）；北部，他們眼中的「無用」（inutile）之地，人稱「蘇丹管轄區」（le pays des sultans）。南北衝突源於自古以來南北方人之間的敵對，那是從穆斯林酋邦襲掠南部以擄獲奴隸的時代就開始滋長的敵對。但北方人自己內部和南方人自己內部的對立和世仇，使南北衝突更為錯綜複雜許多，然後外國政府為了自身利益著手干預查德內部戰事，更加劇南北衝突。

蘇丹境內紛擾的第一個跡象，出現於獨立前的那段時期。英國官員離開後，留下的空缺大部分由北方人填補，南方人因此擔心遭北方人宰制。一九五四年公務體系總共約八百個高階職位，只有六個給南方人。北方籍行政官員、教師、商人出現於南方，與當地人打交道時往往粗暴無禮，新仇不久就使舊恨重燃。軍中的南方軍（Southern Corps）由北方籍軍官統領，但士兵幾乎全是南方人。一九五五年八月，南方軍譁變，在南方籍下層軍官、士官領導下，譁變部隊與不滿當局的南方政治人物聯手，成功控制了省會朱巴（Juba）以外的赤道省全境，得到當地人民普遍支持。北方籍軍官、行政官員、商人和他們的家眷遭追捕、殺害。喀土木當局從北部派約八千人的部隊前去平亂，拿回控制權。有些譁變者被捕、受審、處死；大部分人往南逃，流亡烏干達。

南方人要求制訂聯邦憲法，使南部諸省受憲法保障不受北部控制。獨立前幾個月期間，北方政治人物承諾考慮這一要求。但北方政黨一掌權，就把南方人的要求幾乎束諸高閣，表示實行聯邦制無異於裂解蘇丹的第一步。軍方於一九五八年掌控大權後，易卜拉欣．阿布德（Ibrahim Abboud）將軍著手在南部推行伊斯蘭教和阿拉伯語，認為這有助於國家統一。他認為基督教是傳教士強塞給南部的外國宗教，下令限制傳教士活動。他也不屑於非洲本土宗教，貶低原住民語言和習俗，下令於南部建造穆斯林經學院和清真寺。在南部，休息日原本是星期日，但為了與北部的穆斯林習俗一致，改為星期五。基督教傳教士反對阿布德的政策，遭集體驅逐出境。南方人抗議，迎來日益嚴厲的壓迫，許多南方政治人物因此逃亡國外，與先前譁變者會合。他們所組成的流亡團體，蘇丹非洲民族主義聯盟（Sudan African Nationalist Union），揭櫫南方獨立的目標。一九六三年，俗稱阿尼亞尼亞（Anyanya）

的武裝異議分子團體，展開持續不斷的游擊戰。阿尼亞尼亞一詞源自馬迪人（Madi）地區用蛇和腐豆調製成的一種毒。

第一次內戰打了十年，奪走五十萬條性命。阿布德將軍於一九六四年下臺，接他位的北方政治人物不接受任何形式的南部自決或地方自治，採行同樣的壓迫策略。他們的目標是建立一伊斯蘭共和國。一九六九年的軍事政變，使革命指導委員會（Revolutionary Command Council）掌權。這個團體決心把以宗教為基礎的政治團體晾在一邊，領導者是三十九歲軍官加阿法爾・努梅里（Gaafar Numeiri）。努梅里在南部打過仗，主張以地方自治而非軍事壓迫的政治手段解決南北衝突。但有意推翻他的反對派系，令努梅里的政權深感困擾。他所遭遇的第一個挑戰，來自名叫哈迪・馬赫迪（al-Hadi al-Mahdi）的伊瑪目領導的保守勢力。這位伊瑪目是赫赫有名的馬赫迪穆罕默德・艾哈邁德（Mohammed Ahmad）的孫子。（十九世紀，這位馬赫迪的安薩爾〔Ansar，意為「馬赫迪的追隨者」〕戰士，為把埃及軍隊趕出蘇丹而上了戰場，一八八五年拿下喀土木，在蘇丹總督官邸的門前檯階上殺掉英國將領查爾斯・戈登〔Charles Gordon，即清末在華統領常勝軍的戈登〕。安薩爾戰士建立了十三年即亡的伊斯蘭國。）一九七〇年，伊瑪目哈迪的安薩爾部隊試圖發動武裝馬赫迪起義（Mahdist uprising），遭努梅里的軍隊擊潰，這位伊瑪目於試圖逃到衣索匹亞時遭殺害。第二次挑戰來自軍中的共產主義異議分子。他們於一九七一年發動短暫的軍事政變，囚禁努梅里，後來遭效忠努梅里的部隊擊潰。

鞏固個人控制權後，努梅里尋求與南部和解。一九七二年與南蘇丹解放運動（Southern Sudan

Liberation Movement）和談時，他同意讓南部享有高度的地方自治。南方三省被視為自成一體的地區，得以有自己的民選議會和行政機關，阿尼亞尼亞游擊隊獲同意加入蘇丹政府軍。一九七三年的新憲確立蘇丹為政教分離的世俗國家，不只讓基督徒和猶太人——伊斯蘭教眼中的「有經之民」（People of the book）——享有信仰自由，也讓此前被穆斯林律法貶為「非信士」（kuffar）的傳統宗教信徒（占南方居民多數）享有信仰自由。世俗性法律規範平民的民、刑事務；個人事務和家庭事務方面，就穆斯林來說，由伊斯蘭律法規範，就南部的鄉村居民來說，由習慣法規範。

經過談判結束內戰，在非洲非常難得。但這一結果並不長久，最終毀在數人手裡，而努梅里是其中之一。

查德第一任總統佛朗索瓦·托姆巴巴耶（François Tombalbaye），是來自薩拉（Sara）部族的南方人，上任後以拉密堡為大本營，施行愈來愈高壓的統治，以特別嚴厲的手段對付他所不喜歡且不信任的穆斯林族群，從而使查德於獨立後不久就陷入困境。南方人占人口約一半，殖民時期就取得支配地位，他們歡迎法國人統治，把那視為防止北方人前來擄人為奴的屏障，且接受法國教育，在行政體系裡從基層奮力往上爬，藉此進入政界，最終進入中央政府。他們身為小農，也受惠於法國人發展棉花貿易。棉花貿易是查德賴以賺取外匯的唯一憑藉。

相對的，北方人偏愛遊牧生活，抗拒法國人欲將他們拉進現代世界的作為。蘇丹的統治地位已存在數世紀。在最北部住著悍然維護獨立地位的圖布人（Toubou），即撒哈拉沙漠的黑人穆斯林，他們以武力反抗法國人的入主，直到一九三〇年才屈服。他們所在的撒哈拉地區——博爾庫（Borku）、恩內迪（Ennedi）、提貝斯提（Tibesti）三省，通常統稱為博恩提（BET）——受法國軍官控制直到一九六五年，即獨立五年後。

托姆巴巴耶掌權後不久，即施行個人獨裁統治。他容不下反對勢力，禁組政黨，施行一黨制，隨意逮捕反對者。但在他統治下的最大受害者是穆斯林。法國官員撤離穆斯林地區後，即由薩拉族行政官員填補他們的位置。這些薩拉人往往不適任，他們不顧穆斯林傳統，以高壓手段治理。稅務人員因騷擾當地居民而特別臭名遠播。軍隊也主要從南方部族招募兵員，因作風殘暴、軍紀蕩然而惡名昭彰。在托姆巴巴耶的唆使下，穆斯林漸漸被排擠出政界；他們的蘇丹和酋長的權力遭奪走。托姆巴巴耶向一群北方要人講話時宣布：「我國目前的演進，不能從裝飾華麗的馬鞍高度來判定其好壞，也不是以駱駝的緩慢步伐在前進。各位，你們該是時候下馬了。」

第一場叛亂，標誌著一場長期內戰的發端，一九六五年在查德中部名叫馬爾加梅（Malgamé）的孤立地區爆發。穆斯林小農發動反稅務人員的暴動，遭政府軍開槍鎮壓，許多人逃走，走上武裝叛亂之路。叛亂往東擴散，擴及到巴塔（Batha）、瓦達伊（Ouaddai）、薩拉馬特（Salamat）諸地區。成群的穆斯林異議分子出沒於鄉間，攻擊政府機關和軍隊駐地，殺害政府官員和與政府合作的本地人，偷牛，燒掉作物。一九六六年，流亡蘇丹的穆斯林政治人物組成查德解放陣線（Frolinat，Front pour la Liberation du Tchad），以協調各叛亂勢力的行動。到一九六九年，查德中部、東部約一百個行政站（poste adminstratif），政府只控制十五個。

法國軍官於一九六五年撤離最北邊的博恩提三省，將控制權交給托姆巴巴耶的軍隊後不久，該地區就爆發人民起事。駐紮北部的薩拉族部隊，行事如同占領軍。他們頒布新規以控制不聽話的圖布人，包括禁纏頭巾和禁止三人以上集會。牲畜的移動得遵照規定。男女都受到丟臉的懲罰。一九六五年，有個軍人在圖布人與軍隊的衝突中遇害，隨後，巴爾達伊（Bardai）聚落的居民全數被捕。隔年，政府以著名穆斯林領袖提貝斯提的德爾戴伊（Derdeï，提貝斯提地區圖布人族群裡擁有最高宗教、政治權力者的頭銜）抗議其職權遭削減為由，派兵前去抓他，他聞訊帶了一千名追隨者逃到利比亞。一九六八年，奧祖（Aozou）一地的圖布人遊牧衛隊（Toubou Nomad Guards）譁變，攻擊當地的小兵力駐軍。該批駐軍的士兵全是南方籍人。

失去對大部分穆斯林地區的控制後，托姆巴巴耶不得不求助於法國。法國人同意派兵到查德，條件是托姆巴巴耶必須恢復穆斯林酋邦本有的許多權力，並任命一九六三年起被拒於公職大門外的穆斯林當部長，以擴大他政府的代表性。法國部隊於東部和北部擊退叛軍後離開。

他們一離開，托姆巴巴耶就困擾於種種陰謀詭計，而陰謀詭計除了出自反對他的北方人，這時還出自薩拉人。一如以往，他下令強行逮捕做為回應。他也發動文化革命——重新推行薩拉人的傳統成年儀式，取代法國習俗——試圖藉此控制薩拉人。這一被稱作永多（Yondo）的成年儀式，要受測者在灌木森林裡一連數個星期接受可怕磨練。托姆巴巴耶規定薩拉族青年和欲當公務員、欲出任政府高階官員者，都必須通過這一考驗。然後他要現任高階公務員、政治人物、高階軍官通過永多儀式，試圖藉此推廣永多運動。在查德南部，永多儀式取得了半官方宗教的地位。所有人都得取道地的本土名並向政府機關登記。托姆巴巴耶把他的名從法語名的佛朗索瓦改為恩加爾塔（Ngarta），把首都拉密堡改名為恩賈梅納。不願服從永多運動的基督徒遭到迫害。

托姆巴巴耶文化革命的最後結果，乃是激起每個階層的反對，激起都市官員、大學生、軍官、基督教傳教士的反對。當他接著試圖肅清軍官團裡被懷疑和他作對的人時，軍方反擊。一九七五年，托姆巴巴耶死於軍事政變期間。喀麥隆記者傑雷米．恩干索普（Jérémie Ngansop）描述他臨死前的情景：「托姆巴巴耶死時手上拿著武器。他實際上打光所有彈匣，奮勇抵抗攻擊者，而幫他的只有他一些忠心的侍衛隊隊員。每個人都在緊要關頭棄他而去。每個人，包括他著名的查德保安隊（Compagnie Tchadienne de Sécurité）、他由法國人卡米耶．古佛內克（Camille Gouvernec）統領的祕密警察，以及距總統府不遠的法國駐軍，都在這一算計下不想『淌這渾水』。」

查德的新軍事領袖費利克斯．馬魯姆（Félix Malloum）將軍，被托姆巴巴耶關過兩年的一名南方籍軍官，釋放政治犯，走較和解的路線。但他的政權受到無意上談判桌解決紛歧的穆斯林叛亂團體騷擾。一個新現象的出現，加劇查德的困境。

一九六九年利比亞軍事政變，把一位二十七歲的通信官送上大位。想做大事的野心、強烈的仇恨、病態般愛插手他國事務的心態，乃是驅動這人前進的動力，而源源不斷的龐大石油收入落入他手裡，使他得以滿足插手他國事務的癖好。穆安瑪爾．格達費（Muammar Gaddafi）出身貧窮的貝都因人家庭，求學時期就吸收了從納塞的埃及流出的許多革命理念，熱衷聆聽開羅電臺的「阿拉伯人之音」，把納塞呼籲阿拉伯人一體化、痛批西方帝國主義的演說內容背得滾瓜爛熟。格達費追隨納塞的腳步，迅即著手拔除利比亞境內的英美軍事基地；把外國人名下的財產和外商企業，包括石油業，收歸國有；施行嚴酷的阿拉伯社會主義，修改法典使其符合伊斯蘭律法，禁止烈酒、賣淫、夜總會、基督教教堂。一如其他非洲領袖（恩克魯瑪、尼耶雷雷、康達、莫布圖），他花許多時間構思他眼中獨一無二的社會，出版了一套三本的「綠皮書」說明如何實現該構想。這一構想以伊斯蘭教為基礎，被稱作「第三世界理論」（Third Universal Theory），宣稱在墮落的資本主義和無神論的共產主義之外，提供了另一條可行之道。這套「綠皮書」列為學校課程講授，成為所有利比亞人的必讀書。

格達費也針對如何打造「從大西洋到波斯灣」的阿拉伯人一體化世界，提出一連串提議。他掌權後還不到三個月，就問世了旨在將利比亞的命運與納塞的埃及、努梅里的蘇丹連在一塊的《的黎波里憲章》（*Tripoli Charter*）。一九七二年，問世了將利比亞、埃及、敘利亞結合的《班加西條約》（*Benghzai Treaty*）。一九七三年，問世了將利比亞與布邁丁（Boumedienne）的阿爾及利亞結合的《哈西邁斯歐德協定》（*Hassi Messaoud Accords*）。一九七四年，問世了將利比亞與布爾吉巴的突尼西亞結合的《傑爾巴條約》（*Djerba Treaty*）。

格達費針對大阿拉伯一體化所提出的構想，無一實現。納塞死後不久，格達費就和埃及的下一任領導人安瓦爾·沙達特（Anwar al-Sadat）失和，他的泛阿拉伯理想遭到沙達特嘲笑；他後來與沙達特結怨，最後爆發為一九七七年一場短暫的邊界戰爭，並以格達費慘敗收場；在蘇丹，努梅里斷定，遵照《的黎波里憲章》的要求，與埃及、利比亞走得更近，會不利他實現其與南蘇丹人和解的希望，於是揚棄該想法。一如與沙達特的關係，格達費不久就和努梅里失和：一九七六年，努梅里指責格達費涉入喀土木一場未遂的血腥政變，把格達費說成「雙重人格，且兩種人格都很邪惡。」格達費與突尼西亞、阿爾及利亞達成的協議也化為泡影。格達費始終不減其為消滅以色列貢獻心力的雄心，但一九七三年以阿戰爭期間，沙達特和他的阿拉伯盟邦全程把他晾在一旁，未找他幫忙。「利比亞革命的激情和熱情，還有利比亞的錢，都未能使歷史轉向，重振一已失去活力的構想，」富瓦德·阿賈米（Fouad Ajami）在其《阿拉伯困境》（*The Arab predicament*）中寫道。「支配現代阿拉伯人政治意識的泛阿拉伯構想已成空洞的主張。」

在外交上受挫之後，格達費愈來愈倚重顛覆手段來實現他的目標，利用他的石油收入支持一些異議派系和叛亂團體，密謀推翻與他作對的阿拉伯政府，派出殺手小隊殺害流亡在外的反對人士。他樂於暗殺、賄賂、透過他人施暴，使他受到許多人厭惡、害怕，在西方、在阿拉伯世界皆然。他所支持的團體，包括多個巴勒斯坦派系；愛爾蘭共和軍；巴斯克分離主義分子；菲律賓、泰國的穆斯林叛亂分子。在非洲，他支持反抗海雷·塞拉謝政權的厄利特里亞游擊隊；南部幾個非洲解放運動；西撒哈拉的波利薩里歐（Polisario）游擊隊；尼日、馬利的反對派。他也花了許多錢促使約三十個非洲政府與以色列斷絕關係，並與同是穆斯林的烏干達領袖伊迪·阿敏締結著名的同盟關係。一九七九年阿敏的軍隊顯露敗象時，格達費派了一支遠征軍赴烏干達欲力挽狂瀾，慘敗收場。為支持他的外交野心，格達費打造了強大武力，包括七百艘飛機、潛艇、直昇機，先後倚賴法國和蘇聯取得武器，一九七〇至一九八五年據估計總共花了二百九十億美元在軍火上。他也建立了「伊斯蘭兵團」（Islamic Legion），以推動他在非洲的目標，兵員大部分招募自非洲諸國。

格達費最具雄心的作為，上演於他的南方鄰國查德境內。查德內戰為他打開了擴張領土的新機會。一九七一年，他開始有計劃地派人滲入奧祖地帶（Aozou Strip）。那是查德境內的一塊狹長沙漠地帶，長約四百五十英里，寬約九十英里，沿著利比亞、查德整個邊界綿延。伊賽因·哈布雷（Hissein Habré）是親眼目睹利比亞人滲透查德北部的人士之一。他是剛取得律師資格的年輕圖布人，不久前才結束法國留學返國，一九七一年奉總統托姆巴巴耶之命前去查德北部與反政府叛軍談判。他告訴法國的《世界報》（*Le Monde*）：

> 利比亞人搶先他們一步，開始向提貝斯提、奧祖兩地居民發放利比亞身分證。他們邀傳統酋長到利比亞，腐化他們。在當地，他們的代理人解釋道，利比亞人和查德人是同一個民族，因殖民主義才被分開。在這同時，他們發送食物、衣物給居民，做好民心工作。一旦有夠多的人靠向他們，他們就會在奧祖，然後在這整個地區，扎根不走。

一九七三年，格達費派兵進入奧祖地帶，聲稱根據一九三五年法國與義大利所談定而未獲批准的一個協議，該地帶理當屬於利比亞。他在奧祖建了一個空軍基地，設立民政府，發行把奧祖地帶劃歸利比亞版圖的地圖。然後他用這個地帶做為更深入干涉查德的前沿基地。

格達費占領奧祖地帶之舉，造成查德北部居民嚴重分裂。由古庫尼·奎戴伊（Goukouni Queddeï）——

提貝斯提的德爾戴伊碩果僅存的兒子——領導的一派，願意讓利比亞介入。由伊賽因・哈布雷領導的另一派則堅決反對（這時哈布雷已背棄托姆巴巴耶，投入提貝斯提的叛亂陣營）。兩人都是圖布人，但來自不同氏族。他們兩人的對立使查德墮入長期衝突。

靠格達費的支持，古庫尼成功將哈布雷逐出查德北部，揮兵南下。在這同時，在查德東部，格達費支持名叫沃爾坎軍（Volcan Army）的另一個叛亂團體。在一九七八年的聯合攻勢中，古庫尼的部隊和沃爾坎軍在利比亞部隊支持下，往恩賈梅納迅速挺進。為防失敗，馬魯姆將軍求助於法國。一千名法國士兵和戰鬥機投入戰場，在通往恩賈梅納的公路上大敗叛軍。

一九七八年衝突後，馬魯姆將軍與哈布雷締結新同盟，首度讓北方人在政府裡扮演吃重角色。自兵敗於北部後，哈布雷在查德東部重整旗鼓，靠著蘇丹的支持募集了一支新部隊，使他有雄厚本錢與馬魯姆談判，從而得以在新成立的「全民政府」裡取得總理之位。這個同盟不久就瓦解。一九七九年二月，在第一場恩賈梅納戰役中，哈布雷的部隊和馬魯姆的政府軍爭奪霸權，造成北方人與南方人的族群暴力衝突，奪走數千人性命。在南方領袖阿卜杜勒卡德爾・卡穆格（Abdelkader Kamougué）上校鼓勵下，南方人集體南逃，使恩賈梅納政府垮掉。冤冤相報之下，南部數千名穆斯林商人遇害。南方軍官設立一常務委員會（comité permanent）以管理自己的事務，實際上創立了一個國中之國，自行向人民課稅。查德已無號令全國的中央政府。

為了解決查德問題，外國（法國、奈及利亞、尼日、蘇丹、利比亞）多次出面調停。最後，一九七九年十一月，成立一並不穩定的聯合政府，由多達十個穆斯林派系與南方代表共同組成。古庫尼被選為總統，哈布雷當上國防部長，卡穆格當上副總統。在恩賈梅納，有分屬五支軍隊的士兵在街上巡邏。才幾個星期，血腥的奪權鬥爭再起。哈布雷的部隊與親利比亞的派系起衝突。零星戰鬥持續了幾個月。一半人口逃到鄰國喀麥隆，恩賈梅納成了鬼城。最後，一九八〇年十二月，在坦克、重炮和伊斯蘭兵團支援下，利比亞部隊與古庫尼的部隊聯手將哈布雷的部隊逐出首都，迫使哈布雷避難於蘇丹。一九八一年一月，格達費於古庫尼訪的黎波里之行的尾聲，宣布查德與利比亞合併，藉此鞏固其軍事成果，格達費並談到組成「撒赫勒伊斯蘭共和國」(Islamic Republic of the Sahel)。

格達費入主查德引發騷亂。在南部，薩拉人揚言脫離自立。卡穆格痛斥這一「合併」「不可能成真」；他說，「非洲黑人無法容忍阿拉伯人―柏柏人」統治。一個又一個非洲政府出來抨擊格達費，擔心他的擴張主義圖謀，把他的「統一」之說視為利比亞併吞行動的漂亮幌子。奈及利亞關閉利比亞大使館，要求制裁利比亞。塞內加爾、甘比亞兩國與利比亞斷交，聲稱利比亞支持異議團體。馬利、茅利塔尼亞、尼日、迦納、幾內亞、喀麥隆採取類似行動。埃及、蘇丹說格達費是蘇聯代理人。面臨全球性譴責，格達費不得不宣布他與古庫尼的協議只是邁向未來合併的初步行動。

占領一年後，格達費決定從恩賈梅納撤兵，希望此舉會提高他取得一九八二年非洲團結聯盟高峰會主辦權和當上該聯盟一年輪值主席的機率。利比亞人撤走時，已在蘇丹重整旗鼓並得到埃及、美國支持的哈布雷的部隊，越過查德東界占領查德東部，然後拿下首都，迫使古庫尼逃到利比亞。

查德一九八二年處境悲慘。它是非洲最窮國家之一，境內群雄並起，國家四分五裂，已無號令全國的中央政府。北部已裂解為眾多酋邦，每個酋邦由頻頻交相攻伐的軍閥統治，而利比亞人則繼續強化他們在該地區的基地。在南部，卡穆格靠其常務委員會稱霸該地，但這個委員會本身因金錢方面的爭執而四分五裂。在這同時，南部的退伍軍人組成他們自己的突擊隊（codo）。經過接連幾場戰火蹂躪，首都恩賈梅納滿目瘡痍。

「有國土，有人民，但沒有公權力，」一時為政府某部首長的加利・恩戈泰（Gali Ngothé）憶道。「反倒是有無數武裝團體橫行國內各地，把人民擄為人質勒索贖金……國不成國……收稅機構蕩然無存。公家建築——學校、醫院、郵局——遭沒收，改為住所。就連監獄都變成住宅。辦公室遭洗劫，設備拿到鄰國以極低的價格賣掉。檔案館和博物館遭洗劫燒掉。」

經過近二十年的內戰，衝突不知伊於胡底的氣氛籠罩各地。未能如願選上非洲團結聯盟主席之後，格達費於一九八三年在查德重啟攻勢。在利比亞人支持下，古庫尼的部隊再度進攻恩賈梅納。哈布雷向法國求助，法國派部隊和飛機到查德扮演兩方之間的緩衝，在北緯十六度線陳兵，阻止來自北部的侵犯。一九八四年，法國與利比亞同意撤出自己部隊，法國人如約撤走，利比亞人卻沒有，且在瓦迪杜姆（Ouadi Doum）、法達（Fada）、法亞拉爾戈（Faya-Largeau）建立軍事基地，占領奧祖地帶南邊的幾個撒哈拉沙漠的大綠洲，發身分證，為利比亞盟友的進一步冒險行動做好準備。一九八六年，在利比亞人支持下，古庫尼的部隊再度越過十六度線進犯，法國人不得不重返查德。美國發動反格達費運動，插手查德戰局，增加對哈布雷部隊的援助。

在美國人鼓舞下，哈布雷於一九八六年十二月派兵北上，越過北緯十六度線，擊潰利比亞人在法達的大股駐軍。接下來三個月，他們把利比亞人趕出奧祖地帶以南幾乎整個查德北部地區，在瓦迪杜姆的利比亞人基地大敗利比亞部隊。格達費的軍隊士氣渙散且訓練不良，丟下總值估計達十億美元的大批裝備，包括坦克、飛機、直昇機、防空系統。插手查德事務近二十年後，格達費的夢想以大敗收場。由於一九九四年國際法庭的裁定，格達費也徹底失去對奧祖地帶的聲索權。

對查德來說，苦難卻只是有增無減。哈布雷的政權變成暴力、腐敗的獨裁統治政權，靠殺手小隊維持控制地位，直到一九九〇年遭推翻為止。後來成立的調查委員會報告，他當權期間兩萬人遇害，還有數千人在獄中受到拷問。

在蘇丹，南北和平協議已存活了十一年，但愈來愈撐不住。針對一九七二年協議裡的折衷方案，雙方陣營裡都有派系始終心有不甘。中央政府持續支配南部的經濟計畫且撥給南部的開發經費有限，令南方人覺得不平。一九七八年南部發現石油礦床，尤其引發南北爭執：南部地區政府想在南部接近油田之處蓋一座煉油廠；努梅里無視南方的要求，下令在北部蓋一座煉油廠，蓋一條輸油管通到紅海以直接輸出原油。努梅里一再干預南部政治，也引發爭執，其與伊斯蘭派系修好之舉，則加深南部人的不信任。

為擴大其在北部的支持基礎，努梅里於一九七七年把兩位赫赫有名的伊斯蘭政治人物拉進他的政府。一個是薩迪克·馬赫迪（Sadiq al-Mahdi），十九世紀馬赫迪的曾孫，一九七六年曾參與利比亞所支持的推翻努梅里計畫。另一位是薩迪克的姻親哈桑·圖拉比（Hassan al-Turabi），穆斯林兄弟會的領袖和好戰伊斯蘭政黨「全國伊斯蘭陣線」（National Islamic Front）的創立者，先前曾被努梅里關過。薩迪克擁有牛津大學博士學位；圖拉比則擁有巴黎索邦大學的博士學位。圖拉比獲任命為檢察總長，不斷力促以伊斯蘭律法改革法律體系，推動建立伊斯蘭銀行，使這些銀行最後得以稱霸金融界。他也一再試圖重畫北部的邊界，以將南部的油田和上尼羅省富農業生產力的區域都納入北部。石油資源控制權成為南北衝突裡的重要因素。

一九八三年，努梅里不再追求他一度努力追求的微妙平衡，宣布進行「伊斯蘭革命」。他明令蘇丹成為受伊斯蘭律法規範的伊斯蘭共和國。傳統伊斯蘭律法，例如偷竊者砍手、喝酒者鞭笞、叛教者處死的規定，將施行於全國。政府官員和軍事指揮官得宣誓效忠做為穆斯林領袖的努梅里。努梅里甚至試圖封自己為伊瑪目，但未如願。努梅里以發布總統令的方式，逐步增添伊斯蘭律法的法條，以滿足他一時興起的念頭，事前完全未徵詢檢察總長或首席法官。他繞過既有的司法體系，設立特別的「速審速決」法庭。數千人遭逮捕，由常施予鞭笞之類懲罰的官派法官審訊。為強調他推行伊斯蘭律法的決心，努梅里把總值一千一百萬美元的烈酒倒進尼羅河，禁止歐式跳舞。

他也以同樣的專斷作風，解散南部地區政府，下令將南部分為更小的三個地區，三地區的疆域正好和一九七二年前南部被劃分成的三個省一致，從而在實質上終止了和平協議的憲政安排。

蘇丹再度陷入內戰。博爾（Bor）和皮博爾（Pibor）的駐軍譁變；數千名南部士兵逃兵，越過東邊國界進入衣索匹亞，在那裡重新集結，組成蘇丹人民解放運動（SPLM；Sudan People's Liberation Movement）。該團體的領袖約翰．加朗．德．馬比奧爾（John Garang de Mabior）是丁卡族（Dinka）軍官，擁有美國愛荷華州立大學農經博士學位，在美國喬治亞州的班寧堡（Fort Benning）受過軍事訓練。加朗未主張南部脫離自立，而是主張建立統一的、世俗性的、社會主義的蘇丹，揚棄伊斯蘭主義統治方式。他說蘇丹人民解放運動是為「全蘇丹人民的解放」而奮鬥的全國性團體。他說，這個團體興起於南部，因為政府的壓迫在那裡最為厲害。「在南部叛亂的邊際成本變得非常小，零或負；也就是說，在南部，叛亂划得來。」一九八四年期間，蘇丹人民解放運動游擊隊從邊境地區往外擴散，日益深入內地。

一如在查德所見，蘇丹的第二場內戰引來數個外國勢力插手。衣索匹亞的孟吉斯圖政權支持南蘇丹人的訴求，以報復喀土木支持厄利特里亞分離主義分子和提格雷地區叛軍。在利比亞，格達費原支持厄利特里亞人，但孟吉斯圖上臺後轉而支持衣索匹亞中央政府，於是跟著孟吉斯圖腳步支持南蘇丹人。在這同時，努梅里支持反格達費的利比亞團體「拯救利比亞民族陣線」(National Front for the Salvation of Libya)，該團體於一九八一年在喀土木設立辦事處，製播抨擊格達費的宣傳節目。努梅里也援助來自查德的反格達費團體。美國無視努梅里在南蘇丹的高壓政策，大筆資助他的政權，以強化他反制格達費、孟吉斯圖（美國眼中兩個親蘇分子）的實力；美國對努梅里的援助共十五億美元。

在美國支持下，努梅里篤信他能應付叛亂分子在南部帶來的任何威脅。但他還有一些別的難題纏身。努梅里想把蘇丹打造為中東的「糧倉」，鼓勵大規模投資機械化農業，到頭來卻是農業產量下滑，使蘇丹背負其所還不起的一百二十億美元外債。一九八三和一九八四年兩度乾旱，造成廣大人民挨餓，努梅里一如衣索匹亞的孟吉斯圖，無視災情，想方設法避免蘇丹做為農業投資理想地點的形象受損。直到據估計有二十五萬人喪命，他才聽從勸告救災。努梅里受外國債權人逼迫接受撙節措施，發現他對權力的掌控已開始下滑。物資短缺、通膨、失業、社會服務變差、貪腐猖獗，造成民怨沸騰。饑荒本身成為號召人民進行有組織抗議的有力因素。工會與專業人士團體（包括律師、醫生、公務員）結盟，引領反對運動。都市罷工、暴亂、示威發生時，連軍方都不願挺努梅里。一九八五年四月，當權十六年的努梅里遭推翻。

一九八六年選舉把矢志建立伊斯蘭國的北方政治人物送上臺。烏瑪黨（Umma Party）領袖薩迪克·馬赫迪當上總理，宣稱會維護非穆斯林的「完整公民權、人權、宗教權」。但他也宣布：「非穆斯林能要求我們保護他們的權利，我們會那麼做，但那是他們唯一能提出的要求。我們希望把伊斯蘭確立為蘇丹境內法律的源頭，因為穆斯林在蘇丹占多數。」努梅里於一九八三年頒行的伊斯蘭法典仍有效。

在薩迪克的政權統治下，北部享有許多自由民主主義的好處——議會辯論、充滿活力的新聞界、獨立的司法、活躍的工會和專業人士協會。但南部卻迎來無休無止的戰爭。蘇丹人民解放運動不接受停火或不願參與選舉，要求召開制憲大會。薩迪克的回應，乃是武裝西蘇丹的巴加拉阿拉伯人（Baggara Arabs）民兵團體（murahalin），准許他們恣意襲掠加札爾河地區（Bahr-al-Ghazal）的丁卡族、努埃爾族（Nuer）區域，一如他們的先民在十九世紀的作為。丁卡族和努埃爾族的村落遭攻擊、焚燒，牲畜被搶，井水被下毒；男女小孩遭殺害或擄走，帶到北部當奴隸養或出售。施暴平民之事到處可見。為報復蘇丹人民解放運動一九八七年三月攻擊里宰加特（Rizeigat）部族民兵團體，里宰加特部族的倖存者攻擊達富爾（Darfur）南部迪延（Al Diein）鎮的丁卡族男女小孩，放火燒掉他們所賴以棲身的六個火車車廂，殺害一千多人；未被燒死者試圖逃跑，但遭刺死和槍殺。喀土木大學兩位穆斯林學者針對這場屠殺所寫的報告，把這場慘劇歸咎於政府。「政府政策在里宰加特族群裡製造出搶劫、蓄奴之類脫軌行為，而這些脫軌行為與迪延鎮裡的社會衝突相激相盪，製造出嗜屠嗜殺的精神病……搶劫時殺害丁卡族村民的武裝搶劫行動，成為受政府資助之民兵團體的常規活動。」他們說，里宰加特民兵團體經常將丁卡族婦孺賣給阿拉伯人家庭，供作僕人、農工、性奴隸。「這些事全在政府完全知情下進行」。

在南部的其他地方，政府使出類似做法。政府運用北部人沿用多年的一項習慣做法，操弄南部不同群體間的分裂對立從中得利，提供武器給部族民兵，要他們去攻擊叛亂派系。常言道，Aktul al-abid bil abid，意即「用奴隸殺奴隸」。加朗的蘇丹人民解放運動，以丁卡人為主的一個團體，遭到南部多個派系的反對，其中有些派系得到政府支持，有些則獨立行事。努埃爾族裡，有些人與蘇丹人民解放運動並肩作戰，其他人則把該團體視為敵人，與之廝殺。老百姓困在這亂局中無法脫身。蘇丹人民解放運動對他們所認定支持敵對民兵團體的老百姓打擊尤其厲害，在某些地方行事如同占領軍。但所有派系都致力於摧毀他們眼中支持敵對者的村落。重武裝戰士發動大範圍、焦土式掃蕩，燒掉村子，搶走牲畜和食物，埋設地雷，強拉男孩入伍，強暴婦女、女孩。

戰爭的破壞在一九八八年達到最高點，帶來蘇丹現代史上最嚴重的饑荒。雙方都把糧食當武器使用，使敵人挨餓成為重要的軍事戰略。軍隊指揮官和政府官員阻止救濟物資送到流離失所的人民手裡，不斷阻撓外國捐助者的救濟行動。例如，歐洲共同體所捐助的救濟食物，擺在穆格拉德（Muglad）某鐵路岔線上的貨車廂裡兩年多，而就在距那些貨車廂數百碼的難民營裡，有丁卡人在挨餓。蘇丹人民解放運動的部隊圍攻有百萬難民避難而由政府控制的城鎮，攻擊、攔截救濟車隊。據估計，一九八八年有二十五萬南方人死於與戰爭有關的饑荒；約三百萬人被迫離開家園，其中許多人逃到喀土木的貧民區。

為阻止集體餓死的情事再起，國際機構制訂了一套固定的救濟制度。戰爭雙方都利用它來獲取好處。政府認為自己不必再為救助饑民的事煩心。「那不再是嚴重問題，因為國際援助就要到來，」薩迪克告訴一美國記者。這套制度為蘇丹人民解放運動的游擊隊定期提供了他們可予以徵用的糧食。「我和加朗談定，」有位救濟事務行政人員解釋道。「九成給我的人，一成給他。不餵飽軍人，就是逼軍人去搶老百姓。不給予援助，死的會是小孩。那是個惡性循環，解決不了。」在南部從事救濟工作的人，很快就對他們的任務感到悲觀。「他們不在意死了多少人，」有位行政人員說。「他們體悟到一個道理，只要繼續打，西方就會繼續提供你吃的。」

到了一九八九年，南部的戰局已轉為不利於政府。蘇丹人民解放運動游擊隊能暢行無阻於南蘇丹大部分地方；政府軍則局限於駐軍城鎮。在財務非常吃緊的軍方施壓下，薩迪克開始與蘇丹人民解放運動談判，同意凍結伊斯蘭律法的施行，做為和平進程的一部分。但他所準備做出的讓步，對伊斯蘭民兵團體來說讓步太多。在薩迪克即將照預定行程前往阿迪斯阿貝巴會晤加朗時，一群好戰軍官，在全國伊斯蘭陣線支持下，先發制人政變。

一九八九年六月三十日的政變，不只毀了蘇丹政府與蘇丹人民解放運動的和談，還使蘇丹落入一心要在該國施行他們版本的伊斯蘭統治的伊斯蘭好戰分子手裡。憲法遭暫時取消，國會遭解散，政黨和工會被禁，報社關門。主要的政治人物，包括薩迪克・馬赫迪，被捕，陸軍軍官團遭嚴厲整肅。「喀土木絕不會再成為世俗性的首都，」歐瑪爾・拜希爾（Omar al-Bashir）將軍宣布。

21 愛滋天譴

一九八五年一月，一組醫生被烏干達衛生部派去卡森塞羅（Kasensero）調查當地的離奇死亡事件。卡森塞羅是維多利亞湖畔的漁村，靠近烏干達與坦尚尼亞的交界，常有走私販和酒吧女郎造訪。過去四年，一百多人得了一種神祕的消蝕性疾病而後死亡。當地人把那病叫做「史利姆」（Slim）。對於死因，當地人眾說紛紜：有人說那是法術所致；也有人說那是上帝對貪婪與放蕩生活的懲罰；還有人認為「史利姆」是一九七九年坦尚尼亞軍隊發起反擊而入侵烏干達，以擊退伊迪．阿敏掠奪成性的軍隊時，坦國軍隊野戰炮釋放到空氣中的細菌所致。但一九八五年在卡森塞羅所取得的血液樣本，證實那是愛滋病（後天免疫不全症候群），一種主要透過性交傳染的病。後來的調查發現，愛滋病的致病病毒——人類免疫不全病毒（HIV），一種作用緩慢的逆轉錄病毒，人體感染十年之後才發重病——在兩個地區的貿易中心的居民身上很常見。這兩個地區，一是烏干達南部的拉卡伊（Rakai），一是鄰國坦尚尼亞的卡蓋拉（Kagera）。在有人知道這是怎麼回事之前許久，拉卡伊和卡蓋拉就已是世上第一波襲擊大眾的愛滋傳染病的中心。

愛滋病源於非洲兩種靈長目動物（黑猩猩和白領白眉猴）身上的病毒，無藥可醫。在一九八一年它首度被確認是美國境內一連串死亡案例的死因前，它早就跨越物種障礙，活躍於非洲的人類居群裡至少二十年。一九五九年在萊奧波德維爾（金夏沙）取得的一組約一千八百份血液樣本，一九八〇年代經科學家檢查，發現其中一份樣本是HIV陽性。一九七〇年從金夏沙約八百個母親身上取得的另一組血液樣本，經檢查發現有兩份是HIV陽性，血清陽性率為〇．二五%。一九八〇年從金夏沙一地母親取得的一組血液樣本，血清陽性率為三%，代表經過十年，成長為原來的十二倍。

在整個非洲中部，一九七〇年代出現個別的愛滋病例，但當時醫生還不知這種病。非洲境內第一個病例被安妮．貝利（Anne Bayley）醫生認出。她是尚比亞首都盧薩卡（Lusaka）的大學教學醫院的外科教授。她巡房後注意到得了卡波西氏肉瘤（KS；Kaposi's sarcoma）的病人大增。那是一種已在紐約、舊金山的愛滋病患身上見到的罕見癌症。「一九七八年起我每年見到約八至十二個病例，病例數非常穩定，」她憶道。「然後，有一天，那是一九八三年一月的時候，我進病房巡房，發現那裡一次就有九個卡波西氏肉瘤病人。」此外，其中許多病人得的是侵略性較強的另一種卡波西氏肉瘤。「我知道我看到這種病的新形態。」

十月，在得知歐洲境內的確有黑人得了愛滋病之後，兩組歐美醫生前往盧安達和薩伊，以查明這種病是否已在非洲出現。在這之前，根據歐美境內的病例，最易得病的族群似乎是活躍的男同性戀者和靜脈注射的吸毒者。在盧安達首都吉加利（Kigali）調查四週期間，一組醫生鑑定出二十六個愛滋病例和愛滋病前驅症狀病例，男女病例各半。幾乎所有病例都和都市中產階級上班族有關係。在他們於一九八四年發表的報告中，這些醫生推斷：「都市活動、尚可的生活水準、異性雜交、買春，都可能是使非洲人得愛滋病的風險因素。」在金夏沙的那組醫生得出類似的結論。他們鑑定出三十八個愛滋病人，同樣男女各半，都來自富裕人家。在他們也於一九八四年發表的報告中，他們認為同性戀、靜脈注射吸毒或輸血，並非重要的風險因素。「這一調查的結果有力的表明，中非洲的情況代表了這一世界性疾病的一個新流行病學環境——在龐大異性人口裡大幅傳播的流行病學環境。」

當時在烏干達南部拉卡伊地區傳播的愛滋病，讓世人見識到這種病的威力。一九八四年，它已在坎帕拉扎根，而有一部分病毒是在抵抗阿敏軍隊的坦尚尼亞士兵往北推進期間傳播到那裡。它沿著烏干達的主要公路迅速傳播，以在酒吧和妓女戶短暫停留以求得一夜爽快和娛樂的卡車司機和工作人員為其傳播媒介。在拉卡伊地區，有個名叫利揚通德（Lyantonde）的卡車停靠站，跨處於通往盧安達、蒲隆地、東薩伊的幹線上；一九八六至一九八七年烏干達醫生在那裡調查發現，該停靠站六成七的酒吧女郎和鎮上一成七的孕婦為HIV陽性。一九八九年對利揚通德的成人所做調查，發現五二．八%的成人感染HIV。到了一九八〇年代末期，住在拉卡伊地區貿易中心的二十幾歲女人有一半以上為HIV陽性，住在鄉村的則有四分之一。一九八九年的一份官方調查報告估計，將近八十萬烏干達人為HIV陽性。死亡人數有增無減。到了一九八八年，拉卡伊底下四個小區，每個小區登錄的死亡人數已破千。一九八九年對拉卡伊的調查顯示，三十五萬四千總人口中，有近二萬五千名孤兒，占了十五歲以下孩童的一二．六％。

類似的情況出現在盧安達。一九八六年，對從嬰兒到老人的各年齡族群做了全國性的血清調查，發現一七．八％的都市居民和一．三％的鄉村居民為HIV陽性。根據有登錄的病例，首都吉加利的流行率為二一％。在盧安達西部胡圖人心臟地帶的兩個小鎮，數據更高：根據有登錄的病例，盧亨蓋里（Ruhengeri）的流行率為二三％，薩伊邊界上的湖濱小鎮吉塞尼（Gisenyi）的流行率為三一％。就吉塞尼來說，二十六至四十歲的人，一半以上為HIV陽性。

愛滋病的主要病毒HIV-1，從其位於中非洲的中心往外擴散，往東到肯亞，往南到南非洲，往西到西非。流動工人、軍隊和內戰（如在烏干達所見）、移動的難民、愈來愈多因貧窮而賣淫的婦女、女孩、找年輕女子包養的「甜心老爹」，都加速愛滋病的擴散。一九九〇年一月回報給世界衛生組織的非洲諸國愛滋病例累積數據顯示，烏干達的占比最高，達二〇．二％，接下來依序是肯亞（一六．五％），薩伊（一三％），馬拉威（一三％），坦尚尼亞（一一．四％），蒲隆地（五．四％），尚比亞（五．二％），盧安達（三．七％），剛果－布拉札維爾（三．四％），辛巴威（三．二％）。南非的第一次HIV流行率調查於一九九〇年執行，發現愛滋病也已傳到那裡。西非受到HIV-1侵襲的國家，包括迦納、奈及利亞、象牙海岸。一九八九年，阿必尚的妓女接受其他疾病的檢查，結果發現約一半的人是HIV-1陽性。愛滋病的第二種病毒，HIV-2，毒性和傳染性不如HIV-1，也侵襲西非地區，從而增加死亡人數。一九九〇年的諸多調查——以前來產檢的孕婦為主要調查對象——表明了即將發生的事。這些調查顯示，在東非洲、中非洲大部分首都的成人族群裡，HIV流行率高。

坎帕拉的流行率最高，達到二七．七％，其後依序是吉加利（二五．一％），盧薩卡（二四．五％），布蘭泰爾（二二．七％），哈拉雷（一八％），布瓊布拉（一七．五％），達累斯薩拉姆（一〇．三％），奈洛比（八．九％），班吉（七．四％），布拉札維爾（七．三％），金夏沙（五．三％）。

愛滋病的猖獗加劇了非洲所面臨的難題。得病風險最大的年齡層是十五至五十歲，而這個年紀的人，通常正是社會裡最具生產力的人。一般來講，一半ＨＩＶ患者於二十五歲前感染，三十五歲時死於愛滋。因為生病、死亡而使社會失去這麼多富生產力的成人，對社會各階層都帶來嚴重衝擊，使家庭和村鎮忙於處理不斷出現的孤兒，使國內的專技人力（教師、醫生、護士、行政官員、工業工人）變少。由於母親傳染給胎兒，嬰兒死亡率大增。數代的小孩失去童年，被迫放棄學業，前去做工、照顧垂死者或自力更生。愛滋病愈傳愈廣，打垮醫療體系，使家庭淪為貧戶，打斷農活，削弱商業，降低生產力，降低政府提供公共服務的能力。

大部分非洲領袖對此災難的回應，乃是否認有此問題，或把此問題說成不足為慮。非洲政治人物喜歡把愛滋病說成從西方傳來的病，不然就說成是西方所捏造的東西，指控那只是帶有種族歧視意味的宣傳，旨在抑制非洲人的性欲和繁殖力，藉由這種混淆視聽的說法隱瞞真相。辛巴威衛生部長下令醫生不得把愛滋病認定為死因。肯亞把保護其熱門旅遊地的名聲，看得比提醒自己人民留意愛滋風險更重要。報紙只刊出少許資訊，公開討論遭壓抑。許多非洲人以灑脫的心態看待感染風險。在坦尚尼亞，愛滋病（Aids）被說成Acha Inwe Dogedoge Siachi的頭字母組合詞。那是斯瓦希利語的片語，意為「就讓它殺了我；我絕不要捨棄年輕女子」。在薩伊，愛滋病按照法語的頭字母組合詞叫作ＳＩＤＡ，大學生則把ＳＩＤＡ搞笑譯為Syndrome Imaginaire pour Décourager les Amoureux（為了使情侶起不了性致而虛構的症候群）。對愛滋病的這一看法，迅即傳播到他處。

一九八〇年代，只有兩個國家的抗愛滋計畫收到效果，那就是烏干達和塞內加爾。烏干達總統尤韋里・穆塞維尼（Yoweri Museveni）於一九八六年掌權後，在國內各地的會議上講話，帶頭疾呼各界留意愛滋帶來的危險。他說這個病威脅所有烏干達人。他呼籲人民要「愛得小心」，要行一夫一妻制——也就是當地人所謂的「零放牧」（zero-grazing）——用通俗幽默的話傳達他的主張。「如果你來到一塊地，看到一個密布洞穴的蟻丘，把你的手伸進洞裡，被蛇咬了一口，那要怪誰？」他指示政府每個部門認真看待這問題，制訂了全國防愛滋計畫，把宗教領袖（基督新教、天主教、穆斯林的領袖）拉進抗愛滋運動裡，努力減少加諸愛滋的汙名和恥辱。有個認識愛滋的運動，最初走「要人心生恐懼的路子」——「愛滋會要你命」——後來改弦更張，把同情、休戚與共的精神也納入其中——「別指責愛滋患者——誰都可能得愛滋，你也不例外。」認識到政府本身抗愛滋的資源有限（一九八六年政府的衛生支出只有人均〇・六四美元），穆塞維尼放手讓非政府組織以他們力所能及的方式協助抗愛滋運動，鼓勵國際救濟機構援助。

塞內加爾也在一九八六年，愛滋病毒尚未在該地大舉肆虐之時，就開始抗愛滋計畫。總統阿卜杜・迪烏夫統整政府資源對抗愛滋，鼓勵宗教組織、民間組織加入抗愛滋運動。安全的性愛，話題敏感，但塞國政府還是利用清真寺週五聚禮和教堂週日做禮拜的場合宣導，也透過媒體和學校加強宣導。性工作者得登記，得定期接受健康檢查。於是，塞內加爾得以把ＨＩＶ感染率一直壓在二％以下。

但對非洲其他地方來說，愛滋流行病大行其道，未受阻攔，政府大體上一直不吭聲。由於從得病到被愛滋奪走性命中間有很長一段空窗期，一九八〇年代的死亡人數是數以千計。直到一九九〇年代，愛滋禍害才完全呈現世人眼前。那時，死亡人數是數以百萬計。

22 失落的十年

一九八〇年代，非洲經濟急速下滑，人稱「失落的十年」。一個又一個國家，生活水準急降。一九八〇年代中期，大部分非洲人已和當年獨立時一樣窮或比那時更窮。受制於債務、管理不善、稅收暴跌，非洲政府不再能維持應有的公共服務。鐵公路、水、電、電話系統變差；中小學、大學、醫院沒有經費；科學機構和統計機關成為初期受害者。每個層級的政府，運作能力都急速下降。公務員薪水劇減，毀掉公務體系僅剩的士氣、廉潔和效率；例如，在坦尚尼亞，公務員的購買力，從實質角度看，從一九六九至一九八五年跌了九成。數千名稱職的公務員辭職。非洲人才加速外流。據估計，一九六〇至一九八七年，約十萬名受過訓練且稱職的非洲人選擇到國外工作；光是一九八六至一九九〇年，就有約五萬至六萬中階、高階公務員離開非洲。非洲公務體系失去專門人才，變成以曠職普遍、貪腐猖獗、士氣低落、無力執行基本工作而著稱。一九九五年對二十個低收入非洲國家的調查，發現其中一半國家的整個公部門裡，只有二十五個或更少完全合格的會計。

由於經濟敗壞，許多中產階級成員淪為窮人；都市裡的上班族被迫投入小生意、兼職這種非正式經濟裡。對國家與公家機關的怨恨陡升。奈及利亞政治科學家克勞德．艾克（Claude Ake）於一九九〇年寫道，老百姓「把國家視為如果情況允許就該予以避開、欺騙或挫敗的敵對力量。」走私、平行市場和其他半合法的活動，成為盛行的求生手段。以薩伊為例，它的「第二」經濟據估計大於「正式」經濟；該國許多黃金、銅、鑽石被非法偷帶出境。為避開偏低的生產者價格，迦納可可農把其產品大規模走私到象牙海岸；一九八〇年，塞內加爾收成的花生，三分之二被運到甘比亞非法賣掉；一九八〇年代初期，坦尚尼亞的糧食作物三分之二透過非正規市場賣掉；在坦尚尼亞，官方規定在非正式經濟領域一再遭到漠視，官員索性不再執行那些規定。政府所能控制的事物逐年變少。從貨幣到糧食，樣樣東西都非政府所能控制。

非洲國家無法在本國籌到資金，又被國外的商業銀行避之唯恐不及，於是選擇求救於國際貨幣基金和世界銀行。非洲的財政實質上由西方的援助機構接管。一九七九年，塞內加爾成為第一個從世界銀行取得一筆「結構性調整」貸款的非洲國家。其他非洲國家陸續跟進。一九八〇年代初期，西方援助圈認為他們在處理一短期的現象，在專家指導下，不到三年非洲就能克服其難關。但不久大家就看出，弊病之深重遠超乎預期，非洲所面臨的不是個短暫階段，而是個長久的危機。

他們為非洲弊病所擬的藥方，乃是一連串激進的經濟改革。一九六〇年代，西方的發展經濟學家主張政府該扮演發展的引擎，並蔑視市場的角色，但一九八〇年代，他們把政府視為發展失敗的主要原因之一，要求以市場導向的發展策略取代政府干預。他們過去鼓勵國有制，如今他們致力於擴大私部門的範圍，主張私營企業較有成效。國際貨幣基金／世界銀行要求受援國必須照他們的規定改革，才能拿到他們的援助，包括：貨幣貶值，廢除補貼，減少關稅壁壘，提高農產品價格，裁汰政府冗員，賣掉或關掉國營企業，解除價格管制，降低預算赤字和政府借款，取消對外來投資的限制。整個來說，目的就是要使政府把重點從菁英所極為偏愛的消費轉移到投資。

國際貨幣基金／世界銀行所設下的條件，在許多領域招來強烈反對。他們堅持以經濟效率做為援助的評量標準一事，威脅到大部分非洲領導人據為統治根基的恩庇、家產制體制。非洲冗員充斥的行政機關和管制制度，乃是重要的政治資產，是執政菁英藉以為親人和政治支持者提供職缺、承包合約和其他好處的工具。誠如傑出經濟學家道格拉斯·里默（Douglas Rimmer）在其於一九八四年出版的專題論著《西非諸經濟體》（*The Economies of West Africa*）中所推斷的，非洲的政治領袖堅決表示他們最關注的目標是經濟成長，事實不然，保住政治權力和把財富分配給自己、自己的支持者，才是他們最看重的。他們不習慣受約束。政府掌控國家經濟，讓非洲菁英享有額外收入和特權，若按照援助機構的要求，他們會失去這些好處。公部門的工會也警告不能裁撤工作。此外，大部分政府仍執著於國家指導、國有制的意識形態，把國營企業視為國家主權的象徵，不管國營企業績效多差皆然；數年來，它們鄙視、歧視私部門的企業家。糧食補貼是使都市民怨不致爆發的功臣，許多領導人因此擔心取消糧食補貼會造成政治動盪。坦尚尼亞的朱利烏斯·尼耶雷雷成為公認的反改革大將，力拒國際貨幣基金的條件直到他一九八五年下臺為止。他說那些條件會引發「達累斯薩拉姆街頭暴亂」。對於那些插手非洲事務，要非洲國家力行撙節的外國人，非洲人普遍非常氣憤。

但鑑於破產在即，非洲政府除了簽約接受，幾無別的路可走。一九八〇年代期間，撒哈拉沙漠以南的非洲地區，約三十六個政府與國際貨幣基金達成穩定化協議，或與世界銀行談定結構性調整計畫。總共達成兩百四十三個貸款協議。外援成為非洲諸經濟體日益吃重的一環。數十個援助機構和西方非政府組織參與其中，其中有些接管了國家的主要職能，尤其是衛生、教育方面。援助事業成為大雇主，在許多非洲國家雇用的職員數僅少於政府。在一九八〇、九〇年代這二十年間，非洲得到二千多億美元的外援。

但大部分政府一邊接受金援，卻對改革多所推拖，一心想著保護自己的利益，只施行為保住援助機關支持所不得不施行的措施，不顧這降低了經濟復甦的機率。只有少數非洲領袖衷心支持改革。

大出外界所料，表現最亮眼的乃是迦納的軍事統治者空軍上尉傑瑞．羅林斯。羅林斯於一九八二年上臺時，身邊淨是馬克思主義顧問，他欽佩卡斯楚、格達費之類的人物，痛斥「帝國主義」的危害。但推行一連串民粹主義實驗之後，他認識到必須另闢蹊徑。一九八三年，迦納已幾乎完蛋。糧食供應不穩；生產水準始終不高；衛生方面的實質支出只有一九七六年時的四分之一；醫療院所付諸闕如；嬰兒死亡率已在七年間從千分之八十成長為千分之一百二十；道路不通；通膨達一二三%；虧損的國營企業吃掉一成的政府支出——一九八三年，迦納可可銷售局雇用超過十三萬人，處理的可可數量還不到二十年前五萬名雇員所處理量的一半，且效率還不如二十年前；人均國內生產總值每年下滑七％。雪上加霜的，一百萬迦納人遭逐出奈及利亞，一場大旱造成斷電和森林火災。

一九八三年，在國際貨幣基金／世界銀行的支持下，羅林斯開始全面改革，接受市場規範和減少國家作為的觀念。可可生產者價格幾乎立即上揚，一九八三至一九八八年價值成長了三倍。羅林斯宣布，「我們要承認整個國家過去欠農民的債，從而批駁過去駭人的不公不義。過去，在那種不公不義下，我們幾乎完全倚賴疲累的鄉村生產者支持來運作國家機器，對他們的基本需求少有滿足。」

貨幣逐步貶值，從一九八三年將近三塞地（cedi）兌一美元貶為一九九二年的四百五十塞地兌一美元。進口許可制廢除。政府以堅決姿態致力於降低預算赤字和裁汰公部門冗員。根據對公務體系的某項調查：「在某些部裡，雇用了三個打字員卻只有一臺打字機可用，雇用了十個司機，卻只有一輛車可開。你看到他們整天呆坐著無事可幹。」一九八〇年代晚期，六萬多名公部門員工做為冗員被裁。羅林斯也迅速批准私部門提高其作用。「私有制的熱忱、熱情是經濟持續成長的途徑，」他的軍事委員會宣布。他不顧國內反對意見，開始將國有企業私有化，包括阿善提金礦。

從表面上看，成果斐然。可可產量從十五萬五千噸成長為一九八六年的二十二萬噸。人均糧食產量也成長。製造業擴張。通膨從一九八三年的一二三％降為一九九〇年的約四〇％。一九八四至一九八九年，每年經濟成長平均達六％。

但這樣的復甦要付出代價。一九八三至一九八八年，迦納的外債增加一倍多達三十三億美元。此外，政府的改革承諾未止住這危機。迦納的經濟水準降太多，光是要回到原來的水準就要花上很長時間。經過十五年的改革，一九九八年迦納的國民生產總值仍比一九七〇年時少了一成六。

在坦尚尼亞，尼耶雷雷辭職後，接他位的阿里．哈桑．穆維尼（Ali Hassan Mwinyi）迅即與國際貨幣基金談成一項改革協議，以免國家垮掉。消費性商品、物料、設備、零件的不足，已使經濟幾乎完全停擺；該國許多醫療院所和學校已名存實已，不再運作；小學入學率從一九八一年的九成八降為一九八八年的七成六；一九八〇年代中期，償債負擔比率已攀升到驚人的六成六；愈來愈需要糧食援助以防災難發生；賄賂猖獗，貪腐叢生。

經過二十三年的社會主義實驗，阿魯沙宣言遭正式揚棄，不再做為發展藍圖。尼耶雷雷警告提防政治動蕩，但民眾接受改革。「對於伴隨結構性調整而來的撙節措施，幾乎沒有明顯的反對聲音，」艾莉．馬里．特里普（Aili Mari Tripp）在她的專題論著《改變規則》（*Changing the Rules*）中說；她說原因在於達累斯薩拉姆九成多的家庭，其收入來自為因應這場危機而投入的非正式生意。一如迦納，坦尚尼亞躋身援助圈的「好學生」名單。世界銀行對坦國改革過程的一項調查報告，甚至以「堅決的行動」為副標題。

但大部分政府不願與過去徹底劃清界線，不久就發現不守規定也不會受到重罰。援助源源不斷。一九八〇年代期間，肯亞四度同意施行同樣一套農業改革；肯亞未能縮減公務體系的規模；在經濟自由化上著力不多。但它所收到的補助款從一九八六年占國內生產總值的一%成長為一九九〇年的超過三%。在某些例子裡，「違反規定」的情節太嚴重，援助計畫有時遭擱置，但「重新議約」的大門始終敞開。面對要求減少預算的壓力，政府挑軟柿子下手，偏愛裁減投資和維護費用，而較不願裁減人事支出，以免動搖他們的恩庇網絡。事實上，政府既利用金援來施行改革，也用它來推遲改革。援助資源未有助於實現結構性調整，反倒使政府從事政策改革的意願降低。整體來看，政府減少開發作為，政府消費卻成長。政府放任債務成長，一再重訂債務支付計畫。債務支付計畫的重訂變成行禮如儀。到了一九九〇年，已有三十個國家透過協商談成一百二十次債務支付計畫的重訂。在大部分例子裡，「結構性調整」的最大成果，乃是執行了使執政菁英得以大體維持其原來治國方式的局部性改革。

政府也找到辦法操控改革過程，使改革有利於他們。國營企業讓他們得以擁有許多重要人事的任命權，因此最初他們敵視國營企業私有化的主張，後來卻理解到私有化本身能做為掌控任命權的恩庇工具。私有化是世界銀行最熱衷的目標之一，因此，受援國輕易就能取得用於私有化的經費。一九八九至一九九一年國際貨幣基金和世界銀行借給非洲政府的結構性調整資金，約三分之二用於國營企業改革，特別是國營企業私有化。但援助機構未密切掌控這一過程，非洲國家領袖因此有了以極優惠條件（包括低利貸款和長還款期）和最低價，將政府資產賣給政治密友和特定企業家的大好機會。這類讓非洲領袖得利的政治資產，包括一九六〇、七〇年代在援助機構支持下創立，然後在一九八〇年代獲得援助經費以便予以「改造」的國營企業。以私有化為主旨的交易，大部分在密室進行。「朋黨資本主義大行其道。

象牙海岸總統烏弗埃－博瓦尼利用私有化過程，重新申明其對侍從網絡的控制權。來自世界銀行的官員，原本極支持他的私有化運動，深信那會促進當地的私有制，卻驚駭發現他們給的錢其實協助發展更大規模、更不獨立自主的國營事業。喀麥隆總統保羅．比亞（Paul Biya）趁機強化他貝提（Beti）族親人的經濟支配權。在一九八〇年代晚期的奈及利亞，一百家國營企業私有化，而軍官取得其中八成企業的過半股份。在肯亞、烏干達、薩伊、幾內亞、塞內加爾，國營企業賣給政治菁英的親戚和侍從者。在剛果－布拉札維爾，有個工會領袖抱怨：「排隊等著買求售公司的人，都是政府成員，千真萬確。」

到了一九八〇年代末，經過十年的結構性調整，情況幾乎完全未改善。非洲前景黯淡。人口四億五千萬的黑色非洲，人均所得低於一九六〇年代時。一九八〇年代，人均所得每年減少二．二％。外債增加兩倍，達到一千六百億美元，比國民生產總值還高。光是償債負擔就達商品、服務出口值的四分之一。應償債務只有約一半真的償還，但即使如此，外流量仍超過流入的外援和外國投資。政府赤字平均超過六％，相較之下，一九八〇年只有二％。

非洲大宗商品的貿易條件繼續惡化。一九八〇年代，出口購買力逐年下滑，到了一九八〇年代結束時，出口購買力只有一九八二年水平的七成七；換句話說，愈來愈差的貿易條件已使非洲國家損失將近四分之一的出口購買力。以可可和咖啡這兩項重要作物為例，一九八六至一九八九年，可可價跌了四成八，咖啡價跌了五成五。由於大宗商品價格下跌，非洲於一九八六至一九八八年損失潛在收入五百億美元。

不計石油、礦物投資，私人資本的流入少得可以略而不計。曾把非洲視為提供高風險但高回收機會之地的外國企業家，這時認為非洲是風險更高但低回收之地。需要外援填補日益擴大的缺口，在某些例子裡，外援更成為政府的替代品。一九八〇年，官方發展援助占黑色非洲整個國內生產總值不到四%；到了一九八九年，已成長到將近一成。從實質角度來衡量，外援於一九八〇年代期間成長一倍，從一年七十六億美元成長為一百五十億美元。此外，總共六十億美元的債務遭勾銷。但就在國家財政極仰賴外援支持時，非洲的遲滯不進促成「援助疲乏」（指原本熱心捐助者不再捐款救助的現象）。

世界銀行本身推斷：光經濟改革無法解決這危機；政治改革也不可或缺。在一九八九年十一月發表的重大報告《從危機到自力成長》（*From Crisis to Self-Sustainable Growth*）中，世界銀行首度明確承認非洲的經濟弊病有其經濟病根，也有其政治病根。世界銀行說，非洲所需要的不只是較少作為的政府，還有較好的政府。

如果政治環境不利，為打造有利環境和生產力而付出的努力就會白費……追根究柢，更好的治理需要政治更新才能實現。這表示必須齊力打擊從最高層到最低層的貪腐。藉由樹立好榜樣，藉由強化可問責性，藉由鼓勵公開辯論，藉由培養獨立新聞界，可做到這點。這也表示必須……促進草根組織和非政府組織，例如農民協會。

簡而言之，世界銀行所提倡的，乃是政治自由化。它主張經濟成功大大取決於廉能政府、法治、開放性經濟、政治民主。

接著，世界銀行主席巴柏．科納布爾（Barber Conable）提出更直接的批評：

撒哈拉沙漠以南非洲地區的許多國家的發展，受到它們政治制度相當沒必要的約束。非洲人能解決且必須解決這問題。毋庸置疑的，太多非洲國家，在獨立三十年後，未能創造出能讓發展遂行的政治、經濟制度……必須讓人民能自由發揮其個人潛力和集體潛力……開放的政治參與受到限制，甚至受到譴責，膽敢說出自己想法的人往往是冒極大的政治風險。我認為非洲許多政治領袖在意保住權力，恐怕更甚於在意他們人民的長遠福祉。數百萬非洲人所蒙受的損失……高得不可原諒。

對於與西方打交道的非洲諸政權來說，這表示從此以後他們若要取得西方援助，不只要滿足經濟條件，還要滿足政治條件。

在這同時，非洲各地都出現了非洲人民已開始反抗本國政治領袖掠奪性統治的跡象。

23 爭取民主

「崇拜獨裁者讓人非常受不了，」在奇努亞·阿切貝一九八七年出版的小說《熱帶稀樹草原的蟻丘》（*Anthills of the Savannah*）中，《國民報》（*National Gazette*）主編伊凱姆·奧薩迪（Ikem Osadi）埋怨道。「從假彌賽亞變成怪物的總統，其變化無常的作風，令奧薩迪發出這樣的怨言。「如果只是頭下腳上跳舞這種事，還不算太糟糕。只要練習，誰都能學會。真正的問題在於每一天，每一分鐘，都無從得知哪個在上，哪個在下。」

到了一九八〇年代末，非洲已以存在多位「大人」（Big Man）而著稱於世。這些「大人」是不可一世的獨裁者，對反對聲音和異議都無法忍受，操縱選舉，使法院無法伸張正義，令新聞界噤若寒蟬，抑制大學的自由學風，要求奴顏卑膝的屈從，使自己富可敵國。他們的臉出現在紙鈔上；他們的照片掛在辦公室和店鋪裡。他們用自己的名字替公路、足球場、醫院取名。他們的講話和日常活動是電臺、電視新聞和官方報紙的頭條。他們把大量支持者安插進公務體系，雇用祕密警察捕殺反對者，允許他們可視情況需要自行羈押、拷問、殺害人。到了一九八〇年代末，三十年來沒有哪個國家元首讓人民用選票把自己拉下臺。約一百五十個登上非洲舞臺的國家元首，只有六個自願交出權力。他們包括塞內加爾當權二十年的萊奧波德・桑戈爾；喀麥隆當權二十二年的艾哈馬杜・阿希喬（Ahmadu Ahidjo）；坦尚尼亞當權二十三年的朱利烏斯・尼耶雷雷。

第一代非洲政治領袖裡，有一些人到老仍緊抓著權位不放。在象牙海岸，八十四歲的費利克斯・烏弗埃－博瓦尼，當權二十九年，仍一如以往獨攬大權。「沒有二號、三號或四號人物，」他於一九八八年說。「在象牙海岸，只有一號人物：那就是我，我不和他人一起做決定。」自當權以來，他贏了全部六次總統大選，平均得票率據稱達九九・七％。歷史系教授洛朗・巴格博（Laurent Gbagbo）擬了一份演說稿談多黨制民主的優越性，但被禁止發表。他硬是把演說稿四處散播，不久後就逃出國，以免身繫囹圄。一九八八年烏弗埃大赦政治反對者和流亡人士，巴格博返國，但立即因為宣傳他於流亡期間創立的反對黨而惹上麻煩。在軍營待了一段時間後，他被叫到烏弗埃和烏弗埃的所有閣員面前接受狠狠訓斥。問及一九八九年他為何想改變制度時，巴格博回道：「我從烏弗埃－博瓦尼總統那兒得到啟發。他所做的事，樣樣都是我們不該做的。看看阿必尚，有烏弗埃－博瓦尼體育場、烏弗埃－博瓦尼橋、烏弗埃－博瓦尼產科醫院。我們所需要的乃是權力下放。屆時人們就能自己管自己的事。」

在馬拉威，班達的獨裁統治惡化為暴政。一九七一年自命為終身總統後，他消滅所有異議跡象，把數千馬拉威人關進拘留所，派他的祕密警察和準軍事組織「年輕先鋒隊」（Young Pioneers）對付國內外的反對者。一九八一年，著名馬拉威流亡人士奧爾頓·齊爾瓦（Orton Chirwa）和其妻子薇拉（Vera）造訪尚比亞時遭劫持，押回馬拉威，被控以叛國罪，在擺樣子的審判中遊行示眾，然後判處死刑。後來，因國際抗議，死刑減為終身監禁。一九八三年，試圖進行內部改革的三名內閣部長和一名國會議員，在離開國會時被捕，遭警方用大錘活活打死；官方說他們死於車禍。班達利用其對政府的控制，打造了一個龐大的商業帝國「報業控股公司」（Press Holdings）。這家公司的業務擴及菸草、牧場經營、運輸、房地產、石油配送、藥品、保險、銀行，其營業額最後占了馬拉威國內生產總額的三分之一，雇用了該國一成的工資勞動者。

班達晚年（一九八八年時他九十歲）日益倚賴他所栽培的兩個後輩來維持其統治。一位是陪伴他三十年的塞西莉亞·卡札米拉（Cecilia Kadzamira），另一位是卡札米拉的舅舅約翰·騰博（John Tembo）。獨立前卡札米拉曾在班達的診所當護士，後來成為他的祕書，然後被提拔為「官方女主人」（Official Hostess），最後取得「媽媽」（Mama）——「國母」——的頭銜。騰博是報業控股公司和其他許多組織的董事長，班達最倚重的打手，幫主子幹見不得人的骯髒事，剪除對手毫不手軟。想和班達見面，都要經過他們兩人的同意，兩人打算在班達死後接掌國政。班達雖然年老，身體日益虛弱，卻無意辭去總統之位。「我要跟你們直說，」他說。「只要我在這裡，我就必定是你們的總統，你們得照我想做、喜歡做的去做，而不是照你們喜歡做、想做的去做。一切聽卡穆祖（班達名字）的。我就是要這樣。」

在尚比亞，肯尼思·康達的政權較為良性，但他同樣堅決主張一黨統治的好處和他個人領導的卓越，無視當權二十五年來經濟被他管得一塌糊塗。一九八八年康達出馬競選連任時，曾任部長的悉科塔．維納（Sikota Wina）抱怨道：「要選贏康達是不可能的。候選人產生自一個無懈可擊的制度，誰都挑戰不了這個總統。」一九八〇年代，光是在首都盧薩卡，據估計就有四萬個職缺控制在他手上。

他很感性，動不動就在大庭廣眾前哭了起來，左手常捏著一條白色亞麻手帕。即使執掌處境如此艱困的尚比亞，他仍把許多時間花在思索巴勒斯坦與中東問題、朝鮮半島、德國之類世界問題上。他不斷提到他的人道主義哲學，出版了兩冊以人道主義為題的書，演講時常引用聖經字句。但他雖然支持基督教的根本原則，卻樂於不經審判就羈押異議人士。美國國務院一份談尚比亞人權的報告指出，「根據可靠的說法，軍警訊問遭羈押者或囚犯時濫用暴力。遭指控的虐囚行徑……包括毆打、不給食物、使身體不同部位疼痛、長期獨囚、威脅處死。」

在加彭，歐瑪爾．邦戈（Omar Bongo）掌控該國石油財富二十二年，使他成為世上最富有的人士之一。他作風浮誇，獨斷獨行，習慣闊氣生活，要求絕對服從。說明為何棄基督教改皈依伊斯蘭教時，他說此舉移除了他與上帝之間的中間人。「我不必到高級神職人員或主教面前說明我做了什麼事，」他說。他位在利伯維爾的總統府，造價達五億美元。他從事的生意，從房地產、錳到石油出口，非常多樣。他要管理加彭石油資源的法國億而富（elf）石油公司，把一成的石油銷售所得轉到多元投資準備金（Provision pour Investissements Diversifiés）——供他個人使用且幾乎不避人耳目的行賄基金——他則給該公司可觀的減稅優惠做為回報。一九八九年，法國《世界報》報導，一九七〇、八〇年代期間，四分之一的國家歲入被挪到菁英的私人口袋裡，相當於加彭所努力償還的國債的近兩倍。據估算，加彭所有個人所得，八成在二%的人口手裡，主要是菁英和他們的大家族。

一些軍事政變領袖也想方設法永保大位，藉由一黨制穩固自己的統治地位。一九八〇年代結束時，莫布圖在薩伊掌權已二十四年。穆薩．特拉奧雷（Moussa Traoré）將軍則已統治馬利二十二年，一九七九、一九八四、一九八九年都在無人與其競爭下贏得總統大選。在多哥，尼亞辛貝．埃亞戴馬（Gnassingbé Eyadéma）將軍，即參與一九六三年暗殺奧林匹歐總統一事的前法國陸軍中士，已掌權二十一年。在貝南（達荷美），馬蒂厄．凱雷庫（Mathieu Kérékou）這位法國人培訓出來的一名傘兵，已掌權十七年，統治官方所謂的「馬列主義」國家。在衣索匹亞，孟吉斯圖上校，掌權十五年後，仍在厄利特里亞、提格雷、沃洛興兵平亂，用兵力達五十萬的軍隊支持他的政權。

奈及利亞的軍事統治者，易卜拉欣．巴班吉達（Ibrahim Babangida）將軍，在一九八五年的宮廷政變中奪權，宣稱贊成回歸文人統治，但不久就愛上權力的滋味，成立了貪婪的獨裁政權，統治手段之殘酷為奈及利亞此前任何政權所不能及。他的國家安全局（State Security Service）無法無天，以隨意逮捕、羈押、拷問、殺人而臭名遠播。民間團體（工會、學生、專業人士協會、人權組織、新聞媒體）遭斥為「極端主義者」而受到迫害。直言批評時政的《新聞觀察》（*Newswatch*）週刊主筆，以其犀利評論和追根究柢的報導風格著稱，結果遭郵包炸彈炸死。

巴班吉達、他的軍事小集團和商界友人，行事日益肆無忌憚，掠奪石油收入，靠毒品走私牟取暴利，從事有計畫且規模前所未見的商業詐欺。「巴班吉達被視為奈及利亞歷史上貪腐規模最大的統治者，」美國學者賴里．戴蒙（Larry Diamond）寫道。由於波斯灣危機，一九九〇年油價暴漲，奈及利亞得到可能有五十億美元的意外之財。其中許多錢透過附屬於特定工程和部會的「專用帳戶」流入執政菁英手裡。世界銀行估計，一九九〇和一九九一年二十一億美元的石油收入被轉到預算外的帳戶裡。據一九九四年的一份官方報告，一九八八至一九九三年約一百二十二億美元被轉到預算外的帳戶。奈及利亞的經濟大部分與非法活動有關，一年超過十億美元（相當於政府登錄歲入的一成五）流入在執政菁英縱容下運作的走私、詐欺網絡裡。

塞貢．奧索巴（Segun Osoba）在一篇談奈及利亞境內貪腐的文章中寫道，巴班吉達的行事建立在一假定上，即「如果他把夠多的奈及利亞人腐化掉，就不會有人公開談貪腐或公共問責的問題，然後這問題就會從全國待議事項中消失。」他接著寫道：

> 這一招在某種程度上奏效，因為許多大學教授和其他學界中人、主要職業的領袖、主要的工運人士、最高層神職人員和福音傳道者、國家經濟的「有組織的私部門」的頭面人物，爭食巴班吉達政權的肥缺。巴班吉達設立了無數委員會、董事會、中心、特別任務小組之類有著無限預算、模糊不定的工作內容和專斷權力的機構，以安置他那批人數眾多的密友、走狗、機會主義者。
>
> 巴班吉達政權貪腐行徑的最顯著特色，乃是到處可見的免罰文化：他的追隨者，不管身分地位高低，只要繼續百分之百效忠、擁護這位領導人，都可以盡情掠奪錢財而不會受到懲罰。在效忠、擁護上有所退縮或動搖的人……則受到國家所有強制性權力工具的恐嚇，即使他們完全沒做錯事亦然。

在這同時，老百姓的日子愈來愈苦。聯合國開發計畫署根據一九九〇年的一項調查推斷，奈及利亞是開發中世界人民最窮的國家之一。一九九一年世界銀行的一份報告，把奈及利亞列為世上第十三窮的國家。

第二代政治領袖已冒出，且他們有透過一黨專政統治國家的野心。丹尼爾．阿拉普．莫伊是後起之秀之一。他擔任肯亞塔的副總統十一年，一九七八年肯亞塔死後，他接掌大位。他當總統四年後，靠法令把肯亞改造成一黨制國家，使新反對黨的成立計畫胎死腹中。然後他設立黨紀律委員會，使任何批評他政策者都不得參選從政，得意表示他有辦法讓他們活不下去。「我希望部長、次長和其他人像鸚鵡一樣，我唱什麼就跟著唱什麼，」他於一九八四年說。「我們就是這樣取得進步的。」他的統治成為「大人」統治手法的集大成。他限制法官與審計長的自主權，拿掉他們的任期保障；他騷擾、關押異議人士，容忍拷問；他取消新聞自由，使工會噤聲，把公務體系變成黨機器。他賦予黨的幹部監控酒吧、飯店、餐廳之類公共場所以找出反對者的警察權。他甚至放棄黨內初選的祕密投票制，代之以「排隊」制。在這新制下，投票者得在持有候選人照片的候選人代理人後面排成一列，過程中弊端叢生。凡是在這個階段的投票拿到七成以上選票的候選人，即自動當選。選舉普遍遭操控，以確保只有他屬意的人當選。

大衛．什魯普（David Throup）和查爾斯．霍恩斯比（Charles Hornsby）這兩位學界研究人員，對一九八八年的選舉做了獨立分析，說它是「一場被動了手腳、混亂不堪的選舉，至少三分之一的競選席位被明目張膽動了手腳和操弄，以確保『正確』的候選人當選。」教會出資經營的雜誌《另一邊》（*Beyond*），刊出一期專刊，詳細報導一九八八年選舉的舞弊行徑，立即遭政府查禁，其主筆被判九個月徒刑。一九八八年選舉的最終結果，就是把所有立場還算不偏不倚的政治人物全趕出議會。議會淪為橡皮圖章。

莫伊骨子裡是個部落主義者，他來自少數族群卡倫津人底下的一個次族群，把重要職位交給卡倫津人，一有機會就特別照顧卡倫津人的利益，運用公權力削弱肯亞塔當權期間舊基庫尤人菁英所建立的恩庇網絡，打擊他對手的商業利益。他為自己和兒子打造的商業帝國，包括運輸、石油配銷、銀行、工程、土地方面的事業。他的核心集團，因他的家鄉而得名卡爾巴內特集團（Karbanet Syndicate），變得極為富有，從銀行和退休基金取得他們根本無意償還的貸款，從政府發包工程取得巨額回扣。外商常抱怨莫伊政權索賄，若不照辦就別想開業或拿到合約。奈洛比的商業雜誌《金融評論》（*Financial Review*），一九八九年刊出數則談咖啡、茶業產業裡政治人物貪腐的報導，不久就遭禁。一九九一年莫伊的密友所擬的假出口計畫，據估計使國庫損失六億美元。

肯亞的貪腐從最高層往下擴散，在莫伊當權那些年，牢牢扎根於體制裡。「貪腐倫理已滲到公務體系的骨子裡，」美國記者布萊恩．哈登（Blaine Harden）於一九八九年寫道。「區專員常從援助機構所出資的防沖蝕水壩工程偷水泥。法庭檢察官常以不反對保釋為回報索賄。汽車管理單位主管向每個想拿到大卡車駕駛執照者索賄，藉此致富且取得政治影響力。」法官因腐敗而惡名昭彰。肯亞有句已流於浮濫的俗話說，「既能收買法官，幹嘛還聘律師？」後莫伊時代所做的一項調查發現，將近一半的肯亞法官和超過三分之一的治安官貪腐。根據這項調查，賄賂金額從給上訴法院法官的高達十九萬美元，到給高等法院法官的兩萬美元，到給治安官的兩千美元，多寡不一。只要花五百美元，就能撤銷已判定的殺人罪，兩百五十美元就能讓被控強暴者無罪獲釋。有位法官估計，至少兩成的囚犯是冤獄受害者，因為他們沒錢行賄。

莫伊完全不把這些當一回事。他只關心自己的利益。為歌頌他的一黨制政權，他下令興建一棟六十層高的辦公大樓以安置黨的中央黨部和黨營的媒體中心。整棟大樓的設計核心是一尊巨大的莫伊雕像。

一九八九年五十個非洲國家，幾乎個個是一黨制國家或軍事獨裁統治國家。在三十二個國家，反對黨被禁。選舉的舉行，主要是為了進一步確立現任總統和其執政黨的統治正當性。在二十九個國家，一九六〇至一九八九年舉行了一百五十場選舉，都未容許反對黨拿下席次。只有三個國家（塞內加爾、波札那和小國甘比亞）維持多黨政治，定期舉行被認為相當自由且公平的選舉。尤其值得一提的，波札那是自由民主主義的突出範例，容忍反對勢力活動，尊重法治，經濟發展快速。

但一股新的改變風潮正在非洲各地湧動。推動這股風潮的力量，一是人民對「大人」政權的貪腐無能、讓人透不過氣的壓迫普遍的不滿，一是對失業率有增無減、生活水準下降、非洲政府為得到國際援助而不得不採行的撙節措施心生的怨懟。在學生領導下，一個又一個國家爆發抗議活動，但城市裡的其他團體（企業家、專業人士、神職人員、工會、公務員）不久也加入，不只要求革除經濟弊端，還要求政治改革。

國外（蘇聯和東歐）的情勢激化改變的呼聲。從一九八〇年代中期起，戈巴契夫的「新思惟」使蘇聯開始撤離非洲，不再有意願或能力維繫靠蘇聯的大方支援生存的附庸國。隨著馬列主義在歐洲滅亡，它在非洲也失去了市場。衣索匹亞的孟吉斯圖於一九八八年前往莫斯科請求增援軍事裝備，遭戈巴契夫拒絕，戈巴契夫要他透過談判解決厄利特里亞、提格雷境內的戰事。失去蘇聯資助且面臨叛軍的進逼，孟吉斯圖宣布揚棄馬列主義，接受多黨制觀念，冀望免於遭叛軍擊敗的命運。東歐境內的群眾街頭示威，始於一九八九年春，而在柏林圍牆倒塌和羅馬尼亞的西奧塞古（Ceauşesw）、東德的何涅克（Honecker）之類歐洲獨裁者的下臺中達到最高潮。這些劇變為「人民力量」的威力提供了有力的例證。一黨制政權這時顯得過時，在歐洲和非洲皆然。就連朱利烏斯．尼耶雷雷，在非洲最能言善道的一黨制代言人，都覺得不能再那麼支持一黨制。「不該以近乎宗教的心態來看待一黨制，」他在走訪東德的萊比錫後於一九九〇年二月說。「我們坦尚尼亞人把一黨制當成歷史的必然。但這不是什麼上帝的聖旨。不該把提出多黨制看法的人看成犯了叛國罪。」

此外，冷戰的結束改變了西方對非洲的態度。過去，西方諸國政府支持高壓政權，只因它們對西方友好，但現在，這麼做不再符合西方的戰略利益。西方諸國政府和世界銀行推斷，沒有人民參與的一黨制政權是經濟發展的大絆腳石，開始強調民主改革。

一九九〇年六月，英國宣布此後它的援助計畫將以「追求多元主義、公共問責、尊重法治、人權、市場原則」的國家為對象。一九九〇年六月，在法國的拉博勒（La Baule）舉辦了法國—非洲高峰會，非洲三十三國派代表團與會，其中二十二國由國家元首率團。在這場會議上，法國總統密特朗說，法國將根據自由化的努力程度決定是否給予以援助。他提醒道：「對於漠視民主化需要的獨裁政權，法國肯定不再那麼熱衷於提供開發援助，而準備踏上勇敢的民主道路的政權，都會繼續得到我們的積極支持。」

在這之前，法國—非洲高峰會被視為鋪張浪費、增進情誼而言不及義的家庭聚會。

西非小國貝南第一個身陷突如其來的抗議浪潮。它的軍事統治者馬蒂厄・凱雷庫和他的密友把國營銀行體系搜括淨盡，致使政府拿不出一毛錢付教師和公務員的薪水，其中有些人被拖欠了十二個月的薪水。三家國營銀行因把大筆錢無擔保貸給凱雷庫的核心集團成員和他們所創立的空頭公司，而於一九八八年倒閉。據世界銀行的說法，放款總額達五億美元。後來發現，他最親信的顧問，馬利的伊斯蘭教修士穆罕默德・西塞（Mohammed Cissé），常坐在商業銀行的經理辦公室裡，用電傳方式將數百萬美元轉到他位於歐美的銀行帳戶裡；光是一九八八年，西塞據估計就把三億七千萬美元移到國外。由於整個國營銀行、信貸體系的流動資金都已被抽光，平常的商業活動停擺；公司無法運作，商人無法售貨也無法買貨。

一九八九年一月，因政府未發補助金而引發的一場學生抗議，演變為反凱雷庫政權的全面動員，參與者包括教師、公務員、工人和教會團體。軍方也騷動不安，密謀充斥；沒領到薪餉的軍人劫走為紓解國內危機而從國外運進來的大批紙鈔。只有凱雷庫的精銳總統衛隊仍效忠於他，這支衛隊的成員全招募自他所屬的北方族群。一九八九年貝南國內的所有罷工、示威，都提出了支付欠薪的要求，但訴求愈來愈著重於重振民主。

凱雷庫請求西方金援以支付人民欠薪，遭到拒絕。一九八九年十二月，他不得不讓步，廢除馬列主義的官方意識形態地位，承諾憲改。他以為能操控大局，提議召開全國代表大會（Conférence Nationale des Forces Vives），讓商界、專業人士、宗教人士、勞工、政治人物等族群的團體，有機會和政府一起草擬新憲法架構。為展現他的決心，他與示威者一起走在科托努（Cotonou）市的市中心，卻遭到噓聲對待和推擠。政府控制的電視臺首度播出示威者揮舞反政府標語的畫面。

全國代表大會如預期於一九九〇年二月舉行，為期九天，大會活動卻轉為對凱雷庫軍事政權的貪汙腐敗尖銳的控訴，並透過電臺、電視臺的現場直播呈現人民眼前。四百八十八名代表，在大主教伊索多雷·德·蘇札（Isodore de Souza）領導下，宣布由他們掌有最高統治權，暫時中止憲法，解散國會，任命前世界銀行官員尼塞福爾·索格洛（Nicéphore Soglo）為過渡政府總理，制訂選舉時程表。凱雷庫獲准留任，當過渡時期總統。

一九九一年貝南議會和總統選舉，是該國獨立以來第一次名副其實的權力角逐。國際觀察家判定那是普遍自由且公正的選舉。在總統選舉，索格洛以比對手多出一倍票數的驚人差距擊敗凱雷庫。落敗之後，凱雷庫為其在擔任總統期間的濫用權力道歉，承諾「他深切、真摯、堅定不移的希望改變」，獲得免予起訴的待遇。貝南於是成為用民間力量把軍方拉下臺的第一個非洲國家，現任總統在選戰中落敗的第一個非洲國家。

貝南「重振民主」後的四年裡，一連串激烈、漫長的權力爭奪，在非洲的諸位「大人」和決意趕走他們的反對勢力之間爆發。反「大人」統治的勢力，大多由前部長或菁英階層成員領導，這些人宣稱他們帶頭反對統治者是為了民主理想，但其實更大的動機，乃是一心想分食公共權力與金錢的一杯羹。不管懷有何種動機，各方都極力訴諸族群意識來爭取支持；選舉時，不管是意識形態、政策，還是階級，都對選情影響不大。在貝南，人民普遍支持改變，但即使在這個國家，選民投票大抵根據族群忠誠：北方人壓倒性支持凱雷庫（九四％）；南方人壓倒性支持索格洛（八〇％）。經過十七年的「北方人」統治，許多南方人所念茲在茲的，與其說是「重振民主」，不如說是換人做看看——政權「更迭」：該換他們上臺了。由於輸贏得失極大，選舉不可避免增加族群緊張。有時，政治人物還不顧後果利用族群緊張來壯大自己聲勢。

終極來講，許多「大人」能擊敗反對勢力，繼續掌權；有些「大人」則在抗議浪潮中滅頂。但即使在出現政權更迭的國家，不久人民也對「重振民主」的理想幻滅。在貝南，一九九三年，南方人抱怨「民主」未帶來什麼改變；政治的確較開放、較不壓迫，但還是以前那批菁英——通常被冠上「壞蛋」之名——在掌權。在北部，民主則意味著由他們所痛恨的南方人當老大。

一九九〇年二月，人民罷工、示威，抗議撙節措施，使烏弗埃－博瓦尼的統治受到挑戰。面對此情勢，他本能地回以壓迫。警察上場，用警棍、催淚瓦斯、眩暈手榴彈打散集會和遊行群眾。

一百四十名學生因試圖在阿必尚的大教堂裡集會遭棍棒伺候，然後被烏弗埃扣上「惡棍、吸毒者」之名。

但這些抗議活動很快就染上政治色彩。示威者揮舞標語，譴責烏弗埃的獨裁統治和他在亞穆蘇克羅耗費巨資興建氣派長方形廊柱大廳式基督教堂之舉，要求多黨選舉。批評烏弗埃最不遺餘力的洛朗．巴格博加入戰場，提議舉行和貝南類似的全國代表大會。

烏弗埃最初的回應，乃是拒絕多黨制的要求，但民怨沸騰，他無法再抗拒。一九九〇年四月，他宣布反對黨將會得到官方承認，然後趁反對黨還未能組成統一戰線對付他，迅即著手舉行選舉。一九九〇年十一月的總統大選，八十五歲的烏弗埃以八成二的得票率擊敗年紀只有他一半的巴格博，第七度當選總統。他的黨在一百七十五個席次中拿下一百六十三席。結果是迎來更大程度的「大人」統治，但該國首度出現議會反對黨。一九九三年十二月烏弗埃去世時，已當了三十三年總統。

一九九〇年，薩伊處境急速惡化，致使莫布圖於該年四月不得不屈服於壓力，廢除他已施行二十三年的一黨制，改行多黨政治。他承諾讓薩伊走上新時代，提議召開全國代表大會為未來鋪平道路。一時之間薩伊政治改頭換面似乎已是必然之勢。但莫布圖從無意放棄手中權力。他繼續把中央銀行、軍隊、國家保安機構抓在手裡，五月時仍用武力殘酷剷除盧蒙巴希大學的學生異議分子。全國代表大會一延再延。莫布圖的多黨政治承諾，不久在金夏沙就被嘲笑為和「多莫布圖主義」（multi-Mobutuism）幾乎無異。

但政治活動風起雲湧。新成立政黨達兩百多個。其中許多黨是莫布圖和其盟友為操縱局勢而創立的門面組織，但仍出現勢力不容小覷的反對黨。這些反對黨包括埃蒂昂．奇塞凱迪的社會民主進步聯盟（UDPS）；恩古札．卡爾邦德的聯邦派與獨立共和派聯盟（Union des Fédéralistes et des Républicains Indépendents）。社會民主進步聯盟是反對運動聯盟「激進反對勢力神聖聯盟」（Union Sacrée de l’Opposition radicale）的核心；聯邦派與獨立共和派聯盟也是該神聖聯盟的一員。

全國最高代表大會（CNS；Conférence Nationale Souveraine）終於在一九九一年八月召開，但不久就被一起劫掠、暴力活動打斷。活動的發起者是莫布圖的軍人，起因是抗議薪餉太低。亂事從金夏沙擴及到其他城鎮。有人估計這場劫掠毀了該國僅存「現代」經濟的九成。軍營成了「贓物市場」，在那裡可買到劫來的東西。法國和比利時派傘兵部隊撤出他們的國民和其他外國人。

禁不住來自國內批評者和西方政府的施壓，莫布圖首度同意與反對派分享權力。十月，他任命奇塞凱迪為總理，但當奇塞凱迪不讓他拿中央銀行的錢時，他在奇塞凱迪宣誓就職後才六天就將之撤職，指示效忠他的士兵將奇塞凱迪和其他閣員擋在他們的辦公室外。「老大就是老大，」莫布圖告訴他的支持者。「他是高飛於天上的鷹，蟾蜍的口水碰不了他的身。」莫布圖找恩古札接替奇塞凱迪。恩古札奉莫布圖之命，試圖停開全國代表大會，懾於群眾抗議而罷手。

莫布圖與全國最高代表大會的較量持續到一九九二年底。莫布圖有計畫地削弱反對勢力，做法之一是在數個省挑起族群暴力。在加丹加省，他鼓勵他所任命的省長把奇塞凱迪所屬的族群，即開賽的盧巴人，趕出去；十萬名盧巴人被迫逃離家園。他在北基伍省使出類似手法。八月，全國最高代表大會採用新臨時憲法，投票通過將國名恢復為「剛果」。代表大會建立了新立法機構，共和國上議院（Haut Conseil de la République），選奇塞凱迪為總理。莫布圖根本不把全國最高代表大會放在眼裡，十二月下令該大會解散。

前總理肯哥・瓦・董多（Kengo wa Dondo）描述一九九二年莫布圖的處境時，告訴記者馬克・胡班（Mark Huband）：

> 他嗜愛權力。我當總理時，他不喜歡討論……他不想讓非他任命的人與他分享權力。民主降臨後，他的想法沒有改變。莫布圖解釋得一派輕鬆：「一個首領當家作主。」首領身邊圍繞顧問。做決定時他徵詢顧問團。他的確徵詢。但像他那樣的人從不認為自己做了錯誤決定。莫布圖會受影響，但有自己見解。最後始終是他說了算。

在這同時，經濟情勢急墜而下。通膨率一九九一年達到三〇〇〇%，一九九二年為五〇〇〇%，一九九三年為八八二八%。一九九二年十二月，莫布圖下令中央銀行發行新的高面額紙鈔，面值五百萬薩伊幣，當時值約三美元。但奇塞凱迪宣布這新幣無效，要商家不要接受。已獲政府用新幣支付薪水的軍人上街鬧事。在金夏沙發生的另一波暴力事件，法國大使和數百平民遇害。

經過三年的暗中操弄和阻撓，一九九三年三月莫布圖不再佯裝改革，重啟舊憲，重開舊議會。他和外界愈來愈疏離，大部分時間不是待在他金夏沙的豪華遊艇上，就是離群索居於他在巴多利泰的府邸。在華府，他的老友老布希總統於一九九二年寫了三封信給他，促請他交出權力，但莫布圖沒聽進去。接下來的柯林頓政府召回美國駐薩伊大使梅莉莎．威爾斯（Melissa Wells），表明對莫布圖不以為然。回到華府時，有人問威爾斯美國為何不乾脆叫莫布圖下臺。她回道，難題在於他不是「像邪惡的西方女巫那樣會消散不見。這個人不願離開！」

支持莫布圖當權將近三十年後，美國終於不再挺他。一九九三年十月，曾在美國國務院職司非洲事務的前助理國務卿赫曼．柯恩（Herman Cohen），向眾議院非洲小組委員會概括說明了薩伊的現況：

若說薩伊如今有政府，那真是誇大得離譜。莫布圖總統的一小批軍職、文職同志，全來自同一個族群，透過人稱DSP而有五千兵力的總統衛隊的效忠，控制金夏沙市。這批人也控制了中央銀行，為使總統衛隊忠心不渝所需的外幣和本國幣，就由該銀行提供。統治集團能透過情報蒐集掌握薩伊其他地方的動態，但政府號令其實出不了首都。

一九九〇年八月阿克拉市出現一反對團體時，迦納軍事領袖空軍上尉傑瑞．羅林斯的反應，乃是把該團體的諸位領導人斥為一幫想阻撓他「革命」的機會主義者。為回應他們實行開放性政治、結束新聞審查、釋放政治犯的要求，他推出精心籌劃但由他牢牢掌控的政治改革計畫。他設立了憲法專家委員會，要該委員會就憲法草案提出建議，但把他的支持者安插進該委員會，並重擬該委員會的報告，以把特赦他與他軍官同僚的條文納入其中。他直到一九九二年五月才取消長達十一年的黨禁，給各政黨僅僅六個月的時間準備選舉，然後毫無保留地利用政府資源（金錢、車輛、直昇機、國營媒體）打他自己的選戰。選前不久，就宣布公務員大幅加薪，推動新的就業計畫。一九九二年十一月的總統大選，羅林斯拿下五八．三％的選票，他的對手，傑出歷史學家阿杜．博亨（Adu Boahen）拿下次高票，三〇．四％的選票。這場選舉被國際觀察家普遍評定為正當有效，反映了羅林斯個人的民意支持度。但反對黨聲稱有大規模舞弊，拒絕參加次月的議會選舉，讓羅林斯和其盟友唱獨角戲。一九九三年一月羅林斯宣誓就任總統，治理一個實質上施行一黨制的國家。

奈及利亞的軍事統治者巴班吉達將軍推拖了四年才批准政黨活動，然後對選舉過程施予嚴格限制，最後看選舉結果不合他意，推翻該結果。巴班吉達提高了人民對重拾文人統治的期望心理，容許人民力量壯大，然後在選舉已圓滿結束時翻桌不承認選舉結果，為暴動、示威、罷工、族群敵視的產生打造溫床，使外界更不看好奈及利亞能脫離軍事獨裁統治。

一九八九年廢除黨禁後，巴班吉達查禁他所認為不配參政的眾多政治組織，代之以他自己創立的兩個新組織：社會民主黨（SDP；Social Democratic Party）和全國共和大會（NRC；National Republican Convention）。兩者都極倚賴官方資助；都得採用政府所擬的標誌和章程，都得恪守中間派宣言，一個「有些偏右」，另一個「有些偏左」。前「老派」政治人物和公職人員被禁止參政，理由是他們過去在職時的作為，照巴班吉達的說法，「不利於……好政府的發展和人民福祉的保障。」同樣被禁的，還有被巴班吉達視為「極端派」的團體。

巴班吉達竭力控管過渡時期，但過去的政治效忠心態和派系紛爭不久就浮現。南北人民相互遷徙的情況不少，但全國共和大會（NRC）最後卻被視為「有點偏重北方」，或被稱為Northern Republican Convention（北部共和大會），代表保守北方的利益；社會民主黨則被視為「有點偏重南方」，或被稱為Southern Democratic Party（南部民主黨），代表南方進步派的利益。這一認知隨著一九九〇年的地方政府選舉、一九九一年的州議會選舉、一九九二年的國會選舉更為盛行。一九九二年的總統初選惡化為黨內的派系惡鬥、買票、上法庭質疑投票結果，巴班吉達隨之禁止全部二十三個涉及的候選人活動，強制施行新的提名程序。

最後兩名候選人脫穎而出，角逐一九九三年六月的總統大選。名氣最響亮者是酋長莫舒德．阿比奧拉（Chief Moshood Abiola）。他是約魯巴族商業鉅子和媒體大亨，奈及利亞最有錢的人之一，事業遍及航運、銀行、出版、農業、航空、石油探勘、通訊。阿比奧拉是樂善好施的穆斯林，靠其與軍方高層的良好關係賺了大錢；光是在巴班吉達當權那八年，他名下的那些公司據估計就拿到總值約八億四千五百萬美元的政府合約。另一位候選人拜希爾．托法（Bashir Tofa），相形之下顯得平凡，是來自卡諾州（Kano，北部豪薩族的最大聚居地）的穆斯林商業鉅子，即使在家鄉地區都鮮有人知。

阿比奧拉和托法都被認為是巴班吉達與他的小集團的密友。但北方人托法是他們所中意的候選人。阿比奧拉是南方人，而且他的龐大財富，若再加上實權總統的權力，肯定較不易受奈及利亞軍方高層擺布，特別是較不易受北部菁英擺布。北部菁英長久以來習於直接或透過官員間接行使權力。眼見愈來愈多跡象顯示阿比奧拉較有勝算，巴班吉達出手干預，以毀掉這場選舉。一場名叫「巴班吉達必須留任」的運動，搭配群眾大會、宣傳小冊、報紙廣告展開。這場運動的核心是個名叫「奈及利亞更好協會」（ABN；Association for Better Nigeria）的代理組織。它在巴班吉達的授意下成立，要求讓他再領導四年，「和平、統一、穩定」的四年。投票前兩天，該協會從一位挑在晚上九點這個不尋常時刻開庭的高等法院法官那兒，拿到一道要選舉延期的命令。全國選務委員會不理會這裁定，決定選舉繼續進行。

儘管遭遇重重困難，與過去的選舉不同的，一九九三年選舉進行得平和有序。美國觀察家彼得・劉易斯（Peter Lewis）寫道：

> 令每個人意外的，六月十二日的選舉可能是奈及利亞獨立後，雖然不是最自由，卻是最公正的選舉。冷漠、憂慮、困惑等心態的共同影響，使許多人不出來投票，投票率據估計只有三成五。行政和人力物力安排上普遍存在的問題，也使一些本有意投票的人未能登記他們的選票（包括持有無效選民登記卡的拜希爾・托法），但沒多少證據顯示存在有計畫地詐欺或作票……沒有嚴重暴力或傷亡之事傳出。選民能有的選擇不多，但這次選舉的結果是順利投票後大家所欣然樂見的。

報紙上刊出的非正式計票結果，阿比奧拉毫無疑問獲勝。他拿下五成八的選票，在全國三十個州中於十九個州拿下最高票，在二十九個州各拿下超過三分之一的選票。奈及利亞歷史上首度有南方人贏得總統大選。他所贏得的支持跨越向來分裂奈及利亞的族群、地域、宗教藩籬，他的勝利因而更加了不起。

但六月十五日，計票結果已公布一半時，奈及利亞更好協會拿到北部某法院的命令，要全國選務委員會不得宣布官方結果。接著陸續出現數個反制的命令，要選委會宣布官方結果。隔天，選委會表示它除了暫不宣布結果，別無選擇。六月二十三日，政府宣布為防止「司法混亂」，它已宣告選舉結果無效。三天後，在電視轉播的演說中，巴班吉達表示，投票結果已受到程序瑕疵和法律爭執無可彌補的玷汙。事實上，巴班吉達的北部軍方小集團出手阻止了可能威脅他們利益的一名南方政治人物當選。

隨著奈及利亞落入暴力、混亂、壓迫的境地，巴班吉達自己的地位跟著不穩，八月他辭去總統之職。經過一段短暫的空窗期，北方強人薩尼．阿巴查（Sani Abacha）將軍發動宮廷政權，廢除憲法，打掉過去四年裡建立的所有民主機構（國會、州議會、地方政府）。他的獨裁統治將比此前的任何獨裁統治更令人膽寒。

在多哥，埃亞戴馬將軍面臨一波波民眾抗議，向反對勢力一次次小幅讓步，但力求保住對軍方的控制權以決定大局的走向。經過數個月的罷工、示威、暴力，埃亞戴馬於一九九一年四月同意讓反對黨活動，七月屈服於反對派要求，同意舉行全國代表大會。在歡天喜地的氣氛中，突然得以暢所欲言的反對黨行動派，利用七、八月的全國代表大會譴責在他當權那些年他的政權所加諸的暴行和壓迫，要求將他起訴。許多人講述了令人傷痛的自身遭羈押、拷問和他人遭謀殺的情事。然後與會代表無視埃亞戴馬的統治權，逕行宣布該大會為最高權力機構，指派共和國最高委員會（High Council of the Republic）在一天主教主教的領導下起草新憲，遴選著名人權律師科庫．科菲戈（Kokou Koffigoh）為總理，排定一九九二年六月選舉。埃亞戴馬把此舉視為對依憲法成立的政府發動的「文人政變」，予以譴責，並拒絕承認這個新治理體制。

身為行政首長和國防部長，科菲戈有權指揮軍隊，但誰都很清楚軍方效忠誰。軍中約四分之三的人招募自埃亞戴馬在北部的家鄉地區，特別是招募自他所屬的卡布雷（Kabré）部族。多哥每年舉辦名叫埃瓦拉（evala）的傳統節慶，節慶活動包括摔角比賽，許多軍人就是在這一摔角比賽期間被他看上招入軍中。重要的統兵職都由他個人栽培的後進出任，包括他自己家族的成員。

族群意識是權力鬥爭的重要原因。全國代表大會的與會代表，包括人數多得不合理、操埃維語（Ewe）的南方人，且這些南方代表把換南方人掌權看得比國家復興重要，從而使北方人擔心自己會失去埃亞戴馬當政時享有的特權地位並遭到報復。

一九九一年十二月，軍方控制大局，炮轟科菲戈的住所，將他囚禁，廢除全國代表大會的諸多改革措施。科菲戈最後獲准續任總理，但愈來愈聽埃亞戴馬的話。一九九三年總統大選，埃亞戴馬拿下九成八選票，但他是唯一候選人，因為他的主要對手吉爾克里斯特．奧林匹歐（Gilchrist Olympio）被選舉委員會取消競選資格。多哥第一任總統席爾瓦努斯．奧林匹歐，一九六三年遭埃亞戴馬暗殺，吉爾克里斯特就是這位遭暗殺總統的兒子。

在加彭，一九九〇年一月歐瑪爾邦戈大學的一場學生抗議活動，引爆持續達數個星期的罷工、示威，動搖了邦戈政權的基礎。邦戈的回應，乃是在執政黨加彭民主黨（PDG；Parti Démocratique Gabonais）裡成立探討民主的特別委員會，隨後該委員會建議以五年為過渡期邁向多黨制。但騷亂未消。邦戈於是同意召開全國代表大會，給受邀出席的七十四個政治協會法定承認。在邦戈操縱下，代表大會最後要求施行多黨制，但請他服完既有的任期直到一九九三年底。

透過詐欺、武力、法國政府援助三管齊下，邦戈繼續掌控大權。五月，反對黨領袖約瑟夫．倫將貝（Joseph Renjambé）在利伯維爾一家國營飯店裡死亡，死因可疑，在數個城市引發暴力事件；抗議者指控此殺人案是邦戈所下令。法國軍隊插手以恢復秩序。九月的選舉在恐嚇、違規事件的破壞下進行，加彭民主黨險勝，在一百二十席中拿下六十三席。許多加彭人覺得這一結果並未真實反映民意。

在喀麥隆，總統保羅．比亞領導腐敗的一黨制政權，最初把要求施行多黨制的呼聲斥為「令人反感且為時短暫的盲目迷戀」，搬出只有一黨制能避免「部族忠誠、地區忠誠」的危險並確保「國家機器有效率運作」的老掉牙藉口。一九九〇年二月，曾任喀麥隆律師協會會長的永多．布雷克（Yondo Black）和一群同僚試圖組織一獨立政黨，結果遭逮捕。布雷克被捕，促使律師協會罷工，要求將他釋放。此事也催生出另一個未立案核准的政黨。公務員和學生跟進罷工罷課示威。

一九九〇年十二月，比亞同意讓反對勢力組黨，但又試圖以高壓手段消滅反對活動，使用保安部隊和其他工具恐嚇行動派。著名記者被捕，反對黨報紙遭禁，支持民主的示威遭暴力驅散。比亞要軍方負責治理最難管的省分，堅不接受反對黨召開全國代表大會的要求。

為逼比亞就範，一九九一年五月反對團體同盟發動鬼城行動（Opération Villes Mortes），一項以罷工和公民不服從為內容，旨在使週一至週五商業活動停擺的運動。主辦者鼓勵支持者不上班不上工，拒繳任何稅，把錢從正規銀行體系領出來。這場運動使經濟停擺了數天，但終究難以持續。

長期的權力鬥爭激化族群緊張。比亞長期以來特別照顧他所屬的貝提（Beti）族——喀麥隆南部的最大族群——身邊安插了許多人稱貝提大老（Beti baron）的南方籍著名顧問。面對來自其他地區族群的反對，他訴諸貝提人的族群團結意識。在貝提人地區的心臟地帶雅溫得（Yaoundé）舉行的一場群眾大會上，他宣布「只要雅溫得一息尚存，喀麥隆就不會死」。來自該地區的貝提族代表向他獻上一把大砍刀、一根長矛、一個鼓，被國內其他地方的人視為挑釁意味十足。

一九九二年十月舉行的總統大選，底定了大局。經過一場充斥著恐嚇、暴力、欺詐、違反選舉規定的選戰，比亞只拿下四成選票，他的兩個對手，聯手拿下五成五選票，但因分割了選票，比亞還是獲勝。

在肯亞，公開批評莫伊政權會惹來什麼危險，人盡皆知。對記者、大學教授、工運人士乃至議員來說，逮捕、羈押和其他種騷擾乃是最可能的結果。但高階神職人員所受到的對待，大體上較寬大。一九九〇年在奈洛比的聖安德魯教堂做元旦布道時，長老會神職人員提摩西·恩喬亞（Timothy Njoya）議論了東歐所發生的改變，推測多久以後類似的壓力會在肯亞迸發。他提到肯亞人所受到的

「羈押、囚禁、拷問、壓迫、剝奪」之苦，表示政府若不處理不義、貪腐、濫權的問題，肯亞會有大難臨頭。他的言論引發軒然大波。莫伊政權的一名官員把他的布道說成「十足瘋狂、愚蠢」；有位部長要求把他抓來關。但另一位批評時政的神職人員，英國國教會主教亨利・奧庫魯（Henry Okullu）附和恩喬亞的主張，公開要求施行多黨政治和此後總統只能連任一次的規定。

一九九〇年五月，基庫尤族兩位著名企業家，肯尼思・馬提巴（Kenneth Matiba）和查爾斯・魯比亞（Charles Rubia），在一九八八年的作票選舉中被拉下臺的兩位前部長，召開聯合記者會，要求結束一黨制。一如其他基庫尤族企業家，馬提巴和魯比亞為莫伊始終未公平對待基庫尤族商業利益一事忿忿不平，想打破陳規開創新局。「我們認為一黨制是造成我們今日政治、經濟、社會困境的最大原因且幾乎是唯一的根源，」他們在某份聲明中說。

莫伊痛斥他們是「賣國賊」和「部族主義者」，說他們想讓基庫尤人再度稱霸；他堅決表示多黨制會使部族林立的肯亞四分五裂。馬提巴和魯比亞宣布打算於七月七日在奈洛比的卡穆昆吉體育場（Kamukunji Stadium）舉辦群眾大會，以申明該施行多黨制的理由，但集會申請遭拒，他們遭逮捕，關了近一年。七月七日，他們的支持者試圖照計畫於卡穆昆吉聚集，遭鎮暴警察以警棍、催淚瓦斯驅散，從而引發奈洛比市較窮區域暴亂和基庫尤蘭、裂谷省境內其他地方的暴力事件，三天後才平息。

一九九〇年的另外兩件事，把原似乎非常穩固的莫伊政權震得地動山搖。二月，肯亞外長羅伯特・奧科（Robert Ouko），一位備受敬重、不久才編了一份高層貪腐資料匯編的洛族技術官僚，被人發現在他位於基蘇穆（Kisumu）區的住家附近遭槍殺；他的屍體被燒得很嚴重，專家花了一個星期才修復燒焦的遺體。奧科遇害的消息，在首都引發暴動。政府最初試圖將此命案說成自殺，但懷疑的矛頭指向莫伊的兩名親信：尼古拉斯．比沃特（Nicholas Biwott），他最倚重的「幕後智囊」，極有錢的卡倫津族部長和企業家，以貪腐而臭名遠播；海澤基亞．奧尤基（Hezekiah Oyugi），他的高階官員，主掌國內安全。在調查委員會調查期間，兩人都被一英國籍調查人員認定為「主嫌」。不久後，莫伊突然解散該委員會，使它無法完成調查。比沃特和奧尤基被捕，但在遭警方拘留兩星期後，以「缺乏罪證」釋放。

另一個啟人疑竇的命案，更加強化了這個政權予人無法無天胡作非為的觀感。一九九〇年八月，批評時政的著名神職人員，主教亞歷山大．穆格（Alexander Muge），死於當局所謂的車禍事故。他公開抨擊貪腐，指控政治人物向無地者「巧取豪奪土地」，死前不久曾遭莫伊政權的另一位部長公開威脅。

為改善自己形象，莫伊表示願推動一些小改革——廢除那個令人極反感的「排隊」投票制和恢復高等法院法官的任期保障。但對於施行多黨政治的要求，他仍抗拒到底。一九九一年三月，資深洛族政治人物奧津加．奧丁加試圖登記一新政黨，遭到阻撓。然後，七月，幾位律師和政治行動主義者成立一壓力團體，取名為「恢復民主論壇」（Ford；Forum for the Restoration of Democracy），但莫伊宣布它是非法組織，警告將「像壓碎老鼠般壓碎」它的支持者。恢復民主論壇的領導人試圖於十一月十六日在卡穆昆吉體育場辦群眾大會，結果他們被捕。

隨著反莫伊政權的聲勢愈來愈浩大，一群屬於他核心集團的成員，以卡倫津人和馬賽人居多的部長，在裂谷省祭出族群動員辦法，以鞏固他們的地位。裂谷省的居民，主要是卡倫津人和他們的盟友馬賽人、特卡納人、桑布魯人（Samburu），此外還有許多基庫尤族「移民」。在一連串政治性的群眾大會中，這些部長要他們的支持者把裂谷省視為執政黨肯亞非洲民族聯盟（KANU；Kenya African National Union）的專屬地區；凡是不支持卡倫津人或不支持肯亞非洲民族聯盟的人，或裂谷省裡的「外人」，都該「回他們的祖國」。這一族群清洗行動的主要對象是基庫尤族居民和其他每個支持多黨政治者。

十月，卡倫津族與非卡倫津族爆發暴力衝突，擴及裂谷省全境，一直持續到一九九二年底，奪走八百條性命。數萬人被迫逃離家園。教會領袖指控當局是造成這些衝突的「共犯」。肯亞全國基督教協進會（National Council of Churches of Kenya）領導調查這些衝突的起因，而調查結果不只把莫伊的諸位部長，也把政府高官和高階黨工牽連其中。一議會委員會得出類似的結論。

在這同時，西方援助單位已對莫伊的貪腐、壓迫政權十足惱火。他們於十一月二十五日在巴黎碰面舉行兩天會議，決定將所有外匯借貸和其他快速支付援助暫停六個月。這帶來的心理衝擊非常大。肯亞從西方特別照顧的非洲國家之一，一夕淪為棄兒。實質影響同樣大：外援提供了將近三成的政府支出。

莫伊迅即屈服。十二月二日，他在奈洛比召開黨代表大會，三千六百名代表與會。許多發言者不曉得政策即將轉向，仍一本忠心譴責多黨制之說。但數小時辯論後，莫伊起身宣布他打算取消黨禁，舉行多黨選舉，震驚莫名的與會代表一致附議。但莫伊接著表明他反對多黨制。「我的看法未變，一切都因為與我們作對的西方媒體，因為今日的經濟處境。」

莫伊政權已在國內大半地方大失民心，一旦選舉，似乎很有可能敗下陣來。但在一九九二年十二月總統、議會大選前的十二個月裡，反對勢力未組成統一戰線，反倒分裂為相對抗的部族派系。恢復民主論壇一分為二：由肯尼思·馬提巴領導，以基庫尤人為基礎，名叫恢復民主論壇—阿希利（Ford-Asili）的一派；由奧津加·奧丁加領導，以洛族為基礎，名叫恢復民主論壇—肯亞（Ford-Kenya）的一派。第三個黨，民主黨（Democratic Party），由曾在肯亞塔、莫伊底下當過官的資深基庫尤族政治人物姆瓦伊·齊貝吉（Mwai Kibaki）領導，進一步分裂基庫尤人的選票。候選人關心進駐總統官邸的機會更甚於民主進程或政策議題。

此外，莫伊充分利用其掌控國家機器的優勢，獲取資金，騷擾反對勢力，操控結果。劃定選區時私心作祟，使肯亞非洲民族聯盟在該黨的東北、裂谷、沿海三省票倉得以大有斬獲。而在反對黨票倉，候選人拿下一席所需的票數，在某些例子裡，是在肯亞非洲民族聯盟票倉所需票數的四倍。東北省的選民占全國選民的一·七九％，有十個席位，而奈洛比省選民占八·五三％，卻只設了八個席位；沿海省選民占八·三七％，設了二十個席位，中央省選民占了一五·五一％，卻只有二十五個席位。在肯亞非洲民族聯盟的票倉，平均來講，只要拿到二萬八千三百五十張票就當選一席，而在反對黨地盤，平均來講，要五萬二千一百六十九張票才拿下一席，票數高出八成四。登記過程也被動手腳。政府縮短供選民登記的時間，延後發放身分證給年輕的潛在選民，實質上使至少一百萬人喪失投票權。在反對黨地盤，選民登記不足。選民最高登記比例出現在裂谷省。選委會的獨立性也堪疑。莫伊任命的選委會主委是法官出身，兩年前宣告破產，因不當行為遭拔掉法官職。

肯亞非洲民族聯盟打選戰時，官派的地區官員出力甚大，控制集會申請的許可，騷擾反對黨候選人和支持者，甚至替肯亞非洲民族聯盟發送金錢和食物。警察和保安部隊被用來打斷反對黨集會。在至少三分之一的選區，反對黨受到阻撓而無法照自己計畫打選戰。在裂谷省，十七個選區（「肯亞非洲民族聯盟區」）是同額競選。

經過幾個月的暴力、恐嚇、操縱、賄選和國營電臺、電視臺的宣傳，莫伊險勝。在總統大選，莫伊得票率三六・五％；他的三個對手（齊貝吉、奧丁加、馬提巴）分掉六三％的選票。在一百七十一個國會競選席位中，肯亞非洲民族聯盟得票率二九・七％，拿下八十三席；它的三大對手，得票率共六成七，拿下八十五席。在中央省，基庫尤人的大本營，莫伊只拿到二％的選票。什魯普和霍恩斯比研究了一九九二年的選舉，總結道：「最初那看似一場立基於理想的全國性較量，最後卻幾無異於一場族群互罵比賽。」

一九八六年率國民抵抗軍（National Resistance Army）奪取政權的尤韋里・穆塞維尼，透過「無黨」制統治烏干達。穆塞維尼主張，烏干達是個農村社會，主要由經濟利益基本上一致的小農組成，因此，在過去，政黨為爭取支持，只能採取利用族群忠誠、地區忠誠、宗教忠誠來壯大自身勢力的策略，從而導致衝突，冷落了真正的問題。「部族主義、宗教或地域觀念，成為黨派忠誠的基礎。正當的競爭沒有健康的基礎可依恃，」他主張。於是，西式多黨民主不適於烏干達。他說，「無黨民主」的好處，在於它使個別候選人得以靠自己本事當上候選人。「凡是想參選者都能如願參選」。

政黨並未真正遭禁，但它們的活動受到嚴重限制。它們可向新聞媒體發表聲明，但不准辦群眾大會，不准辦黨代表大會，不准提名候選人，或不准幫候選人打選戰。一九九二年七月接受ＢＢＣ訪問時，記者向穆塞維尼問起他「對待烏干達人過度家父長式的心態」，他回道：

這些人於這些動盪中失去了八十萬人。他們那麼做肯定不是為了好玩。他們如果知道怎麼搞定事情，怎還需要失去這麼多人？過去三十年，在阿敏當政期間，在奧博泰當政期間，我們失去了至少八十萬人，他們因政治原因而遇害。所以我不是搞家父長制作風，我只是瞭解病人。如果醫生說不給這個人治療，這個人會死，如果醫生給了治療，那就不是家父長制作風。這只是診斷。我們應把這叫作診斷。它是對歷史的診斷。我們不是憑空瞎說。

事實上，穆塞維尼的「無黨」制，其運作和「一黨」制差異不大。支持穆塞維尼之國民抵抗運動（National Resistance Movement）的候選人，選舉時得到政府給予資金、汽車協助；而被認定支持多黨政治的候選人則受到騷擾和恐嚇。一九九六年，烏干達歷史上第一次總統直選，穆塞維尼利用國家資源拿到七成五選票。獨立觀察家普遍認為這一結果反映了當時的民意。但在幾下來的幾年，穆塞維尼愈來愈獨裁，施行恩庇制，特別照顧自己家族成員和忠心的支持者，阻撓對他統治地位的任何挑戰，作風一如其他「大人」。

但在爭取民主的過程中，有兩個值得一提的受害者。在尚比亞，肯尼思・康達面對要求多黨制的呼聲，以會發生族群衝突和選舉暴力為理由，表明應讓他繼續獨掌大權。他說政黨競爭會使「石器時代政治」重出江湖。但民眾抗議愈演愈烈，而抗議的緣由最初是糧食價格暴漲和其他經濟不滿。一九八九年十二月，工會領袖佛雷德里克・奇魯巴（Frederick Chiluba）要求就多黨政治辦一場公投，並舉出東歐的事態來強化其主張。「如果社會主義的主人都已退出一黨制，非洲人為何還要繼續走一黨制？」他問。「一黨制易生弊病。主導政治變革者，不應是當權者，而應是一般大眾。」一九九〇年六月，憤怒的抗議者在盧薩卡放火焚燒為尊崇康達在民族主義抗爭中的貢獻而興建的國家紀念堂。國營商店被列為洗劫對象。示威者普遍將他們的經濟困境歸咎於一黨制。七月，一群工運人士、專業人士、商界領袖創立追求多黨民主運動（ＭＭＤ，Movement for Multi-Party Democracy）。康達試圖拖延，但眾多都市居民上街高喊反對口號「已經是時候了！」

一九九一年一月，追求多黨民主運動宣告成立為政黨，以奇魯巴為領導人，迅即得到民眾支持。康達無奈同意施行多黨選舉，但千方百計影響投票。他不讓玉米價格上漲，儘管補貼成本已達一天一百五十萬美元。他拒絕撤銷已施行二十七年、讓他得以獨斷獨行的緊急狀態，儘管緊急狀態的理由老早就不存在。他不願更新選民登記名冊，從而使數千名據認支持反對黨的潛在選民喪失投票權。他允許自己政黨使用政府資源。他竭力阻止反對黨使用國營媒體，在追求多黨民主運動上訴法院，指陳他的作為「非法、違憲、不公平」並打贏官司之後，才被迫收手。一九九三年十月投票，追求多黨民主運動大勝。在總統大選，奇魯巴拿下七成六選票，在國會選舉，該黨拿下七成五選票和一百五十席裡的一百二十五席。康達很有風度地接受失敗，陪奇魯巴參觀總統官邸，在電視上發表了很有氣度的告別演說。演說完，離開電視臺攝影棚時，他親自將他豪華轎車上的總統三角旗拆下，哭著將它交給他的司機，然後上車離開。

在馬拉威，班達獨裁統治所面臨的第一個嚴重挑戰來自天主教會。一九九二年三月大齋節的第一個星期一，天主教全部八位主教所寫的牧函，在該國每個天主教堂裡公開誦讀。這封牧函兼採對聖經語句的詮釋和傳統非洲諺語，形同對馬拉威境內普見的貧窮、貪腐、不公平、審查制、政治壓迫發出的嚴厲控訴。它談到學校裡的水準滑落和過度擁擠，談到醫療人員和設施的不足，談到自由的缺乏，談到需要公正的司法體系。

> 學術自由嚴重受限；揭露不公不義可能被視為背叛；公開我們社會的某些弊病被視為中傷國家；大眾媒體遭壟斷和審查制使異議無從抒發；有些人為自己的政治見解付出慘重代價；拿不出黨證的人，常被拒於市場、醫院、公車站之類公共場所外；不樂之捐變成生活的一部分。
>
> 這是最令人遺憾的。它造成民怨，滋生不信任與恐懼的氣氛。對騷擾的憂心與互相猜忌，產生

一個使許多人沒機會發揮才能且沒多少主動作為空間的社會。

八位主教被帶到布蘭泰爾的警察總部問話，然後軟禁在大主教家裡數天。他們的牧函被宣布為煽動性文件。數百人被發現持有該文件而被捕。國會通過一項譴責八位主教的決議。「年輕先鋒隊」惡棍燒掉印出這封牧函的印刷廠。在三月十一日的會議中，據後來外洩的會議紀錄錄音，執政黨幹部一致同意，「為使情況較好處理，我們得殺掉這些主教。」

但其他教會公開表態支持這些主教。班達為蘇格蘭教會的長老，但該教會要其會眾「為這位被關在權力的牢房裡、極為孤單的人祈禱」。在馬拉威大學的校長學院（Chancellor College），學生一邊喊著「我們要多黨」一邊遊行。人權行動主義者用傳真機把支持民主的資料往馬拉威各地發傳。先是校長學院出現罷課，然後工廠、種植園出現罷工。銀行、鐵路局、航空公司的員工加入。布蘭泰爾街頭發生暴力、暴亂。與班達的商業帝國有關連的商店遭洗劫。警察朝群眾開槍，殺死至少二十人。

班達受到的外來壓力也升高。援助國政府苦惱於馬拉威的集體逮捕、警察開槍鎮壓和該國人權紀錄長期不良，一九九二年五月十三日在巴黎開會，決定暫停所有非人道援助六個月。

班達被迫同意施行多黨政治，十月宣布將就馬拉威是否該保留一黨制舉行公投，自信他會贏。已九十五歲，視力已變差的班達，為保住一黨制，不辭勞苦四處參加會議，譴責「多黨制的混亂」，始終忠心於他的「媽媽」卡札米拉也出席了那些會議。他的付出終究徒勞。在中部地區，即班達所屬的切瓦（Chewa）部族的家園，三分之二選票支持一黨制，但就全國來說，六成三選票「投票贊成改變」。

一九九四年舉行的總統大選，掌權已三十年的班達遭他的前部長，穆斯林企業家巴基利．穆魯濟（Bakili Muluzi）擊敗。一如此前的康達，班達很有風度接受失敗，承認穆魯濟是「絕對的贏家」，承諾他的黨在野後會為「打造一更好且民主的馬拉威」貢獻心力。

隔年，在一調查委員會調查之後，班達被控涉及一九八三年四名政治人物遭殺害之事。受審期間，他獲准繼續住在穆迪府（Mudi House），即殖民時期行政長官官邸。一九九五年，英國記者亞列克．羅素（Alec Russell）在那裡採訪了他，是他生前最後一次接受記者採訪。一如以往，「媽媽」卡札米拉陪同受訪。謙恭有禮又富魅力的卡札米拉，調控他的助聽器，提示古怪的答覆，用別的措詞重新表述提問。據羅素所述，班達本人已成為「個頭很小且乾癟」的人。「他的聲音小到幾乎聽不到，好似一不小心就會打破他那如脆弱古銅色羊皮紙的皮膚。他的身子像蛋殼那麼薄。與一複雜古怪裝置相連的巨大助聽器，更讓人覺得他將不久於人世。」訪談大部分在談歷史，就和班達常對他的內閣閣員和國會談歷史差不多。

「這是今天非洲的麻煩所在，太多對歷史一無所知的無知之人，」他曾如此告訴馬拉威的國會。「即使他們懂得歷史，也不懂如何解釋歷史和運用歷史。因此非洲才這麼亂。那是非洲的悲劇：太多無知之人掌握權力和身負職責。」

一九九六年，班達獲宣告未犯下陰謀殺人的罪行。一年後，他死於約翰尼斯堡某醫院，享年九十九，死時「媽媽」卡札米拉陪在身邊。

一黨制在非洲大行其道約三十年，但在五年期間，大部分施行一黨制的國家廢掉該制。一些軍事強人，例如貝南的凱雷庫，被拉下臺。在剛果－布拉札維爾，當權十二年的鐵桿馬克思主義者德尼．薩蘇恩蓋索（Denis Sassou-Nguesso）將軍，同意召開全國代表大會，結果不敵反對勢力的巧計，在一九九二年的總統大選中拿下第三高票。在中非共和國，安德烈．科林巴（André Kolingba）將軍不接受召開全國代表大會的要求，盤算著他既控制國營媒體和政府資源，真的選舉他會贏。一九九二年選舉時，初步開票結果顯示他在五位候選人中居第四，只拿到二％的選票，他見情況不對，突然中止選舉過程。但隔年，他想避掉又一次選舉失敗時，法國收回經濟、軍事援助，逼他同意舉行總統選舉。馬利的特拉奧雷將軍想透過集體逮捕和壓迫繼續遏制民眾抗議，但當他派兵前去鎮壓要他辭職下臺的示威群眾，導致數十人死亡時，軍方推翻他，召開全國代表大會，為選舉鋪好道路。在查德，伊賽因．哈布雷於一九九〇年十二月遭曾任軍事指揮官的伊德里斯．戴比（Idris Déby）拉下臺，戴比在法國等西方大國施壓下施行多黨制，召開全國代表大會，一九九六年當選總統。在衣索匹亞，孟吉斯圖於一九九一年五月被厄利特里亞、提格雷兩地叛軍聯合趕下臺，逃亡國外。七月召開的衣索匹亞全國領袖會議，同意在聯合國支持下辦公投決定厄利特里亞的未來。這場投票促成厄利特里亞於一九九三年獨立，結束了三十年的戰爭。

一九九〇年代初期非洲許多獨裁政權垮掉，但也有同樣多的獨裁者繼續掌權，儘管他們是在諸多不同的情況下繼續掌權。在幾內亞、茅利塔尼亞、赤道幾內亞、布吉納法索（「正人君子之國」），軍事統治者贏得總統大選。新一類獨裁者問世。這類獨裁者擅於維持民主的表象，以便獲得外國援助。

即使政權易手，新政府不久就重拾前任政權所經營的恩庇、家產制體制；有些政府很快就操起同樣的獨裁統治手段。「大人」統治退位，換成「大人」民主上場，兩者差異不大。

此外，民主新局絲毫未緩和幾乎所有非洲國家都面臨的經濟危機。新上臺的領導人被他們所要接下的工作嚇到。當選尚比亞第二任總統的佛雷德里克·奇魯巴，一九九一年十一月在總統就職典禮上論道：

我們所承接的尚比亞一貧如洗，被一黨和掌權太久的一群人的濫權、無能、明目張膽的貪腐摧殘過。二十七年前我們的第一任總統起身對各位講話時，他是在對一個充滿希望與榮耀的國家講話。一個帶有青春活力和豐盛家產的朝氣蓬勃國家。如今國庫空虛，人民貧窮，苦難層出不窮。

24 勝利時刻

曼德拉關在羅本島（Robben Island）監獄那些年，白人在南非的支配穩如泰山，南非經濟欣欣向榮。整個一九六〇年代，南非的經濟成長率高居世界第二，僅次於日本。南非的金礦和其他礦物，產量創新高；工廠迅速增加，為此前所未見。與西方國家的外貿也飛躍成長。來自美、法、英、德的外國投資人，卯足勁在新產業裡搶占立足之地。一九七〇年一年流入南非的淨外資，成長到夏普維爾之前時代的六倍。經濟榮景也把大批白人移民，主要是來自歐洲的移民，帶進南非；一九六〇至一九七〇年，淨增加約二十五萬白人。這一切使白種南非人對未來愈來愈有信心。黑人抵抗勢力已遭粉碎；保安機構似乎能應付各種突發狀況。存在龐大的行政機關，以確保政府掌控大局。最重要的，政府有資源使占優勢的白人大展鴻圖。

國民黨統治的好處，在阿非利卡人身上特別清楚可見。在政府協助下，新一批阿非利卡人金融家、企業家、經理人，在工、商、銀行業取得支配地位。鐵路、港口、煉鋼、發電、重工之類國營企業，高階管理人幾乎全是阿非利卡人，這些國營企業也被當成培訓阿非利卡人科學家和商界領袖的場所來用。政府合約和特許權常由阿非利卡人公司取得。公務體系幾乎是阿非利卡人的禁臠。阿非利卡人農場主，占了所有農場主的四分之三，他們在國民黨統治下，在補貼、研究資金、現代化計畫、官方銷售局訂定的有利價格加持下，經營得非常成功。阿非利卡人勞動階級尤其受惠於政府的白人就業保護政策。幾乎每個需要專門技藝的行業，都只有白種工人能入行。說英語的族群當然分食了這塊繁榮大餅；世上只有少數其他族群擁有這麼高的生活水準。約翰尼斯堡的北部郊區，許多說英語者的聚集之地，游泳池的密集程度，據說僅次於加州比佛利山莊。但主要受益者是阿非利卡人。一九四六年，阿非利卡人的人均所得還不到說英語族群所得的一半。到了一九七〇年，這比例已超過三分之二。

國民黨統治下的白人社會雖然繁榮，卻日益狹隘排外，與大多數人民脫節，也與現代世界的觀念和生活方式脫節。全國性電臺廣播網充當宣傳機器；每則時事評論，每次的新聞廣播，都傳達政府對世局的看法。有人欲引進電視，卻一直遭政府阻撓，直到政府深信能控制電視節目才放行。政府透過事前審查法牢牢控制文學和娛樂事業。獨立性報紙得小心報導以免觸法，從而愈來愈走上自我審查之路。白人社會要人民服從，把再怎麼微不足道的異議都視為叛逆。「對某些阿非利卡人來說，反對種族隔離比殺人還更不可饒恕，」有位著名的阿非利卡人批評家說。「不肯服從，危害國家。」

對幾乎所有白人來說——一九六〇年代共有超過三百五十萬白人——白人統治是不可質疑之事。表面上，南非能理直氣壯說它擁有西式民主的諸多元素：議會政體，獨立司法，發達的新聞界，市場經濟，各種教會都有，慈善機構慷慨捐施。這一切有助於使白人篤信，不管他們有何缺點，南非理當在西方陣營有一席之地。即使有時為維持治安而動用嚴厲手段，他們也說那是必要舉措，純粹是為了對付國內受莫斯科主子鼓動的少數愛搗亂者。

這套制度似乎強固得足以頂住任何衝擊。當「大種族隔離制」(grand apartheid) 的推手，總理亨德里克·佛烏爾特，一九六六年被一發狂的議會送信人刺殺於國民議會時，白人族群從容以對，不認為既有政策有更動的必要。國民黨推擔任司法部長時打擊黑人反對勢力極為成功的約翰·佛斯特接掌總理。佛斯特一當上總理即宣布，「我的職責是循著亨德里克·烏佛爾特所定下的路繼續往前走。」

一九六〇、七〇年代期間，南非政府有計畫地阻止黑人從鄉村流入城市，有計畫地打破都市黑人能在「白人」城鎮永久立足的觀念，從而使「大種族隔離制」以排山倒海之勢衝擊黑人族群。政府以不屈不撓的幹勁，在能減少都市黑人人口的城市，竭盡所能減少黑人人口，剝奪都市黑人所僅有的少數權利，把大批黑人趕離白人鄉村區。一九六七年的某份政府通告寫道：「要不遺餘力完成把現今住在白人區而不具生產力的班圖人安置在他們家邦的任務。」這份通告所界定為「不具生產力」的人，包括老人、身心不健全者、寡婦、帶著受扶養子女的婦女。政府某部長估計，白人區六百萬黑人中，四百萬是適合遣送到黑人家邦的「累贅」。

隨著這政策的施行，受到通行證法迫害的人數暴增，一九六八年達到七十萬人。成千上萬人赫然發現自己被從城市遣送到鄉村。在川斯瓦和奧蘭治自由邦，政府執行了大規模的都市居民重新安置計畫。城鎮裡的黑人居住區，經認定在黑人家邦的通勤距離內者，都遭廢除，它們的居民被移到黑人家邦裡開闢的新鄉村居住區。某些黑人居住區全區黑人遭移走。在某些黑人居住區，政府官員只移走失業者、老人和殘疾者、婦女和小孩，留下黑人工人，要他們住在純男性的宿舍裡，每個星期或每個月探望自己家人一次。

失去了穩定的都市人口，政府希望以主要由流動工人組成的勞動大軍遞補。流動工人不斷在黑人家邦和都市地區的白人企業之間流動，政府在他們身上看到既可滿足白人對勞動力的需求，又能阻止黑人永久都市化的辦法。黑人工人如果住在離城市夠近的黑人家邦，可以將他們改造為通勤者，如果距離太遠，則可以改造為流動工人。若不走這兩條路，黑人工人可以照傳統方式以年為單位受聘當契約工，住在純男性的圍院裡，年底可回家探親。一九七〇年，據估計有兩百多萬人當流動工人，終年在家與都市工作地點之間流動。其中許多人無緣享有正常的都市家庭生活和社會生活，一連數個月在過度擁擠且以高酗酒率和高暴力率而惡名昭彰的棚屋裡過著乏味單調的日子。其他人則每天花數小時在擁擠的公車、火車上長距離通勤，天未亮就起床，深夜才回到家。

在「白人」南非，政府極盡可能保持黑人居住區的簡陋寒傖，只提供少數的都市生活便利設施。黑人企業家受到政府限制，無法在那些地方擴張他們的企業。黑人一律不准從事一項以上的事業。經商只限於提供「基本民生必需品」，例如木材、煤、奶、蔬菜。不准開銀行或服裝店或超級市場。甚至在開設乾洗店、修車廠、加油站上面予以限制。黑人也不准在都市開公司或合夥事業，不准自造樓房，而必須向地方政府承租。黑人住宅很簡陋，都是一排排一模一樣的「火柴盒」房子。只有極少數黑人房子有電或充足的衛生設備。過度擁擠是常態。在索威托（Soweto）這個為約翰尼斯堡提供服務的主要黑人都市區，一九七〇年每個「火柴盒」房子平均住了十三人。

黑人在「白人」經濟裡勞動，處處受限，極為弱勢。黑人依法不准從事有專門技術的工作，不准組織登記立案的工會，不准罷工。發生勞資糾紛時，白人雇主常叫來武警對付勞方。黑人如果失去工作，可能遭遣送回黑人家邦。相當多的勞動者所領到的工資，不足以養活一家人；雇主組織「總商會」（Associated Chambers of Commerce），於一九七〇年估算，工人平均工資比索威托五口之家所需的最低月預算少了三成。

積極推動種族隔離的南非政府，也把目光轉到現有數十個為白人農業區所圍繞、境內黑人已在較平和寧靜的氣氛中過了數代的黑人聚居地。用該政府的術語說，這些聚居地是「黑點」（black spot），即在據認是「白色」南非的土地上的小塊土地，種族隔離地圖上令人不快的鮮明汙點。有些土地的持有有地契為憑，係黑人農民在十九世紀和二十世紀初所買下；有些地是傳教團機構的地，數代黑人佃戶居住其上；還有些地由小塊黑人保留區組成。這些保留區捱過白人占領時代倖存下來，但這時被視為「位置不佳」。據估計，「黑點」總共有三百五十個。

一九六〇年代，南非政府開始積極消除「黑點」。整個聚居地遭拔除，居民被迫離開家園。許多居民被丟在往往不適耕種、缺水、遠離主要道路、得不到醫院或診所服務的地方。只要有一絲抵抗跡象，政府就出動武警對付。方濟各會神父科斯馬斯．戴斯蒙德（Cosmas Desmond），一九六九年走遍南非各地以查明強行遷移政策的執行程度，後來說他找到一個「由破碎聚落、破碎家庭、破碎人生構成的迷宮」。至一九七〇年，已有將近十萬黑人失去家園。還有更多黑人會落得同樣命運。

在白人農業區，白人居民始終憂心於die beswarting van die platteland（「白色鄉間變黑」），而南非政府在此以類似的拚勁致力減少黑人人口。白人農場主受鼓勵採用較機械化的生產方法，以臨時工和獨來獨往的流動工人取代全職的黑人工人。據估計，一九六〇年代期間，五十萬黑人工人失去他們在白人農場上的工作。數千黑人佃戶（squatter）也被趕出白人土地。在白人農業區，政府所想要的黑人，只有受雇的農工，流動工人尤佳。

這些改變對黑人家邦帶來極大傷害。本就過度擁擠且貧困的黑人家邦，這時得處理源源不斷流入被迫失去家園的黑人——佃戶、過剩的農場工人、都市居民——這些人被統稱為「多餘」之人，全都為了活命而苦苦掙扎。一旦置身黑人家邦，大部分黑人除了投身流動工人大軍別無選擇。政府對此結果非常滿意。

將曼德拉等非洲民族議會領袖投入監獄後，南非度過數年平靜日子，但新一代黑人行動主義者的出現，打破了那份平靜，他們來自廣大的學生族群。這一代人受到的精神鼓舞已不是非洲民族議會所擁護的多種族鬥爭概念，而是屬於非洲主義黑人政治傳統的黑人權利意識。一九七〇年代的黑人覺醒運動填補了非洲民族議會與泛非洲主義議會垮掉後的真空。該運動得到口才甚好的史蒂夫．比科（Steve Bico）為其發聲。比科是來自東開普省的醫學系學生，主張「群體力量」會實現黑人的解放。比科瞧不起黑人噤若寒蟬、乖乖聽話的心態，在一九七〇年九月出刊的學生通訊中，盡情抒發了他的看法。

我們今日所擁有的那種黑人已失去其男子氣概。這類人淪為沒骨氣的空殼，以敬畏之心望著白人權力結構，接受他們眼中「不可避免的處境」……這類人在他們不擔心被人看見的自家廁所裡，臉部扭曲，不出聲痛斥白人社會，但當他們急急出來回應主子不耐煩的召喚時，他們滿臉堆笑，露出綿羊般順服的樣子。在回家的公車或火車上，這類人跟著眾人一起痛罵白人，但在警察和雇主面前，他們搶第一個稱讚政府……總之，這類人已成為空殼，虛有其表，徹底沒了鬥志，深陷在自己的不幸裡，是個奴隸，是頭如綿羊般乖乖戴著壓迫之牛軛的牛……

比科說，當務之急乃是竭力去除黑人對自己的負面認知，代之以較正面的認同。黑人受壓迫的問題，首先是心理問題。它可透過提升黑人意識、黑人自豪、黑人能力、黑人成就來予以化解。「黑人」一詞被用來說明包括與黑人同樣受害於種族壓迫的有色人種和印度人。黑人不需要白人自由派或其他任何同情黑人的白人幫助。口號是「黑人，要靠自己」。

比科於一九七二年放棄醫科學業，成為全職的政治性組織者。由於黑人覺醒運動日益壯大，政府反擊。一九七三年，比科和七名同志收到禁制令。比科只准在威廉王城（King William's Town）活動，不准公開講話，不准為刊物撰文，不准刊物引用他的話，不准與一人以上的人同時在一起。有兩年時間，他投身威廉王城的黑人社群計畫，直到遭禁止從事這一工作為止。保安警察不斷騷擾他。他在三年內被逮捕、羈押了二十九次。

南非政府的作為未能擋住黑人意識的擴散。一九七四年葡萄牙在莫三比克、安哥拉的殖民統治垮臺，為黑人解放團體在那裡接掌大局創造了有利環境，使南非的黑人士氣大振。一九七六年初期南非未能阻止奉行馬克思主義的安哥拉人民解放運動（MPLA）掌權，而不得不從安哥拉撤兵時，黑人學生再度歡慶白人勢力的挫敗。

最後，政府的「班圖」教育體制終於引爆黑人怒火。那是佛烏爾特所擬定，旨在使黑人教育局限於滿足白人需要的體制。「班圖人實際上既用不到數學，幹嘛教班圖小孩數學，」佛烏爾特說。「在白人社會裡，班圖人只能從事幾種勞力工作。」國民黨政策留下低劣的學校教育、培訓不足的教師、過度擁擠的教室、不完善的設備。政府的黑人教育支出始終盡可能壓在最低：一九七〇年代初期，花在白人小學生的人均教育支出，比花在黑人小學生的支出多了十五倍。由於政府刻意限制黑人就讀中學、高等學校的名額，數十萬小孩注定小學畢業後就只能從事卑賤的工作或失業。只有五%的黑人小學生有幸讀中學，只有極少數能念完共五年的中學學業。勉力完成中學教育的黑人小孩，接著會碰上各種種族隔離限制，影響他們所能申請的工作種類。畢業生在一九七六年所面對的困境特別嚴峻，因為該年出現經濟衰退。

教育制度蓄積民怨，情勢已一觸即發，偏偏這時政府祭出一項新規定：中學裡凡是不用非洲本地語言教授的課目，此後其中一半要用阿非利卡語教授，另一半用英語教授。這一規定在實際執行上有極大難題。黑人教師接受師資養成教育時幾乎全以英語受教，許多人連用阿非利卡語交談都辦不到。

教師組織、地方的教育委員會、校長、家長發動一次又一次的抗議，欲說服政府改弦更張，政府不為所動。

反抗的中心是索威托。將阿非利卡語斥為「壓迫者」語言的學生，開始拒上用阿非利卡語教授的課，組織罷課，然後計劃發動群眾示威。一九七六年六月十六日，一萬二個學生隊伍手持標語、喊口號、唱自由歌，在索威托街上遊行。武裝警察擋路，開火，使一名十三歲學童喪命。開槍的消息一傳開，學生開始四處作亂，攻擊政府機關、啤酒屋、瓶裝烈酒銷售店、車輛和巴士。衝突於川斯瓦的其他黑人居住區爆發。索威托叛亂的第一個星期，至少一百五十人遇害，大部分是黑人學童。政府在阿非利卡語授課一事上讓步，但暴力未歇。學生一再返回街頭，以驚人韌性面對警方火力，對種族隔離制度展現出此前罕見的濃濃蔑視、仇恨之意。一批學生領袖遭羈押或流亡，立即有另一批學生站出來遞補他們的位置。

但儘管表現了不怕死的勇氣，這場學生叛亂未有明確方向。遊行、示威、縱火攻擊，除了帶來沒完沒了的警方突襲查抄和許多死傷（至少六百人喪命、四千人受傷），幾未帶來明顯可見的成果。九月起，叛亂氣勢開始衰退。到了十二月已幾乎消聲匿跡。

史蒂夫．比科被下了禁制令，只能在威廉王城活動，但仍繼續旅行、寫作、宣揚自己的主張。一九七七年八月結束在開普敦的一場祕密會議，要返回威廉王城時，在格雷厄姆斯敦（Grahamstown）城外遇警方路障被捕。接下來的二十天，他被單獨囚禁，不讓穿衣服，不給盥洗設備，不讓他出來伸展筋骨。然後他被從囚室帶到伊莉莎白港桑蘭大樓（Sanlam Building）的保安警察總部問話，仍然光著身子，且這時加上腳鐐手銬。問話時他被一群白人警察毒打，因頭部受傷而昏厥。保安警察不顧他的傷勢，把他四肢銬在金屬格柵上，雙臂張開，好似被釘在十字架般，然後丟著不管，等他自己醒來。他頭部有明顯傷口，講話語無倫次，卻未得到醫療。那天晚上，夜班人員來接班，拆掉將他鎖在格柵上的手銬，給他墊子鋪在身子底下睡，但未拆掉腳鐐。隔天才叫來醫生檢查他的傷勢，但醫生說未找到明顯傷痕。比科在保安警察總部度過第二天，才被帶去監獄醫院。第三天，他被發現口吐白沫，醫生斷定該送醫治療。比科已幾乎昏迷，保安警察仍安排他到約七百英里外普勒托利亞的一家監獄醫院。他一絲不掛被擡進警用廂型車後部，身上蓋著監獄毛毯，在十一小時的車程裡，除了一瓶水，沒給他別的東西。九月十二日，他在抵達普勒托利亞幾小時後死亡，躺在鋪在石質地板上的墊子上，得年三十。

兩天後，警察部長吉米．克魯格（Jimmy Kruger）宣布比科於絕食後死亡。克魯格在國民黨代表大會上提到比科死亡一事時，引來笑聲。「對於比科先生，我不高興，也不難過。對這件事我毫無所感。我沒什麼能對你們說的……任何死掉的人……如果我死了，我也會難過。」

比科死亡的消息激起街頭另一波怒火和暴力，政府把數十名黑人領袖抓去關，禁止國內幾乎所有黑人覺醒組織活動，才止住這波動亂。

無視黑人不滿的跡象，政府推行其「大種族隔離制」政策堅定一如以往。誠如種族隔離制度的設計者所說的，解決黑人問題的最後辦法，不再只是讓黑人家邦自治，而是讓它們「獨立」。藉由給予黑人家邦獨立，南非政府將得以打消黑人對南非公民身分的所有索求，也將如普勒托利亞的官員所認為的，向國際社會證明南非政府已履行其給予黑人完整權利的義務，就和歐洲殖民列強讓它們的非洲殖民地獨立時所做的沒有兩樣。

黑人家邦的地理分布狀況，使獨立之說變得沒什麼意義。大部分黑人家邦由分散各地的零碎土地構成。以夸祖魯（Kwazulu）和博普塔茨瓦納（Bophuthatswana）這兩個最重要的黑人家邦來說，一九七五年時夸祖魯包含四十八塊土地和數十塊較小的地，博普塔茨瓦納則包含十九塊分散於三省境內的土地。只有夸夸（QwaQwa）這個面積約兩百平方英里的黑人家邦，由單單一塊土地構成。黑人家邦的經濟基礎非常薄弱。黑人家邦境內鐵路或公路不多，沒有大港口或大城市，自然資源貧乏，地力因人口過多和管理不善而耗竭。黑人家邦仍是每下愈況的落後地區，住著貧窮小農，倚賴普勒托利亞的施捨和流動工人匯回的錢維持。

但政府在黑人族群裡找到夠多願意與其合作的人，使其黑人家邦策略得以奏效。自治已讓黑人族群中的菁英——政治人物、酋長、公務員、商人——得到可觀的好處。由於南非當局致力打造富裕的黑人中產階級，藉以支撐起黑人家邦制度，黑人內閣閣員、議員、公務員從高薪、貸款、住房供給得到的獲益愈來愈大。自治尚且如此，獨立的話，前景自然更吸引人。

一九七六年，川斯凱（Transkei）照預定計畫被宣布為「獨立國家」。一夜之間，一百六十萬住在那裡的科薩人（Xhosa）和一百三十萬住在「白人」區的科薩人失去他們的南非公民身分。普勒托利亞中央政府宣布，南非此後是個有二千二百萬人民的國家，而非此前二千五百萬人民的國家。其他黑人家邦跟進。一九七七年，南非政府不顧明顯的反對，宣布博普塔茨瓦納獨立；總共約一百八十萬茨瓦納人（Tswana）失去他們的南非公民身分。一九七九年，溫達（Venda）選擇獨立，儘管該地的首席部長已輸掉為替獨立背書而舉行的選擇。一九八一年，西斯凱（Ciskei）的領導人無視一專家小組的意見和大多數反對獨立的民意調查結果，決定接受普勒托利亞的獨立提議。一九七六至一九八一年，據估計總共八百萬黑人失去南非公民身分。普勒托利亞喜氣洋洋。「如果我們的政策得到徹底的落實，將不再有具南非公民身分的黑人，」政府某部長嚴正表示。（這四個地區，一九九四年回歸南非。）

白人獨霸策略看似成功，種族隔離制度的施行卻愈來愈吃力。一九六〇年代的經濟榮景，還有先進生產技術的日益普及，已造成專技勞動力嚴重短缺，從而妨礙經濟進一步成長。白人專技人力庫則根本已耗竭，移入的白人不足以填補這缺口。到了一九七〇年，專技人力短缺已使將近十萬個職缺找不到人。白人企業家，出於私利考量，主張唯一的解決之道，乃是廢除讓白人獨占專技工作的職位保留制度，讓黑人可以在勞動市場裡往上爬。政府裡負責管制勞動力的龐大機構，把數百萬受他們擺布的工人視為「無差別的一個群體」，為此遭到白人企業家的批評。他們想要的，乃是受到較良好教育、具有較高專門技能且穩定的黑人勞動大軍。他們也贊成讓黑人工會得到法律承認，使它們得以照一套有條理的架構處理勞資關係。一九七三年爆發的一連串罷工，表明改善勞動條件已刻不容緩。一九七六年的索威托叛亂，強化了這些論點且增加了新的理由。這時，雇主所擔心的，乃是新一代激進行動主義者的出現，這類人痛恨種族隔離制度，可能也會變得敵視自由企業制。

索威托叛亂和比科死亡後，外國對種族隔離的批評也升高。武裝警察在街頭朝學童開槍的景象，招來舉世譴責和予以經濟杯葛、制裁的呼聲，使南非的出口市場陷入險境。外國投資人不再把南非視為穩定、可獲利的理想投資地。一直是南非得以獲致高經濟成長率重要推手的外資，開始外流。在南非設了子公司的跨國企業受到反種族隔離團體的強烈批評，有些團體要求它們撤出。數家英美大銀行結束它們在南非的經營。維持種族隔離制的代價，首度衝擊到白人的利益。

白人社會本身正開始改變。它比以往更富有，心胸更開闊，不再認為一九四八年起所樹立的諸多種族藩籬有存在必要。「小種族隔離制」(petty apartheid)，曾是國民黨的主要目標之一，這時開始崩解。白人自治市運用自己手中的權力，廢除公用便利設施方面的種族限制。約翰尼斯堡市議會將該市博物館、美術館、市立圖書館向所有種族開放，除掉公園長椅上的「白人用」、「非白人用」標誌。開普敦、德爾班、東倫敦三地採取了類似作為。政府機關裡嚴格的種族隔離規定放寬；原本針對黑人和白人分設不同服務窗口的郵局，不再如此區隔。原本習於任意辱罵黑人的白人官員，這時獲告知得尊重黑人。黑人白人在體育上同場競技的限制規定放寬。

一九七八年，新總理波塔（P. W. Botha）帶來另一種領導風格。一如佛烏爾特和佛斯特，他是個威權主義者，專一、無情、容不下反對勢力。他維護白人支配地位的堅決，絲毫不遜於這兩位前總理。但波塔喜愛從務實角度治國，更甚於用意識形態角度。他的目標乃是把種族隔離制現代化，除掉該制度裡較不切實際的累贅，使運作更有成效。他當過十二年國防部長，欣賞軍方的規劃、協同方法，思考方式接近軍方。索威托叛亂後，軍方最想要的乃是能讓人理直氣壯辯護的政治目標。波塔著手實現那些目標。

不久，改革承諾喊得震天響。「我們正在一個變動的世界裡前進，」波塔說。「我們必須改變以因應外在變化，否則我們會死。」他宣布他贊成除去「有害而沒必要的歧視」，建議不該再把禁止不同種族通婚、性交的法律視為「聖牛」。他以漸進方式逐步改善黑人城市區的環境。三十年來政府施行旨在將黑人趕出去的嚴厲法律，如今終於承認他們有權永久住在那裡，讓他們擁有產權。黑人工人可以加入已登記立案的工會。大部分的職位保留法令廢除。在教育領域，政府表示必會讓所有族群享有雖然不同但平等的教育。

波塔也宣布憲改計畫。他的目標是把有色人種和印度人納入白人的政治體制裡，給予他們選舉自己議會議員的權利，同時務使政治權力仍牢牢掌握在白人手中，藉此擴大白人的政治基礎。他以「一種健全的權力分享」之語，描述這一做法。他大力強調「群體權利」的重要，而「群體權利」一詞，據南非政府的說法，意指每個種族都可在不受別的族群干預或支配的情況下自治，但實際上，那和由白人操持的種族隔離舊制相比，幾乎是換湯不換藥。黑人仍沒有代表在議會為他們發聲。照波塔的看法，透過黑人家邦，黑人已得到足夠的民意抒發管道。他所準備給予都市黑人的，就只有民選地方議會。

與他的改革計畫配套，波塔開始發展一套旨在打破國內外對政府任何挑戰的國安體制。從普勒托利亞的視角看，對白人統治的威脅正從各個角落加快逼來。在南非洲地區，由白人統治的南非鄰邦，安哥拉、莫三比克、羅德西亞，個個都已被非洲民族主義團體在蘇聯和鄰近非洲國家協助下發動的游擊戰打垮。南非無視聯合國裁定，硬是把西南非（納米比亞）納入其控制，而這時，西南非境內的游擊活動也在增加。一九七四年葡萄牙人在安哥拉、莫三比克統治政權的垮臺，已在原本將南非與黑色非洲隔開的那片白人緩衝區裡留下數個大缺口，把古巴遠征軍帶進該地區。自一九七五年起，南非在該地區的鄰邦一直是對蘇聯友好，樂於為流亡的非洲民族議會提供避難所和訓練場所的馬克思主義政權。一九七六年的索威托叛亂導致約一萬四千名黑人青年逃出南非，為流亡的非洲民族議會提供了一支鬥志昂揚的新生力軍。莫三比克首都馬普托（Maputo），距南非邊界不到五十英里，已成為非洲民族議會的重要營運中心之一。在波札那、史瓦濟蘭、賴索托境內也已設立了非洲民族議會團體，以協助建立一內部網絡，管理新加入人員的流動。從一九七七年起，非洲民族議會游擊隊開始一低度的破壞行動，主要鎖定具有高宣傳價值的目標，把重建非洲民族議會在黑人族群裡的政治號召力、提升黑人的士氣視為優先，威脅南非經濟或白人安全視為次要。游擊隊鎖定的目標，包括行政機關建築、鐵路線、變電所、黑人住宅區裡的警察派出所。一些線民、保安警察、汙點證人遭暗殺。一九八〇年羅德西亞落入黑人民族主義者統治，使南非北部完全為敵意政權所包圍。

在國際上，普勒托利亞也日益被敵視。一九七七年聯合國已下令對南非施行武器禁運，使南非再也得不到其最後一個主要的武器供應國法國提供軍火。石油輸出國家組織施行了石油禁運；南非向來倚賴伊朗取得石油，但一九七九年伊朗國王巴勒維下臺後，這一石油供應也斷掉。在美國，新任總統吉米．卡特在南非的人權問題上採取更侵略性的做法。在一個又一個國家裡，反種族隔離的團體鼓吹杯葛、制裁、不投資南非，聲勢日益壯大。

波塔把這一連串不利事件解釋為全是蘇聯欲宰制全球的大計畫的一環。他對世界政局抱持一成不變且簡單的看法，深信世界政局以共黨勢力和反共勢力間的鬥爭為核心開展，而在這場鬥爭中，有著龐大礦物資源和航海設施的南非是反共陣營亟欲拉攏的對象。不管南非遭遇何種困厄，不管那困厄是地區情勢不穩，還是國際壓力，抑或國內動蕩，波塔都把那歸因於莫斯科的大陰謀。雪上加霜的，西方國家不再願意挺身對抗這挑戰。

面對這一「總攻擊」，波塔的因應之道是「總體戰略」。他設立一新的安全機關，賦予它極大權力，使它得以統籌、控制打擊國安威脅的所有作為，得以在需要軍方、情報界、行政官員和其他任何專家的專門技能協助時予以徵用。這一新機關的最高決策部門是國家安全會議（State Security Council），高階將領和重要政治人物定期在此開會，以決定如何消滅國內外的反對勢力。這一機關在全國各地設了約五百個辦事處，從各辦事處雇用安全事務官員，要他們搜出主要的行動主義分子，將他們拘留，如有必要的話，將他們呈報為待翦除的對象。一九八〇年，在距普勒托利亞二十英里處，名叫佛拉克普拉斯（Vlakplaas）的一個與外界隔絕的農場上，設立了反叛亂祕密警察單位，不久該單位就幹起放炸彈、縱火、綁架、暗殺的勾當。

非洲民族議會游擊隊和政府間持續不斷的交火，不久就升高為地區衝突。一九八〇年起，非洲民族議會選定較費工夫的目標，摧毀工廠的燃料儲存槽，朝軍事基地發射火箭，用炸彈炸掉一核電站的設備。一九八三年，普勒托利亞某軍事建築外的一場汽車炸彈攻擊，造成十六人死亡，兩百多人受傷，為南非歷史上最嚴重的破壞性攻擊。

南非政府以武力和經濟壓力雙管齊下回敬鄰邦，欲逼它們順服，把非洲民族議會勢力趕出它們境內。莫三比克是這波打擊的主要對象。南非軍事情報機關從位於川斯瓦的基地，訓練、武裝、指導一九八〇年時它從羅德西亞情報機關承接下來的莫三比克叛亂團體「莫三比克全國抵抗」（Renamo），將該團體成員派到莫三比克境內摧毀橋梁、鐵路、農業工程、學校、診所，以使當地居民心生恐懼。對位於馬普托的非洲民族議會目標，則發動直接的軍事突襲。莫三比克也受到南非的經濟壓力。在賴索托，南非突擊部隊攻擊非洲民族議會成員在首都馬塞魯（Maseru）的住所，暗殺該國總理未遂。非洲民族議會在倫敦的辦事處，一九八二年被一名准將帶領的一支警察小組用炸彈攻擊。在安哥拉，南非部隊再度支持若納斯·薩文比的叛亂團體「安盟」（Unita）在戰場上對抗得到古巴支持的羅安達中央政府（安哥拉人民解放運動政府）；永久占領安哥拉南部邊界沿線往安哥拉國內深入約二十五哩的一塊區域；對西南非人民組織（Swapo）游擊隊用來攻擊西南非的諸多基地，發動頻繁的地面、空中攻擊。

南非鄰國撐不住壓力，一一屈服於南非的要求。一九八二年，史瓦濟蘭與普勒托利亞簽署一項祕密安全協議，承諾將非洲民族議會人員趕出其領土。一九八三年，遭南非封鎖的賴索托同意驅逐數十名非洲民族議會成員。莫三比克也決定，除了乖乖聽話別無選擇。乾旱、颶風、水災、數年經濟管理不當、「莫三比克全國抵抗」游擊隊帶來的破壞，令莫三比克民生凋敝。總統薩莫拉·馬謝爾面對此困境，最初求援於他的蘇聯盟友，未能如願，轉而請美國協助促成莫三比克與南非修好。一九八四年三月，在莫三比克與南非兩國界河恩科馬提河（Nkomati River）的河岸上，馬謝爾與波塔簽署了「睦鄰」協議。根據這協議，南非承諾不再支持「莫三比克全國抵抗」團體，莫三比克則承諾不再支持非洲民族議會。接下來的幾星期，莫三比克驅逐約八百名非洲民族議會成員，只讓該組織的一個十人代表團留下。非洲民族議會失去其最重要的幾個前沿陣地，不得不把總部設在距前線數百英里遠的尚比亞首都盧薩卡，從那裡統籌作戰行動。在這同時，南非人暗中繼續支持「莫三比克全國抵抗」團體。在安哥拉方面，南非與安哥拉於一九八四年簽了停火協議，南非承諾將其部隊撤出安哥拉，安哥拉政府則保證阻止西南非人民組織的游擊隊越過邊界進入納米比亞。

在國內，波塔對付不聽話黑人鄰邦時展現的強勢作為（kragdadigheid），極受白人選民歡迎。但他的勝利不久就會化為泡影。

一九八〇年代初期，黑人反種族隔離的行動，開始步上新階段。黑人覺醒運動遭官方全力打壓而式微的同時，非洲民族議會重新受到看重，而這有一部分得歸因於非洲民族議會游擊隊的活動。其中許多游擊隊員是先前索威托叛亂時的行動主義者，在國外受過訓練後，滲透回南非境內。誠如民調所表明的，愈來愈多黑人接受只有透過革命暴力才能帶來根本改變的看法。羅伯特・穆加貝在鄰國辛巴威打了七年的游擊戰後終於贏得勝利一事，提供了很有力的榜樣。數十個黑人協會在國內各地冒出，在住房品質之類問題上為黑人發聲。在開普敦、普勒托利亞等城鎮出現的激進報紙，為黑人的要求敲邊鼓助聲勢。這時期所發動的諸多運動，包括了要求釋放曼德拉的請願行動。

有十五年時間，公眾對曼德拉的死活幾乎不聞不問。政府禁止他的演說文和照片刊登於報刊媒體，以將他從民眾的心裡抹除，他大體上成了已遭遺忘的人物。一九七〇年代初期，誠如他在自傳裡所寫，在種族隔離制毫無中斷的跡象時，他和他的同志在羅本島上得時時惕厲自己勿灰心喪志。但在索威托叛亂和隨後的鎮壓之後，反種族隔離的抗議活動在國內外都愈來愈浩大，人在獄中的曼德拉成為反政府的有力象徵。一九八〇年三月，索威托報紙《郵報》（*The Post*）打出通欄大標題「釋放曼德拉！」，發起要求釋放他的運動。對許多人來說，他似乎與遙遠的過去較有關係，而對未來無關緊要。但這場運動激起民眾興趣，吸引到南非境內一些黑人組織和白人大學生、自由派政治人物的支持，並在世界各地得到迴響。在國外支持這運動的數百萬人，並不清楚曼德拉這號人物。但反種族隔離的聲浪撲天蓋地，使他成為世上最出名的囚犯之一。被囚於羅本島的曼德拉，形象和地位不久就得到大幅提升。外國政府、大學、城市紛紛頒獎表彰他，數條街道以他的名字命名；數首以他為主題的歌寫成。波塔對此運動的反應，乃是將曼德拉斥為矢志推動暴力革命的「頭號馬克思主義者」，說他必須服完法庭所判處的刑期。各界要求釋放曼德拉的呼聲不斷，政府於是在一九八二年決定將他從羅本島移監到位於大陸上開普敦附近的波爾斯莫爾（Pollsmoor）監獄。羅本島本身已成為南非政府所亟欲摧毀的那個傳說的一部分。但曼德拉的地位繼續上揚。有關他極具權威和影響力，被關二十年仍鬥志昂揚的說法，漸漸流傳開來。

在這同時，波塔的憲改計畫給了政治行動主義者掀起全國反種族隔離運動的機會。一九八三年，由三百多個組織（教會團體、公民協會、工會、學生團體）組成的一個聯盟，發起反對憲改的聯合民主陣線（United Democratic Front），促成近三十年來反種族隔離之民意最浩大的展現。聯合民主陣線跨越階級、膚色的藩籬，要求建立一個統一、民主且沒有黑人家邦和族群指定居住區（group areas）的南非。聯合民主陣線聲明不使用暴力，實際上代表非洲民族議會的附屬機構。

整個一九八四年間，黑人族群裡瀰漫著緊張氣氛。一場南非五十年來最嚴重的經濟衰退，使成千上萬人失業。通膨率上升，使黑人日子更為難過。鄉村地區遭嚴重大旱摧殘。學生團體再度活躍，抗議教育水準低下。八月為新三院制議會的有色人種、印度人議員席次舉行的選舉，使緊張情勢更為增溫。低投票率間接表示新憲未得到許多人認可。黑人為未能有代表在議會裡為自己發聲的怨氣漲到新高。為黑人居住區制訂的新地方治理制度也激起普遍反對。為替新議會籌措經費而強化提高租金，也引發激烈抗議。在低投票率下選出的市議員，被斥為「走狗」、「通敵者」。

九月，開始出現暴力事件。它們最初只是零星出現的星星之火，受地方民怨點燃而猛然爆發，在一個接一個地區陸續出現，漸漸吸引愈來愈多疏離、敵視的都市居民加入。站在最前頭者是黑人青年團體。這些黑人青年，後來人稱「同志」（comrades），決心摧毀「體制」，準備在遍地塵土、破敗的黑人居住區街頭，用石頭、彈弓、汽油彈反抗武裝警察和軍人。許多人自認是革命的突擊部隊，深信革命成功可期。學生加入造反，再度拋下課業。「先解放再求學」成為他們的口號。但黑人居住區的叛亂不像一九七六年那樣只是「孩子的戰爭」。這一次，這場叛亂是有整個族群的人（教師、家長、工人、神職人員、婦女）參與的人民運動的一部分。黑人行動主義者的目標，也不以解決特定的民怨為限。這一次，目標是推翻種族隔離制。

流亡國外的非洲民族議會呼籲發動「人民戰爭」，呼籲使黑人居住區變得無法治理。黑人青年受此鼓動，開始逼居民拒買商品，拒繳租金，攻擊政府機關，設立「人民法庭」，捕殺「通敵者」——黑人居住區議員、當地警察和其他被視為支持「體制」的人。「輪胎套頸點火」(necklacing)殺人法——往受害者頭部套上一個裝滿汽油的輪胎然後點火——成為他們的正字標記。

政府展示武力回應叛亂，派部隊和武警進入黑人居住區。但除了派軍警鎮壓和派出警方殺手小隊，波塔沒有明確的策略來解決這一暴力活動。他準備修改種族隔離制，廢除通行證法，但一切以不削弱白人支配地位和特權為前提。

每日上演的暴力抗議與政府鎮壓場面，出現在世界各地的電視螢幕上，激起國際同聲譴責和要求採取行動逼波塔政府進行重大改革、與曼德拉等黑人領袖談判的呼聲。外國投資人受到驚嚇，開始脫手他們在南非的持股。美國銀行決定不再讓南非的貸款還款展期，引發連鎖效應，使南非陷入嚴重金融危機。反南非的輿論如此浩大，就連雷根、柴契爾之類保守的西方領袖，原本公開反對以制裁對付南非，這時都不得不同意一籃子措施。南非白人商界領袖，驚駭於黑人發火、政府應對失措、投資減縮、金融混亂、國際制裁這一無休無止的循環，齊聲譴責政府未能推動有意義的改革，要求採取緊急行動，包括釋放曼德拉。

波塔的回應，乃是著手除掉黑人所有反抗勢力的領袖。國家安全會議指示安全事務官員「找出革命帶頭分子予以翦除，特別是那些具有領袖魅力者」，使用「明裡暗裡的任何手段」摧毀他們的組織。一九八六年政府宣布國家進入緊急狀態，軍隊據此包圍整個黑人居住區，大舉進入學校。監獄不久就擠滿黑人領袖、工運人士、教會工作者、學生和其他反種族隔離的行動主義者。媒體開始受到嚴格審查。波塔宣布南非不會「向任何人卑躬屈膝」，準備「自力更生」。

他的做法一時收效。數千名行動主義者遭羈押，反對團體分崩離析；青年團體鬥志全消。逃過搜捕的黑人領袖不得不走入地下，往往與其支持者失去聯繫。在黑人居住區恣意施暴搗亂，想藉此逼政府改變，效果明顯有限。南非的白人區在這波亂事中幾乎毫髮無傷。白人社會幾乎完全未受衝擊，平靜如常。經過兩年的鬥爭，只證明黑人反對運動仍不是政府的對手。政府的鎮壓力量幾乎無堅不摧，保安部隊對付得了來自黑人居住區行動主義者或受過訓練之游擊隊的任何威脅。但不管波塔如何倚賴強勢作為來保護白人的支配地位，那使南非失去了可解決動亂的政治策略，未來只會有更多暴力。

曼德拉從波爾斯莫爾監獄的囚房數次向政府進言，提議讓他與波塔會面，以替南非深陷的可怕僵局解套。波塔置之不理。針對要求釋放曼德拉的主張，他回道，他已準備好放了他，前提是他得聲明不再使用暴力。他悍然拒絕與非洲民族議會坐下來談，但他力求改善曼德拉的囚禁生活。一九八六年聖誕節前一天，曼德拉嚐到二十四年來第一次在監獄外活動的自由滋味：一名監獄管理人員開車載他在開普敦兜風。後來又有幾次出監放風。他被帶到沿海度假勝地和漁村，帶到山區和內陸，直到大卡魯（Great Karoo）半沙漠地區的邊緣。他在海灘上行走，在咖啡館喝茶，吃了魚和薯條。有一次他去了一名獄吏的家，見了他的妻子小孩。只有幾個受信任的監獄管理人員和獄警知道這些祕密行程。他出遊的事完全未洩漏出去。他公開露面時也未被認出。對於還記得他的人來說，他在一九六〇年代所拍下的最後幾張照片，呈現的是個身材壯碩的中年男子，但這時他已是個瘦而滿頭白髮的老人，臉上皺紋密布，身子略顯薄弱。

曼德拉無視他獄友的憂心提醒，一再試圖與政府對話。他告訴官員，若不把他的獲釋當成包括取消對非洲民族議會禁令在內的一籃子措施的一部分，他對自己能否獲釋並不在意。一九八八年，即在曼德拉第一次主動建言的兩年後，政府同意設立一個由高階官員組成的祕密委員會，要該委員會與他商談多個政治問題的解決之道。接下來就是幾個月的商談。曼德拉對這些問題的瞭解，特別是他對阿非利卡人的認識與諒解，令在場眾人大為佩服。但他對於談不出具體結果愈來愈不耐煩。「你沒有權，」他告訴某位高級官員。「我想和有權的人談，也就是波塔。我想和他談。」

曼德拉與波塔會晤之事，最後敲定一九八九年七月五日。當時已移監帕爾（Paarl）附近維克托．費爾斯特（Victor Verster）監獄的曼德拉，在完全保密的情況下，被人從獄中專門囚禁他的獨棟小屋帶上車，載到泰因海斯（Tuynhuys）下面的地下車庫。泰因海斯是荷屬開普（Cape Dutch）風格的大宅，位在開普敦市中心，國會的旁邊，充當總統官邸。曼德拉事先獲告知波塔的威名，原以為會見到一位嚴肅、愛爭吵的人，沒想到進入總統官邸時，波塔竟伸出一隻手、滿臉笑意，從房間另一頭朝他走過來——曼德拉憶道，他「真是個討人喜歡的人」，始終謙恭有禮且友善。「令我印象深刻的是，他親自倒了茶。」

兩人的交談幾乎全圍繞著南非歷史和文化，氣氛客套，談了半小時。會面的消息於數日後外洩時，有人相當貼切地將這次會面稱作「一次禮貌性的拜會」。波塔與此前被他斥為「共黨恐怖分子」的囚犯坐下來談，象徵意義非常重大。但波塔完全未觸及曼德拉所認為最根本的政治改革核心問題，那是他從未認真思考的事。六個星期後，與內閣同僚失和數個月的波塔辭職下臺。

一九八九年九月戴克拉克（F. W. de Clerk）繼波塔之後接任總統，隨即開始重新評估南非的前途。國民黨四十年的統治使白人既有權且有錢；阿非利卡人尤其如魚得水，如願實現了取得財富、技能、經濟力量這個長久抱持的理想。政府捍衛種族隔離制的能力仍然很強。它擁有實現極權主義控制的手段，且常動用那些手段。為使這套制度運行，它有黑人族群裡相當多的盟友可倚賴——黑人家邦政府、都市政治人物、治安維持團體。南非招來舉世的辱罵，但未面臨嚴重的國際威脅：以制裁懲罰南非，制裁者所要付出的代價大過南非所會受到的傷害。

在地區層次，南非在非洲南部的獨霸地位仍未受到挑戰。在戈巴契夫領導下，蘇聯已表明其不再淌安哥拉之類地區衝突混水的意向。古巴厭倦於安哥拉境內沒完沒了的衝突，也在找機會抽腿。經過多次談判，一九八八年十二月，古巴、安哥拉、南非三方終於達成協議，古巴承諾從安哥拉分階段撤走軍隊，以回報南非從安哥拉撤軍和同意讓納米比亞獨立。蘇聯對莫三比克的援助也相應縮減。莫三比克解放陣線被數年的經濟不振和政府與「莫三比克全國抵抗」團體持續不斷的衝突弄得心力交疲，一九八九年揚棄其馬列主義國家的定位，宣布贊成多黨民主。共產集團所精心籌劃的對白人政權的「總攻擊」，在波塔當政期間一直是南非政府最憂心的隱患，結果才幾個月，這一隱患就開始消退。此外，一九八九年東歐共產政權的垮臺，使非洲民族議會失去一重要的財力、物力、軍事的支持來源。

原本南非政府擔心非洲民族議會可能充當替蘇聯賣命的「特洛伊木馬」，此時這憂心煙消雲散。

戴克拉克迅即掌握到這些機遇的重要性。他堅決捍衛種族隔離制，驕傲於「各自發展」（separate development）政策的成就，但他基本上是個實用主義者，把保護阿非利卡人的利益擺在第一位。他身邊的顧問提醒他，他所贊成的那個現代化後的種族隔離制會不再管用。白人如要保住他們享有已久的支配地位和特權，必須進行更根本的改變。政府當下還未碰上困難，但政治改革拖得愈晚，政府會愈無力因應變局。沒有改革，黑人反對聲浪會愈來愈強。鄰國羅德西亞的遭遇，就是個有力例子。羅德西亞領導人伊恩·史密斯回絕一個又一個有利的交易，結果讓自己嘗到被七年游擊戰纏身的苦頭，最後上談判桌談出一個早該談成的協議，從而導致一個馬克思主義政權的出現。「在有機會進行真正具建設性的協商時，未把握住機會，」戴克拉克論道。「我們絕不能犯那樣的錯。」而曼德拉與政府官員的祕密會談，已使政府相信他是白人統治當局可以打交道的人。

大部分白人心向改變。新一代南非白人不喜歡被世上其他人列為拒絕往來戶，不喜歡運動賽事杯葛、旅行禁令、貿易制裁、國際輿論批評。企業家堅決主張必須有較穩定的政治制度，以協助經濟成長，使南非不必再為制裁付出成本。在南非白人眼中，經濟繁榮漸漸變得比種族隔離更為重要。一如在非洲的其他白人族群，他們已接受了那句老話：給他們議會，把銀行留在手裡。進一步的鼓勵來自西方政府。一個又一個西方政府給了戴克拉克一樣的建議：取消對非洲民族議會的禁令，釋放曼德拉等政治犯，上談判桌。

戴克拉克權衡利害，深信如果讓組織不完善且倉促迎來和平局面的非洲民族議會自由發展，它會一團混亂，使政府得以和一個由諸多保守黑人組織組成的新同盟一起攜手並進。他還推斷，政府大權在握，未來能主導談判，決定協議條文。

儘管跡象顯示右派強烈反對，國安機關深為憂心，戴克拉克仍決定放手一搏。一九九〇年二月二日在開普敦的國會上，他一派冷靜、自信宣布他要取消對非洲民族議會的禁令，要釋放曼德拉。「該是擺脫暴力循環，突破萬難，邁向和平與和解的時候了，」他宣布，同時扼要說明了政府所要追求的新目標。這些目標包括民主憲法和普選。戴克拉克實際上對種族隔離宣判了死刑。

戴克拉克的大膽改革，把南非帶上一條全新的道路。在白人與黑人的大搏鬥中，政治權力始終是核心問題。此前國民黨所施行的改革，全未處理這一問題。如今，戴克拉克同意一人一票，為這問題的解決一舉創造了有利條件。

於是，一九九〇年二月十一日，曼德拉牽著妻子溫妮的手，走出維克托．費爾斯特監獄大門，走向等候的支持民眾和全球媒體的記者。那是全球人同感振奮的解放時刻。

曾有人問，關了二十七年走出監獄時的他，和當年走進監獄時的他有何不同。他以他一貫的簡潔回道，「我變成熟了」。曼德拉不喜歡談他自己，鮮少讓他的想法或情感為外人所窺知。多年的牢獄生涯已使他變成一個很孤僻的人，即使面對他最親近的朋友，他也始終隱藏他真正的感受。不管是面對他們，還是面對監獄管理人員，他都力求不表露一絲軟弱的跡象，決心壓住內心的憤怒。他說他常憤怒於白人，但沒有恨意。他所恨的是制度，是某些個人，但從不恨整個白人族群。他從未為自己的苦難表示怨恨白人族群，只怨恨他們所施行的制度。

外界原以為曼德拉會大談他和他的同志在獄中所受的苦，但他本人較感興趣於說明他們在獄中學到的東西、他們所已得到的諒解、他們心無怨恨的原因、矢志追求民主之心如何有力支撐他們不致倒下。不管個人受過什麼苦，他打定主意絕不要忘記建立非種族歧視之民主的目標，深信最終能化解白人對這一民主的憂心。他所立下的榜樣，對南非時局至關重大。因為經過二十七年牢獄生涯，曼德拉仍能堅持和解，使那些心存報復和懲罰的人不得不有所收斂。他的寬大為懷也對他的白人對手影響甚大，為他贏得信任與信心，為政治和解打下基礎。

但出獄返家沒有帶給他個人多少幸福。他妻子溫妮的犯罪活動引發軒然大波。溫妮曾是解放運動的象徵，這時卻是一惡名昭彰之黑幫的老大。這個黑幫名叫曼德拉聯合足球俱樂部（Mandela United Football Club），一九八〇年代在索威托部分地區令人聞風喪膽。此外，溫妮無意重拾曼德拉所渴求的那種安穩的家庭生活，在他返回索威托家時拋棄他，投向年紀只有她一半的愛人懷抱，且不避耳目公開炫愛。曼德拉晚年的自由生活，一再受苦於她的偏差行為。在他人氣與名聲如日中天之際，他常是形單影隻，孤單度過晚上。一如他不談自己所受過的其他苦，他把這份痛苦和羞辱藏在他已習慣戴著的面具之後。

經過兩年的初步爭論，才展開以南非未來為題的多黨協商，再經過兩年曲折的協商，才談定一新的過渡憲法，為全國選舉打好條件。在這過程中，有好幾次似乎注定破局，所有努力似乎要毀於一旦。由於相對抗的團體爭奪支配地位，南非陷入漫長的暴力衝突裡。酋長布泰萊吉（Chief Buthelezi）的祖魯族民族主義團體「因卡塔黨」（Inkatha）和曼德拉的非洲民族議會間爆發一場小內戰，最初爆發於夸祖魯黑人家邦和納塔爾，後來擴及到南非工業心臟地帶威特瓦特斯蘭德（Witwatersrand）的黑人居住區。仍抱著「總體戰略」觀念的保安部隊成員協助、支持因卡塔黨，一心要毀掉非洲民族議會執政的可能。一方屠殺另一方變得司空見慣。各方都動用了殺手小隊。隸屬阿札尼亞人民解放軍（Azanian People's Liberation Army）——反對談判的一個非洲主義派系——的武裝團體，擬出待攻擊的白人平民對象。白人右派準軍事組織，試圖建立阿非利卡人民族國家，也自行組織人力維持治安，揚言毀掉整個談判過程。

曼德拉與戴克拉克在誰該為暴力衝突負責上一再起爭執。兩人在公私場合的言語交鋒愈來愈尖刻。即使在一九九三年兩人在奧斯陸一起獲頒諾貝爾和平獎時，不和仍明顯可見。美國《時代》雜誌評選他們兩人為一九九三年的「風雲人物」時指出，「可察覺到戴克拉克與曼德拉彼此的怨懟與不滿」，並問道「這兩個人能在什麼事情上——比如在午餐該吃什麼上，更別提在改造國家上——達成一致意見？」問話的口吻表明不看好兩人能達成共識。但在政治層面上，曼德拉清楚戴克拉克對整個問題的解決有多重要。「我最不想見到的，乃是醒來時發現戴克拉克不在了，」曼德拉在一私人晚宴上告訴賓客。「我需要他。我喜不喜歡他不重要。我需要他。」

一九九四年四月二十六日，太陽升到納塔爾起伏的綠色丘陵上方時，曼德拉走上德爾班附近伊南達（Inanda）一地奧蘭格高中（Ohlange High School）的階梯，投下他的選票。他走出投票所，臉上滿是笑意，談到光明的未來。「對所有南非人來說，這是忘不了的一刻，」他說。「我們走出抵抗、對立、壓迫、紛亂、衝突的時代，開始走上希望、和解、建國的新時代。」

無數南非人前往投票所，黑白公民都懷著要辦好這次選舉的決心。許多人走數英里路去投票。有些人柱著T形拐杖，有些人坐輪椅；有些人穿著最體面的衣服，有些人穿著自己為這次選舉特別製作的服裝。長長人龍形成於投票所外，繞過數個街區，再沿著土路蜿蜒折回，穿過田野。許多人一大早就來，下午四、五點仍在等著投票，又累又餓；在鄉村，有些人得就著燭光投票。但幾個小時過去，他們還是很有耐心。投完票回家時，他們深感滿足，不只因為參與了組建新政府的選舉，還因為行使了大部分南非人好久都無緣行使的一項權利。一再有選民離開投票所時談到他們已拾回做人的尊嚴。

四個投票日，每天南非的情勢都比過去許多年來還要平和。肆虐南非十幾年的暴力狂潮已消退。就連夸祖魯－納塔爾這個已因政治戰爭死掉一萬多人的暴戾之地都變得平靜。在威特瓦特斯蘭德，敵對派系的成員在黑人居住區一起排隊，互相抱怨這一天拖了這麼久才到來。

對許多白人來說，這次選舉令人感動，一如黑人所感。他們與黑人一起排隊等投票，覺得自己也得到解放。種族隔離這個禍害終於除掉，令施行這制度的白人族群如釋重負，就和在這制度下受過苦的黑人一樣如釋重負。多年以來，南非人普遍覺得和平廢除種族隔離制可望不可及，革命戰爭會是未來比較可能的結局，職是之故，這場平和選舉更顯意義重大。

非洲民族議會贏得一九九四年選舉，既是選民個人對曼德拉所領導的團體欽敬之意的體現，也是對曼德拉本人欽敬之意的體現。他為黑人同胞仗義執言而身陷囹圄，他的同胞從未忘記他所受的囚禁之苦，在有權投票時，透過選票表示對此的感謝。一再有人說，「他是為了我們去坐牢」。對黑人來說，這場選舉，最重要的意義在解放——慶祝他們擺脫白人統治——而許多人把這一解放歸功於曼德拉的領導。

政權轉移在相當和善的氣氛下完成。戴克拉克選擇了適合這一重大歷史時刻的鼓勵性言語，結束三百年白人統治。「曼德拉先生走了很長的路，如今站在山頂上。注定成就偉業之人，知道這座山之後還有一座又一座的山。旅程絕無結束之日。他凝望著下一座山時，我懷著友好、合作之手向曼德拉先生伸出手。」

一九九四年五月十九日曼德拉就任總統那天，迎來了南非史上最盛大的慶祝活動。來自世界各地的要人——約一百七十個國家的元首、王族成員和政府領導人——群集普勒托利亞，慶祝南非走上另一個階段。曼德拉宣誓就職，向南非人獻上一個新誓約：「我們締結一個誓約，保證會打造一個讓所有南非人，不分黑白，都能昂首闊步，心中無懼，必會擁有不可剝奪之人類尊嚴權利的社會，一個祥和、與世無爭的彩虹國家。」

第四部

25 以先知之名

泛阿拉伯民族主義於一九六〇年代式微後，激進伊斯蘭主義趁勢東山再起，擴及整個北非，威脅一個又一個政權。它源起於阿拉伯運動在一九六七年六日戰爭中令人難以釋懷的挫敗，從一九七九年推翻巴勒維君主政權的伊朗伊斯蘭革命得到靈感和支持。在整個穆斯林世界裡，有個以重振伊斯蘭為職志的運動日益壯大。該運動要求更嚴格遵守伊斯蘭信條，深信宗教，而非世俗意識形態，為社會、經濟、政治問題提供解決之道。民族主義、社會主義之類意識形態被斥為來自西方的無神論東西。比世界上的民族國家體制還更重要的東西，乃是烏瑪（Umma）——跨國界的全球信士共同體。這一運動內的一個重要爭論，涉及沙里亞（sharia，伊斯蘭律法）該支配社會的運作到何種程度。有些團體，以沙烏地阿拉伯為榜樣，強調必須將伊斯蘭律法施行於家庭、刑法之類的傳統領域。其他團體，受伊朗影響，強調應把伊斯蘭律法擴大運用於國家建制（state institutions）和經濟政策。溫和派知識分子致力於「將現代性伊斯蘭化」（Islamise modernity），其做法是接受西方的科技和行政管理技術，同時根據伊斯蘭律法改革西方的道德腐敗，以伊斯蘭建制做為政府的基礎。小型激進團體提倡對伊斯蘭的敵人發動吉哈德（jihad），即武裝鬥爭，而伊斯蘭的敵人包括穆斯林世界裡被他們認為不虔誠或叛教，犯了容許穆斯林社會被西方價值觀和習慣腐化之罪的政權。

吉哈德意識形態的主要建構者賽義德・庫特卜（Sayyid Qutb）是埃及的知識分子暨行動主義者，其著作影響了數代激進伊斯蘭主義者。他原本欣賞西方和西方文學，但一九四〇年代晚期在美國兩年的經歷，使他變成令人敬佩的批評者。在他眼中美國的道德墮落、拜金主義、種族歧視、淫亂，令他驚駭不已。一九五一年返回埃及後，他成為穆斯林兄弟會的領導人之一，但因納塞鎮壓穆斯林兄弟會而與納塞失和。一九五四年被控涉及暗殺納塞未遂的行動，在集中營裡待了十年，發展出一套不只拒斥西方，也拒斥穆斯林世界裡政府與社會的革命意識形態。他把穆斯林社會分為兩個截然相反的陣營：一邊屬於真主派，一邊屬於撒旦派。兩者之間沒有中間地帶。他主張，由於非伊斯蘭政府的高壓本質，想要用既有的政治制度來從內部改變它們只會是徒勞。因此，要施行新伊斯蘭秩序，只有一途，那就是透過吉哈德。他從獄中寫道，穆斯林所唯一該珍惜的家園，不是一塊地，而是整個伊斯蘭地區（Dar al-Islam）。凡是妨礙伊斯蘭信仰的實踐，或未能施行伊斯蘭律法的地方，由於既有的事實，必定是戰爭地區（Dar al-Harb）的一部分。這樣的地方「必須予以打擊，即使在那裡會找到自己的親友、族群、資本和商業亦然」。穆斯林兄弟會被認定是另一次暗殺納塞未遂事件的主謀後，庫特卜於一九六五年遭處死。他被追捧為烈士，被全球各地的穆斯林極端主義團體尊奉為父親般的人物。

在伊斯蘭主義者圈子裡，另一位影響力日增的埃及學者是歐瑪爾．阿卜杜勒．拉赫曼（Omar Abdel Rahman）。他是激進神職人員，一九三八年生，十個月大時因糖尿病而失明。在開羅的愛資哈爾大學（University of al-Azhar）攻讀博士學位時，他一如那一代的許多人，受到阿拉伯人在一九六七年六日戰爭慘敗的刺激，成為好戰的行動主義者。他的博士論文厚達兩千頁，闡述可蘭經中名叫「懺悔」的一章。在該章中，先知穆罕默德鼓勵他的追隨者對非穆斯林的部族發動戰爭。拉赫曼則在論文中描述了先知在「異教徒」手中所受到的「暴力和迫害」，斷言吉哈德是「擊敗伊斯蘭敵人的唯一辦法」。被派到開羅西南邊的法尤姆綠洲（Faiyum Oasis）後，他奔波於各清真寺間，做慷慨激昂的布道，把納塞說成異教徒和叛教者。一九七〇年他在未被控以任何罪名的情況下入獄關了八個月。一九七三年獲任命為上埃及艾斯尤特大學（University of Asyut）的神學教授後，他提倡賽義德．庫特卜的學說，強調吉哈德和殉道是驅逐異教徒所必需。不久他就在大學圈子裡吸引到一批激進追隨者，獲公認為眾多追求建立伊斯蘭共和國的地下革命組織的精神導師，這革命組織包括伊斯蘭團（Gamaa Islamiya）和吉哈德團（Jamaat al-Jihad）。

激進伊斯蘭主義者在北非所構成的威脅，在一九八〇年代變得更嚴重。在埃及，繼納塞之後出任總統的安瓦爾．沙達特（Anwar al-Sadat），最初欲拉攏伊斯蘭團體，以鞏固自己的地位，擺脫納塞的陰影。他擅自替自己冠上「信士」總統」之名，安排大眾媒體報導他在清真寺的禮拜，以可蘭經文做為演說的開頭和結尾。他也鼓勵伊斯蘭同學會擴大規模，在中小學推動伊斯蘭課程，與穆斯林兄弟會達成妥協，只要它發誓棄絕暴力，便可再度公開活動。

但這些作為都不足以滿足批評他的伊斯蘭主義者日益喧囂的要求。沙達特的新作為使伊斯蘭主義者更加疏離於他，他的「門戶開放」經濟政策（infitah）帶進來西方企業家。他於一九七八至一九七九年與以色列締結的和平協議，替他贏得西方的高聲讚譽和諾貝爾和平獎，卻被埃及境內的穆斯林普遍視為是向埃及和美國的機會主義式屈服，把遭占領的巴勒斯坦約旦河西岸和迦薩走廊領土棄之不顧。埃及各地出現抗議，示威者把這項協議斥為一名「非信士」的叛國行徑。

沙達特祭出威權統治和徹底鎮壓，回應對他政權日益升高的反對聲浪。批評他的人，包括宗教界和非宗教界人士，指控他行事如「法老」。一九八一年九月，他祭出最嚴厲的一招，下令逮捕一千五百餘人。這些人涵蓋國內各種政治立場的人士，包括伊斯蘭行動主義者、律師、醫生、記者、大學教授、政治反對人士。在電視演說中，他強調他是在拯救埃及，使之不受政治、宗教「煽動言論」的毒害。

幾個星期後的一九八一年十月六日，他坐在皇帝寶座似的椅子裡閱兵時，遭軍中的吉哈德團成員開槍擊倒。他委頓在地時，行刺團的領袖，一名二十四歲的中尉軍官，大喊：「我是哈利德．伊斯蘭布利（Khalid Islambuli）！我殺了法老！我不怕死！」接下來的審判中，二十四人被控同謀暗殺沙達特，包括吉哈德團的主要理論家穆罕默德．法拉格（Muhammad al-Farag）。法拉格寫了一本名叫《遭忽視的義務》（*The Neglected Obligation*）的小冊子，在該書中主張吉哈德是伊斯蘭的第六支柱，武裝鬥爭和叛亂是所有真穆斯林導正墮落社會弊病所應為：「毋庸置疑的，第一個吉哈德戰場是消滅這些異教徒領導人，代之以一個完備的伊斯蘭秩序。」

同樣受審，就坐在伊斯蘭布利中尉隔壁，乃是盲眼神職人員謝赫歐瑪爾．阿卜杜勒．拉赫曼。檢方指控他發出一則把暗殺沙達特之舉合理化的伊斯蘭教令，遭他否認。軍事法庭的法官問他：

「讓未按照真主指令統治的統治者濺血合法嗎？」

「這是個假設性問題？」謝赫問。

對方答是，他回應道，使人這樣子濺血合法。

「就沙達特來說呢？」法官。「他違反規矩，信了異教？」謝赫歐瑪爾遲疑，然後不願回答。

謝赫歐瑪爾發布伊斯蘭教令時從不指名道姓，由於檢方未能證明他提到沙達特的名字，他無罪獲釋。然後，他連同另外約三百人遭指控組織吉哈德團，陰謀推翻政府，最後也是無罪獲釋。在牢裡待了三年後，他奔往巴基斯坦邊界的白夏瓦（Peshawar），投入反蘇聯占領阿富汗的吉哈德。

沙達特的繼任者霍斯尼．穆巴拉克（Hosni Mubarak），空軍指揮官出身，遭遇好戰伊斯蘭主義者發出的一連串暴力挑戰，但大體來講，他透過殘酷鎮壓和動用緊急事態法，壓住他們的活動。突尼西亞、摩洛哥、利比亞也成功消滅激進團體。但在阿爾及利亞，鬥爭變成激烈戰爭，戰事持續到一九九〇年代結束仍未停。

一九六二年獨立後，阿爾及利亞有二十六年歲月在一黨專政中度過，由大權獨攬的軍事統治集團控制。打贏反法的解放鬥爭後，軍方把自己打造為權力中樞，以無情的決心從幕後行使權力。阿爾及利亞人常語帶挖苦地說，每個國家都擁有軍隊，但在阿爾及利亞，軍隊擁有國家。阿爾及利亞社會的每個領域（經濟、宗教、語言、文化）都受國家控制。一九七六年由阿爾及利亞民族解放陣線（FLN）擬定的全國憲章宣布社會主義是「不可改變的選擇」，把伊斯蘭定為「國教」，堅稱政治、經濟、宗教三領域的融合，乃是打造能促成經濟發展的「設防國家」所必需。媒體、公民協會和專業人員協會、學生組織、工會，都以國家機器一環的角色運作。國家也控制清真寺，指派傳道士。一場旨在清除阿爾及利亞境內法國殖民統治遺風的「文化革命」，要中小學、大學、行政機關「阿拉伯化」，只能使用來自東阿拉伯（Arab East）的現代標準阿拉伯語，而不能使用此前通行的法語、口語阿拉伯語或柏柏語（Berber）。凡是與政府政策唱反調者，都可能遭監禁或流放。

經濟策略以中央計畫、工業化、外商資產國有化為基礎，外商包括石油、天然氣業。受到一九七〇年代期間石油收入陡增的鼓舞，政府把大筆資金投入「具工業化作用的產業」（為進一步的經濟發展提供基礎的重工業），即一家鋼鐵聯合廠、數座煉油廠、數座肥料工廠、數座天然氣液化廠。一九七〇年代期間阿爾及利亞的投資率超過國民所得的三成五；人均工業生產總值年均成長一成四；工業生產總值增加一倍；人均所得從三百七十美元成長為八百三十美元；就業人口從一百七十五萬成長為將近三百萬。隨著工業化的進行，外債暴增：從一九七二年的二十七億美元增加為一九七九年的二百三十四億美元，償債負擔相當於出口額的四分之一。

在這同時，政府的重心從鄉村轉移到城市。農業大體上遭忽視。「農業革命」將大種植園國有化，建立了如同集體農場的東西。物價和「薪水」凍結了十餘年，以使城市居民得以享有便宜糧食，從而使農活愈來愈不受青睞。據估計，每年有十萬人離開鄉村前往城市。超過三十七萬英畝的優質農地蓋起工廠，使具有專門技能的農業勞力進一步流失。隨著人口急增，阿爾及利亞日益倚賴進口糧食。

一直到一九七〇年代晚期，阿爾及利亞民族解放陣線的專斷統治都未受到多少公開的反對。大部分阿爾及利亞人不只受惠於就業機會，還受惠於包羅廣泛、讓他們享有免費教育、免費醫療、受補貼糧食的福利制度。只要國家機器當得起散財童子，對這制度的批評就有所收斂。但一九八〇年代期間，阿爾及利亞碰上愈來愈多麻煩：石油收入減少，臃腫的行政機關，效率不彰的國營企業，工業生產下滑，農業不振，占出口收益九成七的償債負擔比率，通膨漲到四成二，勞務糾紛，總失業率達三成，青年失業率達七成。雪上加霜的，人口暴增。年出生率超過三%，阿爾及利亞的人口從一九六二年的一千萬成長為一九八〇年的一千八百萬，一九九二年的二千六百萬。在城市，這一衝擊最為顯著。到一九八八年，已有一半人口住在住房供給嚴重不足、犯罪率上升、供水配給、糧食不足的城鎮。數百萬人在馬口鐵皮貧民窟裡掙扎求生。每年二十多萬年輕人湧入勞動市場。對許多年輕人來說，唯一的路是成為「靠壁者」（hittiste），在大街小巷裡閒晃度日。經濟改革成效不大。

貧富差距日益明顯。約五%的人口，其所得占了國民所得的四成五，五成人口的所得，占不到國民所得的二成二。在這同時，執政菁英住在俯臨阿爾及爾市區的山上高級住宅區，從有利可圖的人脈和與外商合組的「貿易委員會」獲利，變成以貪腐而著稱。

愈來愈多人覺得，阿爾及利亞民族解放陣線掌理的國家已失去權威和目標。但不動如山的，乃是在幕後控制國政的一群將領和他們的商業夥伴——統稱 Le Pouvoir（當權者）。

第一個動亂跡象來自卡比利亞（Kabylia）的柏柏人族群。阿爾及利亞民族解放陣線決意透過規定使用阿拉伯語，來推動「民族」文化和認同，占總人口將近五分之一的柏柏人，認為此舉危害到柏柏人自己的語言和文化，而對政府心生反感。一九七六年的全國憲章不只對柏柏人的語言和文化隻字未提，還清楚表示，「阿拉伯語的普及和對這一創造性實用工具的精通，乃是阿爾及利亞社會的基本任務之一。」薩萊姆・查克爾（Salem Chaker）和賽義德・薩迪（Saïd Sadi）這兩位著名的異議人士抱怨，「自獨立以來，這個政權的意識形態，特別是阿拉伯伊斯蘭主義，以審查制和威權主義為基礎，壟斷了我國的文化生活和知識生活。它們體現了欲扼殺、清除柏柏人特性和所有自主思想的意圖。」

一九八〇年政府禁止一場預定在提濟烏祖大學（University of Tizi-Ouzou）召開，以柏柏語的使用為題的會議時，教師和學生抗議，接管校園；他們遭逐出，在卡比利亞引發大規模的罷工、暴動，人稱「柏柏人之春」（Berber Spring），有意讓人聯想到一九六八年的布拉格之春。這場動亂最後遭到無情壓制。

持續得更久的挑戰，來自激進伊斯蘭主義團體。一九六四年，這一團體以協會的形態初露端倪，協會名叫「價值觀」（Al Qiyam）。「價值觀」未公開反抗國家，但把自己說成真正伊斯蘭價值觀的捍衛者，要求官方支持伊斯蘭儀式和義務，譴責阿爾及利亞女人西式打扮之類的西方作為。一九六五年該協會的刊物《伊斯蘭人道主義》（*Humanisme Musulman*）刊出一篇文章，清楚說明該協會對國政的看法：

> 所有政黨，所有政權，所有領導人，凡是未以伊斯蘭為基礎者，都被判定為不法且危險的。共產黨、世俗性政黨、馬克思—社會主義政黨、民族主義政黨（民族主義政黨對穆斯林世界的一體化心存懷疑），都不能存在於伊斯蘭的國度裡。

一九七〇年，「價值觀」遭禁。

阿爾及利亞民族解放陣線的統治集團重新申明其對宗教的完全控制之後，採取一連串既欲強化阿爾及利亞的伊斯蘭特質，同時牢牢守住其社會主義計畫的措施。休息日從週日改為週五；禁止賭博和販售酒精性飲料。但伊斯蘭主義者的異議未消，拒絕讓伊斯蘭屈從於國家之下。著名學者謝赫阿卜杜拉提夫・索爾塔尼（Abdellatif Soltani），一九七四年流亡摩洛哥時，出版了一本小冊子，譴責阿國政府的社會主義策略，要人提防道德敗壞和「從國外引進的有害原則」。伊斯蘭主義的理念在大學扎根，得到不接受西式政治現代主義的教師認同。許多人把伊斯蘭視為唯一能對抗西方霸權的反文化。從埃及、東阿拉伯聘來協助政府執行阿拉伯化計畫的外籍教師，協助傳播了伊斯蘭主義理念和著作。

一九八〇年代初期，伊斯蘭主義團體著手收復宗教領域，著手取得不受國家擺布的自主權。數百座非官方的清真寺創立，「自由伊瑪目」在那些清真寺傳揚他們的理念。數千名不滿現狀的年輕人受吸引投入這一運動。對那些遭「現代化」排斥或邊緣化的人來說，伊斯蘭提供了一個明確的道德性、社會性認同。對窮人來說，它提供了救贖。在政府服務性事業衰微之際，伊斯蘭網絡填補了空白，協助病人和窮人，施行它們自己的規章制度。

在爭取支配地位時，有些伊斯蘭主義者不惜使用暴力。大學校園一再出現他們與左派學生、柏柏主義學生的衝突。一九八二年一名左派學生死於刀下，促使政府下令四處逮人。伊斯蘭主義者在阿爾及爾市中心的某座大學建築裡辦一場大型的祈禱會做為回應，由於參加的信眾太多，人潮湧至街上，使交通癱瘓了數小時。政府祭出另一波逮捕，被捕者包括謝赫阿卜杜拉提夫・索爾塔尼。一九八四年索爾塔尼死於遭軟禁時，葬禮時約兩萬五千人前來哀悼。地下伊斯蘭主義游擊組織，阿爾及利亞武裝伊斯蘭運動（Mouvement Islamique Algerién Armé），一九八五年浮出檯面，搶劫了阿爾及爾附近某工廠的工資錢，攻擊了一處警察營房，走時在大門塗上一句口號，「報仇者阿拉與我們同在！」該組織領袖穆斯塔法・布亞利（Mustapha Bouyali）是打過仗的退伍軍人，利用其對阿特拉斯山脈地形的熟悉，避開追捕長達十六個月。赴阿富汗抗擊蘇聯的阿爾及利亞志願兵，一九八〇年代晚期帶著身經百戰的豐富經驗回國，把好戰理念和新式服裝一起帶了進來。阿富汗式服裝第一次出現在阿爾及爾的伊斯蘭主義居住區時，引來不少笑聲，後來卻激起對其所代表的激進狂熱心態的不安。

這個伊斯蘭主義團體偶爾能動員起數千名支持者，但大部分時候不成氣候，未能造出聲勢。不過，一九八八年十月，幾場打破阿爾及利亞政治陳規的暴亂，動搖了阿爾及利亞民族解放陣線對大局的掌控。最初，因物價上漲和消費性商品短缺，在阿爾及爾市勞動階級居住的巴卜烏埃德（Babel-Oued）區爆發抗議，然後抗議愈演愈烈，演變成暴亂，接著擴及到全國各城鎮。打頭陣的是青年團體、學生團體、失業團體。他們攻擊官方建築，架設路障，伊斯蘭主義者跟著共襄盛舉。在貝爾庫爾（Belcourt），浩浩蕩蕩七千名伊斯蘭主義支持者與警方起衝突。軍方受命進場鎮壓，手段殘酷：約五百人喪命。

接著，陸軍上校出身的總統夏德利．本傑迪德（Chadli Benjedid）選擇改革而非壓制。他同意結束阿爾及利亞民族解放陣線與國家黨國不分的局面，終止已在阿爾及利亞盛行二十六年的一黨制。新憲不再提到阿爾及利亞民族解放陣線和社會主義，為多黨政治打開大門。幾乎一夜之間，冒出一些政黨和公民協會、專業人員協會、文化協會。但政治舞臺上最重要的新參與者是那些與伊斯蘭主義團體有密切關係者。夏德利鼓勵伊斯蘭主義者，希望藉他們之力穩固他的政權。

最具分量的競爭者是伊斯蘭救國陣線（FIS；Front Islamique du Salut）。它創立於一九八九年二月，同年九月得到法律認可，是最有政治野心的伊斯蘭主義組織，著眼於獲得政治權力，把那視為按照伊斯蘭原則改革社會的先決條件。它抨擊「當權者」（Le Pouvoir）的腐敗，主張嚴格遵守伊斯蘭律法，要求制定伊斯蘭憲法。它的領袖阿巴西．馬達尼（Abassi Madani）是阿爾及利亞民族解放陣線的創黨成員，在一九五四年十一月一日阿爾及利亞獨立戰爭開打的第一天就投身攻擊行動。在獄中度過這場戰爭的大部分時期之後，阿巴西成為大學教師，拿到倫敦大學的教育博士學位。他是中產階級知識分子，五十八歲，代表伊斯蘭救國陣線裡務實的一派。他的副手，謝赫阿里．貝爾哈吉（Ali Belhadj），巴卜烏埃德區遜尼（Al-Sunna）清真寺的三十三歲伊瑪目，代表伊斯蘭救國陣線裡激進、不妥協的較年輕一代。

貝爾哈吉清楚表明他對民主的不屑：

民主是真主之屋裡的陌生人。保護自己，勿受到那些聲稱伊斯蘭裡面有民主觀念者的傷害。伊斯蘭裡面沒有民主，只存在著諮詢（shura），向伊斯蘭的規則和約束進行的諮詢……我們不是從多數—少數角度思考的國家。多數未表達真理。

他也蔑視多黨政治和政治多元主義：

多黨制不被容許，除非它認同單一的伊斯蘭基準體系……如果人們投票反對真主之法，那就只能說是褻瀆真主。烏里瑪（ulama，宗教學者）會下令處死拿自己的權威替代真主權威的犯法者。

貝爾哈吉的週五布道極受歡迎，譴責自由派、外國政府、其他宗教的追隨者、其他黨的領導人，每個禮拜吸引多達兩萬人前來聆聽。

阿巴西．馬達尼走較溫和路線，反對暴力，宣告支持民主，但附有某些條件：

我們會考慮讓那些由人民選出來的人反映人民的意見。相對的，我們所不會接受的，乃是被選出來但傷害人民利益的人。那類人不可違反伊斯蘭、伊斯蘭律法、伊斯蘭的教義和其價值觀，絕不能向伊斯蘭宣戰。伊斯蘭的敵人就是人民的敵人。

在伊斯蘭主義團體和阿爾及利亞民族解放陣線之類世俗性政黨爭相建立新政治秩序的過程中，伊斯蘭主義者取得令人矚目的進展。在一九九〇年六月的省市議會選舉中，伊斯蘭救國陣線在四十八個省議會裡拿下三十一個省議會的控制權，在一千五百四十一個市鎮裡拿八百五十六個市鎮的控制權，在幾乎所有大城裡拿下過半數席位。它的總得票率達五成四。阿爾及利亞民族解放陣線居次，控制六個省議會和四百八十七個市鎮，得票率兩成六。有位阿爾及利亞青年如此解釋他為何在一九九〇年選舉時支持伊斯蘭救國陣線：「只有四個選擇：可以繼續失業和獨身，因為沒工作做，沒公寓住；可以在黑市工作，冒被捕的危機；可以想辦法外移到法國，到巴黎或馬賽掃馬路；或者可以加入伊斯蘭救國陣線，投票支持伊斯蘭。」

國會選舉排定於一九九〇年底。但在這中間的空檔，肇因於八月伊拉克入侵科威特並導致西方派兵干預該地區的波斯灣危機，激化阿爾及利亞的輿論，引爆一波反西方熱潮，迫使伊斯蘭救國陣線採取較好戰的立場。阿里·貝爾哈吉一身戰鬥服出現在一場群眾大會上，要求政府為志願前往伊拉克打仗者開辦訓練營。由於波斯灣戰爭開打，選舉延到一九九一年六月。政府推出有利於阿爾及利亞民族解放陣線的措施，試圖操控選舉，激起民眾示威。軍方決意重新確立公權力並殺殺伊斯蘭主義者的銳氣，介入政局。選前兩天，軍方領導階層下令拆掉伊斯蘭救國陣線所主政之市府大樓的伊斯蘭口號，換上阿爾及利亞民族解放陣線的口號，在巴卜烏埃德等區部署士兵以落實這一改變。激戰爆發，選舉再度延期。阿巴西·馬達尼和阿里·貝爾哈吉被以莫須有的「陰謀危害國家安全」的罪名逮捕，關在獄中或軟禁了十二年。

第一輪國會選舉終於在一九九一年十二月二十六日舉行，結果伊斯蘭主義者壓倒性大勝。伊斯蘭救國陣線得票率四成七，拿下二百三十一席中的一百八十八席；阿爾及利亞民族解放陣線拿下十六席，得票率兩成三；社會主義力量陣線（FFS；Front des Forces Socialistes），一個在卡比利亞的柏柏人族群裡扎根甚深的世俗性政黨，拿下二十五席，得票率七％。第二輪選舉排定於一九九二年一月十六日，據認會進一步確立伊斯蘭救國陣線的大幅領先局面。

但第二輪選舉一直未舉行。儘管總統夏德利已準備和伊斯蘭救國陣線政府合作，軍方——「那些決策者」（les décideurs）——不同意這樣的政局發展。軍方領導階層主張，一旦讓伊斯蘭主義者掌權，就別指望他們會放掉權力。屆時將會是「一人一票，但只有一次這種機會」。

一九九二年政變的策劃者是哈立德．內札爾（Khaled Nezzar）將軍，強硬派國防部長。內札爾是某個高級軍官團體裡的要角，該團體在阿爾及利亞被叫作法蘭西幫（hizb França），是由曾效命於法國陸軍的軍人組成的小團體。那些軍人在一九五〇年代追求獨立的抗爭期間背棄法國軍隊投奔阿爾及利亞民族解放陣線，老早就在軍方領導階層取得支配地位。他們堅守親法、反伊斯蘭主義策略，得到法國政府的支持，派子弟到法國學校就讀，維持與法國商界有利於自身的關係。內札爾於一九九〇年在《聖戰士報》（*El Moudjahid*）寫道，「不容許透過民主掌權的人把我們帶往獨裁統治之路。」

一九九二年一月十一日，內札爾逼夏德利辭職。隔天，選舉遭取消。阿爾及利亞與民主進程的短暫邂逅因此戛然而止。

接著軍方將領著手消滅伊斯蘭救國陣線，首先明令清真寺不得有政治活動，下令撤掉由伊斯蘭救國陣線所控制之清真寺的伊瑪目，換上經官方認可的神職人員。暴力事件發生後，他們宣布國家進入緊急狀態，以伊斯蘭救國陣線試圖謀反為理由下令解散該組織。接著，伊斯蘭救國陣線的好戰分子遭集體逮捕；數千人被關進撒哈拉沙漠裡的犯人營；數家報社被勒令停業，市府大樓關閉。

軍方成立五人集體領導的機構，國家最高委員會（Haut Comité d' Etat），接替夏德利的位置。為塑造該構機的正面形象，他們找穆罕默德·布迪亞夫（Mohamed Boudiaf）主持該機構。布迪亞夫是「九大首領」(9 chefs historiques）之一，被認為是一九五四年阿爾及利亞民族解放陣線的創立者，極受敬重的現代主義者，在摩洛哥流亡二十八年期間生活儉樸，經營一家小製磚廠。布迪亞夫認同解散伊斯蘭救國陣線，和軍方將領一樣主張「伊斯蘭救國陣線想利用民主毀掉民主」；他說它會「為了獨攬人權無所不用其極」。但他也很想建立新的政治秩序，決意不只壓制伊斯蘭主義者，也壓制舊阿爾及利亞民族解放陣線統治集團內的貪腐。「得著手反制這些獨占國家財產的人（匪幫）……我們會起訴他們，採取各種必要措施，以替國家找回這些財產。這是我的主要目標之一。」

布迪亞夫抱著改良主義熱誠，著手打造一個新的政治團體，全國愛國聯盟（Rassemblement Patriotique Nationale），打算贏得人民支持，在未來的總統大選中獲勝。

「我國正受什麼樣的苦？」他在一九九二年四月，就任一百天後，在演說中問道。

> 阿爾及利亞正受苦於三個危機：道德危機，精神危機，認同危機。三十年來我國人民左右為難

於東方與西方之間、法語與阿拉伯語之間、阿拉伯主義與柏柏主義之間、傳統主義與國際價值觀之間……經過一黨統治和單一語言獨大多年以後，民主化已成為必要階段……利用伊斯蘭來實現政治目標和黨派目標，還有祭出民主和謊言，在一特定時期裡打動了國內貧困、遭邊緣化的人。

布迪亞夫樹敵甚多。但大概是他決心根除政府、軍隊裡的貪腐一事，要了他的命。一九九二年六月，他在安納巴（Annaba）某會議致詞時遭他的一名侍衛暗殺。輿論認為這是「夏德利匪幫」所為，非伊斯蘭救國陣線的行動主義者所幹下。

隨著伊斯蘭救國陣線遭勒令解散，阿爾及利亞墮入暴力橫行的可怕處境中，情況讓人想起殖民時代的衝突。伊斯蘭好戰分子重新成立伊斯蘭武裝運動，與其他支持伊斯蘭救國陣線的團體一起發動有計畫的暗殺、放炸彈、蓄意破壞的行動，欲迫使政府接受伊斯蘭主義者的權力要求。數十名警察、軍人、政府官員遇害。殺害一名警察成為年輕的「靠壁者」新成員的入會儀式。

執政菁英分成兩派，一是軍中想要徹底壓制伊斯蘭主義者的「根除派」（éradicateurs），一是主張透過協商解決紛爭的「修好派」（conciliateurs）。軍方領導階層採取攻勢，設立特種突擊隊，祕密拘留與政府為敵者，動用拷問、殺手小隊。但伊斯蘭主義者的叛亂繼續擴大。新總統，退休將領利亞米納·澤魯阿勒（Liamine Zeroual）贊成與包括伊斯蘭救國陣線在內的政黨對話，親自與被囚的伊斯蘭救國陣線領導人阿巴西·馬達尼、阿里·貝爾哈吉晤談，但遭「根除派」激烈反對。

一九九三年，叛亂勢力產生一極端主義分支，武裝伊斯蘭團（GIA；Groupe Islamique Armée）。

它以單單透過革命暴力來掌權為職志，以「不對話，不和解，不停戰」為口號。武裝伊斯蘭團專門殺害會引起公眾矚目的人物（作家、記者、教師、知識分子）——不只親政府的人士，還有被認為反對建立伊斯蘭國的人士。武裝伊斯蘭團的領導人之一，悉德·艾哈邁德·穆拉德（Sid Ahmed Mourad）告訴某地下報紙：「我們的吉哈德在於殺害、驅散所有對抗真主和其先知的人」。他特別點名記者：「用筆對抗伊斯蘭主義的記者，會死在劍下。」武裝伊斯蘭團另一位領導人，阿卜杜勒卡德爾·哈塔卜（Abdelkader Hattab），發行名為「割喉、謀殺，直到權力歸真主之手為止」的小冊子。

武裝伊斯蘭團也鎖定外國公民，決意趕走外國僑民。被該組織綁架的三名法國公民收到一張條子，條子上警告外國人：「離開我國。給你們一個月。超過那期限還不走者，突然喪命，就是咎由自取。」沒幾天就有約三千名外國人逃離阿爾及利亞。數十人遇害。

武裝伊斯蘭團以伊斯蘭主義者陣營的旗手自居，與親伊斯蘭救國陣線的團體自相殘殺，使局勢更亂。在阿爾及爾，它成為勢力最大的武裝團體。親伊斯蘭救國陣線的團體組成統一武裝陣線，伊斯蘭救國軍（AIS；Armée Islamique du Salut），想藉此拿回主動權。伊斯蘭主義「埃米爾」（emir）結合政治暴力和犯罪活動，從勒索、索取保護費和在他們主要勢力所在的大城的邊緣走私，獲得可觀利潤。

到了一九九四年底，這場阿爾及利亞內戰已奪走三萬條性命。阿爾及利亞在暴力海裡漂流，政治停擺。一批反對黨，包括伊斯蘭救國陣線、民族解放陣線、社會主義力量陣線，一九九五年一月在羅馬會談，以找到彼此的共同基礎，找出打破僵局之道。他們所簽署的「羅馬綱領」，取得數個重要進展。他們的十四點協議包括：要求採行多黨民主，結束軍人干政，釋放政治犯，結束一九九二年施行的緊急狀態。所有與會者都同意，應取消對伊斯蘭救國陣線的禁令，釋放伊斯蘭救國陣線的領導人和行動主義者。伊斯蘭救國陣線則表示支持「政治多元主義」和「透過普選輪流執政」，同意凡是被選票送上臺的政黨都可能被選票拉下臺。伊斯蘭救國陣線還承諾維護各宗教信徒的信仰自由和完整公民權。「羅馬綱領」也處理了柏柏人的要求，承認柏柏人（Imazighen）和他們的語言（Thamazighth）是本國和本國文化與眾不同的一部分：「阿爾及利亞性格的構成元素是伊斯蘭、阿拉伯主義、柏柏主義（Amazighism）。」「羅馬綱領」的連署者，代表了在一九九一年選舉中八成二投票者的民意。好戰的伊斯蘭救國陣線領導人阿里·貝爾哈吉，在獄中簽署了這份綱領，但阿爾及爾的「根除派」不假思索拒絕連署。

為填補政治空白，澤魯阿勒主動將總統大選提前。他自己出馬角逐，希望取得某種程度的民意支持和統治正當性，使他得以鎮住軍方領導階層。由於幾大在野黨（阿爾及利亞民族解放陣線、社會主義力量陣線、伊斯蘭救國陣線）都拒絕參選，要求先政治協商並結束國家緊急狀態，澤魯阿勒輕鬆當選。一九九五年十一月，另有三個候選人，包括一立場溫和的伊斯蘭主義政黨的領導人，與他角逐總統寶座，但澤魯阿勒是唯一看來值得信賴的候選人。在官方統計的七成五投票率中，他拿到六成一選票。

有了這樣的民意為後盾，澤魯阿勒強勢推動憲改，提出一連串變革交付公投。他重申伊斯蘭的國教地位，同時提議禁止將伊斯蘭之名納入黨名或宣言中，藉以利用伊斯蘭來實現政治目的的政黨活動。同樣的禁令也用在欲利用阿拉伯人認同和柏柏人認同來實現政治目的者。針對他的提議，有人喜歡，也有人反感。世俗性政黨失望於他賦予伊斯蘭如此突出的角色。柏柏主義者則為柏柏語仍未得到官方承認，阿拉伯語仍是唯一的國語，而深感憤懣。一九九六年十一月舉行的公投，以相當懸殊的比數認可了這些變革：八成五投票支持。但官方所提出的八成投票率明顯被動過手腳，從而削弱了此一結果的權威性。

接下來於一九九七年舉行的國會、省議會、市鎮議會選舉，為國家邁向民主道路構築了美麗遠景。但隱伏在暗處的「那些決策者」再度操弄選舉結果。六大政黨獲准參選，兩個黨代表溫和伊斯蘭主義政黨，兩個黨以卡比利亞這個柏柏語地區為大本營，兩個黨受國家贊助——全國民主聯盟（RND；Rassemblement National Démocratique）和阿爾及利亞民族解放陣線。六個黨基本上都代表中產階級。沒有代表都市窮人的政黨參選（已遭解散的伊斯蘭救國陣線就是這樣的黨）。主要贏家是在國會三百八十席裡拿下一百五十五席的全國民主聯盟和拿下六十四席的阿爾及利亞民族解放陣線，從而使新政府為「那些決策者」所接受。溫和伊斯蘭主義政黨，和平社會運動（Mouvement de la Société pour la Paix），拿到六十九席。

作票痕跡不少。但作票不只是為了使親政府候選人當選，還為了使反對黨拿到不錯票數，使它們得以進入體制，從而有助於賦予體制正當性。據英國學者休・羅伯茨（Hugh Roberts）的說法，這些選舉基本上反映了「該政權的權力掮客所做決定的結果」。他寫道：

> 一九九七年選舉的證據間接表示，選民的選擇結果得以最系統化的方式予以「修正」，以使它

們和政權內各派系達成的後室交易相一致，以保住該政權所倚賴的複雜內部平衡。

事實上，軍方仍是政治進程的仲裁者。

在這同時，伊斯蘭主義者的叛亂惡化為不分青紅皂白的濫殺。一九九七、一九九八年間，數千平民死於武裝伊斯蘭團的屠殺。武裝伊斯蘭團的異議分子脫黨自立，組成「薩拉費斯特主義者布道、戰鬥團」（GSPC；Groupe Salafiste pour la Prédication et le Combat），打算只攻擊保安部隊。但這場叛亂老早就忘記其欲透過武力建立伊斯蘭國的初衷。伊斯蘭救國軍和數個較小的團體放棄抗爭，決定停火。

一九九九年，阿卜杜拉濟茲．布泰佛利卡（Abdelaziz Bouteflika）在軍方認可下當選新總統。他上任後著手推動與伊斯蘭主義者和解，表示叛亂者只要願意投降即既往不咎。他還承諾調查約七千名「失蹤」阿爾及利亞人的案件，其中大部分人在保安部隊手中失蹤。數百名叛亂者向政府交出武器，還有數千人——「悔過自新者」（les repentis）——從獄中獲釋。但武裝伊斯蘭團和薩拉費斯特主義者布道、戰鬥團都誓言繼續戰鬥，布泰佛利卡的和平倡議不久就無以為繼。軍方領導階層只把那視為削弱伊斯蘭主義反對勢力的手段。新伊斯蘭主義政黨「瓦法」（Wafa）想替補遭解散的伊斯蘭救國陣線的位置，未能得到法律承認。阿巴西．馬達尼對布泰佛利卡的意志不堅感到絕望：「他承諾透過和解來解除危機，從而承認這場危機基本上的政治性質，結果卻默認沒有其他種解決辦法，那一承諾隨之化為泡影，」他說。

阿爾及利亞於是注定擺脫不掉年復一年的低度衝突。十年裡，十萬多人喪命，而且如此亂局看不到盡頭。暴力似乎符合軍方和伊斯蘭主義叛亂分子兩方所需。它使軍方得以順理成章延長緊急狀態，限制反對活動，從而保住極有利於他們的控制體制。這一控制體制使執政菁英有錢有權，並讓他們擁有欲繼續牢牢掌握權力所需的所有重要人事任命權。一九九〇年代末期一年的石油收入達到一百億美元，為他們提供了賴以運作的穩當基礎。私有化交易大體上都落入與軍方統治集團有關係的菁英企業家之手。好戰的伊斯蘭主義者則以激昂的伊斯蘭言語合理化自己的作為，繼續從戰爭中得利。大部分阿爾及利亞人被夾在中間，甘心過窮日子。

相較於阿爾及利亞的駭人局面，一九九〇年代埃及伊斯蘭主義者叛亂較為零星，但帶來深入衝擊。它大部分由在阿富汗打過吉哈德的老兵發動。這些老兵於一九八九年蘇軍撤出阿富汗後返國，把革命熱情和戰鬥經驗帶回來給吉哈德團和伊斯蘭團之類的地下組織。他們的目標包括政府官員、知識分子、記者、外國觀光客。他們攻擊、殺害科普特教會基督徒，燒掉基督徒的店鋪、教堂。他們在銀行、政府機關和推廣西方文化的戲院、錄影帶店、書店放炸彈。大城，還有小鎮、村子，都身陷暴力攻擊。受害者包括法拉格·佛達（Farag Foda），埃及最知名作家之一。他公開批評好戰伊斯蘭，在他開羅自宅外遭槍殺。埃及的諾貝爾文學獎得主，老作家納吉卜·馬哈福茲（Naguib Mahfouz），公開批評地下伊斯蘭主義團體的暴力作為，遭刺傷。

攻擊外國觀光客，重創年產值達三十億美元的觀光業。一九九六年，十七名希臘朝聖者於開羅的歐羅巴飯店外被殺；伊斯蘭團道歉，說把他們誤認為以色列觀光客。然後，九名德國人遇害於埃及博物館外。一九九七年，五十八名外國觀光客在隔著尼羅河與盧克索市相望的列王谷，參觀哈特謝普蘇特女王祭廟時，遭伊斯蘭團槍手屠殺。這些槍手是來自阿斯尤特大學的學生，行凶過程將近一個小時。有些受害者遭割喉。行凶者將一名戴眼鏡的日籍老年男子挖出內臟，塞進一張紙條，紙條寫道，「不歡迎觀光客到埃及」；署名「歐瑪爾．阿卜杜勒．拉赫曼的破壞、毀滅中隊」。

穆巴拉克以大規模鎮壓回應伊斯蘭主義團體的攻勢，用緊急事態法在無審判下拘押數千人，設立軍事法庭審訊平民，且不得上訴。「阿富汗」老兵遭無情捕殺。疑犯常遭拷問，家人被令人聞之色變的國家安全調查局（State Security Investigation）扣為人質。

除了鎮壓極端主義分子，穆巴拉克還以伊斯蘭主義「威脅」為幌子，趁機打壓主流伊斯蘭反對勢力。他把矛頭對準穆斯林兄弟會。自沙達特於一九七〇年允許它公開運作以來，它已轉型為伊斯蘭運動裡一股重要的政治、社會、經濟力量，主張漸進改革，仍堅決拒斥暴力。它是埃及境內最大、最強的伊斯蘭組織，事業觸角遍及銀行、投資公司、工廠、農業綜合經營。它已掌控了工會、學生團體、自治市、大學教職員、數個專業人員（律師、醫生、工程師、記者）聯合會。它的社會服務網往往比政府的社會服務網更有效。政府不准它自組政黨，但它已和世俗性政黨結盟，以取得政治話語權。它以「伊斯蘭是解決辦法」為競選口號，一九八七年以工黨旗號參加一九八七年選舉，拿下一成七的選票。

穆巴拉克堅稱穆斯林兄弟會參與了伊斯蘭主義者的攻擊行動，動用新頒行的「反恐」法羈押該組織的領導人物，著手將清真寺、傳道士、專業人員聯合會納入政府控制。他堅決不肯讓穆斯林兄弟會以其自身名號參政。「我不要讓這裡出現另一個阿爾及利亞，」他告訴某美國記者。他公然在選舉時作票，以確保他的國家民主黨（National Democratic Party）繼續獨攬大權。一群失望的穆斯林兄弟會成員與左派人士、納塞主義者（Nasserites）、科普特教徒，聯手創立以彌合阿拉伯民族主義者和伊斯蘭主義者之間鴻溝和提倡穆斯林、基督徒攜手合作為宗旨的新政黨，中間黨（Hizb al-Wasat），但政府不准該黨登記立案。數名該黨創立者和黨員被捕，送交軍事法庭審判，被控「加入一個以推翻執政政權為目的的非法、祕密團體」。數人被判刑。在二〇〇〇年選舉前，政府逮捕數十名穆斯林兄弟會成員和其他支持伊斯蘭主義者，以阻止他們出馬參選和打選戰。

穆巴拉克的鎮壓策略，大體上成功消滅了暴力伊斯蘭主義反對勢力。伊斯蘭團和吉哈德團都放棄鬥爭。但伊斯蘭勢力還是繼續壯大。伊斯蘭不只已在埃及廣大窮人族群裡復興，也在中產階級、上層階級裡復興。它不再是不成氣候的現象。伊斯蘭機構在全國各地大量冒出，在既有的學校、診所、醫院、社會福利機構之外，提供可供選擇的另一套同類機構。伊斯蘭價值觀、行為準則、衣著成為主流社會的一部分，滲透到政府、法院、專業人士圈裡。原本以多文化、跨越宗教、文化、語言等藩籬、不受宗教約束而著稱的埃及，這時已把目光轉向其伊斯蘭根源。原本就以「千座宣禮塔之城」而聞名的開羅，二〇〇四年時已有超過五千座清真寺在召喚信徒禱告。

26 黑鷹墜落

與大部分非洲國家不同，索馬利亞抱著強烈的民族認同感踏上獨立之路。索馬利人擁有共通的語言和建立在放牧習慣、傳統之上的共通文化。他們也一致抱持根深柢固的伊斯蘭信仰。他們基本上是遊牧民族，有辦法在嚴酷、乾旱的非洲之角存活，對駱駝和詩有著始終不渝的愛。「這個國家遍布『詩人』，」一八五四年在索馬利亞待了半年的英國旅行家理查．伯頓（Richard Burton）寫道。

每個人在文學上都有其獲承認的位置，而且那位置界定之精確，好似他已在百年來的雜誌裡得到評論一般——這個民族靈敏的聽覺，使他們極喜歡和諧的聲音和充滿詩意的表達，而錯誤音延（false quantity）或平淡無奇的語句，則令他們極為反感……在這個國家裡，每個酋長都必須有一篇可供他的氏族歌頌的頌文，大人物必須養一名詩人來獎掖通俗文學。

但十九世紀「瓜分非洲」期間所屢見不鮮的殘酷命運捉弄，把索馬利民族一分為五，成為五塊不同領土上的子民。法國人占據法屬索馬利蘭，一塊荒涼的飛地，一塊包圍吉布地（Djibouti）港而遍地熔岩的荒漠。吉布地港位於紅海南端入口，法國人想將它據為己有，以闢為加煤港。英國人取得北索馬利蘭，最初是為確保英國在亞丁的駐軍得以定期得到肉類供應。義大利人在義大利的索馬利亞殖民地立足，以摩加迪休為該殖民地的首府。在更南邊，索馬利族被併入英國的肯亞殖民地裡；在西邊的歐加登高原上，經過衣索匹亞皇帝梅內利克於十九世紀晚期擴大其帝國版圖後，索馬利族成為衣索匹亞的子民。一九六〇年獨立時，英屬索馬利蘭和義屬索馬利亞合組索馬利共和國。但建立一個「大索馬利亞」，把位在肯亞北邊界地區（Northern Frontier District）、歐加登高原、吉布地這些「失地」上的索馬利同胞重新統合為一，仍是索馬利族民族主義者的最高目標——四百萬索馬利人有約三分之一住在這些地方。索馬利人的統一追求，明訂在索馬利憲法裡，標示在索馬利國旗上。國旗上的五芒星標誌，代表分處五地的索馬利人。

但在這一激昂的民族主義底下，有著以氏族群（clan-family）為基礎的錯綜複雜社會。每個氏族群下分為數個氏族，如此往下逐步細分，直到由近親和家族組成的宗族分支。索馬利人彼此不問來自哪裡，而問與誰有親緣關係。每個八歲小孩都該能夠背出其按父系編製的家譜裡，往上十代或二十代或更多代，直到全族鼻祖，每個先人的名字。索馬利人把直系親屬列為頭一個政治效忠對象，再來是直系宗族，接著是宗族所屬的氏族，再來是包含數個氏族的氏族群，最後是五個氏族群所共同構成的整個民族。五個氏族群分別是達羅德（Darod）、哈韋耶（Hawiye）、伊薩克（Isaq）、迪爾（Dir）、迪吉爾—米里弗列（Digil-Mirifleh）。「其他任何連絡線和共通利益，都未能如此直接且確鑿無疑地將內陸的遊牧民與其在公務體系裡、國民議會裡、或內閣裡的親屬連在一塊，」索馬利族學者伊萬・劉易斯（Ioan Lewis）寫道。「其他任何互利關係都未能在各種公私生活領域裡產生如此多且廣遠的影響。」每個分支層級既界定索馬利人相對於其他人的地位，也界定他們的權利和義務。但儘管有這樣的行為準則，索馬利政治往往更多的是變動的效忠對象和分合頻仍的宗族同盟，從而使體制本身本來就不穩。

只要「大索馬利亞」的目標仍似乎可望且可及，氏族對立就會有所收斂。但政府的民族統一運動以軍事慘敗收場，引發索馬利國的徹底瓦解。聯合國和美國都被捲入隨之出現的亂局，招來大禍上身。

索馬利亞極為貧窮且缺乏資源，但初獨立時索馬利政府把心力主要放在統一上。從一開始，索馬利亞就表明不接受其既有任何邊界的正當性。它積極支持肯亞北邊界地區和歐加登高原上的索馬利族叛亂分子。它也和美國、西德、義大利展開協商，企圖建軍以自行對外開戰；但西方列強所願意提供的，只限於五千人部隊所需的裝備和訓練，只打算讓索國具備足以應付國內安全問題的軍力。但一九六三年，蘇聯找上門，表示願助索國建立一支萬人兵力的軍隊和一支小型空軍，索馬利人迅即接受。那時，蘇聯無意在索馬利亞取得什麼好處，也未支持索國政府的「大索馬利亞」計畫。一九六四年索馬利亞與衣索匹亞爆發短暫的全面戰爭，才幾天就以衣索匹亞獲勝結束。

但一九六九年摩加迪休一場軍事政變後，蘇聯對索馬利亞的涉入程度劇增。新索馬利領袖，穆罕默德．席亞德．巴雷（Mohammed Siyad Barre）將軍，宣布索馬利亞為馬克思主義國家，展開國有化運動，讓大批蘇聯顧問進入政府部會和其下機關與軍隊。俄羅斯人對索馬利亞興趣日濃，除了為了替蘇聯增加一個非洲附庸國，還出於戰略考量，認為索國有助於蘇聯遂行其欲在紅海、印度洋擴大影響力的計畫。一九七二年，俄羅斯人同意增加對索馬利亞的軍援，以換取索國讓其使用索國北部伯貝拉（Berbera）港的海軍設施。至一九七七年，索馬利亞已擁有三萬七千兵力、重炮兵、配備噴射式戰機的現代空軍。

眼見孟吉斯圖在厄利特里亞陷入困境，衣索匹亞半數兵力在該地陷入包圍，席亞德判定正可趁機收復失土，於是派出正規軍支持位於奧登加高原的索馬利族叛亂分子。不到兩個月，索馬利人就攻下歐加登大部分地區。戰爭令民心振奮。民眾熱切聆聽廣播，以掌握戰爭的最新狀況。村落活動中心改闢為製作軍服的家庭工廠，收復「失土」似乎指日可待。

但席亞德的歐加登軍事冒險，在俄羅斯人決定轉而支持孟吉斯圖的馬克思主義政權，而非他的政權時，碰上麻煩。席亞德請求蘇聯增援武器，遭到拒絕。席亞德於是撕毀索馬利亞與蘇聯簽訂的友好與合作條約，驅逐所有俄羅斯人員，然後從此沒了任何主要軍火供應國的支持。與席亞德脫鉤後，俄羅斯人和古巴人大力支持衣索匹亞，使歐加登和厄利特里亞兩地的戰局驟然改變。索馬利人遭遇古巴支援衣國的裝甲部隊、空軍的打擊，一九七八年三月在歐加登潰敗，四天後宣布撤退。

歐加登戰敗的衝擊，撼動整個索馬利亞。幾週後，來自達羅德氏族群馬傑泰因（Majerteyn）氏族的軍官，起兵欲推翻席亞德，遭政府擊潰，但數名領導人逃到衣索匹亞，在那裡組織了索馬利救國民主陣線（SSDF；Somali Salvation Democratic Front），對席亞德政權打起游擊戰。另一場游擊戰由索馬利民族運動（SNM；Somali National Movement）發起。這是個北部團體，主要以前英屬索馬利蘭境內的伊薩克氏族群為基礎，也得到衣索匹亞的支持。席亞德回應以嚴厲的軍事、經濟措施，並利用氏族間的對立關係分化他的反對者，輸送金錢和武器給親政府的團體。他最後日益倚賴自己所屬氏族，達羅德氏族群的馬雷罕（Marehan）氏族。到了一九八七年，據估計已有一半的高級軍官屬馬雷罕氏族或與其有親緣關係的氏族。政府要職授予近親。

由於立場反蘇，席亞德也得以得到西方協助支持其政權。一九八〇年代期間，美國提供了價值八億美元的援助，其中四分之一是軍援，他則讓美國軍方利用索國港口和機場做為回報。義大利援助了十億美元，其中一半是軍事裝備。對索馬利亞的外援金額上漲到人均八十美元，相當於國內生產總值的一半。外援成為席亞德政權的主要支柱，用以讓他的密友和氏族盟友得到獎賞和發財。效忠政府派的主要人物從糧食援助賺了大筆錢，侵吞援糧，然後在市場上轉手圖利。一九八八年發布的一份世界銀行調查報告估計，糧食援助的成長幅度是糧食消耗成長幅度的十四倍。原本在穀物上自給自足的索馬利亞，變成倚賴進口糧食，給了執政菁英上下其手的大好機會。

一九八八年，為斷絕叛亂勢力的外援，席亞德與衣索匹亞達成協議，雙方保證不再支持對方的反對勢力，藉此讓孟吉斯圖得以把部隊調離索馬利亞邊境，反制厄利特里亞、提格雷境內叛軍的攻勢，使席亞德有機會消滅北索馬利亞的索馬利民族運動。但席亞德願意與過去的死對頭達成協議一事，被許多索馬利人視為天大的背叛。索馬利反對勢力把這項協議比喻為一九三九年希特勒、史達林簽訂的德蘇互不侵犯條約。

此事也導致北索馬利亞境內戰事急速升高。索馬利民族運動叛軍預期席亞德會出兵進犯，且本身已不再受到衣索匹亞的約束，於是先發制人圍攻數個城鎮，包括地區首府哈爾格薩（Hargeisa），幾乎就要攻下它。為挽回頹勢，席亞德派戰機連番轟炸該市，使數千平民喪命。據席亞德的親信侯賽因．阿里．杜亞列（Hussein Ali Dualeh）的說法，席亞德很滿意這結果。「與巴雷交往這麼久，我從未見過他如此輕鬆愉快，」他寫道。「他看來不像是個剛摧毀自己國家第二大城，造成那麼多苦難與痛苦的總統。他根本把自己當成一個已徹底殲滅敵對氏族的達羅德首領。」

但西方的支持消失。美國人開第一槍，在一九八八年中止軍援，次年中止經援。失去西方支持，索馬利亞開始四分五裂，成為酋邦林立之地。各酋邦由氏族首領控制，全都徹底武裝，彼此相抗衡。達羅德氏族群的歐加登（Ogadeenis）氏族組成索馬利愛國運動（Somali Patriotic Movement）。分布於索國中部地區（包括摩加迪休）的哈韋耶氏族群，組成索馬利聯合大會（ＵＳＣ；United Somali Congress）。軍方分裂為數個相抗衡的派系。搶劫、勒索和目無法紀變得司空見慣。一群索馬利名人發布宣言，提議將政權轉移給文人，令席亞德勃然大怒。席亞德下令逮捕主要連署者，包括一位前總統和一位前警務首長。據侯賽因．阿里．杜亞列的說法，席亞德一再誓言：「我離開索馬利亞時會留下建築，但不會留下人。」

到了一九九〇年，席亞德的控制範圍幾乎只限於摩加迪休一地，反對他的人笑稱他是「摩加迪休市長」。但摩加迪休本身受到的威脅愈來愈大。席亞德的主要敵手是穆罕默德．法拉．「艾迪德」

（Muhammed Farah 'Aideed'）將軍，索馬利聯合大會的軍事領袖。他是個極易因小事生氣的人，綽號「艾迪德」，意為「不乖乖接受侮辱的人」；凡是惹他不高興的人，都可能遭當場處死。他曾是陸軍軍官，在羅馬和莫斯科的軍校受過訓，被席亞德在未經審判的情況下關了六年。一九八〇年代期間以索馬利亞駐印度大使的身分出使新德里五年，在那裡寫成三本書，一九八九年回索馬利亞。他的民兵組織以哈韋耶氏族群的哈巴爾·吉迪爾（Habar Gidir）氏族為基礎。

一九九一年一月，席亞德的殘餘部隊被艾迪德的民兵部隊趕出摩加迪休，駕著一隊裝甲車往南逃，裝甲車上裝了金條、外幣和劫自西方國家大使館的東西。叛軍洗劫席亞德的山頂住所，索馬利亞別墅（Villa Somalia），找到長達數英里的電話監聽磁帶和數盤監視影片。氏族領袖瓜分了棄置的大量武器。「幾乎每個人有槍在身，」某歐洲真相調查團報告道。「軍械庫空蕩蕩。警察沒有武器。沒有軍隊這種東西。氏族的長老似乎控制不了他們族裡許多武裝青年，氏族間的利益衝突使氏族長老無法同心協力改善治安。」

席亞德一逃走，索馬利聯合大會裡，哈韋耶氏族群的兩位領袖之間，就爆發奪權鬥爭，久久未休。一方是哈巴爾·吉迪爾氏族的艾迪德，該組織的軍事首腦，另一方是阿卜加爾（Abgal）氏族的阿里·馬赫迪·穆罕默德（Ali Mahdi Mohammed），摩加迪休商界名人，該組織的政治首腦。艾迪德仍在忙著追殺往南索馬利亞撤退的席亞德殘部時，阿里·馬赫迪宣告自己是摩加迪休新「政府」的首長。兩人的對立使首都一分為二，雙方的武裝勢力各據一方，首都淪為戰場長達數月，估計造成約一萬四千人喪命，四萬人受傷。馬赫迪的民兵組織控制了首都北部，艾迪德的民兵組織控制南部。市中心淪為斷垣殘瓦，一片廢墟。建築物裡的東西遭一波波洗劫者和拾荒者搬空。數千人逃離首都，以免遭到索馬利人所謂的「氏族清洗」。「死人變得稀鬆平常，不值一顧，」索馬利記者穆罕默德・阿弗拉（Mohamoud Afrah）寫道。「近日來摩加迪休最大的產物是槍擊和謠言：他們從早到晚製造謠言，從早到晚製造槍擊。」

在這同時，在索馬利亞西北部，索馬利民族運動自立政府，一九九一年五月宣布索馬利蘭脫離索馬利亞獨立，回歸它一九六〇年代的地位。在東北部，馬傑泰因氏族的民兵組織，索馬利救國民主陣線，控制該地區，在後來人稱「邦特蘭」（Puntland）的地方創立自己的雛形政府。在南部，席亞德和艾迪德爭奪迪吉爾－米里弗列地區。那是塊肥沃的農業地帶，位在朱巴（Jubba）和謝貝利（Shebelle）兩河之間，是索馬利亞南部的穀倉。席亞德的部隊兩次穿越迪吉爾－米里弗列，欲拿下摩加迪休，一路洗劫穀倉和牲畜，燒掉村子，殺人，強暴女人。席亞德兩度遭擊退，一九九二年流亡，留下一個遍地饑荒與挨餓的地區。

索馬利亞的困境引起聯合國祕書長布特羅斯．布特羅斯－蓋里（Boutros Boutros-Ghali）的注意。他是很有抱負的埃及外交官，已針對如何讓聯合國在後冷戰時代發揮更積極的作用擬訂了計畫。布特羅斯－蓋里看出聯合國在投身預防性外交、締和、維和方面的新潛力，在一九九二年出版的《和平議程》（*An Agenda for Peace*）中闡明他的理念：「絕對且排他的主權已經……過時了；它的理論始終與現實相忤。瞭解這點，並想辦法兼顧良好內部治理的需要和愈來愈互賴之世界的要求，乃是今日諸國領袖的職責。」事實上，布特羅斯－蓋里主張，在為了促成和平而必須讓聯合國安理會的權力高於國家主權時，就該這麼做。

但布特羅斯－蓋里既沒資源，也沒人力，來實現他的宏大遠景。「既有的聯合國架構完全無法因應新時代的要求，特別是在全盤理解國與國間衝突、國家內部衝突的問題上，」阿爾及利亞外交官穆罕默德・薩赫努（Mohamed Sahnoun）在針對聯合國索馬利亞行動的事後檢討報告中寫道。他說，聯合國制度處理危機時完全是想到什麼做什麼，沒有事先規劃。「聯合國招募人員時並不必然尊重能力、經驗這兩個標準……更不看重奉獻這個標準。」

索馬利亞國內的混亂，使外國干預行動變得特別危險。索國境內沒有公認的中央政府，只有一批爭奪控制權，隨時會恣意劫掠、殺人的貪婪民兵組織。一九九〇年十二月，席亞德政權快垮掉的最後幾天，聯合國和其機構將人員撤離索國時已大體上拋棄索國，認為那裡太危險。聯合國「索馬利亞」事務官員在肯亞的舒適辦公室裡工作。整個一九九一年間，饑荒肆虐整個索馬利亞南部時，只有與索馬利紅彎月會合作救災的國際紅十字會，願意冒險投入一大型救濟計畫，雇用槍手保護工作人員，容忍猖獗的劫掠行徑。國際紅十字會行政人員，惱怒於聯合國未伸出援手，破天荒公開批評聯合國。「聯合國兒童基金會在奈洛比有十三人，在索馬利亞一個人都沒有，怎麼會這樣？」國際紅十字會某高階行政人員抨擊道。

但一九九二年三月艾迪德與馬赫迪在摩加迪休停火，為外力干預提供了機會之窗。聯合國技術團建議派一支由五十名無武裝觀察人員組成的團隊前去監控停火，並派五百名聯合國士兵前去保護他們和人道救援物資。一九九二年四月二十四日，聯合國安理會如預期制訂了聯合國索馬利亞行動（Unosom；United Nations Operation in Somalia），由穆罕默德．薩赫努主持，並要求在與「摩加迪休各方」磋商下立即派遣觀察人員和部署保安部隊。

薩赫努於五月四日抵達摩加迪休，沒有經費，沒有辦公室，沒有下屬，沒有背景知識和情報資料。他發現艾迪德對聯合國的意圖疑心很重，由於過去幾次與聯合國特使打交道的經驗，艾迪德深信聯合國支持馬赫迪當領導人。花了兩個月，艾迪德才願意接受聯合國部署停火監控員；直到八月，他才同意讓聯合國部署由五百名巴基斯坦軍人組成的保安部隊。

在這同時，摩加迪休街頭由一群持槍人員控制。他們開著「武裝改裝車」（technical）——用偷來的皮卡改造成的戰鬥車輛——在市區四處跑，常因為嚼食了含有麻醉劑成分的卡特葉（khat）而顯出亢奮神情。數個民兵組織控制了港口和國際機場的出入口，索求登陸費，扣住救濟物資勒索贖金，強收保護費，查抄倉庫，彼此打鬥。救濟機構不得不與他們談成一連串協議，以使運糧車隊能抵達目的地。

「裝了糧食的卡車，就像裝滿錢的卡車，」某德國紅十字會車隊的隊長如此告訴記者史考特．彼得森（Scott Peterson）。兩人當時正在八十名受雇武裝保鑣護送下，前往吉奧哈爾（Giohar）的救濟中心途中。一抵達吉奧哈爾，這些保鑣即坐地起價，索取比原來講定的價碼還多六倍的價錢，揚言若不照他們的話做，就要阻止糧食送到饑民手上。「緊張的談判耗去一整天，」彼得森寫道。「我被他們的心態嚇了一大跳。沒有同胞愛，沒有紓解人道危機的念頭，只想著自己和能放進自己口袋的東西。最後，國際紅十字會不得不多付兩倍的錢。」

儘管情況如此不利，薩赫努還是鍥而不捨爭取民兵組織領袖的信賴，展開密集對話，贏得索馬利人和國際援助圈兩者的敬重。「他會和每個上門的索馬利人談，」索馬利醫生侯賽因．穆薩爾（Hussein Mursal）說。「第一個過來這裡，看出有替代辦法的人是他。第一個和哈韋耶氏族群的長老會面的人是他。哈韋耶是中立的氏族群，未涉入戰事。他也和女人談。他的邏輯思維類似索馬利人。」

薩赫努偏愛用「軟」手法，致力於使氏族體系發揮凝聚力，「貢獻索馬利人」。他鼓勵跨氏族和解，找到許多願意幫忙的索馬利人。誠如他後來所寫：

> 使我們始終懷著希望的，乃是我們從各地區的長老，還有從某些前社會、政治、行政官員，包括前警察和全國層級、地方層級的婦女領袖，所得到的鼓勵。這些領袖有時含著淚過來找我們，主動表示願與聯合國密切合作，把索馬利亞帶出眼前的亂局。

但聯合國行動本身受害於官場的勾心鬥角、無能、無窮無盡的拖延。薩赫努請聯合國給予更多援助，聯合國常置之不理。有位派到摩加迪休的聯合國人道事務部高階官員抱怨道，「我得為正在進行的計畫建立一個資料庫，得為援助機構提供空中支援，得為聯合國和其他救援人員提供保安。手中沒有資源，代表這些事我一樣都做不成。」一九九二年中期，餓死者劇增時，聯合國受到的輿論批評來到最高點。世界糧食計畫署的高級官員特雷佛．佩吉（Trevor Page），走訪每天都有「收屍」卡車將數百具屍體收去埋葬的拜多亞（Baidoa）時，告訴一記者：「真是糟糕，因為我們放任情況惡化，未給予應有的關注。我們底下的人，有些人沒經驗，不瞭解自己所見到的情況，不瞭解可能帶來的影響，未吹哨制止。」聯合國兒童基金會某官員，把索馬利亞說成「聯合國在我們這輩子裡最大的失敗」。薩赫努本人開始公開批評聯合國無能。一九九二年在日內瓦的一場募款大會上講話時，他說在聯合國毫無作為而索馬利亞「墮入煉獄」之際，可能已有三十萬人在索馬利亞死於戰爭和饑荒。但薩赫努也成為聯合國權力傾軋的受害者。儘管他已在爭取索馬利各派系信任上取得難得的進展，那個月更晚時他突遭布特羅斯—蓋里撤職。後者批評他高調抱怨。

「軟」手法跟著薩赫努的去職而退場，換成更強勢的策略登場。帶頭倡導更強硬行動，「大事鼓吹干預」者，乃是一群國際援助機構。饑荒已過了最嚴重階段——拜多亞死亡人數已從九月時一週一千七百人降為十月時一週三百人左右——但援助機構的高階主管仍力促軍方干預。「有聯合國部隊做後盾的國際社會應入主索馬利亞，因為那裡完全沒有政府，」美國各地援助、救濟協會（Care-USA）主席菲利普．強斯頓（Philip Johnston）於九月嚴正表示。各地援助、救濟協會（Care International）談到「赤裸裸的無政府狀態、恣意的破壞和社會、經濟、政治結構的徹底瓦解。」強斯頓於十月時臨時調任聯合國一緊急援助計畫的負責人。「我們得和索馬利人打仗，」他說。「糧食很多，也有機構願意把糧食送去，但我們得避開交火才能辦到，得對付那些想敲這制度的竹槓，使這些孩童得不到應享權利的索馬利人。」

在聯合國總部，布特羅斯－蓋里看到一個既可配合他的《和平議程》擴大聯合國角色，同時掩蓋數月以來聯合國處理索馬利亞失當一事的機會。他自己手裡沒有資源，但好運眷顧，有個願意代表聯合國鎮住大局的美國。在後冷戰時代，老布希總統想讓聯合國在他的「新世界秩序」觀裡扮演主角。剛打贏一九九一年波灣戰爭的美國軍方，很想證明它有能力執行「戰爭以外的行動」。在索馬利亞一邊追求人道主義目標，一邊教訓由烏合之眾組成的民兵組織，似乎正是小試身手的理想機會。

布特羅斯－蓋里選擇伊拉克外交官伊斯瑪特．基塔尼（Ismat Kittani）接替薩赫努，正表明聯合國在處理索馬利亞問題上改採強硬策略。基塔尼從一開始就走對抗路線。他個性孤高，瞧不起索馬利人，任職摩加迪休期間只和艾迪德、馬赫迪見過兩次面。「此後不會再有外交，不會有持平的理解，不會有遠見，不會有會贏得尊敬的真誠，」操索馬利語的顧問約翰．德萊斯戴爾（John Drysdale）寫道。為強化干預理由，基塔尼給了布特羅斯－蓋里一些誇人不實的當地情勢報告。他於十一月，安理會即將開會之際，發給布特羅斯－蓋里一份急報，聲稱兩百萬索馬利人有餓死之虞，「由於沒有政府或沒有能維持法律與秩序的治理機關，社會各層級的索馬利『當權者』爭奪每個有價值的東西。」最要緊的，他說七至八成的救濟糧食遭劫。薩赫努先前估計的損失是一成五至四成，國際紅十字會所估的損失是一成五至兩成。但聯合國祕書處和美國國務院採用基塔尼的數據，把它們當事實引用，強調動手報復的理由。

鼓吹干預的音量變得更大。電視和報紙上索馬利亞餓殍遍地的景象，更增壓力。與民兵組織發生糾紛，使摩加迪休的港口遭關閉。一艘要進港的救援船遭炮彈擊中。華府的報紙專欄作家談到有必要採行「開槍以提供食物」的方針。三個救援機構，包括各地援助、救濟協會，揚言若不提供更高的安全保障，要撤出索馬利亞。在十一月二十九日寫給聯合國安理會的信中，布特羅斯－蓋里說索馬利亞不再有「維和處理的可能」。美國軍方首長在華府會商，斷定軍事干預「切實可行」。

十二月三日，聯合國安理會授權聯合國部隊——聯合特遣隊（Unitaf）——運用「所有必要的手段，為索馬利亞境內的人道救援行動盡快打造一安穩的環境」。聯合特遣隊將由美國軍隊領導，美國出兵二萬八千人，法國、比利時、加拿大、義大利、奈及利亞等國家也出兵。老布希總統把這次任務命名為「找回希望行動」（Operation Restore Hope），心喜於將有另一場勝利為他的總統任期劃下完美句點。

但不久，美國和聯合國就為一件事意見不和：聯合特遣隊的任務是否該包含解除民兵組織武裝。在十二月八日寫給布希的信中，布特羅斯－蓋里說解除民兵組織武裝非做不可：「不這麼做，我認為不可能打造安理會所要求的安穩環境。」但美國五角大廈決意避免傷亡，無意解除民兵組織武裝。於是，老布希所構想的，用一位批評此決定的美國官員的話說，就只是「一個有限的救世軍角色」——在聖誕節前讓那些挨餓的人不致餓死。「不該有人在聖誕節時挨餓，」老布希一再告訴他的官員。

第一批美國部隊於十二月九日夜裡登陸摩加迪休海灘，登陸場面經過精心安排，以在美國營造出最大衝擊。龐大的國際媒體隊伍等在海灘上，但見不到任何索馬利亞民兵組織。登陸後不到半小時，美軍指揮官就在國際機場建築的屋頂接受電視採訪，暢談他們的援助任務。

大部分索馬利人歡迎美國人，認為他們會解除民兵組織武裝，恢復摩加迪休秩序。民兵組織方面則指出，他們無意給美國人帶來任何麻煩。艾迪德和馬赫迪都把美軍進駐當成既定事實予以接受，希望利用此事創造對自己有利的形勢。登陸後兩天，美國首席特使，曾任駐索馬利亞大使的羅伯特・奧克利（Robert Oakley），促成艾迪德與馬赫迪公開修好。兩人一年多來首次會面，在舊網球場上當著全球媒體的面相互擁抱。

但美國的策略從一開始就存有內在缺陷。為確保「零傷亡」，他們賦予艾迪德、馬赫迪重要角色，幾乎把他們當成此次行動的合作夥伴，在他們本身的權威已在衰退之際扶他們一把，提升了他們的地位和正當性。更糟糕的，他們的到來最初營造出一段關係友善的時期，但他們並未利用這一時期解決武器管制問題，反倒容許艾迪德、馬赫迪等軍閥在指定的院區完好無損保有他們的軍火。他們未著手收繳重型武器，更別提解除民兵組織的武裝。「第二天」，一支軍方巡邏隊逮捕一群正在美國大使館附近一棟建築裡裝運軍火的艾迪德手下，結果軍隊指揮官指示巡邏隊長放他們走。從那之後，民兵組織領袖知道他們是聯合國部隊所動不得的。就找出武器儲藏處並予以摧毀一事來說，聯合國部隊只有過零星作為。許多索馬利人推斷，找回希望行動幾乎只是美國和軍閥間各懷鬼胎的一筆交易，好讓美國人在救濟物資安全無虞後盡可能平順地撤走。但這個策略將會讓美國人麻煩不斷。

聯合特遣隊執行任務的五個月期間，在有外國部隊部署的索馬利亞南部大部分地區，特遣隊的確建立了較平靜的局勢。老布希總統匆匆來訪一次，保證「我們不會讓索馬利亞人民任人宰割」。就援助任務來說，聯合特遣隊的確不辱使命，儘管它所真正帶來的影響相較之下並不大。總部設在華府的獨立組織「難民政策團體」（Refugee Policy Group），為美國做了一份事後檢討報告，推斷在索馬利亞有二十萬二千至二十三萬八千人死於饑荒。該報告認為，在聯合特遣隊抵達之前的一九九二年，因「未及時採取斷然行動」而喪命的人數在十萬至十二萬五千之間。美國部隊於十二月登後所救下的人命，估計只有一萬人。

不過，聯合特遣隊的存在，為政治協商提供了機會。在一九九三年三月於阿迪斯阿貝巴舉行的全國和解大會上，主要的軍閥和數個氏族團體的代表簽署了停火協議，承諾「完全」解除武裝，授權聯合國部隊以強有力手段對付違反協議者。聯合特遣隊結束任務，轉由聯合國第二次索馬利亞行動（Unosom II）任務接手，奧克利跟著離開。而在離去前夕，奧克利信心滿滿提到美國人已「把索馬利亞從自我毀滅邊緣拉回來」。他說由於他所採取的「拔鳥毛」行動，民兵組織領袖已「飛」不起來，「一次拔一根羽毛，鳥不覺得有什麼大不了。然後，有一天，鳥赫然發現自己飛不起來。」於是，「死亡和饑餓如今幾乎銷聲匿跡，已奪走許多人命的氏族戰爭則幾乎停了。」

比起聯合國第一次索馬利亞行動，第二次索馬利亞行動的野心更大上許多，實現了布特羅斯－蓋里欲執行一次全規格聯合國行動的目標。根據安理會八一四號決議的條文，第二次索馬利亞行動的任務是建立新政府、新警力、新司法系統，以及重建經濟。從學校到水、電、通信系統之類的公用事業單位，樣樣都要重建。美國駐聯合國大使瑪德蓮·奧布萊特（Madeleine Albright）說，聯合國的目標「等於是要把一整個國家恢復為驕傲的、發揮作用的、獨力自存的國際社會一員」。

聯合國索馬利亞行動的保安任務，不再局限於為人道救援行動提供安全的環境，還包括「強制實現和平」；換句話說，這意味著索馬利亞的民兵組織將得解除武裝。聯合國成立一支新多國部隊，取代聯合特遣隊，這支多國部隊由總共兩萬名維和士兵、八千名後勤人員、約三千名文職人員組成，共來自二十三個國家；包括受美軍司令部指揮的美國特種部隊和「快速反應」部隊，供緊急狀況時動用。聯合國第二次索馬利亞行動的總指揮是前美國海軍上將和老布希總統的安全顧問喬納森·豪（Joanthan Howe）。形式上，這支多國部隊由一土耳其將軍統率，但他的副手是美國將領。一如在聯合特遣隊所見，第二次索馬利亞行動實際上是美國主持的行動。

隨著新聯合國部隊聚集，在五月四日接管摩加迪休，艾迪德愈來愈相信它的矛頭主要對準他的民兵組織，而非其他哪個民兵組織。二月時在南部基斯馬尤（Kismayu）港發生的一件事，令本就對聯合國的意圖心生懷疑的他火冒三丈。當時，聯合特遣隊容許與他對立的民兵組織占領該港，把親艾迪德的民兵組織趕走。占領該港的民兵組織屬達羅德氏族群，由席亞德的女婿統領。艾迪德認為聯合國偏袒另一方，對他不友善。為表明他對此事的憤怒，艾迪德支使群眾上摩加迪休街頭作亂，準備抵抗此後任何壓制他勢力的舉動。美國官員著手將艾迪德邊緣化時，他在他位於摩加迪休的自家電臺——人稱「艾迪德電臺」（Radio Aidee）——發動反聯合國宣傳戰，指控聯合國懷有「帝國主義圖謀」和欲「開拓殖民地」，呼籲索馬利人挺身捍衛自己的「主權」。聯合國第二次索馬利亞行動打算關閉「艾迪德電臺」的傳言甚囂塵上，而且艾迪德確信他的對手馬赫迪力促聯合國這麼做。聯合國第二次索馬利亞行動的作為，至此打破了敵對民兵組織間本已不穩的均勢，帶來嚴重後果。

六月五日，一隊巴基斯坦士兵被派去檢查艾迪德位在摩加迪休的一處武器儲藏處。檢查行動由一美國高級官員授權。官方理由是自聯合特遣隊執行任務以來，從未有哪個民兵組織的武器儲藏處受檢，此時予以稽查合情合理。而頭一個要檢查的，就是艾迪德的武器儲藏處。但被選定於六月五日檢查的儲藏大院，也是「艾迪德電臺」的所在地。前一天，艾迪德的手下獲來函告知聯合國方面打算前來檢查時，他們立即懷疑真正的目的是查封、摧毀「艾迪德電臺」。有位艾迪德的官員告訴聯合國第二次索馬利亞行動的軍官：「這不行。這會引發戰爭。」美軍指揮官收到這警告，但未轉告被派去執行這任務的巴基斯坦士兵。

巴基斯坦士兵置身艾迪德的大院裡時，憤怒的群眾聚集於院外。他們出大院即遭攻擊。有人開槍。巴基斯坦人朝群眾開槍。三英里外，聯合國第二次索馬利亞行動的另一隻巡邏隊遭攻擊。第三起發生於一處糧食發送中心：一名軍人試圖讓愈聚愈多的暴民安靜下來，結果遭拉進人群裡肢解。那天總共有二十六名巴基斯坦士兵喪命；許多屍體被發現時殘缺不全，眼睛被挖掉。

美國人未等調查就立即指責艾迪德是凶手，要求將他逮捕。安理會於紐約開會，一致通過八三七號決議，授權布特羅斯—蓋里採取「所有必要措施對付幹下這些武裝攻擊行動者……務必要調查他們的行動，將他們逮捕、羈押，以便予以起訴、審訊、懲罰」。

這實質上就是宣戰。聯合國第二次索馬利亞行動的人員，帶著「重建」索馬利亞的使命來到索國才四個星期，位於摩加迪休南部舊美國大使館院區的行動總部，就轉型為作戰中心，四周環繞數哩長的尖利鐵絲網、周邊安全照明燈、沙包掩體。聯合國文職機構撤入這一要塞裡，與外面的生活切斷日常接觸。在大使館建築下方，有間經過加固的地下室闢為海軍上將豪的指揮所。豪曾是潛艦艦長，在這地下指揮所似乎頗為自在。他是重生的基督徒，以堅定意志執行反艾迪德的作戰行動。「他予人要以昂揚的熱情，不計代價，糾正他眼中艾迪德此人之惡行的印象，」聯合國索馬利亞行動的顧問約翰・德萊斯戴爾寫道。

為此付出的代價非常大。聯合國索馬利亞行動與艾迪德的民兵組織在迷宮般的小巷和市場裡打追逐戰和情報戰，前後長達四個月，死亡人數達數千。戰鬥機和攻擊直昇機上場轟炸武器儲藏處、車庫、房子。「艾迪德電臺」是初期目標之一。豪把艾迪德稱作「嗜權的犯罪分子」，懸賞兩萬五千美金獵取他的人頭，以道地的「西部」作風發出「通緝」布告。追捕行動一日過了一日，但艾迪德總是搶先一步溜走，甚至偶爾還能接受媒體採訪。

七月十一日，美軍指揮官接到一索馬利線民情報，說艾迪德打算參加隔天在阿卜迪・哈桑・阿瓦列（Abdi Hassan Awale）家舉行的會議。阿瓦列是艾迪德的親信，綽號「蓋卜迪德」（Qaybdiid）。會議的目的，乃是讓哈巴爾・吉迪爾氏族的眾多長老、知識分子、企業家、氏族代表和艾迪德陣營裡的其他高階人士，討論與聯合國索馬利亞行動方面對話的提議。有幾位出席者已於兩天前和豪初步談過。蓋卜迪德家的二樓，有間大會議室適合這麼多人一起開會，因而被選中為會議地點。

美軍指揮官見機不可失，迅即組成一支突擊隊以拿下艾迪德。根據行動計畫，這位預定要參加會議的索馬利線民要走出房子，向旋停在附近的通信直昇機發出預先約好的信號，讓美軍知道所有人都在場。然後，攻擊直昇機要前來攻擊房子的三個地方：會議室；從會議室出來的樓梯，以堵住逃路；

外面的院門，以讓從直昇機上降落的美國海軍陸戰隊員能毫無阻礙挺進到房子，射殺或抓住想逃走的人。

實際行動時，幾乎每一步都照計畫進行。線民一離開房子，眼鏡蛇直昇機即發射飛彈和機關炮，把房子炸成粉碎。攻擊前未示警。無意生擒投降者。據索馬利人的說法，地面上的美軍士兵殺掉大部分倖存者。紅十字會提出的死亡人數是五十四。索馬利人發布了他們所聲稱遇害的七十三人的姓名。死者包括謝赫哈吉穆罕默德·伊曼·阿登（Mohamed Iman Aden），哈巴爾·吉迪爾氏族的九十歲最高長老。但艾迪德不在其中。他從頭至尾未在那棟房子裡。

但海軍上將豪仍表示他滿意此一結果。「我們打擊了由艾迪德主要顧問組成的重要軍事計畫部門……他們就在這裡策劃恐怖主義攻擊。我們知道自己要打擊的目標。事先計畫很周全。」

但其他官員驚駭於聯合國竟涉入這一殺戮。聯合國索馬利亞行動的司法部門主管，美國律師安·萊特（Ann Wright），辭職以示抗議。她在力求四平八穩的備忘錄中寫道：「聯合國索馬利亞行動應該預料到，有些組織和會員國會把意在殺死屋內人且不給屋內所有人投降機會的蓄意攻擊，視為無異於代聯合國殺人。」

用索馬利人的話說，聯合國總部變成所謂的「殺人犯陣營」。

豪仍一心要找到艾迪德，於是要求增援美軍特種部隊。如他所願，美國派了有四百兵力的一支遊騎兵（Rangers）部隊和有一百三十名突擊隊員的一支三角洲部隊到摩加迪休。但在獵捕艾迪德上，他們一樣不走運。線報「瑜珈熊」（Yogi the Bear，三角洲部隊替艾迪德取的代號）藏匿在摩加迪休南部利格拉加托（Lig Lagato）大院的一棟房子裡，三角洲部隊突擊隊員即一身黑衣從直昇機上縋繩降落屋頂，強行突破緊閉的門，未搞清楚狀況就逮捕了九人。他們包括聯合國開發署的常駐代表、三名國際機構職員、一名穿著寬大粉紅便服而被迫躺在玻璃碎片上的埃及年長女士。美國參謀長聯合會議主席柯林・鮑爾（Colin Powell）後來說他氣得「火冒三丈」。後來的幾次突襲一樣無功而返。有支突擊隊強行攻入一索馬利將軍的住宅，逮捕他和另外三十八名阿卜加爾氏族的成員，後來才搞清楚抓錯了人。聯合國正在培養那個將軍，準備讓他出掌新成立的警察部門。於是，又是道不完的歉。

然後，十月三日，出現了抓住艾迪德兩名最親近親信的機會。有個索馬利線民以無線電通報，他們正在霍爾瓦迪格路（Hawlwadig Road）上的一棟房子裡開會，那裡距巴卡拉市場（Bakara Market）不遠，而該市場就位在摩加迪休市的黑海區（艾迪德的主要根據地）。下午三點多，由十六架直昇機組成的突擊隊，包括八架載了士兵的黑鷹直昇機，離開國際機場，幾分鐘就抵達三英里外的目標。由十二輛車組成的車隊跟進。整個突擊隊包括一百六十名游擊兵和三角洲部隊成員，並擁有強大火力。

但大白天突襲艾迪德地盤的心臟地帶，誰都知道很冒險。才幾秒鐘，整個黑海區騷動，像受擾的馬蜂窩。數千人湧上街頭，手拿著武器，跑向直昇機，架起路障。直昇機突擊隊和挺進的地面車隊都與敵方猛烈交火。搜捕小隊來到目標屋，破門而入，抓到二十四名索馬利人，包括艾迪德的親信。

但這次任務接下來失控。先是一架黑鷹直昇機遭擊落，接著又一架。另兩架受創嚴重的黑鷹奮力操控，安全脫身。載運俘虜的車隊在迷宮般的巷道中迷路，在一個又一個街區中受到凶猛火力襲擊。救援車隊無法突破綿密火力和路障，不得不讓將近百名同袍，其中許多同袍受傷、垂死，受困在他們所避難的陋屋和建築裡，在敵人槍手環伺且彈藥不足的情況下熬過一夜。原本以為只要一小時的任務，變成十五個小時的折磨。美軍最後將他們救出黑海區，整個任務造成十八名軍人喪命，七十三人重傷。他們離開後，憤怒暴民將兩具美軍屍體當戰爭紀念品拖行街頭，畫面透過電視一再呈現於世人眼前。

索馬利人把這次戰鬥譽為「遊騎兵日」（Malinti Rangers），但這場勝利是在至少一千索馬利人死亡的代價下贏得。對美國人來說，那是一次慘敗，全球最強軍隊的精銳部隊被一些烏合之眾的民兵打得棄甲而逃。

十月六日，在美國國內群情沸騰之際，柯林頓總統與他的高階顧問在白宮橢圓形辦公室開會，取消獵捕艾迪德，決定中止美國介入索馬利亞的行動。全部美軍要在一九九四年三月三十一日前撤離。美國一決定撤走，其他政府即無意再支持聯合國索馬利亞行動，紛紛趁著情況還有利時安排本國部隊離開。沒有了讓人信得過的行動目標，聯合國索馬利亞行動的任務不久就被打入冷宮。為了重建索馬利亞和實現布特羅斯－蓋里的宏圖而花了四十億美元後，聯合國黯然離開，把摩加迪休交給它境內交戰的派系。

一九九五年三月，最後一批聯合國人員在當地人大肆洗劫的情況下離開。先前，為了這次行動，聯合國於廢墟般的摩加迪休建造了一座大要塞供其派駐當地的人員居住，要塞裡有大賣場、路燈、衛星通訊系統、現代汙水排放網、花壇和其他提供舒適生活的設施。它造價一億六千萬美元，全來自索馬利亞援助經費。聯合國人員撤離時，打劫者淹沒整個區域，搶走任何值錢的東西。才幾個月，就連地基都消失不見。除了憤怒和鄙視，沒剩下任何東西為這場干預做見證。

索馬利亞行動的潰敗，在世界各地餘波蕩漾。柯林頓總統於一九九三年一月就職時，原對聯合國在美國協助下促進世界和平寄望甚高。黑鷹遭擊落事件後，他下令徹底重新評估政策，於是有一道替美國參與聯合國維和行動設下嚴格條件的總統令。此後，得滿足以下要求，美國才會向聯合國提供軍事支援：攸關美國重要國家利益；任務的規模、範圍、時間有清楚界定；當地各派之間的有效停火是完全可見的；既有足夠的政治意志支持任務，也有明確的「脫身策略」。

就在一場比索馬利亞還更嚴重的災禍即將爆發之際，美國和聯合國已淪為旁觀者角色。

27 墓穴還沒填滿

在遊記中，盧安達被稱作「千山之國」，深處在非洲中央的奇美之國，有著令人讚嘆的風景和澄澈的湖泊，猶如熱帶版的瑞士。在西北部，剛果河與尼羅河的分水嶺上，座落著維龍加（Virunga）山脈海拔超過四千二百公尺的高峰。維龍加山脈是火山山脈，林木蓊鬱，因美國靈長目動物學家黛安・佛西（Dian Fossey）的研究和其著作《霧中大猩猩》（*Gorillas in the Mist*）而聞名於世的山地大猩猩，就棲息在這裡。外國觀光客湧入盧安達，提供了重要的收入來源。

盧安達人（Banyarwanda）以勤奮、守秩序著稱。人口密度高，能取得的可耕地幾乎全都成為耕地。香蕉園、桉樹林和咖啡農場遍布各地。大部分盧安達人（超過四分之三）信基督教。上教堂的人口比例很高。教會組織成為日常生活裡重要的一環，經營學校和診所。

治理體制層級分明。全國分為十一個省（préfecture），一百四十五個市鎮（commune），一千六百個區（secteur），數萬個小區（sous-secteur），每個小區由數戶人家組成。省長叫 préfet，市長叫 bourgmestre，區長叫 conseiller。在每個層級，盧安達人都極尊重公權力。幾乎沒有犯罪，賣淫不盛。

政府的經濟管理被視為成就斐然。一九六五至一九八九年，國內生產總值每年成長將近五％；通膨低；人口成長率高，達到一年三．七％，但入學率和醫療有進步。約三分之二的鄉村人家從事咖啡生產，咖啡是盧安達出口收益的主要來源。西方捐助者欣賞盧安達政府盡心盡力發展鄉村和維持法律、秩序，慷慨金援。前殖民強權比利時是主要捐助者；瑞士把盧安達列為首要援助對象；法國提供技術援助和軍事訓練。外援在國民收入所占比重日增，從一九七三年的五％成長為一九九一年的二二％。

但盧安達政治有個敗筆。自一九五〇年代胡圖人應獨攬大權之說大行其道起，胡圖族政治人物就把占少數的圖西族說成處心積慮欲重新掌控盧安達的「敵人」。有一不符事實的說法，構成他們所打造之意識形態的重要成分：圖西人是在殖民時期之前就占據盧安達並奴役胡圖人的入侵者，是外來族群，因而在國內沒有合法地位。這一不實說法源自十九世紀歐洲旅人的記述。那些記述把屬於統治階級的圖西族說成「含米特」（Hamitic）人種的後代，有著明顯優越於本土胡圖人文化的文化，並說他們從衣索匹亞高原或非洲之角之類遙遠地方移來。這一「含米特人種假設」也被用在大湖區的其他王國上，例如今日烏干達境內的安科列（Ankole）、布紐羅（Bunyoro）、拖羅（Toro）三王國。它符合十九世紀流行的「古種族」觀。但在盧安達，它未式微，用史學家尚－皮耶．克雷蒂昂（Jean-Pierre Chrétien）的話說，反倒成為「人種歷史學的福音」，成為一個被納入史書且被胡圖族政治人物拿來遂行其宣傳目的的迷思。一九五九年，胡圖族領袖格雷古瓦・凱伊班達（Grégoire Kayibanda）把盧安達說成，「單一國家兩個民族……那兩個民族間沒有往來，沒有契合之處，不知對方的習慣、想法、感受，好似居住在不同區域的人，或居住在不同星球的人。」

一九五九至一九六〇年的胡圖族「革命」使胡圖族掌權，但胡圖族政治人物繼續用仇恨、分化的語言對付圖西人，以合理化他們的迫害行徑。他們也發覺，在胡圖族諸氏族間嚴重失和之際，鼓動反圖西人的敵意，有利於強化他們的地位。一九九〇年代初期，掌權的胡圖人小集團面臨日益壯大的政治反對勢力時，挑動胡圖人反制圖西人的威脅，想藉此保住權位。他們激起仇恨和恐懼氣氛，指望靠胡圖人的順從習性讓他們的命令得到遵行，並早早就武裝民兵組織和組建殺手小隊，為攻擊圖西人做準備。接下來發生的種族屠殺，並非肇因於古老的族群對立，而是肇因於搞現代爭權奪財鬥爭的狂熱菁英拿族群對立當主要武器。西方政府明知集體殺害之事已在發生，仍未出手阻止。結果是一場自納粹有計畫撲殺猶太人以來最大規模的屠殺。

這一恐怖暴力在一九六二年獨立後不久就現出端倪。胡圖人「革命」導致約十三萬圖西人逃到鄰國蒲隆地、烏干達、剛果、坦干伊喀。在那些地方的難民營裡，逃亡的圖西人組成數個小型叛亂團體，以恢復圖西族君主政體為目標，自稱「蟑螂」（inyenzi，盧安達語）。他們在盧安達境內發動的邊境突襲大部分徒勞無功。但一九六三年十二月，一群兩百名男子，配備弓、箭、土製步槍，從蒲隆地跨過邊界，與境內圖西人搭上線，攻擊一處軍營，擄獲武器、車輛，往首都基加利（Kigali）挺進。這批入侵者不久就遭擊潰，但總統凱伊班達趁機消滅圖西族反對勢力。二十個著名的圖西族政治人物被捕，匆匆處決。基加利電臺一再要人民提防圖西族恐怖分子重掌大權。地方官員奉命組織「自衛」團。在吉孔戈羅（Gikongoro），自行出來維持治安的胡圖人，配備大砍刀、矛、棍，看到圖西人就殺，不分男女小孩；約五千名圖西人遇害。在靠近剛果邊界的席吉拉（Shigira），百餘名圖西族婦女、小孩不願死於胡圖族暴民之手，自沉河中。普世教會協會（World Council of Church）估計，總共至少一萬名圖西人遇害。還有數萬人逃出境。

「蟑螂」攻擊所產生的政治效應，乃是大大提振了凱伊班達低落的民意支持度。有個盧安達官員向大學教授何內．勒馬尚（René Lemarchand）私下透露，「『蟑螂』攻擊之前，政府已快要垮掉。我們面臨自己人內部嚴重失和的問題。我們不只捱過這些攻擊，這些攻擊還使我們捱過自己內部的不和。」流亡的圖西族行動主義者不久就放棄他們的計畫。但凱伊班達發覺，當他的政權再度碰上政治難題時，重新祭出圖西人威脅很管用。

在鄰國蒲隆地，居少數的圖西人奮力保住了大權，而蒲隆地國內的情勢演變，為凱伊班達提供了機會。自一九六二年獨立起，蒲隆地的情勢就一直比盧安達動盪。頭三位總理有兩位遭暗殺。短時間內經歷了七任政府。一九六五年，胡圖族陸軍與憲兵軍官譁變，導致胡圖族領袖遭到恐怖報復。一九六六年的軍事政變把圖西族軍官米歇爾．米孔貝羅（Michel Micombero）送上臺。他上臺後著手徹底根除「胡圖人威脅」。軍中和政府裡的胡圖人遭肅清。胡圖族的重要政治人物和數十名胡圖軍人遭處決。一九七二年胡圖人造反，米孔貝羅大舉報復，規模為此前獨立非洲所未見。不論受過任何種教育的胡圖人（教師、教會領袖、銀行職員、護士、商人、公務員），都遭軍方逮捕殺害。在後來人稱「選擇性種族滅絕」的運動中，胡圖族菁英遭消滅殆盡。可能有多達二十萬人喪命。另有二十萬人逃到盧安達。

凱伊班達以蒲隆地為例，說明圖西人如何渴求權力，如何為了權力不惜殺人，然後發動另一波鎮壓，冀望胡圖人唯他馬首是瞻。一九七二年出版的一份執政黨小冊子嚴正表示：「圖西人支配是歷來胡圖人所有不幸的禍根。那可以比作一個充斥人間各種酷行的白蟻丘。」針對圖西人在中小學、大學、公務體系和各種行業（包括私人企業）裡所占的比例，凱伊班達規定了九％的上限，然後在所謂的「淨化」運動中，他要民間自行成立的治安維持委員會，務必將圖西人在居民中所占的比例維持在那上限以下。那一上限據說正代表圖西人在人口中所占的比例。在盧安達某些地方，主要在西部，圖西人占的比例達三成。結果就是又一波圖西人大出走。

但凱伊班達的仇恨運動不足以挽救他的政權。他透過來自他家鄉吉塔拉瑪（Gitarama）鎮的一小批政治人物統治，特別照顧「南部」胡圖族氏族，因而失去「北部」胡圖人的支持。一九七三年，他遭陸軍司令朱韋納爾·哈比亞里瑪納（Juvénal Habyarimana）將軍，來自吉塞尼的「北部人」，趕下臺，丟入獄中，最後死在獄裡，據說遭餓死。

哈比亞里瑪納施行一黨專制，使全國人民受到前所未有的嚴格控制。每個盧安達人，不分年紀，都得加入他的全國促進發展革命運動（ＭＲＮＤ；Mouvement Révolutionaire National pour le Développement），即使嬰兒、老人亦然。每個人都得攜帶載明自己所屬族群和居住地的身分證。沒有官方許可，誰都不准搬家。黨無所不在；每座山上都有它的基層組織和密探。

圖西人受到和以往一樣的歧視，但少了別的騷擾。哈比亞里瑪納保留族群固定比例制，限制圖西人參政。他讓一名圖西人入閣，在外交體系裡讓一名圖西人當大使，在七十席的國會中給圖西人兩席，在他的黨的中央委員會中給圖西人兩個委員名額。在軍中，圖西人不准當軍官，胡圖族軍人不准娶圖西族女人。在基加利總統官邸的牆上，哈比亞里瑪納掛了一張圖西人小屋遭焚燒的黑白照片，並附上用心配上的說明文字：「革命善惡大決戰，一九五九年十一月」，藉以提醒胡圖人當年推翻圖西人掌權的根由。但一九七〇、八〇年代期間，哈比亞里瑪納當政的大部分歲月，圖西人問題對政局影響不大。

身為唯一的總統候選人，哈比亞里瑪納於一九八三年十二月當選總統，一九八八年十二月以九九．八％的得票率連任。但他的支持者，主要限於西北部的胡圖人，限於自成一文化群體的巴基加人（Bakiga）。一九二〇年代巴基加人在比利時人協助下被併入圖西人的盧安達王國後，始終緊緊追隨他們自己的統治氏族，「南部」胡圖人較不熱衷支持胡圖民族主義，因而鄙視他們。

哈比亞里瑪納特別照顧他的北部同鄉，特別是來自他家鄉吉塞尼區的同鄉，把內閣職位、行政職位、經濟機會、外國獎學金給他們。軍隊和保安機關裡的高階人員，幾乎全提拔自吉塞尼。開發資金大部分用於北部。

以他的厲害妻子阿嘉特．坎津加（Agathe Kanzinga）為核心，形成一個權大勢大的北部小集團。阿嘉特夫人出身胡圖族某宗族，該宗族曾統治一獨立公國直到十九世紀晚期為止。她的小集團最初被叫做「夫人氏族」(le clan de Madame），後來被叫做阿卡朱（akazu），盧安達語意為「小房子」。小集團的成員包括三個兄弟、一個堂兄弟和一群高階陸軍軍官。他們有錢且享有特權，是哈比亞里瑪納得以穩坐大位的真正憑藉。

在大量外援加持下，盧安達走過了十五年相對較繁榮的歲月，然後，一九八〇年代晚期，哈比亞里瑪納政權碰上愈來愈艱困的局面。世界咖啡價格暴跌，使農場主收入減半。乾旱毀了糧食生產。一九八九年政府預算不得不砍掉四成。一九八九年國內生產總值跌了五．七％。土地短缺愈來愈嚴重。一九四〇年人口只有兩百萬，到了一九九〇年已達七百萬。一九五〇年代一般的務農山村，人口密度為每平方公里約一百一十人，到了一九七〇年代成長到約二百八十人，一九九〇年代初期則平均達到四百二十人，有個北部市鎮，密度是八百二十人。窮人迫於生計而出售土地，菁英迅即將其買下，從而加劇土地壓力。

在哈比亞里瑪納的貪腐獨裁統治下，民怨日益升高。一九八八年，天主教報紙《基尼亞馬特卡》（*Kinyamateka*）開始刊出直言批評時政的政論文章。政府回應以逮捕該報數名記者，其他報紙和記者接手，報導貪腐和執政菁英鋪張浪費的作風。一九九〇年二月，天主教諸主教發出一封牧函譴責任人唯親、地域本位主義、官場貪腐。其他盧安達名人受貝南情勢的鼓舞，開始要求結束全國促進發展革命運動的一黨專政，要求黨國分離，要求制訂全國新憲制訂會議的召開時程，要求舉行自由公正的選舉。圖西人加入抗爭，抱怨定額制和就業受限制。受邀參加在法國拉博勒（La Baule）舉行的法國—非洲高峰會時，哈比亞里瑪納一如其他非洲領袖，被警告若不政治改革，此後得不到法國援助。於是，一九九〇年十月一日，一批流亡在外的盧安達圖西人從烏干達越過北部邊界回到盧國。

對許多流亡在外的圖西人來說，睽違三十年的盧安達，幾乎無異於神祕國度。數千人對它只有模糊的記憶；還有數千人，在難民營裡出生，從未見過它。一九九〇年時，烏干達、蒲隆地、薩伊、坦尚尼亞境內的圖西人已達約五十萬，構成非洲最大的難民族群之一。大部分人已安居落戶，但他們的存在常於所在地引起摩擦。在南烏干達，盧安達圖西人與巴希瑪人（Bahima）——過去烏干達布紐羅、布哈（Buha）兩王國的統治者——有親緣關係，因而他們通常受到巴希瑪人歡迎，但不受當地巴伊魯人（Bairu）歡迎。一九八〇年代米爾頓．奧博泰第二次掌權期間，該政權建立在「北部」的支持上，盧安達圖西人遭公然迫害。數百名圖西族青年決意反擊，加入尤韋里．穆塞維尼以南部為基礎的國民抵抗軍，一起為推翻奧博泰而奮鬥，其中包括保羅．卡加梅（Paul Kagame）。他出身吉塔拉瑪一地尼亞拉托武（Nyaratovu）山的圖西人家族，瘦高而聰穎，一九六一年四歲時親眼目睹胡圖族暴民放火焚燒該地的圖西人房子，隨後跟著父母逃亡。一九八六年一月穆塞維尼強行拿下坎帕拉時，他軍隊有四分之一（約三千人）是圖西戰士，流亡者兒子，其中許多人位居高職。這支軍隊的副指揮官，佛瑞德．瑞蓋瑪（Fred Rwigyema）是圖西人，和保羅．卡加梅在同一個難民營長大。還有數千名圖西人於穆塞維尼掌權初期被招入烏干達的軍隊，對付阿秋利（Acholi）、泰索（Teso）、西尼羅（West Nile）三地區反穆塞維尼的叛亂。為報答圖西人的支持，穆塞維尼於一九八六年七月宣布，凡是已在烏干達定居十年以上的盧安達人都將自動取得烏干達公民的身分。

在這同時，流亡組織以有計畫的行動爭取圖西人返鄉的權利。哈比亞里瑪納的回應，乃是主張盧安達已「人口過多」，無法再多容納人。在一九八七年於坎帕拉舉行的某次會議上，主要流亡人士成立盧安達愛國陣線（RPF；Rwanda Patriotic Front）。他們說該組織的宗旨不只是推動圖西人返鄉——如有必要不惜強行返鄉——還有支持盧安達政治改革這個更廣大的目標。它既不追求讓圖西人再度統治盧安達，也不追求恢復圖西君主政體，而是以推翻破產政權和建立民主政府為目標。它的政治領袖包括胡圖人，但以圖西人居多；它的準軍事組織幾乎全是圖西人，其中許多人受過良好訓練，且打過仗。烏干達人對盧安達流亡人士在本國國內扮演的吃重角色日益反彈，促成這一組織更為壯大。一九八八年穆塞維尼決定拋棄瑞蓋瑪將軍，盧安達愛國陣線因此得到一位得民心且極受敬重的軍事領袖。兩位基加利的菁英人士逃到坎帕拉，談到哈比亞里瑪納的政權因南北分裂和貪腐猖獗已快要垮掉，於是，瑞蓋瑪於一九九〇年八月深信推翻該政權的時機已經到來。九月三十日，一夜之間就有約四千名圖西人帶著武器、裝備逃離烏干達軍隊。

十月的入侵一敗塗地。完全亂了套。瑞蓋瑪於次日喪命，留下震驚且無鬥志的軍官同僚。此外，這次入侵把法國拉進戰局。

❧ ❧ ❧

法國人自一九七〇年代就對盧安達懷有野心。盧安達是前比利時殖民地，但法國人認為它是非洲法語國家集團（la francophonies Africaine）的自然成員。這是法國所支持，以推動並保護法語、法國商業和法國文化的非洲國家集團。自稱中等強權的法國，只在一個地區還保有足夠影響力，讓它能理直氣壯如此宣說，這個地區就是非洲境內的十七個法語國家。盧安達特別受到看重，乃是因為它和蒲隆地都位在法語非洲、英語非洲的交界上。

一八九八年，英軍在蘇丹的法修達（Fashoda）村阻止一法國遠征軍建立從達卡往東直綿延到吉布地的一道法國領土區，自那之後，法國人一直小心提防英語勢力侵入他們眼中的自家後院（le pré carré）。戴高樂將軍在回憶錄中列出他年輕時法國所遭遇的諸多慘敗，那些慘敗促使他立志維護法國的「偉大」：頭一個就是法修達事件。當時所謂的「法修達症候群」，構成法國之非洲政策的基本一環。為使非洲問題得到應有的關注，法國總統府裡設了一個特別的非洲事務室（Cellule Africaine），職權範圍從情報工作到賄賂，無所不包。一九九〇年，非洲事務室由總統兒子尚—克里斯朵夫．密特朗（Jean-Christophe Mitterand）領軍，民間稱他為Papa m' a dit，意為「老爸要我……」。

來自烏干達的這支叛軍，穿著烏干達陸軍迷彩服，拿著烏干達軍隊武器。它入侵盧安達，乍看之下，正為法國干預提供順理成章的藉口，正坐實法國人所認定的一個「盎格魯撒克遜」陰謀。哈比亞里瑪納主張，這一入侵的真正目的，乃是恢復圖西人在盧安達的統治地位，而法國人不假思索接受了這一說法。與哈比亞里瑪納有私交的密特朗總統，很快就核准派兵盧安達。哈比亞里瑪納於十月二日（遭入侵的隔天），打電話給艾麗榭宮的非洲事務室，與尚—克里斯朵夫．密特朗親自談，以確保法國已派出援軍，對方要他放一百二十個心。兩人交談時在場的法國政治科學家傑拉爾．普律尼耶（Gérard Prunier），後來憶起尚—克里斯朵夫．密特朗使了一下眼色論道：「我們要派一些兵給老傢伙哈比亞里瑪納。我們要助他脫困。無論如何，這整件事兩或三個月就會結束。」

後來的發展表明，法國為這決定吃了大虧。對法國人來說，那意味著它要投入愈來愈多心力支持一個有種族滅絕意圖的政權。

第一批法國特遣部隊於十月四日從他們在中非共和國的基地抵達基加利，宣稱是為了保護法國僑民和統籌他們的撤退事宜。哈比亞里瑪納也想辦法從比利時、薩伊弄到援軍。薩伊總統莫布圖是他的親密盟友。哈比亞里瑪納想誇大他所受到的威脅，於是要政府軍假扮敵軍攻擊基加利，嫁禍於「敵軍」，促使法國大使向母國回報首都發生「激烈戰鬥」。法國政府如哈比亞里瑪納所料，增派部隊到基加利。在外國協助下，政府軍將叛軍擊退到邊境。對哈比亞里瑪納政權的威脅迅即消退。莫布圖的部隊違法亂紀四處搗亂，不久就被撤走。比利時對整件事心存懷疑，不久也撤兵。但法國人留了下來，趁機成為盧安達防禦的主力。

哈比亞里瑪納一取得外國部隊的支持，立即對反對勢力發動一波鎮壓。他以自導自演的基加利遭「敵軍」攻擊一事為藉口，下令拘捕約一萬三千人，在沒有罪名的情況下將他們逕行下獄。許多人遭刑求；數十人死亡。他的一位部長重新搬出一九六〇年代的做法，宣布圖西人是ibyitso，即盧安達語對將會臭名遠播的「共犯」的稱呼。「要為那種規模的攻擊做好準備，需要（內部）可信賴的人，」他說。「該族群的盧安達人比其他人更能提供那樣的機會」。但這個字眼除了用在圖西人身上，也用在和哈比亞里瑪納政權唱反調的胡圖人身上。國防部長於全國廣播電臺上力促人民「追捕滲透者」。地方官員組織報復性攻擊，奪走數百圖西人性命。在一九九〇年十二月的一份聯合報告中，歐洲數國大使示警道：「胡圖、圖西兩族群關係的迅速惡化，可能不久後就給盧安達和整個地區帶來可怕後果。」

在法國協助下，哈比亞里瑪納開始大幅擴建盧安達武裝部隊。從遭入侵那一時期起，兵力從一九九〇年十月的九千人增加為一九九一年的二萬八千人。法國提供訓練人員、反叛亂專家和大批武器。靠法國提供的資金、武器、訓練，哈比亞里瑪納成立總統衛隊和成員清一色來自他家鄉地區的精銳部隊。法國也助盧安達與埃及、南非談成軍火合約。據估計在軍火上花了一億美元，對盧安達這個又窮又小的國家來說，是很大的一筆數目。這些錢大半來自為發展經濟而提供的國際資金——某結構性調整計畫下的快速支付貸款。

在這同時，反對哈比亞里瑪納的人，無懼於他有計畫的壓制，繼續鼓吹政治改革。禁不住國內政治人物和西方捐助國的壓力，哈比亞里瑪納終於同意揚棄一黨制。一九九一年六月，憲法修正案獲通過，黨禁取消。此後幾個月裡出現十六個反對黨。它們一站穩腳跟，即要求參與國政治理。哈比亞里瑪納最初拒絕，但一九九二年初期幾場大規模街頭示威後，他不得不坐上談判桌。於是，一九九二年四月，哈比亞里瑪納組成聯合政府，由自己的黨控制重要部會，但把內閣其他職務給了反對黨，包括首相一職。

聯合政府裡的反對黨決意貫徹改革，改組舊「全國促進發展革命運動」政府，於是也主動與盧安達愛國陣線接觸。自退到維龍加山脈後，盧安達愛國陣線已在保羅·卡加梅這位新領導人領導下重整旗鼓。一九九〇年入侵時，在烏干達軍中當少校軍官的卡加梅正在美國的利文沃思堡接受軍事訓練。回烏干達後，他退出軍隊加入叛軍。一九九一年底時他已把盧安達愛國陣線打造成一支軍紀嚴明的游擊隊，兵力達五千人。但盧安達愛國陣線雖能在盧安達北部地區發動打了就跑的突襲，卻得不到多少民心支持，卡加梅因而願意接受聯合政府成員的談判邀請。一九九二年七月，雙方簽字停火。在國際壓力下，哈比亞里瑪納同意參加在坦尚尼亞的阿魯沙舉行的和談。

這些發展——結束一黨專政、與決意改革的政黨組成聯合政府、與圖西叛軍和解——激怒胡圖至上主義者。以「阿卡朱」阿嘉特為核心的北方小集團，暗中計劃反制行動以奪回控制權。他們所領導的團體後來人稱「胡圖力量」（Hutu Power）。他們的目的除了消滅圖西威脅，還有除掉盧安達境內的胡圖族「共犯」。

軍隊、保安機構、行政體系、大學、媒體裡，成立了人稱零網（le réseau zéro）的網絡型支持組織，以推動「胡圖力量」目標的實現。行動主義者自立政黨，共和國防衛聯盟（CDR；Coalition pour le Défence de la Republique），利用該黨抨擊政府對圖西人和他們「合作者」的「溫和」態度。全國促進發展革命運動裡的好戰分子組成青年民兵組織，取名「因泰拉哈姆韋」（Interahamwe），盧安達語意為「一起幹活的人」。共和國防衛聯盟組成自己的青年民兵組織，取名尹普札穆甘比（Impuzamugambi），意為「有共同目標的人」。無望找到工作的青年，心動於這一運動所承諾給予的土地、工作和其他好處，很容易就被吸收進去。軍中的祕密會社「阿瑪蘇蘇」（amasusu）極盡所能提供訓練和武器給這兩個民兵組織。殺手小隊開始運作。

這些人花了不少心力在鑑定「敵人」上。一九九二年提出的一份軍中備忘錄將敵人分為兩類：主要敵人和敵人的共犯。主要敵人界定如下：

國內外的圖西人、極端主義者、懷念往日當權時光者。這些人從不承認一九五九年社會革命事實，以後也絕不會承認此事，且有意以包括戰爭在內的各種必要手段拿回權力。

凡是支持主要敵人者，都是敵人的共犯。敵人在一些團體裡吸收新血，那些團體包括圖西族難民、國內的圖西人、對政府心懷不滿的胡圖人。這份備忘錄由陸軍參謀長發送給各區司令，要他們盡可能廣為散發。

西方國家的大使館得到有關「零網」和其目標的情資。比利時大使於一九九二年春向布魯塞爾報告：「這一祕密團體正計劃撲殺盧安達的圖西人，以一勞永逸解決族群問題和消滅國內的胡圖族反對勢力。」一九九二年八月，國家情報機關首長，在全國促進發展革命運動政權當了十五年高官的克里斯朵夫．姆費濟（Christophe Mfizi）辭職，在公開信中要人提防「零網」活動。他說國家由一北部寡頭集團統治，該集團榨取國家資源自肥。

報章雜誌不斷被用來助長族群仇恨。一九九一年問世的四十二份新刊物中，至少十一份與「阿卡朱」有關連。替這一仇恨運動打前鋒者是《坎古魯》（*Kanguru*）主筆哈桑．恩蓋澤（Hassan Ngeze），一個擅於搞粗糙宣傳的不入流騙子。一九九〇年十二月，在盧安達愛國陣線入侵後不久，恩蓋澤在該雜誌刊出一篇令人難忘的文章，在其中闡述胡圖族純淨說，列出他所謂的「胡圖十戒」。第一戒規定，凡是娶圖西女子、與圖西女子為友、或以圖西女子「為祕書或妾」的胡圖人，都要視為叛徒，因為圖西女子行事都只考慮到自己族群的利益。出於類似原因，凡是與圖西人有生意往來的胡圖人也被視為叛徒。胡圖人得「對他們的共同圖西敵人持明確反對且提防的立場」。政府、行政、經濟裡的關鍵職務，都只能授予胡圖人，武裝部隊只能雇用胡圖人。恩蓋澤的「十戒」廣為流布，得到民眾的肯定。哈比亞里瑪納支持它們的刊布。村鎮領袖在公開集會上誦讀它們，最常被引述的一戒是第八戒：「胡圖人絕不可再對圖西人心慈手軟。」

這一宣傳運動的主要目標，乃是挑起一種憂心，憂心圖西人為了重掌大權已準備好大舉屠殺胡圖人。一九九〇年十二月，《坎古魯》宣稱圖西人已準備好發動一場「不會留下活口」的戰爭。一九九一年二月，大學教師暨全國促進發展革命運動幹部萊翁．穆蓋塞拉（Léon Mugesera）出版一本小冊子，在該冊子裡宣稱盧安達愛國陣線打算透過「種族滅絕，撲殺大多數胡圖人」，「恢復圖西少數族群之極端主義者的獨裁統治」。

一九九二年穆蓋塞拉發表的某場演說，尤其臭名遠播。這場演說煽動群眾殺人，演說地點是距哈比亞里瑪納位於吉塞尼的家不遠的卡拜亞（Kabaya），聽眾是全國促進發展革命運動的好戰分子。演說的幾個段落放在全國性電臺上廣播；演說內容製成卡帶廣為發送。穆蓋塞拉鎖定的目標，不只inyenzi，即盧安達愛國陣線的「蟑螂」，還有他們的共犯，即與哈比亞里瑪納唱反調，主張與盧安達愛國陣線談判的那些政黨。

那些反對黨已和敵人祕密謀劃……他們密謀削弱我們的武裝部隊……法律在這點上說得很清

楚：「凡是犯下旨在打擊武裝部隊士氣的罪行者，都要處以死刑。」我們還等什麼？至於國內那些正把自己子弟送到盧安達愛國陣線的共犯（ibyitso）？我們為何還不動手除掉這些家庭？我要告訴你們，我們此刻要求把那些人列入名單，把他們送上法庭，使他們能在我們面前受到審判。如果他們（法官）拒絕……我們就要自己來，撲殺這些人渣……我們於一九五九年犯下的要命錯誤，乃是放他們（圖西人）走……他們屬於衣索匹亞，我們要替他們找到一條抵達那裡的捷徑，那就是把他們丟進（往北流的）尼亞巴龍戈（Nyabarongo）河。我必須強調這點。我們得行動。把他們剷除淨盡！

他宣稱敵人的目的是消滅，因此他力促他的聽眾「奮起……真的奮起」以自衛。最後他提出如下的最後警告：「要知道，現在沒被你割斷喉嚨的人，以後會割斷你的喉嚨。」

一九九二年間發生一連串有組織的殺戮。在布蓋塞拉（Bugesera），成群的因泰拉哈姆韋、憲兵、胡圖族農民一起攻擊圖西人農莊。圖西人遭燒死於自己家裡，丟進河中。試圖自衛的圖西人遭政府軍人解除武裝。用後來家喻戶曉的術語說，胡圖族農民被告知去「清理叢林」；屠殺婦孺稱作「根除壞草」。估計三百人遇害，三千多人逃離該區。

一九九三年三月，一群來自十個國家的國際人權專家發表了一份盧安達境內侵害人權行徑的調查報告。該報告認為，兩年裡圖西人和反對勢力成員所受到的一連串屠殺、刑求、隨意羈押和其他傷害行為，乃是哈比亞里瑪納和「其身邊隨從」所為。這份報告的內容怵目驚心，但未激起國際社會太大關注。法國繼續執行其支援盧安達軍隊和總統衛隊的計畫。

經過一年的延宕和推諉，哈比亞里瑪納終於不得不與盧安達愛國陣線簽署和平協議。一九九三年時，盧安達已實質破產，難民充斥，倚賴緊急援糧。西方援助國警告，哈比亞里瑪納若不簽，就別想再拿到錢。一九九三年八月的阿魯沙協議（Arusha Accords）規定成立多黨派的過渡政府，將哈比亞里瑪納和他的盟友、反對黨、盧安達愛國陣線都納入其中，且只運行二十二個月，在舉行選舉，成立民選政府之後，就功成身退。在這同時，盧安達軍隊和盧安達愛國陣線的部隊要逐步裁減兵力並合而為一。做為第一步，要讓一個營六百人的盧安達愛國陣線部隊駐紮基加利，保護政府中盧安達愛國陣線成員的安全。聯合國並將派維和部隊前來協助這一過程。

哈比亞里瑪納簽署阿魯沙協議只是為了爭取時間。「阿卡朱」激烈反對此協議。對許多軍士官兵來說，此協議也意味著復員：政府部隊將只占裁軍後軍隊的六成；高階指揮職將得與盧安達愛國陣線平分；總統衛隊得解散。總計會有約一萬六千名軍人復員。對原本總攬國政的全國促進發展革命運動來說，阿魯沙協議意味著此後十九個內閣職位中，它只能占有五個，與分配給盧安達愛國陣線的名額相等。在阿魯沙談判期間，有名盧安達愛國陣線的高階幹部，遇見「阿卡朱」的重要成員泰奧內斯特·巴戈索拉（Théoneste Bagosora）上校站在飯店升降梯裡，身邊擺著數個小提箱。他問巴戈索拉為何要離開，巴戈索拉答道，他要回盧安達準備「第二次善惡大決戰」。

盧安達和平解決紛歧的希望，兩個月後就被鄰國蒲隆地的情勢打破。經過一段時期的政治改革之後，蒲隆地於一九九三年六月選出其第一任胡圖籍總統梅爾希奧．恩達達耶（Melchior Ndadaye）。四個星期後，在據認自由、公正的國會選舉中，恩達達耶的蒲隆地民主陣線（Frodebu）拿下八十一席中的六十五席，得票率七成一。矢志走溫和路線的恩達達耶後來任命反對黨的一名圖西族經濟學家為總理，批准一兼顧政治、族群平衡的內閣。十月二十一日，他遭圖西族極端主義陸軍軍官劫持，押到軍營殺害。他的死引發胡圖人和圖西人遭集體殺害。約十五萬人死亡；約三十萬胡圖人逃到盧安達南部，跟著把屠殺、拷問的事在該地散播開來。

恩達達耶遇害一事，被盧安達的胡圖至上主義者當成圖西人一心要徹底支配國家的鐵證。對胡圖人來說，未來只有一條路走，不是保住權力，就是接受奴役，如在蒲隆地所見。溫和派胡圖人政黨，原本願意遵守阿魯沙協議，此時也開始懷疑圖西人的意圖，擔心自己成為圖西人遂行其野心的特洛伊木馬。持保守立場的胡圖族派系則一致支持「胡圖力量」。

反圖西人的宣傳變得更猛烈。「阿卡朱」創立新電臺，千山自由廣播電臺電視臺（Radio-Télévision Libres des Mille Collines），表面上說是以流行音樂、小道消息、傳聞、聽眾來電娛樂大眾，實際上是為了替種族滅絕做準備。五十名創臺人士中，四十人來自盧安達北部三個省。他們包括哈比亞里瑪納、他家族的幾名成員、全國促進發展革命運動和共和國防衛聯盟這兩個組織的代表，以及以創作、演唱激烈反圖西人歌曲而著稱的流行音樂家西蒙．比金迪（Simon Bikindi）。千山自由廣播電臺名義上為私人企業，卻獲准在下午八至十一點全國性電臺「盧安達電臺」停播時，使用它的頻率廣播。一個統合性的「自衛」計畫出爐。它的主要擬定者是掌管軍隊行政事務的巴戈索拉上校。他於一九四一年生在北部一中產階級胡圖人家庭──照他的說法，「信基督教且家境富裕」──在比利時和法國受過軍事養成教育，把一輩子奉獻給軍隊。一如與他一同密謀的同志，對圖西人的強烈仇恨驅使他投入反圖西人的大業。一九九五年流亡時，為證明種族滅絕行動的正當合理，他寫了一篇文章。他在該文中把圖西人說成「行騙高手」，「獨裁、殘酷、嗜殺」，「傲慢、精明、鬼鬼祟祟」。他們「從未有使他們得以成為一個民族的自己國家」，反倒自大傲慢，試圖把本地土生土長的居民強行納入支配。

巴戈索拉著手於國內每個市鎮建立準軍事的「自衛」單位。它們在所在地受軍隊和市鎮警察訓練，受命與軍事當局、地方政務會委員、地方警察、其他民兵組織協同行動。巴戈索拉統籌分發火器和大批大砍刀。一九九三年一月至一九九四年三月，盧安達進口了超過五十萬支的大砍刀，比前幾年的進口量多了一倍，足夠讓盧安達境內三分之一胡圖族成人人手一刀。主要進口者包括費利西昂．卡布加（Félicien Kabuga）。他是有錢企業家，女兒嫁給哈比亞里瑪納的兒子，也是「因泰拉哈姆韋」和《坎古魯》週刊兩者的主要金主。一九九三年底，大部分市鎮裡已藏了許多火器、手榴彈、大砍刀、斧頭。在這同時，「因泰拉哈姆韋」之類民兵團體正忙著訓練和吸收新血。大批名單出爐，上面列了被認定是「敵人」和敵人共犯的人。

就在這些準備工作進行時，負責維和行動的聯合國機構正慢慢開始行動。按照阿魯沙協議，九月時要在盧安達部署維和部隊「聯合國盧安達援助團」（Unamir，United Nations Assistance Mission for Rwanda），但在維和範圍和維和部隊規模上爭執不休，致使部署延後了數個月。一心欲控制暴增之聯合國維和費用的美國，最初提議組成只有五百兵力的維和部隊。有個聯合國軍事專家建議至少八千人。獲遴選為聯合國盧安達援助團團長的加拿大將領羅梅歐．達萊爾（Roméo Dallaire）要求四千五百人。十月五日，即美軍黑鷹直昇機在索馬利亞遭擊落兩天後，安理會核准成立一支規模較小、成本較低的維和部隊（二千五百四十八人）和權限有所縮減的維和任務。阿魯沙協議提議動用部隊「保障整體安全」，但安理會鑑於索馬利亞亂局的教訓，明確表示要以部隊「促進」基加利的安全，而非整個盧安達的安全。按照阿魯沙協議，維和部隊要「在該國全境協助掌握武器儲藏處的動態，使武裝團體無法生事」，要「協助找回所有分發給平民或被平民非法買入的武器」，但安理會刪掉這些條文。聯合國盧安達援助團預算，直到一九九四年四月才正式得到批准。

到了十二月底，達萊爾已在盧安達集結了將近一千三百人的維和部隊。他們包括從索馬利亞派來的四百名比利時傘兵／突擊隊員。但聯合國盧安達援助團的主力由來自孟加拉的士兵組成，他們訓練、裝備皆不佳且缺乏維和行動經驗。盧安達維和行動不久就遇上後勤的大麻煩。達萊爾轄下的車輛、燃料、彈藥、無線電、帶刺鐵絲網、醫療資源不足，甚至小額現金都不足。「我把大半時間花在對抗笨重、死板、極其愚蠢的聯合國體制上，」他憶道。「我們要訂購手電筒，拖了很久之後，手電筒終於送來，卻沒附上電池……我們忙著滿足最迫切的需要，因而未能考慮到該為未來預為備置的東西。」

雪上加霜的，達萊爾無法蒐集情報。他請聯合國總部提供情報支援，遭到拒絕。聯合國總部告訴他，情報蒐集行動與維和方針背道而馳。結果，如他所說的，使他「在當地又瞎又聾」。基加利市的西方外交官很清楚情勢正往集體施暴的方向發展，但他們很少把他們所掌握的消息告訴聯合國盧安達援助團。一九九四年一月，美國中情局有份分析報告，預測阿魯沙協議會形同廢紙，造成衝突，使至少五十萬人喪命，但這份報告留中不發，直到種族滅絕結束之後才傳出去。「那麼多世界強國全都在那裡設有大使館和武官，」達萊爾說。「而你別跟我說那些渾蛋手裡沒什麼情資。他們就是不把情資傳給我，從來不傳。」

跡象顯示情況愈來愈不妙。在北部一些市鎮發生多起殺人事件後，盧安達軍隊裡一群異議軍官寄了封信向達萊爾示警，說還有屠殺行動已計劃好，著名的反對黨政治人物已被列為暗殺對象。他們說這個陰謀的主導者是哈比亞里瑪納和來自他家鄉地區的幾個軍官。他們原是這一密謀的參與者，但這時不想再與那有瓜葛。達萊爾自行調查了那些殺人事件後，在一九九四年一月六日向聯合國總部回報：

那些殺人行動的指揮、執行、協調、掩蓋方式和它們的政治動機，使我們堅信犯下這些惡行的人，事前經過完善的組織，掌握充分的資訊，殺人意圖強烈，準備預謀殺人。我們沒理由相信，在這個武器氾濫、族群關係到處都很緊繃的國家裡，這樣的事不可能、不會在其任何地方再度發生。

他要求增援部隊，遭拒。

一月十日，比利時特遣隊隊長呂克．馬夏爾（Luc Marchal）上校和想投誠的「因泰拉哈姆韋」指揮官尚–皮耶．特瓦欽澤（Jean-Pierre Twatzinze）祕密會談，從中揭露了這一陰謀的更多細節。曾是哈比亞里瑪納總統衛隊成員的特瓦欽澤，描述了「因泰拉哈姆韋」如何在盧安達軍營的三星期培訓課程裡訓練了一千七百人。訓練內容集中在紀律、武器、爆裂物、近身搏鬥和戰術。他原本以為訓練的目的是要使「因泰拉哈姆韋」能保衛基加利，抵抗盧安達愛國陣線的攻擊。但聯合國盧安達援助團於十二月抵達後，他即奉命編造基加利所有圖西人的清冊。這時他確信那是為了撲殺那些圖西人而造。「因泰拉哈姆韋」吸收的新血經過訓練後，已以四十人一組的方式分散到基加利各地。他說他們能在二十分鐘裡殺掉多達一千個圖西人。他還說已有人在計劃暗殺比利時維和人員，以促使比利時撤出聯合國盧安達援助團，加速該團瓦解。他本人分發過武器，知道在全國促進發展革命運動總部武器的藏放位置。他說他願意帶聯合國盧安達援助團的人到那批武器的儲藏處，願意提供更多情報，前提是聯合國得保護他和他家人在國外的安全。

得悉特瓦欽澤的提議後，達萊爾很想先發制人以控制大局。他在一月十一日發了一封加密電文，鉅細靡遺交待了「尚–皮耶」的情資。達萊爾在電文中說他計劃於三十六小時內沒收那些武器。「只要有心，就有辦法。幹吧。（Peux ce que veux. Allons-y）」他也建議應安排好讓尚–皮耶安全離開盧安達。但聯合國總部不准。達萊爾獲告知，沒收武器逾越聯合國的權限。隨著暴力活動增加，他又數次力促聯合國總部核准沒收武器，一再警告道，「因泰拉哈姆韋」正在計劃「『族群清洗』運動。二月三日，他告訴紐約：

可想而知會有更頻繁、更暴力的示威，會有更多針對族群和政治團體的手榴彈和武裝攻擊，會有更多暗殺，且很有可能會有對聯合國盧安達援助團設施的公然攻擊。每晚一天核准威懾性武器收回行動，都會造成情勢日益不安定，且如果讓武器繼續散發，可能會導致聯合國盧安達援助團無法執行其受命執行的各種工作……大大危及聯合國軍、文職人員和所有人民的安全和安定。

但聯合國總部堅決拒絕。障礙之一是聯合國祕書長布特羅斯．布特羅斯—蓋里所採取的立場。擔任埃及副外長時，他已和哈比亞里瑪納的政權有密切往來；那時他去過盧安達兩次，談成與盧安達的一件合作協定，設法完成一筆軍火交易，撤銷先前埃及所施加的禁令。擔任聯合國祕書長時，他挑選喀麥隆前外長雅克．布布（Jacques Booh-Booh）做為他在盧安達的特別代表。布布與布特羅斯—蓋里有私交，且與後者一樣親法國。布布本人公開支持胡圖人，在寫給聯合國總部的報告中，對事態始終報喜不報憂。他喜歡在身邊擺一群非洲法語國家的顧問，不久就與達萊爾起衝突，一有機會就打擊達萊爾在聯合國總部的公信力。於是，在聯合國總部，達萊爾被視為喜歡誇大盧安達所面對難題的怪人。

另一個障礙是索馬利亞挫敗的衝擊。聯合國職員擔心再一場挫敗會使聯合國突然垮掉。「我們在說明自己所受命執行的工作上和在給予指導上非常審慎，因為不想重蹈索馬利亞覆轍，」高階官員伊克巴爾．里札（Iqbal Riza）後來坦承。但對胡圖族極端主義者來說，聯合國如此明顯失職，無所作為，等於鼓勵他們不要罷手。「一逕留在原地，只是旁觀，沒有反應，乃是我們最不該做的事，」馬夏爾上校憶道。

在這同時，政治進程已停擺。新過渡政府的設立，原訂於一九九四年一月。但哈比亞里瑪納對阿魯沙協議提出一次又一次的質疑，刻意阻撓進展。私底下，「阿卡朱」完全無意放掉權力。臨時政府的設立一延再延，延到二月，再來三月，然後四月初。

千山廣播電臺繼續煽動、造謠，且無日無之。有個電臺廣播員公開要求暗殺過渡政府總理阿嘉特·烏韋林吉伊瑪納（Agathe Uwilingiyimana）。她是支持民主的胡圖族政治人物，批評哈比亞里瑪納的北部小集團。西蒙·比金迪寫了一首傳唱一時的歌，在歌中懇求他的胡圖族同胞——「耕種者之子」（bene sebahinzi）——捍衛自己權利，保護一九五九年革命的成果：

> 奴役、鞭笞、抽打、讓人精疲力竭的強制勞動……已永遠消失。但大多數人（rubanda nyamwinshi）要注意……要記住，務必把這一惡行趕得愈遠愈好，使它不會再現於盧安達。

這首歌裡的一段副歌，像咒語般不斷重複演唱——「該小心維護……並傳給後代的遺產。」《坎古魯》週刊推波助瀾，助長恐懼、猜疑氣氛。一月，它指控聯合國盧安達援助團和派駐基加利的比利時特遣隊與盧安達愛國陣線沆瀣一氣，預言三月之前會有戰爭。「如果盧安達愛國陣線決定殺掉我們，那我們就來互殺吧。讓鬱積的任何怒氣爆發個夠，」該刊說。「群眾會在軍隊協助下起事，血會到處流淌。」

但哈比亞里瑪納能有的選擇迅速減少，西方政府和非洲政府都堅持落實阿魯沙協議。東非諸領袖抱怨，協議遲未落實威脅到整個地區的穩定。支持民主的胡圖族政治人物深信聯合國盧安達援助團的存在會保護他們，愈來愈直率要求落實該協議。在這同時，哈比亞里瑪納因同意簽署阿魯沙協議受到「阿卡朱」裡極端主義者的抨擊。三月，《坎古魯》刊出一幅漫畫，畫中哈比亞里瑪納背著盧安達愛國陣線領袖保羅．卡加梅，告訴他：「我已竭盡所能使你們圖西人過得好一些。」在搭配此漫畫的一篇文章中，哈桑．恩蓋澤預言哈比亞里瑪納不久就會死於公共事故。「沒人比他更想保住哈比亞里瑪納的命，」恩蓋澤寫道。「重要的是該告訴他，他會如何喪命。」四月三日，千山廣播電臺示警，「有件小事」就要發生。

四月六日，哈比亞里瑪納人在達累斯薩拉姆，參加為期一天的非洲領袖高峰會。因為在執行阿魯沙協議上搪塞推諉，他再一次受到猛烈批評。他很少夜間出門，這一次卻堅持開完會即搭機回基加利。他的達梭獵鷹噴射機係密特朗總統所贈，由三名法國機組員駕駛，約晚上八點十五分在夜色中接近基加利機場。機上，除了哈比亞里瑪納，還有七名高階政府官員和請哈比亞里瑪納讓他搭個便機的蒲隆地新總統。飛機盤旋一次，然後就在要進場著陸時，遭從機場區外某山上射來的兩枚飛彈擊中，墜毀在總統府的庭園裡。機上人員全部喪生。

幾分鐘後，機場和總統府周邊就被來自附近某軍營的士兵組成的警戒線封鎖。民兵組織在市區各處架起路障。千山廣播電臺播放了哈比亞里瑪納死亡的消息。殺戮開始。

究竟是什麼人暗殺了哈比亞里瑪納，一直沒有確鑿的證據。胡圖族極端主義分子指控盧安達愛國陣線是兇手，也說比利時士兵涉及其中。盧安達愛國陣線說是胡圖族極端主義者所為。最主要的嫌疑人是決意使阿魯沙協議無緣落實，以保住自己權位的「阿卡朱」小集團的成員。哈比亞里瑪納遇害一事，將啟動計畫已久的種族滅絕行動。這一陰謀的核心人物是那一夜在基加利發號施令的巴戈索拉上校。兩天前，有場慶祝塞內加爾國慶日的宴會，達萊爾和馬夏爾都出了席。巴戈索拉在該宴會上說，「對盧安達來說，唯一看來可行的解決辦法是除掉圖西人。」

第一批受害者經過用心挑選。來自總統衛隊的軍人和「因泰拉哈姆韋」民兵憑著老早就擬好的名單，搜捕知名的溫和派胡圖人——政治人物、政府高官、律師、教師、人權行動主義者、獨立記者——全是被視為妨礙種族滅絕行動的反對者。他們鎖定的目標包括憲法法院的院長和揚言關掉千山廣播電臺的一名部長。墜機後不到一小時，就有士兵封鎖胡圖族總理阿嘉特·烏韋林吉伊瑪納的家。友人力勸她找地方躲起來，她不肯，堅稱她想透過全國性電臺廣播，讓各界知道文人政府已掌控大局，且決心落實阿魯沙協議。一批比利時維和人員被派去護送她到盧安達電臺的錄音室。他們花了三個小時談判，才打通關節，穿過重重路障，抵達她家。就在他們抵達時，盧安達軍人開火。比利時人無法撤退，只好和烏韋林吉伊瑪納一起等待援兵。等了三小時，仍無援兵蹤影，總理和她的夫丈翻過庭園圍牆想逃走，結果被抓，當天更晚時遇害。十名比利時人被擄，押到某軍營，毆打，刑求，殺害。

殺圖西人的行動同時啟動。數百個知名圖西人，名字和地址都已造冊，遭捕殺於家中。成群以棍棒、大砍刀、小刀為武器的人挨家挨戶搜索圖西人。數千人在路障處被民兵攔住，民兵要求出示身分證，一發現是圖西人即當場殺害。聯合國盧安達援助團駐基加利的軍人，目睹數十起處死事件。該團一名維和人員憶起他親眼目睹的一件事，就發生在充當聯合國盧安達援助團總部的飯店外數公尺處：「他抓住他的襯衫開始拉扯……舉起大砍刀，往他的頭砍去……他砍了兩次，我們站著看他……然後他把沾了血的大砍刀往他臀部抹，接著搜死在他手上的那人的口袋……我們個個為這嚇得尖叫。」不久後，一輛翻斗卡車載著一批出公差的囚犯過來街頭收屍。「有人揮手要它停下，從樹下拖走屍體，丟進已快裝滿的翻斗卡車，有些人在呻吟、哭泣。顯然有些人還沒死。」

在某次的電臺廣播中，「胡圖力量」的領袖之一，佛羅杜亞爾．卡拉米拉（Froduald Karamira），告訴聽眾，打擊圖西人「人人有責」，呼籲他們「幫武裝部隊完成這工作」。數千名胡圖人回應，走上基加利街頭，嘴裡一再喊著「把他們全消滅」。千山廣播電臺直接煽動群眾殺人：「墓穴還沒填滿，該電臺高聲喊道。「誰要來做這件好工作，幫我們把他們全解決掉？」

接著，屠殺一樁接一樁緊接著發生。來自總統衛隊的軍人於四月七日早上七點來到基加利的耶穌會靈修處「基督中心」（Centre Christus），要求裡面的人出示身分證，然後挑出十九人處死，包括七名神父和八名做靈修的年輕女子。那天早上，在基加利另一個教堂院子裡，六十名圖西男子和男孩遭帶走殺害。在基加利郊區市鎮吉孔多（Gikondo）的某座山上，數百名圖西人被首都裡的槍彈聲和爆炸聲嚇到，逃到該山上的傳教站，找天主教神父庇護。神父為約五百名圖西人做彌撒時，一支殺手小隊衝進教堂。「民兵開始砍人，」一名倖存者憶道。「他們砍手臂、腿、胸、臉、頸。」總共砍了兩小時。全國各地爆發類似的屠殺。

隨著殺戮的規模變大，盧安達愛國陣線領袖保羅．卡加梅警告，如果殺害平民的事不停止，他的部隊會出手干預。根據阿魯沙協議，有一個營六百人的盧安達愛國陣線軍人駐紮在基加利市距市中心不遠的國會大樓旁，以保護該組織支持者的安全。盧安達愛國陣線的部隊大部分留在北部。四月八日晚，卡加梅宣布重啟戰爭，命令他的北部軍隊往首都進發。

情勢日益動蕩，西方政府急忙撤出本國僑民。法軍於四月九日降落機場，前往大使館。法國大使館不只擠滿法國公民，還有哈比亞里瑪納的「阿卡朱」小集團的成員。「阿卡朱」成員長期得到法國支持，在規劃種族滅絕行動上涉入甚深。其中包含阿嘉特．卡津加夫人、她的一個兄弟，還有約三十名其他的極端主義者，包括千山廣播電臺臺長，統籌發動仇恨廣播的斐迪南．納希瑪納（Ferdinand Nahimana）教授。阿嘉特夫人、她的小孩和她的其他隨員，在法軍護送下搭上第一班離開基加利的法國班機。抵達巴黎後，她得到法國政府贈予約四萬美元，錢來自指定用於「緊急援助盧安達難民」的合作部經費。然後，密特朗接見了兩名極端主義領袖。據曾任合作部部長的貝納爾．德布雷（Bernard Debré）所述，密特朗仍「非常喜歡前總統哈比亞里瑪納和他的家人，還有做為那個舊政權之一部分的每樣事物」。法國人所不願撤出的人，包括遇害總理阿嘉特．烏韋林吉伊瑪納的五個小孩，以及大使館資深員工，其中大部分是圖西人。

四月九日，一支二百五十人的比利時傘兵部隊降落。比利時在聯合國極力爭取擴大聯合國盧安達援助團的權限，以使聯合國部隊能以軍事手段干預盧安達局勢，停止殺戮。比利時願意讓其傘兵特遣隊加入已在當地的比利時維和部隊，但法國堅決反對此計畫。於是，比利時傘兵部隊所能做的，就只是和法國人一起執行人員撤離任務，無視街頭的殺戮情景。有些圖西人奮力搭上前往機場的卡車，卻在路障處被民兵拉下車，當場殺掉，而法國、比利時士兵奉命不得干預，只能旁觀。

五十名在總醫院急診帳篷裡等著救治的傷患，被認定是圖西人，遭拖出去殺掉，然後醫療慈善組織「無國界醫生」（MSF；Médecins Sans Frontières）的外國醫生於四月十日加入出走潮。「我們斷定已沒有理由在這裡繼續工作，」一名無國界醫生組織的醫生告訴美國記者。「照料會被殺掉的人，沒有意義。」

最後一架撤離飛機離開基加利時，境內的外國人就只剩決意留下來的一組國際紅十字會人員和一批裝備不良、局限於執行「維和」任務且遭圍困的聯合國盧安達援助團士兵。不久，聯合國盧安達援助團的駐地，就擠進數千名急欲找到安全棲身之地，以躲過惡徒劫掠的絕望人民。

聯合國盧安達援助團本身的未來岌岌可危。它的設立宗旨乃是監督和平進程，但這一進程這時已明顯垮掉。聯合國官員主張結束這整個行動。關於這場殺戮的肇因，各方說法不一。政府裡的胡圖族極端主義者，把這場殺戮說成胡圖人對他們總統遭圖西人暗殺一事的自發性反應。西方新聞報導則把「這一混亂、無政府狀態」歸咎於部族世仇。紐約的聯合國官員把這場殺戮解讀為內戰的重啟，而對於內戰，他們做不了什麼。聯合國祕書長布特羅斯─蓋里認為沒有理由為此中斷一場長時日的歐洲巡迴訪問。

但聯合國盧安達援助團團長達萊爾將軍很清楚起因。在四月八日發給聯合國總部的一封電文中，他把這場殺戮說成是一樁經過完善規劃與組織的恐怖運動，由總統衛隊領導，矛頭指向反對黨領袖、圖西族、聯合國盧安達援助團與其他聯合國人員。他也說明了聯合國盧安達援助團的處境如何岌岌可危。他的比利時部隊，聯合國盧安達援助團的骨幹，散布在被路障隔離的基加利市區數個地方。他們沒有電力或汽油補給。已有十名維和人員喪命，其他維和人員的安危則令他憂心。聯合國盧安達援助團的存糧撐不過兩星期，在某些地方飲用水只夠用兩天，燃料頂多夠用三天。他極缺彈藥和醫療用品。

但達萊爾仍堅持不撤。紐約的聯合國官員三次要他擬定撤離計畫，他拒絕照辦——其中一次是布特羅斯—蓋里親自打電話來，他從頭至尾就只打過這一次電話。達萊爾主張只要增兵，他能止住殺戮。當法國、比利時部隊被派去拯救外僑，而非用於協助恢復秩序時，他簡直不敢相信。他憶道，「我們只能自謀生路，既未得到授權，也沒有補給。」

更糟的還在後面。十名本國維和人員喪命，使比利時政府在國內受到激烈抨擊，四月十二日比國政府宣布打算將本國部隊撤出聯合國盧安達援助團。比利時維和人員撤離駐地，丟下數千名找他們保護的平民，任由他們受軍隊與民兵攻擊，毫無反擊之力。在基加利的郊區市鎮加通加（Gatonga），有二千人避難於慈幼會神父經營的公立技術學校（Ecole Technique Officielle）。一名比利時中尉在該校向眾人說明他的人奉命撤離，建議他們趁著夜色逃離。有些人走上前，要他將他們槍斃，好過留下來死於民兵和他們的大砍刀之手。比利時人開始悄悄撤離時，一群人追著他們的車子跑，懇求「別丟下我們」。此後才幾小時，二千人幾乎全遭屠殺。

達萊爾看著比利時人於四月十九日離去，深深覺得被出賣。「我站在那裡看著最後一架力士型運輸機離開……我想著將近五十年前，我父親和我岳父曾為了讓比利時擺脫法西斯主義魔掌而在那個國家戰鬥，而如今，我被比利時軍人拋棄。我為此打從心底瞧不起他們……我覺得那不可原諒。」

聯合國盧安達援助團兵力大減，但仍在其數個駐地保護約三萬平民。但在布特羅斯－蓋里針對這一危機提出一份無關痛癢的報告後，聯合國安理會於四月二十一日在紐約開會，斷定聯合國盧安達援助團少了比利時特遣隊後已無法獨力生存。安理會通過一新決議，根據該決議，聯合國維和人員要撤走大部分，只留下二百七十人的一支象徵性部隊，負責協助促成政府與盧安達愛國陣線雙方停火，「在情況許可下」協助人道救援行動。壓制住種族滅絕行動的最後希望就此化為泡影。

哈比亞里瑪納死後不到兩星期，執行種族滅絕者（génocidaires）已實質控制盧安達的中央政府和其下的省長、市長、區長。他們宣布成立完全由「胡圖力量」狂熱分子組成的新「過渡政府」。凡是無心推動胡圖族支配大業的官員都遭革除。電臺被用於嘲笑、威脅呼籲冷靜的行政官員和地方政治領袖。要求「自衛」反制「共犯」的呼聲響遍全國。殺人成為整個控制體系（軍隊、憲兵、市鎮警察、政黨幹部、民政當局）的主要工作，且得到「過渡政府」的批准。農民被命令、被哄騙去接下這一「工作」。

就連教會領袖都默許政府的行動，把暴力活動歸咎於盧安達愛國陣線，不願公開斥責發生在自己教會建築裡的集體殺人事件。天主教大主教樊尚·恩森吉尤姆瓦（Vincent Nsengiyumva），「胡圖力量」

團體的長期盟友，已當了全國促進發展革命運動的中央委員十四年，此時迅即向過渡政府表態支持。英國國教會諸主教跟進，宣揚政府的政策。

許多神職人員憤慨於教會領導階層與當局同流合汙，竭盡所能幫助蜂擁而來尋求保護的圖西人家庭。但有些神父積極援助並鼓動那些執行種族滅絕的人，助他們搜捕圖西人以便殺害。穆戈內羅（Mugonero）的教會會長，以利撒凡．恩塔基魯提瑪納（Elizaphan Ntakirutimana）牧師，力勸圖西族難民聚集於該地的傳教站。約二千人被塞進該地的醫院後，來自總統衛隊的軍人和民兵封鎖醫院。四月十五日晚，難民獲告知隔天早上醫院會遭攻擊。難民中的七名牧師寫了封信向恩塔基魯提瑪納求助。

> 親愛的領袖，以利撒凡．恩塔基魯提瑪納，
>
> 你好！我們希望你強勢處理我們正面對的所有這些問題，想告訴你我們聽到消息明天我們會連同自己家人被殺。於是，我們請求你代我們出面干預，和市長談談。上帝指派你領導這群即將被消滅的牧民，我們相信在上帝的協助下，你的干預會極受看重，就像當年猶太人得到以斯帖拯救那般。
>
> 我們向你表示敬意。

恩塔基魯提瑪納回道：

我完全幫不上忙。你們所能做的，就是準備受死，因為你們的大限已到。

在盧各達各地，在走投無路的圖西人藉以避難的教會建築裡，上演了一場又一場屠殺。在那些地方遇害的人，比在其他任何地方都多。有些團體試圖合力防禦，以石頭當武器，但民兵和軍隊一衝進教堂，往窗戶裡丟手榴彈，拿著大砍刀見人就砍，他們一下就被擊潰。在許多教堂裡，由於裡面擠了數千人，得花上數天才殺得完。等著受死的人，跟腱遭砍斷，以防他們逃跑。有位在四月十五日恩塔拉瑪（Ntarama）一地的屠殺中倖存下來的人，向研究人員講述了她的遭遇：

一群軍人和「因泰拉哈姆韋」攻擊教堂。他們在後牆挖洞，往洞裡丟進手榴彈。個個拚命找掩護。然後，「因泰拉哈姆韋」拿著大砍刀進來，開始屠殺。至少有一名穿制服的軍人繼續往教堂裡面開槍，以保護「因泰拉哈姆韋」，直到他們進到教堂裡面，開始他們的「工作」為止。「因泰拉哈姆韋」包括女人和約十一至十四歲的少年，手持矛和削尖的棍子。他們用這些武器把一些小孩活活打死。

民兵一邊拿著大砍刀砍人，一邊討論他們的工作，互相提點有待解決的傷者。一段時間之後，他們開始爭論是該繼續砍人，還是該開始劫掠。最後他們決定在把所有人殺死前就開始劫掠……

我倒臥在一些屍體下面，動彈不得，因為被好多屍體壓著。「因泰拉哈姆韋」離開，以為人都死了。

來自「非洲權利」（African Rights）的研究人員於兩個月後來到恩塔拉瑪時，那座教堂裡仍滿是腐爛的屍體。「進不了教堂，因為入口屍體堆得好高。因此不易估算死亡人數；但隔著窗往裡看，教堂裡的每個地方都被堆疊的屍體占據。」

逃離恩塔拉瑪的難民被困在河邊。有位倖存者憶道：

> 河兩岸都有「因泰拉哈姆韋」，而且他們都在開槍。靠恩塔拉瑪這一邊的「因泰拉哈姆韋」命令我們投河自盡。許多人無計可施，不想死在更痛苦的大砍刀之下，跳河溺死，包括許多綁在他們背上的嬰兒。做父親的心知難逃一死，把自己小孩丟進河裡，最後一次表現父愛。
>
> 不願自殺的人沿著河岸往上下游跑，與攻擊者玩起捉迷藏的遊戲。

河岸成為常見的處決地，便於處理掉屍體。約四萬具屍體順著阿卡蓋拉（Akagera）河流進維多利亞湖。

醫院沒有比較安全。「醫生成為『一流殺手』的比例很高，」「非洲權利」推斷。「這個國家裡有許多最稱職、最有經驗的醫生，參與殺害了自己的圖西族同事、病人、傷患和到他們醫院尋求庇護、如驚弓之鳥的難民。這些醫生有男有女，包括內科醫生、外科醫生、兒科醫生、婦科醫生、麻醉師、公共衛生專家、醫院行政人員。」《英國醫學期刊》（*British Medical Journal*）報導，有些「最駭人的屠殺發生於婦科門診部，人們聚集於那裡，是相信沒人會狠心殺害母親和新生兒」。

教師通常向民兵團體告發學生，或自己動手殺掉學生。有位胡圖族教師告訴法國記者帕特里克．德．聖泰居貝里（Patrick de Saint-Exupéry）：「一些人在這裡被殺。我自己殺了一些小孩……第一年我們有八十個小孩，現在剩下二十五個。其他小孩，不是被我們殺了，就是自己跑了。」人權行動主義者同樣涉入其中。某人權組織的主席英諾森．馬津帕卡（Innocent Mazimpaka），連同他擔任加塔雷（Gatare）市長的弟弟，後來被控於該市鎮殺了一萬二千二百名圖西人。

獵殺圖西人的行動持續不斷，從一座山到另一座山，從一個鎮到另一個鎮，一個星期又一個星期。倖存者談起令人髮指的經歷。母親被迫看著自己小孩喪命，然後自己被殺掉；小孩被迫殺掉自己家人。有個來自塔巴（Taba）的母親說，「因泰拉哈姆韋」把她家人集攏，殺掉所有男人，然後要女人挖墓穴埋男人。然後，小孩被丟進墓穴裡。「兒子懇求我不要把他活埋那一幕，我永遠忘不了……他一再想爬出來，都被打回去。我們被迫不斷往坑裡蓋土……最後坑裡完全沒有動靜。」

圖西人遭自己友人、鄰居殺害，遭同學、同事殺害；丈夫被迫殺掉自己的圖西族妻子，不然自己性命不保。有個來自基本戈（Kibungo）的四十七歲農民，八個小孩的父親，被美國記者比爾．柏克利（Bill Berkeley）問到他大舅子喪命的事。

來自高層的指示，往下傳到各村子首領，「區長」。區長手上有該殺死的圖西人名冊。他們所做的，就只是把他們村裡的居民組織起來。

黨領導人和民兵組織領袖把村裡所有男子集攏。我們獲告知有個任務，並拿到一份要殺掉的人員名單。碰到這名單上的人，就要他們死……

我們會共同鎖定一個人。我們殺了一些人，但一起……

他在自己村子裡殺了九個人。他用大砍刀，其他人用棍棒。

我認識其中某些人。他們是鄰居……

我殺人，因為不得不殺。我不這麼做，自己性命不保。許多人因為拒絕殺人而被殺……

至於他大舅子遇害的事？

他不該死。他是個老人……我們在他家裡殺了他。他被拖出臥室，殺死在客廳。埃曼努亞爾先動手。他是民兵組織的頭頭。我下不了手，站在一旁看。我無能為力。

四月底時，盧安達的大屠殺出現新的轉折。盧安達北部的盧安達愛國陣線部隊往南推進，往首都分進合擊，控制了該國東部數個區域，位於他們挺進路線上的胡圖人大批逃到鄰國坦尚尼亞，擔心因為他們家鄉地區的圖西人遭屠殺之事，自己遭到報復。一天之內就有二十五萬人湧上通往盧蘇莫瀑布

（Rusumo Falls）橋的公路以越過國界，留下一大堆大砍刀、小刀、長矛於路邊。逃難者包括決意保住他們對胡圖人之掌控的「胡圖力量」領導人和「因泰拉哈姆韋」團體。這些流離失所胡圖人的困境，比起他們之中許多人所參與的種族滅絕行動，得到外界多上許多的關注。龐大的救援行動不久就展開。

在聯合國，安理會成員無視愈來愈多的種族滅絕證據，在索馬利亞干預行動失敗之後不願再淌非洲的另一個渾水。法國仍積極保護其「胡圖力量」盟友，堅稱盧安達境內的暴力事件不是種族滅絕，而是內戰所致。美國官員極力避免使用「種族滅絕」這個字眼，惟恐根據聯合國一九四八年種族滅絕罪公約的規定，美國依法不得不出手干預。四月二十九日提交安理會的某份聲明初稿，警告相關各方「種族滅絕」違反國際法，但初稿後來遭淡化為較可接受的版本：「安理會要提醒，抱著消滅某族群之全部或其一部分的意圖殺害該族群成員，乃是可依國際法予以懲罰的罪行。」

五月四日，對索馬利亞之事仍餘悸猶存的柯林頓總統宣布，「首先，千萬別去管這種事，別像我們開始介入索馬利亞時那樣，說『說不定一個月就會搞定，因為那是人道危機』……因為幾乎總是存在著政治問題，有時存在著引發這些危機的軍事衝突。」

聯合國祕書長布特羅斯─蓋里，處理盧安達問題之拙劣，一如先前他處理索馬利亞問題，從而使情況更為混亂。先是安理會聽從他的建議，投票決定撤出聯合國盧安達援助團的大部分部隊，八天後，他卻提議增兵該援助團。他的提議迎來張口結舌的沉默。

在當地，達萊爾將軍努力想找出脫困之道，於是帶著來自「過渡政府」的停火提議前去見盧安達愛國陣線領袖保羅．卡加梅。卡加梅潑了他一盆冷水。卡加梅反駁道，這個「過渡政府」只是個「殺人小集團」。他說停火構想乃是法國替他們想出來的。

又有新的種族滅絕證據曝光後，安理會於五月十七日再度開會，一方面仍避用「種族滅絕」這個字眼，一方面還是通過一新決議，決定成立聯合國盧安達二號援助團（Unamir 2），兵力五千五百人。但此舉大抵上是虛晃一招。既沒有已確認用於此行動的士兵或裝備，也沒有把他們運到盧安達的空運計畫。甚至在聯合國盧安達二號援助團該採什麼策略上，都未取得共識。一心想止住殺戮的達萊爾，提議增援部隊應降落在基加利，從那裡部隊可迅速部署於全國各地。美國官員擔心聯合國盧安達援助團捲入盧安達愛國陣線與政府軍在基加利的戰鬥，傾向於將部隊部署在可讓他們建立安全區保護平民的盧安達周邊地區。「沒有完善的行動計畫，就把聯合國部隊送進極端混亂的盧安達，愚不可及，」美國駐聯合國大使奧布萊特主張。爭論與互責持續了數星期。紐西蘭在安理會的代表柯林・基亭（Colin Keating）回憶當時情況時論道：「在每天都有數千人被砍死之際，諸位大使為戰術問題斷斷續續爭論了數個星期。」

六月八日，在第一波屠殺發生兩個月後，安理會終於給予聯合國盧安達二號援助團授權書。安理會甚至終於提到「種族滅絕」這個字眼，儘管並非直截了當地提出，而是包裝在「種族滅絕行動」這個短語裡。鑑於先前的聲明，有人請美國國務院一發言人說明美國的立場，該發言人答道：「我們有充分理由相信已發生種族滅絕行動。」

「多少『種族滅絕』行動才構成種族滅絕？」有位記者問。

「那不是我所能回答的問題，」她答。

但聯合國盧安達二號援助團最終夭折。在聯合國採取行動之前，法國宣布了它自己的干預計畫。法國人愈來愈擔心「過渡政府」落敗。到了五月下旬，盧安達愛國陣線已控制包括機場在內的基加利市數大片區域和一半以上的國土。在這同時，「過渡政府」已退到位於吉塔拉瑪的總部，並把國庫裡的財物，包括黃金儲備和外匯，全搬過去。六月十三日，盧安達愛國陣線拿下吉塔拉瑪，迫使內閣各部首長逃到吉塞尼，即「胡圖力量」在西北部的據點。密特朗決意不讓盧安達愛國陣線在盧安達稱雄，即使那意味著它得繼續與種族滅絕犯合作。據人權觀察組織的說法，五、六月間，法國政府或在政府許可下營運的法國公司把武器送到薩伊邊界城鎮戈瑪（Goma）的盧安達軍隊手裡，前後達五次。

六月十四日，即吉塔拉瑪陷落兩天後，密特朗核准出兵盧安達的計畫，並美其名為「人道主義」任務。「無論如何，我們不會坐視不管。每個小時都很重要，如今，差個幾小時、幾天，結果就會大不相同，」他說。「愈來愈激烈的戰鬥正在發生，不能再等。」

才幾天工夫，法國就組成一支遠征軍——綠松石行動（Opération Turquoise）。它所設定的軍事用途多於「人道主義」用途，有二千五百名士兵，包括突擊隊和特種部隊、數具重型迫擊炮、一百輛裝甲車、十架直昇機、四架對地攻擊機、四架偵察機。巴黎的軍官公開談到要「擊垮盧安達愛國陣線」。奉派參加這趟遠征的軍官，包括哈比亞里瑪納的前軍事顧問。為此任務製作的地圖上，標出法國的控制區，盧安達西部大部分地方和仍在「過渡政府」手裡的基加利市部分地區，都劃入其中。

密特朗提議由聯合國主導綠松石行動，布特羅斯－蓋里立即抓住機會。美國人仍在維和成本上討價還價時，法國不只已準備好出兵，還願意買單。但在基加利，達萊爾反感於法國的任何干預，深信他們意在挽救已露出敗象的「過渡政府」和將盧安達一分為二。達萊爾非常清楚法國偷偷將武器運交「執行種族滅絕者」，私下論道：「如果他們在此降落，以把可惡的武器交給那個政府，我會把他們的飛機打下來。」安理會無視眾多反對意見，六月二十二日核准綠松石行動。

隔天，法軍從薩伊邊界城鎮布卡武（Bukavu）越過邊界進入盧安達，被胡圖人和「因泰拉哈姆韋」視為英雄歡迎。橫幅標語寫著「法蘭西萬歲」，歌頌密特朗。法國國旗到處可見，連盧安達軍車上都可見到。千山廣播電臺從吉塞尼廣播，要求「各位胡圖族女孩洗好澡，穿上好看的連身裙，歡迎我們的法國盟友。圖西族女孩都死了，所以妳們有機會」。

一支法軍特遣隊，在記者陪同下，前往尼亞魯希希（Nyarushishi）營地，那裡有八千名圖西族難民在警方保護下保住性命。由兩百名精銳士兵組成的第二支特遣隊，在大抵上未被注意到的情況下，從邊境城鎮戈瑪越過邊界來到「過渡政府」總部所在的吉塞尼，在那裡紮營，準備抵禦盧安達愛國陣線對該地的攻擊。那個區域已沒有需要他們保護的圖西人。吉塞尼的一位胡圖族居民告訴某法國記者，「這裡的圖西人向來不多，我們一開始就把他們殺光，沒引起多少騷動。」

在某些地方，法國人的到來引發更多濫殺暴行，因為民兵想搶在遭制止之前完成他們的「工作」。但法國人沒什麼心思解除民兵武裝或拆除民兵的路障。法軍上校狄迪耶．托贊（Didier Tauzin）為掩飾其曾是盧安達軍隊顧問的經歷，化名狄迪耶．蒂博爾（Didier Thibault）。有人問為何他的部隊沒有行動，他回道：「法軍未得到解除民兵武裝或拆除路障的授權，儘管它們威脅到老百姓性命。」據綠松石行動的政治顧問傑拉爾．普律尼耶的說法，蒂博爾上校「很想教訓盧安達愛國陣線」。

法國最初的打算乃是往基加利挺進，但發現風險太大。七月四日，蒂博爾下令部隊在吉孔戈羅劃「一道界線」，警告如果盧安達愛國陣線越界來犯，他「絕不輕饒」。法國人未能如願抵達基加利，選擇設立一涵蓋盧安達西南部的「安全人道區」，放棄了西北部和位在吉塞尼的「過渡政府」。隨著盧安達境內的暴行規模愈來愈為外界所知，法國這次出兵在不光彩中劃下句點。當地的法國士兵反感於他們所找到的屠殺證據，覺得被擺了一道。「我們在這裡沒看到一個受傷的胡圖人，只有遭屠殺的圖西人，」某軍人說。「我們被騙了，」某士官長望著一群受傷、挨餓的圖西難民說。「我們受引導而相信的情況不是這樣。我們獲告知圖西人在殺胡圖人，以為胡圖人是好人和受害者。」他們最初很高興受到民兵的歡迎，這時卻深覺反感。「我再也受不了殺人凶手對我的歡呼致意，」某軍人說道。一名原擔任盧安達總統衛隊教官的法國軍官崩潰而哭，驚駭於他所訓練的那些人犯下的罪行。

七月四日，盧安達愛國陣線拿下基加利。盧安達首都陷落後才幾天，隨著盧安達愛國陣線部隊往「胡圖力量」在西北部的最後幾個據點挺進，「執行種族滅絕者」組織起胡圖人集體出走，越過邊界進入薩伊。千山廣播電臺在其從盧安達發出的最後廣播中散播害怕與恐懼，向聽眾警告，盧安達愛國陣線是魔鬼般的戰士，一心要殺光他們。好幾個村子，在當地官員帶領下，全村撤離。通往薩伊的道路被數十萬胡圖人堵住。他們搭卡車、汽車，騎腳踏車，走路，帶著牲畜和所能帶走的家當。建築的窗框、門把、瓦楞鐵片都遭拆走。有個援助人員在戈瑪附近的邊境通道望著這出走人潮論道，「好似整個國家的人都要走光」。兩天就有約五十萬人越界進入薩伊。「那是道無聲的人龍，長長的黑色人龍，個個像機器一樣不出聲走著路。」其中包括帶著武器和裝備的民兵和軍隊殘兵。「即使他們（盧安達愛國陣線）在軍事上獲勝，也無法掌權，」胡圖族一名理論大師嚴正表示。「我們有人口，他們只有子彈。」

許多知名的「執行種族滅絕者」，包括巴戈索拉上校，通過法國的「安全區」，但法國人完全未動手逮捕他們。密特朗的發言人解釋道：「我們所獲得的授權，未准許我們逮捕他們。這麼做會破壞我們的中立地位，而中立是我們達成任務的最佳保障。」於是，法國人從頭到尾保護種族滅絕行動的組織者。

國際援助界大抵上無視種族滅絕之事，反倒在電視播出胡圖人大批出走的情景刺激下，這時急忙前去協助擠進薩伊邊界沿線沒食物或棲身處且疾病猖獗之營地的龐大胡圖族「難民」。柯林頓總統跟著湊熱鬧，把這些「難民」營稱作三十年來最嚴重的人道危機。美國空軍軍機空投物資，作秀意味十足。約一百五十個援助組織抵達現場。未能以行動阻止種族滅絕的聯合國，這時一天就輕鬆募得一百萬美元，供用在「執行種族滅絕者」為遂行自己目的而搞出來的難民危機上。

七月十八日，在「胡圖力量」最後一個據點失陷後，卡加梅宣布內戰結束。隔天，一個標榜全民團結的政府宣誓成立，包含了全國促進發展革命運動以外的各大政黨的代表。十八個部長中十二個是胡圖人。新總統巴斯特．畢濟蒙古（Pasteur Bizimungu）是哈比亞里瑪納的胡圖族親戚，反對這位前總統的作為；保羅．卡加梅則當上副總統。

盧安達愛國陣線的勝利結束了種族滅絕。一百天裡約八十萬人遭屠殺，占了圖西人口約四分之三。自有信史以來，從沒有哪一樁集體殺戮在這麼短的時間內殺掉這麼多人。逃離這場屠殺的圖西人，從躲藏了數個月的洞穴、沼澤、森林一身破爛、餓著肚子現身，從棚子底下，從食櫥和閣樓裡爬出來。許多人在胡圖人幫助下保住性命。「我走出來時，沒有一隻鳥，」有個靠著躲藏避掉種族滅絕毒手的倖存者說。「有陽光和屍臭味。」

整個國家已如同廢墟。醫院和學校被毀或偷竊一空，政府機關被洗劫過；沒有警察；國庫空虛；水、電、電話之類公用事業已垮掉；一年沒有收成。到處都有塞滿腐屍的水溝。國內有將近兩百萬人是流離失所的難民。據世界銀行的說法，這場種族滅絕使盧安達淪為世上最窮的國家。

但衝突根本沒有結束。「執行種族滅絕者」在他們位於薩伊的新基地，在不知情的國際援助者支持下，重整旗鼓，計劃東山再起。同樣那一批組織種族滅絕行動的胡圖族政治人物、省長、市長和軍官，這時利用他們對難民營和難民營食物分配的控制權募集資金，購買軍火，以發動新攻勢。流亡在外的巴戈索拉上校誓言，「發動一場漫長、屍橫遍野，不把居少數的圖西人殺光，使他們在國內完全絕跡，絕不罷休的戰爭。」

這一新階段的衝突，將使盧安達陷入更悲慘境地，也將導致薩伊莫布圖政權的垮臺。

28 兀鷲飛翔之處

盧安達局勢出現如此劇變時，莫布圖總統抓住機會在這一危機中扮演重要角色，希望拾回一部分他已喪失的國際地位。薩伊是盧安達的老大哥，一個長久以來習於充當地區權力掮客的大鄰居。盧安達國內紛擾時，莫布圖爽快援助哈比亞里瑪納，一九九〇年派兵助他擊退從烏干達入侵的盧安盧愛國陣線部隊。內戰期間，薩伊協助「胡圖力量」政府取得軍火，即使在它已被趕出基加利後亦然。薩伊東部住著一百五十萬盧安達難民，國際援助界需要莫布圖協助以免發生人道浩劫。

以貪婪作風主政三十年後，莫布圖在國外已沒多少友人。在民主運動風起雲湧的年代，莫布圖被許多非洲領袖，例如烏干達的尤韋里．穆塞維尼，視為「恐龍」，非洲正努力拋掉的貪腐獨裁者時代的遺物。大部分西方政府和世界銀行之類的國際機構老早就死了助莫布圖脫困的念頭，他們自一九七五年以來挹注他的政權九十億美元的外援，卻幾乎如同丟進水裡，沒看到多大成果。

只有法國還挺莫布圖，決意無論如何要支持一位親法盟友，保住法國在整個非洲法語地區的形象——能主宰法國「後院」局勢並挫敗「盎格魯撒克遜」意圖的世界強權的形象。一批法國政府顧問積極為莫布圖謀事，雅克．佛卡爾（Jacques Foccart）是其中之一。他在幕後執掌法國的非洲政策長達四十年，一九九四年四月在莫布圖位於巴多利泰的府邸見了莫布圖，討論為盧安達問題召開高峰會議的事。佛卡爾為一九九五年出版的回憶錄而接受採訪時告訴菲利普．加亞爾（Philippe Gaillard）：「你問我法國的利益為何。這個問題再清楚明確不過。剛果—布拉札維爾，即今日的薩伊，是非洲法語地區的最大國家。它擁有可觀的天然資源，有成為地區性強權的財力。法國和其非洲盟友的長期利益顯而易見。」

法國人尤其力求讓莫布圖，而非他們眼中「說英語」的美國盟友尤韋里．穆塞維尼，成為公認的非洲中部主要的權力掮客。機密的巴黎時事通訊《南方通訊》（*La Lettre du Sud*），在其五月號中反映了官方的想法：「這一地區不能落入完全支持美國看法與利益的說英語的強人之手。法國為何自一九九〇年起一直支持已故的朱韋納爾．哈比亞里瑪納總統打盧安達愛國陣線，原因在此。那最終未能成功，因此，如今僅剩的唯一選擇，就是讓薩伊總統莫布圖．塞塞．塞科再度出馬，他是唯一能和穆塞維尼相抗衡的人。」

非洲諸領袖打算在一九九四年四月在「說英語」的坦尚尼亞就盧安達問題召開地區性會議時，莫布圖和法國人予以阻攔。巴黎總統府非洲事務室主任布魯諾．德拉耶（Bruno Delaye）向傑拉爾．普律尼耶表示：「我們不要在坦尚尼亞開這類會議。下一場會議必須在金夏沙開。我們不能讓說英語的國家決定一個說法語國家的未來。無論如何，我們要莫布圖回來。不能沒有他，我們要這樣解決這個盧安達問題。」

在一九九四年十一月於法國比亞里茨（Biarritz）舉行的法國—非洲高峰會上，莫布圖得到熱情歡迎，盧安達新總統巴斯特·畢濟蒙古，反對哈比亞里瑪納的胡圖人，則未受邀。法國合作部長貝納爾·德布雷把這個新的基加利政府說成是「來自烏干達的說英語圖西人政府」。一年後，這個基加利政府再度未受邀。新任法國總統雅克·席哈克以默哀為大會開場，但不是為了種族滅絕的受害者默哀，而是為了緬懷哈比亞里瑪納而默哀。

但薩伊本身簡直只是具腐屍。它的正式經濟自一九八八年來已萎縮了四成，貨幣如同廢紙。人均國內生產總值一九九三年是一百一十七美元，比一九五八年（獨立的兩年前）少了約六成五。一九九四年通膨達到九八〇〇%。銅生產原是薩伊經濟的主要支柱，但產量已從一九七〇年代的四十五萬噸降為一九九四年的三萬六百噸；鈷產量從一萬八千噸降為三千噸；鑽石產量幾乎減半。黃金、鑽石走私猖獗。國營礦業公司Gécamines已被搜刮洗劫到幾乎停擺。當時的美國大使丹尼爾·辛普森（Daniel Simpson）憶道，「Gécamines乾淨到了極點。莫布圖不只殺了下金蛋的鵝，還吃掉牠，用羽毛製油。」美國記者卡蘿爾·柯林斯（Carole Collins）論道：「在莫布圖當政最後幾年，到薩伊就是走進人吃人的資本主義世界，大部分銀行和公共服務事業，還有為促進經濟成長、擴大生產力所應有的一切作為，都已停擺。」

各省大抵上如同獨立小王國，不受中央政府節制。大部分省分受苦於族群緊張。莫布圖不時挑起族群緊張，做為他分而治之策略的一環，而那也是他所保有的「政府」唯一還能做的事。一九九四年，一百五十萬盧安達人突然來到家門口時，情勢最一觸即發的地方莫過於東部的基伍地區。

在莫布圖的同意和十二個月總共八億美元難民援助經費的支持下，盧安達的「執行種族滅絕者」在基伍打造出一個迷你國，設立自己的政府、財政和控制制度。軍隊——前盧安達武裝部隊（ex-FAR；former Forces Armées Rwandaise）——使用和以往沒兩樣的指揮體系，在戈瑪西邊十英里處的拉克韋爾（Lac Vert）設立司令部，在軍營裡重整其部隊，成立招兵、訓練計畫，向國外訂購武器。它的兵力從三萬增加到五萬。法國部隊把在「安全區」沒收的重武器轉交給薩伊，薩伊軍官則把那些武器轉賣給前盧安達武裝部隊。難民營按省、市鎮、區三級予以組織，分由省長、市長、區長掌理，一如在盧安達境內時。難民由外援機構提供糧食和照護，但仍受到「執行種族滅絕者」掌控，因殘暴武力和如果回盧安達肯定被圖西人殺掉的警告性宣傳，嚇得不敢離開難民營。

援助機構必須借助「胡圖力量」政府來發送救濟物資，因此對難民營裡到處可見的強制、虐待制度視而不見。難民人數遭灌水，以使「執行種族滅絕者」能餵飽他們的軍隊，並把多餘糧食賣到當地市場，以取得資金購買供另一場種族滅絕戰爭之用的武器。援助機構的行政人員對此完全知情，而其中膽敢抗議此事的的人，招來死亡威脅和其他種恐嚇。想回家的難民則遭殺害。美國行政官員理查·麥科爾（Richard McCall）把這些難民營稱作「暢行無阻的軍火運送通道」，「執行種族滅絕者」靠此通道取得武器。一九九四年十一月，無國界醫生決定撤離薩伊東部。「情況惡化到這個地步，無國界醫生基於倫理理由無法再繼續伴著種族滅絕兇手一起作惡。前盧安達當局成員、軍隊和民兵組織完全控制數萬平民。」其他援助機構大部分繼續待著。

不久，永久性聚居地會具備的東西，難民營一應俱全。根據一九九五年聯合國難民事務高級專員的調查，難民營裡有將近八萬二千個生意興旺的店鋪，包括二千三百二十四家酒館、四百五十家餐廳、五百八十九間雜貨鋪、六十二家理髮店、五十一家藥店和二十五家肉鋪。還有照相館、圖書館、戲院。難民營裡充斥便宜商品，吸引數英里外的薩伊人過來盧安達人的店裡採買。援助機構雇用忠於「胡圖力量」的公務員、醫生、護士和其他專業人員，從而更加壯大「胡圖力量」的財力。它們也提供交通工具、集會地、辦公室設備給偽裝為村里自助機構的「胡圖力量」團體。提供給盧安達的外援，超過三分之二未用於重建，而是流到「胡圖蘭」(Hutuland)的營地和掌控那些營地的「執行種族滅絕者」手裡。

在拉克韋爾的司令部，軍方首長計劃以兩個階段奪回政權：第一階段從薩伊境內基地對盧安達發動游擊戰，以打亂、削弱盧安達愛國陣線對盧安達的控制；第二階段則打公開的內戰。零星的攻擊於一九九四年九月發動，持續到一九九五年底。但「執行種族滅絕者」的意圖不只是奪回盧安達，他們還著手消滅住在薩伊的圖西群體。在這過程中，他們引發一場叛亂，而叛亂最終把他們送上死路，且使本已衰敗不堪的莫布圖政權垮掉。

本來就有許多盧安達人，包括胡圖人和圖西人，在基伍地區定居多年。十九世紀，來自盧安達的圖西族移民定居於南基伍的穆連蓋（Mulenge）周邊的牧草地。一九六〇年代他們自稱穆連蓋人（Banyamulenge），以有別於一九五九年屠殺後到來的盧安達圖西族難民，且藉由宣稱自己是正格剛果人，保住政治權利和土地使用權。他們的存在令當地人，尤其是班貝人（Babembe），大為反感。韋利倫加．科斯瑪（Wililunga Cosma），薩伊東部的原住民，做了田野調查後論道：

班貝人認為圖西人沒用、無能、體力差、未行割禮，是個整天喝酒、為自家的牛悲嘆而不為自家人的死慟哭的劣等民族。圖西人則認為班貝人愛惹麻煩、野蠻、高傲，只配幹粗活（農活）換取一頭快死的小牛。

一九六〇年代叛亂期間，班貝人打莫布圖的軍隊；穆連蓋人站在政府軍那一邊。

在北基伍省，盧安達人（包括胡圖人和圖西人）占當地人口幾乎過半。殖民統治期間，一九三七年至一九五五年，接連兩波盧安達人移入，總數約八萬五千人。當地的渾德人（Hunde）酋長常抱怨因此造成的土地供給吃緊，特別是牧草地方面。

然後，一九五九至一九六一年，由於盧安達境內的胡圖人「革命」，約十五萬盧安達圖西人逃到基伍。大部分最初棲身於馬西西（Masisi）、瓦利卡萊（Walikale）、卡萊亥（Kalehe）三地的難民營，後來融入既有的族群。一九六三至一九六四年，又有圖西族難民過來。

如此多盧安達人湧入，在基伍本地居民——他們自稱「原住民」（autochtones）——與他們這時稱之為「外地人」的盧安達人間，造成尖銳的嫌隙。土地糾紛時有所聞。在馬西西地區，盧安達人占了人口四分之三，控制將近六成的可利用土地；原住民渾德人則只占人口一成五。在北基伍省渾德族、南德族（Nande）政治人物施壓下，莫布圖基於選舉考量，在一九八一年決定廢除賦予盧安達人公民身分的法律，從而使他們成為報復對象；接著即出現一波偷竊、劫掠、傷害的事。一九九一年，盧安達人代表被拒於全國最高代表大會（Conférence Nationale Souveraine）門外。北基伍的副省長表達了當地人反盧安達人的心態，宣布：「盧安達必須接受其外移人口返鄉，不該讓他們像巴勒斯坦人那樣在世界各地流浪。歷史已表明，始終熱衷於取得權力的圖西人長期以來一直是破壞穩定者。他們使用各種手段試圖顛覆既有的當權者……瓦利卡萊區域的居民選我出來，以防止這個區域遭圖西人入侵。」

一九九三年，北基伍省的渾德人和尼揚加人（Nyanga）組織起地方民兵組織，以將肥沃馬西西地區的盧安達人清光。他們的目標包括圖西人和胡圖人。盧安達人在瓦利卡萊市場和數個教堂裡遭屠殺。雙方在族群戰爭裡死了數千人，還有約三十五萬人逃離家園。一百萬胡圖人帶著他們極度強烈的族群仇恨來到戈瑪時，北基伍省境內本就已充斥著族群緊張。

盧安達人族群遭撕裂。在北基伍省，薩伊的胡圖好戰分子——其中許多人來自一九九三年被迫離開家園的群體——與盧安達的「因泰拉哈姆韋」聯手攻擊薩伊圖西人。數千名圖西人遇害；還有數千人逃到盧安達。但他們的矛頭不只指向圖西人。胡圖民兵想找到可定居的土地，於是開始接管馬西西一地原屬原住民所有的肥沃高原牧草地。一九九五年十二月，四百多名渾德人和尼揚加人在馬西西遭殺害。到了一九九六年二月，已有約二十五萬原住民，主要是渾德人和尼揚加人，被趕出自己家園。兩個原住民民兵組織，與莫布圖政權在戰場上廝殺多年的瑪伊瑪伊（Mayi-Mayi）和班吉利瑪（Bangilima），加入戰局報復，不只攻擊盧安達人（包括胡圖人和圖西人），也對莫布圖的軍隊薩伊武裝部隊（FAZ；Forces Armées Zairoises）重啟攻勢。

在南基伍省，由於有一九九三年蒲隆地總統恩達耶耶遭暗殺後逃避動亂的胡圖族難民大舉湧入，加上一九九四年大批胡圖人逃出盧安達，該省出現類似的反穆連蓋人和其他圖西人族群的活動。在當地薩伊政治人物出於私心的挑動下，原住民與胡圖族難民極端主義分子聯手，展開有計畫的騷擾、劫掠。班貝人與穆連蓋人之間的古老對立重新浮現。一九九五年十月，維拉人（Bavira）酋長稜亥三世（Lenghe III）發了一封信，表示「在他的轄地裡，所謂的穆連蓋人就像外地人一樣」。基伍的諸多圖西人群體（穆連蓋人、薩伊圖西人、外來的圖西族移民、圖西族難民），受到數股敵人威脅，打造出整個族群受攻擊的概念。他們通稱自己為「穆連蓋人」，一個據說這時人口達到約四十萬的族群，但只有約三萬人是「原本的」穆連蓋人。他們對莫布圖政權的協助死了心，轉而求救於盧安達強人保羅．卡加梅。

在基加利，卡加梅將軍日益失望於基伍地區情勢的轉變。盧安達是以薩伊境內的難民營為掩護的「執行種族滅絕者」不斷越界襲擾的對象。那些難民營靠一大規模國際援助計畫支持，聯合國官員一再欲把「執行種族滅絕者」和難民隔開，均未能如願，使百萬盧安達人一直處於前途未卜的狀態。在這同時，基伍地區那些圖西人群體，面臨胡圖族極端主義分子的種族滅絕式攻擊。一九九六年七月，卡加梅訪問華府時警告道，國際社會若不對付「執行種族滅絕者」，他會自己來。

卡加梅的行動決心得到烏干達總統尤韋里．穆塞維尼的支持。一如卡加梅，穆塞維尼極不滿於薩伊東部法紀蕩然的地方被反政府的烏干達民兵組織當作攻擊他政權的基地。他也在卡加梅打贏盧安達內戰後看到擴張其地區影響力的機會。

但穆塞維尼堅持其干預必須披著薩伊的外衣。他們選來充當傀儡者是洛朗－戴西雷．卡比拉（Laurent-Désiré Kabila），一個無足輕重的前游擊隊領袖，曾被切．格瓦拉斥為缺乏「認真的革命心態」。卡比拉是來自加丹加省北部的盧巴人，原在南基伍省山區治理一個由班貝人組成的小采邑，直到一九八〇年代為止，並以貪婪、殘暴、劫持西方人而著稱。揚棄革命野心後，他從事黃金、象牙、豹皮的買賣、走私，做得有聲有色，在達累斯薩拉姆和坎帕拉置宅，並在坎帕拉結識穆塞維尼。盧安達愛國陣線於一九九四年拿下基加利後不久，穆塞維尼將卡比拉介紹給卡加梅。卡比拉在基伍地區已沒有部眾，但他曾是反莫布圖叛亂分子的經歷，符合卡加梅的要求。

一九九六年間，卡加梅為來自基伍的穆連蓋人和圖西族難民提供軍事訓練，組織了盧安達愛國軍（RPA，Rwandan Patriotic Army），以便投入薩伊作戰。不久，干預的時機就降臨。在穆連蓋人和莫布圖軍隊爆發一連串衝突後，南基伍省副省長盧瓦西．恩加博．盧瓦班吉（Lwasi Ngabo Lwabanji）下令所有穆連蓋人於一個星期內離開薩伊，否則會遭「撲殺、驅逐出境」。卡加梅立即予以回應：「我們早已準備好要打他，」他後來告訴美國記者菲利普．古雷維奇（Philip Gourevitch），「重重打他，並處理三件事：首先拯救穆連蓋人，不讓他們死掉，賦予他們戰鬥力量，甚至為他們戰鬥；接著拆掉難民營，把難民送回盧安達，消滅前盧安達武裝部隊和民兵組織；第三，改變薩伊境內局勢。」

置身赤道叢林深處的巴多利泰府邸裡，莫布圖遠離塵囂，未感受到這種種發展的衝擊。六十六歲的他，厭煩於政務，較喜歡在莊園的農場上晃蕩，談作物、土壤和雨。「如果可以一切重來，我要當個農夫，」他常對他的親信昂諾雷．恩班達（Honoré Ngbanda）說。恩班達與莫布圖同屬恩班迪部族，擔任莫布圖的情報頭子、國防部長、國安顧問。他是邪惡之徒，被薩伊人稱為「終結者」。在回憶錄中他憶道，費了好大工夫才讓莫布圖把心力放在國政上，而非只是扮演替村民排難解紛的地方首領角色。「這個共和國的總統已沒有辦公室！我們會在巴多利泰郊區農場上，在玉米田和木薯田中央，在農用機器的哄哄聲和工人的叫喊聲中見面，很難深入討論急切、敏感的問題。」

莫布圖錦衣玉食，為家族成員所圍繞，很少到金夏沙，會出現在那裡，大多是節慶場合。部長和外國使節不得不搭機到巴多利泰才能見到他。他的比利時籍女婿皮耶．揚森（Pierre Janssen）發現，莫布圖在巴多利泰的家每年用掉一萬多瓶香檳。出國時莫布圖往往包一架協和客機，常能見到該機在巴多利泰的機場怠速空轉。曾有某外國記者問他花這筆錢恰不恰當，他答以「我在飛機上完全睡不著，又很怕吃安眠藥」，「指控我浪費錢，很抱歉，沒這回事。只要想想我省下的時間。」

但莫布圖有病纏身。一九九六年八月他被診斷出得了攝護腺癌。手術和放射線治療使他身子體變虛，他為此在法國和瑞士休養了數個月，為基伍所爆發的危機拿不定主意。

這場叛亂由卡加梅謀劃，盧安達愛國軍領軍，但化身為穆連蓋人的叛亂，從位於南基伍省的初爆發地沿著薩伊東疆三百英里長的地帶往北擴散。十月二十四日，烏維拉（Uvira）落入叛軍之手；六天後，省會布卡武失陷。大批胡圖族難民往北逃。十一月一日，叛亂勢力抵達戈瑪。戈瑪是美麗的湖邊城鎮，位於維龍加山脈的黑熔岩山麓丘陵上，距前盧安達武裝部隊司令部只十英里，靠近位於穆蒙加（Mumunga）的一座大難民營。

為滿足特定需要，洛朗．卡比拉建立了名叫剛果－薩伊解放民主勢力聯盟（ＡＦＤＬ；Alliance des Forces Democratiques de Liberation du Congo-Zaire）的「解放運動」，並於不久後，以這個聯盟領袖的身分，首度受到世人注目，在戈瑪郊區俯瞰基伍湖的莫布圖總統別墅裡，為全球新聞媒體的需要上演臨朝聽政的戲碼。他身材肥胖，以愛喝酒而著稱，把自己塑造為在反對莫布圖獨裁統治上奮鬥許久的自由鬥士。他說，「我們的目標是打到金夏沙」。

難民的困境迅即成為注意的焦點。隨著剛果－薩伊解放民主勢力聯盟的部隊挺進，大批難民（將近百萬人）擠入位於穆蒙加的難民營。他們被一批前盧安達武裝部隊軍人和「因泰拉哈姆韋」民兵包圍。這些軍人和民兵已準備好迎擊叛軍，但實際上拿這些難民當人質。外國援助工作者逃過邊界進入盧安達，自謀生路。

援助機構為了自己募款的需要發出警訊，在爭取支持時向世界各地散播恐慌。穆蒙加糧食和其他民生物質其實不虞匱乏，援助機構卻把事態說成即將有場浩劫。英國機構樂施會在一廣告中說，「在薩伊東部，高達一百萬人即將餓死、病死。」新聞媒體加油添醋，誇大危機。「浩劫！災難！大動亂！這三個詞難得成為貼切之詞，」《經濟學人》的非洲欄主編嚴正表示。

法國政府發起自己的戰役，希望以基伍危機為藉口，名正言順在薩伊進行軍事干預，以保護莫布圖的政權和其胡圖族友人，一如先前法國在盧安達所試圖做到的。法國外長埃爾韋・德・夏雷特（Hervé de Charette）宣稱，基伍「可能是舉世歷來最悲慘的人道危機」。在瓦加杜古召開的法國－非洲高峰會上，法國總統雅克・席哈克強調軍事干預的需要。布特羅斯・布特羅斯－蓋里在聯合國談到「饑餓造成的種族滅絕」並支持法國政策，從而加劇恐慌。

但在任何外力試圖干預前，剛果－薩伊解放民主勢力聯盟部隊就於十一月十三日重啟攻勢，進攻前盧安達武裝部隊位於拉克韋爾的司令部和穆蒙加周邊的防禦陣地。「執行種族滅絕者」潰逃。大部分難民（約六十萬人）脫離他們控制後，開始徒步走回盧安達。看著他們帶著稀少的家當，推著腳踏車和手推車，日復一日吃力走在歸鄉路上，記者和援助工作者驚嘆於他們身體狀況的良好。其中摻雜了數群「執行種族滅絕者」。到了十一月底，返鄉人數據說總共已達七十萬左右。

隨著剛果－薩伊解放民主勢力聯盟部隊繼續挺進，一路招募少年兵（kadogo），薩伊東部變成暴力橫行之地。「執行種族滅絕者」和不經打的莫布圖軍隊士兵往四面八方竄逃，帶著追隨他們的難民營難民，一路殺人、劫掠。據估計有五十萬胡圖族難民身陷這股撤退潮，急著找到避難所。數萬人，或許多達二十萬人，在剛果－薩伊解放民主勢力聯盟部隊的種族滅絕式攻擊中喪命。地方民兵組織加入戰局，有些與剛果—薩伊解放民主勢力聯盟部隊並肩作戰，有些則與它廝殺。一個又一個城鎮落入叛軍之手，不只莫布圖，好似薩伊本身的腐爛屍體，也正被癌細胞吞噬。

莫布圖於十二月短暫返回薩伊，試圖組織反攻。雖然有病在身，從金夏沙機場到他精銳部隊「總統特種師」（DSP；Division Spéciale Presidentielle）司令部特夏特希營（Camp Tsha Tshi）的二十英里車程中，他還是在禮車裡勉力挺直身子，伸出天窗，高舉他的總統手杖，向沿途歡迎他的民眾揮手。那些民眾和他一樣憂心於東部叛亂對他們未來會有的影響。

但莫布圖的軍隊和他一樣病弱不堪。幾年來美國、法國、比利時投入心血，欲訓練、裝備出一支能維護國家統一的專業部隊，但薩伊武裝部隊已爛到骨子裡，軍官過多（五十名將官、六百名上校），而且他們被拔擢為軍官，不是因為能力，而是因為效忠莫布圖，他們最在意的事乃是他們能把握的商機。士兵大部分是烏合之眾，訓練差且往往領不到薪餉，習於欺壓老百姓。最近幾年，士兵兩度（一九九一和一九九三年）譁變作亂，令許多店家、工廠、民家受損。精銳部隊，例如由莫布圖表兄弟恩津巴．恩巴萊（Nzimba Ngbale）將軍統轄的總統特種師，則裝備精良，領高薪，但只想待在金夏沙。

法國情報機關很想支援莫布圖打仗，但無法直接干預，於是招募了三百名白人傭兵，尤其是剛在波士尼亞幹過種族屠殺惡行的病態塞爾維亞人。法國外長埃爾韋．德．夏雷特仍表示莫布圖是「無疑唯一能促成這問題解決的人」。但傭兵出擊並未能扭轉莫布圖軍隊全面撤退的局勢。

一個又一個省投入叛軍陣營。不只盧安達、烏干達介入這場戰爭，長期以來痛恨莫布圖支持安哥拉叛軍領袖若納斯．薩文比和其安盟（Unita）的安哥拉，也斷定眼下是反擊的正確時機，於是動用其軍隊裡的加丹加人外援部隊和正規軍，協助拉下莫布圖和消滅以薩伊為後方基地的安盟戰士。外國礦業公司希望從新政權取得有利可圖的開礦特許權，也押下大筆資金支持卡比拉。一九九七年三月，基桑加尼落入剛果─薩伊解放民主勢力聯盟之手；四月，最大鑽石產地姆布吉瑪伊（Mbuji Mayi）和最大銅產地盧蒙巴希陷落。莫布圖的薩伊武裝部隊退到金夏沙，只剩安盟叛軍和盧安達的「因泰拉哈姆韋」繼續戰鬥。

眼見敗局已定，莫布圖堅持留在金夏沙，身體愈來愈虛弱，但還是不肯離開。他嚴正表示，「身為軍人，不是投降，就是戰死，但不逃走。」他選擇住在特夏特希營裡一棟不太大的山上灰色別墅裡，做為最後的避難所。那棟別墅可俯瞰剛果河，周邊有他的精銳衛隊「總統特種師」護守。四月二十九日，美國協商人員在那裡與他見面，帶來柯林頓總統的信函，勸他「體面且尊嚴地」離開，讓首都免於似乎很可能隨他的垮臺而降臨的大肆劫掠、破壞命運。「話說得很明，」美國大使丹尼爾．辛普森（Daniel Simpson）後來接受記者米雪拉．隆恩（Michela Wrong）採訪時憶道。「這是個自一九五〇年代起一直和美國合作的人，而他獲告知：『你會被拖行街頭。這些事可能發生在你身上，我們不會制止。』」

莫布圖仍不願離開，但最後同意與卡比拉一晤。為會晤地點有過一番漫長的爭執之後，兩人於五月四日在停泊於黑角（Pointe Noired）的南非軍艦「烏特尼夸號」（Outeniqua）上會晤。為讓莫布圖能坐著他的禮車上船，特別建造了一道斜坡道。拍正式合照時，莫布圖顯得憔悴，卡比拉則笑容滿面。

但這次會晤未談出什麼結果。第二次會晤敲定於五月十四日，同樣在烏特尼夸號上。但莫布圖不辭勞苦來到黑角，卡比拉卻未現身。

隔天，莫布圖帶著家人飛到巴多利泰，丟下已在瓦解邊緣的一萬精銳士兵。但他不久就發現巴多利泰已不安全。該地的士兵已快譁變。疲累又困惑的他，搭上若納斯・薩文比名下的伊留申貨機逃走，起飛時機身被子彈打出數個孔。

在叛亂於南基伍省首度爆發八個月後，卡比拉的少年兵部隊走進金夏沙。莫布圖的小集團和數千名總統特種師軍人，帶著許多家當逃到剛果河對岸的布拉札維爾，一座六百萬人口的城市不到二十四小時就被攻陷。在基加利，保羅・卡加梅，這場戰役的總策劃，終於承認他介入其中。「到處都有我們的部隊，我們的兵，」他說。「過去八個月他們沒停過。」

一九九七年五月十七日，卡比拉宣誓就任總統，把國名改為剛果民主共和國。四個月後，莫布圖死於流亡地摩洛哥，憤恨於他所認為遭他將領背叛之事。「非常非常難受，」他兒子恩贊加（Nzanga）告訴米雪拉・隆恩。「他開始想他所信任卻拋棄他的那些人。看著他用一生奮鬥的國家最後如此混亂，他心裡很難過。」

卡比拉宣誓就職後不久，這時被視為該地區權力掮客的尤韋里・穆塞維尼論道：「莫布圖的大錯在於涉入盧安達事務。所以其實是莫布圖自己啟動了將他拉下臺的大計。他若未涉入盧安達事務，我認為他能繼續掌權，一如過去三十二年——在發展薩伊上毫無作為，但藉由掌控電臺之類東西，繼續掌握他們所謂的權力。」

在一九九七年五月的就職典禮上，卡比拉被許多人譽為具改革意識之「新一類」非洲領袖的代表。莫布圖終於下臺，令許多人大鬆了口氣，有些人因此把卡比拉視為中非洲的救星。穆塞維尼宣布，這場戰爭「不只解放了剛果，還解放了全非洲。」曼德拉也發出贊詞。卡比拉本人談到他的「革命」是「使非洲改頭換面」工程不可或缺的一環。他說派翠斯．盧蒙巴是承襲泛非洲主義思想的領袖，致力於把自由帶給剛果人民，而他自己則是盧蒙巴的真正繼承人。「我多年的奮鬥就像在田裡施肥，」他說。「但現在是收割的時候了。」

事實上，卡比拉只是個小暴君，在因緣際會下偶然被推上大位。他個性不坦率，疑心病重，沒有政治綱領，沒有遠程構想，沒有治國經驗。他不願與己是一方之霸的反對團體或公民組織打交道，禁止政黨活動。他沒有自己的政治組織，身邊淨是朋友和家人，極倚賴盧安達與穆連蓋人的支持、保護。兩個重要部會賞給堂兄弟；新任陸軍參謀長詹姆斯．卡巴雷貝（James Kabarebe）是在烏干達長大的盧安達圖西人；副參謀長和陸軍司令是他二十六歲兒子約瑟夫；全國警察首長是他的姻親。莫布圖以來自他家鄉赤道省的支持者充任政府官職，卡比拉則把政府、武裝部隊、保安機關、國營企業裡的要職，授予操斯瓦希利語的加丹加同鄉，尤其是加丹加北部盧巴卡特（Lubakat）族群——他父親所屬部族——的成員。

一如莫布圖，他用情報機關來掌控政局，設立軍事法庭審判被控違反他政治活動禁令的平民。開賽省政壇老將埃蒂昂．奇塞凱迪再度被捕，流放偏遠地區。還有些人遭羈押，包括記者和主編。卡比拉甚至仿效莫布圖，試圖搞個人崇拜，聘了莫布圖的一位宣傳大將負責此事。

但他與盧安達、穆連蓋人不久就失和。「盧安達人」在卡比拉親信顧問圈裡所占的比例和金夏沙街頭盧安達士兵的存在，引起不小的民怨。剛果人一想到遭盧安達——「一個小到在地圖上找不到的國家」——控制，就很不是滋味。卡比拉想提高自己的民意支持度，想證明他不是盧安達的「傀儡」，於是開始和盧安達人疏遠，開始操弄反圖西人心態。他承諾給予穆連蓋人完整的公民權利，卻說了不做。

在基加利，卡加梅對自己栽培出來的卡比拉愈來愈失望。金夏沙已換人當家，但「因泰拉哈姆韋」和前盧安達武裝部隊繼續以剛果為基地攻擊盧安達。在坎帕拉，穆塞維尼有類似的不滿：反穆塞維尼團體繼續從剛果東部襲擾烏干達。隨著卡比拉想申明其獨立自主地位，卡加梅和穆塞維尼開始策劃另一場政權更迭。

卡比拉擔心政變，決定吸收「因泰拉哈姆韋」和前盧安達武裝部隊民兵——「執行種族滅絕者」——支持他。一九九八年七月，他將陸軍參謀長卡巴雷貝和其他盧安達軍人全數革職，命令他們回自己國家。有人發動政變未能得手，但幾天後，就有人從基伍發起新叛亂，要把卡比拉拉下臺。

叛亂者高舉一剛果人團體的大旗起事。該團體名叫剛果民主聯盟（ＲＣＤ；Rassemblement Congolais pour la Démocratie），其領導人，表面上看，是厄尼斯特・旺巴・迪亞・旺巴（Ernest Wamba dia Wamba），一個先前主要在達累斯薩拉姆活動的歷史系教授。它的軍事首長包括從卡比拉軍隊投奔過來的剛果人。各路人馬投入這場叛亂：前莫布圖政權的政治人物和軍官；剛果圖西人；穆連蓋人；

以及參與過第一場叛亂，但老早就被擠出卡比拉核心集團的前剛果—薩伊解放民主勢力聯盟領導人。但一如第一場叛亂，盧安達軍隊才是主力。

一九九八年八月在基伍取得初期斬獲後，盧安達指揮官大膽從東部的戈瑪空運部隊到金夏沙西邊基托納（Kitona）的軍事基地，該地數千名卡比拉「剛果武裝部隊」（FAC；Forces Armée Congolaises）的軍人變節，投入叛軍陣營。由盧安達、剛果兩國士兵組成的聯軍循著通往金夏沙的幹道北上，切斷金夏沙與馬塔迪（Matadi）的聯繫，控制供應金夏沙和剛果其他許多地方電力的因加水力發電廠。叛軍進攻引發對住在金夏沙之圖西人的一波攻擊，且這攻擊受到卡比拉的公開鼓勵。剛果國營電臺重現盧安達「執行種族滅絕者」過去的廣播詞，力促聽眾用「大砍刀、矛、箭、鋤、鐽、耙、釘、棍、電熨斗、帶刺鐵絲網……殺掉盧安達圖西人」。數千名穆連蓋人在金夏沙、盧蒙巴希兩地的計畫性屠殺中遇害。

靠安哥拉、辛巴威大舉干預，卡比拉才得以轉危為安。安哥拉最關切的，乃是防止剛果出現權力真空，以免以剛果為後方基地的安盟部隊趁機重啟他們在安哥拉境內的攻勢。安哥拉總統艾杜瓦多·多斯·桑托斯（Eduardo dos Santos）也看出可由他來主導剛果政局、決定剛果統治者的機會。長遠來看，剛果情勢與辛巴威沒有利害關係，但該國總統羅伯特·穆加貝，一如多斯·桑托斯，很想成為地區性的權力掮客，也打算拿到剛果境內有利可圖的採礦特許權。還有別的非洲政府加入戰局。蒲隆地的圖西人政府加入盧安達、烏干達一方，欲阻止胡圖叛亂團體以剛果東部為基地越過邊界攻擊蒲隆地境內目標。納米比亞和查德決定站在安哥拉、辛巴威一方。

安哥拉的介入徹底扭轉了戰局。裝甲部隊從剛果西部的叛軍後方出擊，奪回基托納基地，穩住金夏沙。但在這同時，叛軍拿下東方省省會暨重要的鑽石買賣中心基桑加尼（Kisangani）。到了八月底，剛果已一分為二，安哥拉和辛巴威支持金夏沙的卡比拉，盧安達和烏干達控制剛果東北部。辛巴威迅即派兵到最大鑽石產地穆布吉瑪伊，以防其落入叛軍之手。

就像啄食屍骸的兀鷲，各方忙著搶奪戰利品。對利用剛果亂局謀取利益的軍官、政治人物和企業家來說，搞亂剛果不只不愁資金無著，還極有利可圖。卡比拉靠安哥拉、辛巴威保住政權，因此爽快將合約和經營特許權交給他們。安哥拉取得剛果汽油配銷、生產的控制權。安哥拉將領也分到剛果鑽石生意的一杯羹。辛巴威建立了鑽石、黃金、木材方面的合資企業，且獲賜國營礦業公司 Gécamines 的部分股權，還有一份管理合約。聯合國調查小組估計，三年期間有五十億美元資產從國營礦業部門免費轉移給民間企業。

盧安達和烏干達未能把卡比拉趕出金夏沙，轉而把剛果東部納為自己地盤，掠奪該地的黃金、鑽石、木材、鈳鉭鐵礦石（Coltan）、咖啡、牛、汽車和其他值錢東西。貿易、掠奪的數量飛躍成長，成為他們繼續占領該地的主要理由。兩國各建立自己的控制區，成立剛果人民兵組織，做為他們的事業夥伴。

盧安達透過盧安達愛國軍的「剛果局」（Congo Desk），有計劃地開採剛果東部的資源。剛果局特別精於掌控鈳鉭鐵礦石買賣。鈳鉭鐵礦石用於高科技產業，尤其是手機製造業。聯合國小組估計，剛果東部所產的鈳鉭鐵礦石，七成是在盧安達愛國軍採礦隊的直接監督下開採出來，從礦場附近的小機場運送出境。強制性勞工既用於開採鈳鉭鐵礦石，也用於運送該礦。另有兩成鈳鉭鐵礦石被盧安達人名下的商行（comptoir）買下，這些盧安達人從偏遠的鈳鉭鐵礦石產地的批發商購買此類礦石，其中有些人是軍官。剩下的留給剛果本地商人。有個位於戈瑪的外國商行老闆向一研究人員抱怨：「美國的商行受盧安達人保護，埃及的商行與盧安達人關係密切，德國的商行在當地雇用了盧安達人。可以說它們都是一個樣！……馬西西地區的圖西人在該地開採這東西，透過他們在戈瑪的掮客直接運到盧安達。剛果的這塊地區根本被當成一家盧安達公司！」

鈳鉭鐵礦石買賣利潤極高，尤以二〇〇〇年期間為然。當時，該礦石的世界價格從每磅三十美元暴漲為二百四十美元，引發一波鈳鉭鐵礦石熱。聯合國小組估計，從一九九九至二〇〇〇年的一年半間，盧安達靠剛果的鈳鉭鐵礦石賺進二億五千萬美元。該小組論道：

> 這裡存在著戰爭的惡性循環。鈳鉭鐵礦石使盧安達軍隊得以繼續駐在剛果人民共和國境內。該軍隊為開採此礦物的個人和公司提供保護和安全。這些個人和公司所賺的錢，軍隊分一杯羹，然後軍隊繼續提供讓他們得以繼續開採的環境。

盧安達政府直接控制其在剛果東部的地盤，烏干達則放手讓高階軍官各憑本事賺取私人財富。穆塞維尼家族的成員是主要玩家之一，尤其是他的兄弟薩利姆·薩列（Salim Saleh）將軍。烏干達軍隊被用來打造他們的商業帝國和促進貿易。從烏干達軍事機場起飛的飛機，帶著消費性商品、食品原料、武器過來，載著利潤極大的鑽石、黃金、鈳鉭鐵礦石離開。剛果黃金成為烏干達的出口大宗之一。烏干達軍官也訓練、裝備數支剛果民兵團體來替他們辦事，在布尼亞（Bunia）、貝尼（Beni）、布滕博（Butembo）之類城鎮設立叛軍「政府」，充當收稅和其他收入的門面機關，然後將那些收入據為己有。聯合國小組推斷：

這一網絡型組織在剛果民主共和國境內運作順利，有賴於三個彼此相關的特點，即軍事恫嚇；以叛亂組織政府的形式維持公共行政的門面；利用偽鈔和其他相關的工具操縱貨幣供給和銀行業。

在資源遭到如此掠奪的同時，剛果東部的情勢日益動蕩。盧安達為推翻卡比拉而於一九九八年八月設立的門面組織，剛果民主聯盟，分裂為數個相對立的派系，其中有些派系以盧安達為靠山，有些則以烏干達為靠山。整個地區變成相對抗之軍隊、民兵組織的戰場，他們無法無天，恣意劫掠、姦淫、殺人。使盧安達、蒲隆地分崩離析的內戰，在剛果土地繼續上演。「因泰拉哈姆韋」和前盧安達武裝部隊民兵組成盧安達解放軍（Alir；Armée de Libération du Rwanda），在辛巴威援助下打盧安達愛國軍。以剛果為基地的盧安達軍隊和其剛果民主聯盟盟友，回敬以脅迫、刑求、屠殺。胡圖叛亂團體在加丹加受到辛巴威部隊訓練，以便從位於基伍的基地攻擊蒲隆地。蒲隆地叛軍在卡比拉的軍隊裡當傭兵，與大批「因泰拉哈姆韋」和前盧安達武裝部隊軍人一起協防姆布吉瑪伊、盧蒙巴希之類的戰略要鎮。

穆連蓋人戰士分裂為幾個派系，其中有些派系反對盧安達占領。當地的瑪伊瑪伊民兵團體捲入迷你戰爭，有些人與盧安達人、他們的剛果盟友廝殺，有些則與「因泰拉哈姆韋」廝殺。

在東方省，由烏干達武裝起來但相對立的民兵團體，一再為了爭奪黃金、鑽石、鈳鉭鐵礦石產地而起衝突。在伊圖里（Ituri）地區，營畜牧生活的黑瑪人（Hema）和營農耕生活的連杜人（Lendu）爆發殘酷的部族戰爭。這兩個族群老早就為土地所有權結下樑子，這時則都得到烏干達武裝以遂行烏干達自身的目的。另一個得到烏干達支持的團體，剛果解放運動（Mouvement pour la Libération du Congo），在赤道省開闢了一個新戰線，在巴多利泰建立大本營，並控制了北部。這個團體的領導人尚—皮耶．班巴（Jean-Pierre Bemba）是個富商，與莫布圖有交情。

二〇〇〇年五、六月，盧安達與烏干達為了爭奪基桑加尼和該地賺錢的鑽石買賣三次交火，剛果豐富資源的爭奪戰至此來到高點。這場離兩國國境都很遠的戰爭，撕破了兩國原本努力維持的虛假身段，讓世人看清他們派兵進駐剛果東部，根本不是如他們所說，為防止以該地為大本營的叛亂分子越境入侵他們國家所不得不然。曾被國際社會視為受害者的盧安達，這時看來反倒比較像個掠奪者。曾被譽為「新一類」規規矩矩非洲領袖之代表的穆塞維尼，變成根本是另一個老派掠奪者。

聯合國安理會憤慨於他們幾乎明目張膽的劫掠性事業和他們給基桑加尼帶來的損害，要求盧安達和烏干達立即撤出剛果，並下令調查它所謂「非法開發」剛果資源的行徑。穆塞維尼和卡加梅後來都被聯合國小組稱作「共犯」。人權團體祭出「不要讓我的衛星沾血」的口號，鼓吹抵制鈳鉭鐵礦石貿易。

所有的協商都未能談出結果，主要是因為卡比拉阻撓。他不願與人分享權力，倒比較喜歡與人分享國土。但二〇〇一年一月十六日，卡比拉在其府邸遭一名年輕侍衛近距離射殺。凶手逃離現場，後來被艾迪．卡彭德（Eddy Kapend）上校逮到，當場格斃。卡彭德是卡比拉的表兄弟，一個令許多人聞之色變的人物，擔任卡比拉的幕僚長。後來查明卡彭德是這場宮廷未遂政變的主謀，在卡比拉遇害後殺了刺客滅口。

卡比拉的諸多密友爭奪接班位置相持不下，最後只好推他三十歲兒子約瑟夫接位。約瑟夫害羞、不擺架子、說話輕聲細語，個性與他父親大不相同，在這之前擔任軍方參謀長。約瑟夫．卡比拉是個沒有權力基礎的政治新手，似乎注定只是他身邊貪腐「教父」的傀儡，很容易被他們操控。結果，他展現出乎眾人意料的決斷力，廢除黨禁，支持始終被他父親阻撓的「剛果人之間的對話」。

經過一連串曲折的談判，二〇〇二年七月簽署和平協議，為過渡聯合政府的建立打好條件。這個聯合政府將由卡比拉領軍，成員包括剛果各大派系的代表。來自盧安達、蒲隆地、烏干達、安哥拉、辛巴威的外國軍隊得撤離。四年內戰，死了三百多萬人，大部分是餓死和病死，創下非洲史上死於衝突人數的最高紀錄。但在剛果東部，暴力還不會收手。相對立的民兵團體，有些充當盧安達、烏干達、金夏沙在該地區的代理人，有些受當地軍閥控制，繼續他們的掠奪戰，讓渴望和平的居民還得受數年的苦。用基伍地區常聽到的一句斯瓦希利人諺語來說，「一頭大象的肉，你永遠吃不完」（Nyama tembo kula hawezi kumaliza）。

29 血鑽石

英格蘭作家葛蘭姆．格林（Graham Greene）寫了《沒有地圖的旅程》（*Journey Without Maps*）一書，記述他一九三〇年代在賴比瑞亞的旅行見聞。他在該書寫道，「賴比瑞亞政治就像用灌了鉛的骰子玩雙骰子賭博」。那是賴比瑞亞的執政菁英自己玩且玩得不亦樂乎的賭戲。那些執政菁英則是一八四七年創立獨立共和國的約三百萬來自美國的黑人移民家庭的後代。有一百多年（一八七七至一九八〇），賴比瑞亞行一黨制，始終由真輝格黨（True Whig Party）一黨主政。這個黨由同一個菁英團體控制，持續占據官位，把職位或其他好處賞給自己人，決定政府人事，獨攬大權——掌權之久為世上任何地方的任何政黨所不能及。但選舉還是很認真地辦，儘管那只是為了決定由哪個家族——巴克萊家（Barclays）、金恩家（Kings）、塔卜曼家（Tubmans）——當家。格林寫道，「賴比瑞亞競選活動耐人尋味之處，乃是儘管結果始終早已定好，每個人仍認真投票、演說、發送宣傳小冊，做得像是那會影響勝負一般。」但他還說，這套制度比表面上看來複雜。「那或許得考慮到現金、印刷機、武裝警察，但要做就得做得像樣，要盡可能避免粗糙。」

他們自稱美裔賴比瑞亞人（Americo-Liberian），做為賴國統治階層的一員，極自豪於他們的美國出身。他們發展出來的生活風格，令人想起南北內戰前的美國南方，戴高頂黑色大禮帽，穿晨燕尾服，成立共濟會。他們建造有老虎窗、有柱子支撐之門廊、有三角牆之屋頂的房子，類似十九世紀美國喬治亞、馬里蘭、南北卡羅來納諸州的建築風格。他們仿美國星條旗制定本國國旗，差別在賴國國旗上只有一顆星星，且以美元為法定貨幣。

一如在非洲的白人移民，美裔賴比瑞亞人建立了一套殖民制度，使原住民受到嚴格控制，將財富和特權集中在自己手裡。他們是美國最具南方特色、最保守地區的奴隸的後代，卻把賴比瑞亞黑人視為劣等民族，合該剝削的對象。美裔賴比瑞亞人的統治，在一九三一年某國際委員會判定賴國政府高官涉及施行有組織的奴隸制度時，陷入最低潮。

一九六〇年代其他西非國家擺脫殖民統治時，賴比瑞亞這套制度大抵上不動如山。賴比瑞亞法律規定，只有有產者有投票權，大部分原住民因此實際上無權投票。少數人被納入執政菁英圈：被沿海家庭收養的「鄉村男孩」；被選為妻或妾的女孩；有抱負且苦幹實幹出人頭地的「內地人」。一九七〇年代期間，有些人被吸收進政府。「內地」的地方治理，大抵由原住民官員負責。但基本上賴比瑞亞仍施行寡頭統治，由一%的人控制其他人（約二百萬）。

最後一位美裔賴比瑞亞人出身的總統是威廉．托爾伯特（William Tolbert），南卡羅來納州獲釋黑奴的孫子，當過二十年總統。他是浸信會牧師，嘗試進行一連串審慎的改革，揚棄前任總統威廉・塔卜曼（William Tubman）所喜愛的戴高頂黑色大禮帽、穿燕尾服的傳統，賣掉總統遊艇，廢除每個公務員都得把薪水一成繳給真輝格黨的什一稅制。但托爾伯特也把大半心力用在積聚個人財富和提升家族成員利益上，作風和以前總統沒兩樣。有個兄弟獲任命為財政部長，另一個兄弟獲選為參院議長，有個女婿出任國防部長，還有一些親人擔任部長、大使、總統助理之職。賴比瑞亞政治的雙骰子賭博，一九七〇年代時的獲利率和一九三〇年代時一樣高。

一九六〇、七〇年代的經濟發展，協助支撐這套制度，也為執政菁英的自肥提供了新機會。經濟支柱最初是橡膠。一九二六年，凡世通（Firestone）輪胎、橡膠公司以每英畝地六美分的價錢租了一百萬英畝的地，租期九十九年，以滿足美國的汽車輪胎需求。但後來，產自博米（Bomi）丘陵高級大型鐵礦床的鐵礦砂出口，取代橡膠，成為外來資金與政府收入的主要來源。一九七〇年，大增的政府歲入裡，已有一半來自凡世通和賴比瑞亞鐵礦公司（Liberian Iron Mining Company）。第三個收入來源是世界最大一批權宜輪的登記費：賴比瑞亞只擁有兩艘自己的船，但允許超過二千五百艘外國船繳交適當的費用，即可不經檢查掛著賴比瑞亞的權宜旗縱橫四海。

但賴比瑞亞的經濟成長，只更加凸顯生活鋪張的有錢菁英和絕大多數貧窮非洲部族民之間日益懸殊的差距。一九七九年，即托爾伯特花掉相當於國家預算一半的錢主辦非洲團結聯盟高峰會那年，人民上街示威，抗議米價上漲五成（米是大部分賴比瑞亞人的主食）。調漲物價經托爾伯特核准，冀望藉此促進本地產量。但主要受惠者之一是擁有該國最大稻米進口公司的總統姪子丹尼爾・托爾伯特

（Daniel Tolbert），因此此舉被視為又一圖利菁英人士的作為。武裝警察和士兵奉托爾伯特之命朝示威者開火，殺掉數十人。

接下來幾個月，托爾伯特拚命壓制日益高漲的民怨，不只與窮人起衝突，也與新一代受過教育的菁英產生矛盾。他允許一反對黨成立，但當反對黨政治人物要求大罷工時，他下令以叛國、煽動騷亂的罪名將他們逮捕，並勒令解散該黨。

一九八〇年四月十二日夜，十七名異議軍人，在二十八歲士官長撒繆爾・道（Samuel Doe）率領下，翻過總統七層樓官邸的鐵門，制伏警衛，在樓上臥室裡找到身穿睡衣的托爾伯特。他們朝他的頭開了三槍，挖出他的右眼，開膛剖腹取出內臟，然後將他的屍體，連同二十七名官邸衛兵的屍體，丟在一個集體墓穴裡。部長和官員遭搜捕，送上軍事法庭審訊，判處死刑。

在舉國歡騰中，十三名高官在數千民眾大笑、嘲弄的注視下，在攝影人員的拍攝下，被綁在蒙羅維亞某沙灘的電話桿上，由一隊喝醉的軍人處死。行刑者朝他們同時開槍，一次又一次。群眾高喊「自由！我們終於得到自由！」軍人衝上前踢打屍體。

舊制度於焉結束。

在第一次記者會上，士官長道大步走進總統官邸的舞廳，頭戴寬簷突擊兵帽，身穿燙得挺刮的迷彩服和戰鬥靴。他佩戴一把禮劍、一把馬格南（Magnum）左輪手槍、一具對講機，用結結巴巴的英語讀了一份預先擬好的聲明，答了兩個小問題，然後坐下。

士官長道是當時非洲境內奪權的軍人中年紀最輕、官階最低者。他是美裔賴比瑞亞人所謂的「鄉村男孩」，半文盲的部族民，只受過基礎教育，智商不高。他出身的部族克蘭族（Krahn），來自毗鄰象牙海岸的東南部森林濃密的邊境地區，是最晚進入現代領域的部族，在賴比瑞亞的社會階層中位居最底層，被其他人斥為落後、沒教養。有位作家寫道，他們是「單根販賣香菸的小販、妓女、士兵」。

道和他那群同謀之所以衝進總統官邸，不是出於什麼革命計畫，純粹只是出於對軍營生活環境惡劣的不滿。他們沒有政治目標，沒有政策，沒有奉為圭臬的意識形態，只想著掌權。一如其他政變領袖，道針對讓人民大眾擺脫貪腐與壓迫，針對建立較公平的財富分配，針對恢復文人統治，許下漂亮的承諾。但他當上「人民拯救委員會」（People's Redemption Council）主席後的初步作為，乃是中止憲法，禁止所有政治活動，宣布戒嚴。除了立即為軍隊調薪，他所做的改變不多。過去的美裔賴比瑞亞人商業網絡，大抵仍照常運作。道屢屢承諾要交回權力，卻年復一年繼續以專斷方式治國。「同一輛計程車，換上不同的司機」，蒙羅維亞市井小民給了這樣的論斷。

道的軍事獨裁統治，比起非洲其他許多國家領導人，並未特別殘酷。他野心漸大，不久就和他最初的同志鬧翻；五十多名對手於祕密審訊後處死，其中大部分是軍人。數十名平民（學生領袖、記者、反對勢力成員），因膽敢批評他的政權遭下獄。獨立報紙遭勒令歇業。學界人士得小心行事，以免觸犯2A法令。該法令禁止所有「直接或間接打擊、干預或中傷人民拯救委員會之活動、計畫或政策」的學術活動，惹他不高興的學界人士都遭鞭笞。

大權在握後，道變得自大，從一身迷彩服的瘦削士官，搖身變為胖臉將軍，身穿極乾淨筆挺的西裝，留著時髦的非洲髮型。他深信自己有超自然力保護，許多賴比瑞亞人也這麼認為。賴比瑞亞重要作家比爾．法蘭克．埃諾安尼（Bill Frank Enoanyi）寫道：

撒繆爾．道被普遍認為不只具有子彈不入的本事，還具有在碰上危險，包括墜機時消失的本事。他有一群來自非洲各地的法師，尤其是多哥的法師。據說為了維持他法力的強大，他行某些儀式，包括飲血和／或吃懷孕少女的胎兒。偶爾他會公開誇稱還沒有哪枝槍能要他的命。而大家相信這說法。

掌權十年後，道宣稱遇過多達三十八次未遂政變或暗殺。

一如其他獨裁者，道不久就找到辦法掠奪國營企業——賴比瑞亞煉油公司，賴比瑞亞農產品銷售公司，負責收繳伐木費的森林開發局。一九八〇年代他自己和他密友所積斂的財富，估計為三億美元。

但令道的政權一敗塗地者，乃是他提拔自己部族克蘭族成員的作風。克蘭族的人數，在賴比瑞亞十六個部族中排在後段班，只占人口四%，卻在軍隊、保安機關裡占據要職；道的精銳部隊，官邸衛隊，也由克蘭族人充任。官邸衛隊實際上是他的私人民兵組織和個人侍衛。克蘭族的獨大地位，特別是在鎮壓異議方面所扮演的最吃重角色，激起部族間已蟄伏許久的仇恨。最後的結果就是內戰。這場內戰不只局限於賴比瑞亞，還擴及鄰國，把整個地區捲入衝突。

道的獨裁統治生涯，有個特點引人注目，那就是他得到美國政府的支持。賴比瑞亞大大攸關美國的利益。美國以賴比瑞亞做為美國之音廣播電臺向全非洲廣播的發送站，以它做為奧米加導航系統（Omega navigation system）的基地，為南北航行於大西洋岸的船隻提供定位服務。蒙羅維亞的美國大使館擔任美國在非洲所蒐集情報的重要轉送站。美國軍機有權在羅伯茨費爾德（Robertsfield）機場降落、加油。二次大戰期間美國建造此機場做為中途機場。冷戰時期，這些全被視為重要資產。

美國人認為，為了勸道回歸文人統治，值得好好栽培他。道先前在美國接受過綠扁帽特種部隊的軍事訓練。有人認為，只要給予足夠的誘因，他會很聽話。美國大使威廉・史雲（William L. Swing）教他如何治國，說他用心學習，是個「討人喜歡的人」。道的官邸屋頂架設了碟形衛星天線，以便他能觀看他宣稱極敬佩的美國總統雷根的演說。在美國人的調教下，他採旗幟鮮明的反蘇路線。一九八二年，道已被視為表現夠好，有資格訪問白宮。美援從一年一千萬美元增加為八千萬美元。一九八〇至一九八五年，美援占了賴比瑞亞全國預算將近三分之一。建造軍隊房舍花了四千萬美元，用美國某官員的話說，那被視為一「未明言之交易」的一部分，「只要軍隊的需要得到照顧，軍隊就會（把那交易）視而不見。」

禁不住美國壓力，道於一九八四年七月同意廢除政治活動禁令，同意準備舉行選舉。他幾次承諾退休，卻也宣布他打算投入總統大選，而且專斷的統治作風一如以往，一有機會就摧毀反對勢力。一九八四年八月，他逮捕很受喜愛的大學教授阿莫斯・索耶（Amos Sawyer）和另外十五人，聲稱他們密謀政變。學生抗議，道派二百名軍人從總統官邸前去該校校園。軍人不分青紅皂白開槍，剝光學生衣服，用藤條抽打，用槍托擊打，強索學生錢，強暴女學生。五十多名學生遇害。軍人洗劫、破壞校園設施後才離去，據估計造成二百萬美元損失。然後道開除該大學所有教職員。索耶和其同事從未被控犯了什麼罪，他們所據稱的密謀，詳情從未公諸於世。羈押於軍營兩個月後，他們獲「赦」，釋放。

競選活動惡化為讓人看不下去的鬧劇。道勒令解散兩個最得民心的反對黨，理由是它們提倡「社會主義」。然後他發布88A令，明令「製造不和諧，散播謠言、謊言和不實資訊」是犯罪行為，實質上立法禁止批評政府。然後他關閉最受歡迎的獨立報紙《每日觀察家報》（*Daily Observer*），接著將反對勢力重要領袖，包括阿莫斯．索耶和艾倫．強森—瑟利夫（Ellen Johnson-Sirleaf）下獄。強森—瑟利夫是哈佛大學畢業的經濟學家，口才便給，曾在美國的某場演說中抨擊「把我們國家的命運與進步掌握在手裡的許多白癡」。

逮捕強森—瑟利夫一事，終於促使雷根政府採取行動。在強烈的抗議聲浪中，美國擱置了對賴比瑞亞的二千五百萬美元援助款，要求釋放強森—瑟利夫和其他政治犯。道乖乖照辦，美國則給予二千五百萬美元做為回報。但此後他繼續操縱選舉。

儘管官方四處恐嚇，一九八五年十月十五日人民仍大批出來投票。那是賴比瑞亞第一次普選，將近七十五萬選民（占總人口三分之一）投票，許多人走數哩路去投票所，在熱得難受的熱帶高溫下排隊數小時等投票。初步的計票結果顯示道已明確輸掉總統大選，他的選務官員即中止合法的計票過程，自己找人成立非法的重新計票委員會，裡面充斥道的黨羽，其中許多是克蘭族人。有人在蒙羅維亞郊外一處廢棄物焚燒地發現數千張燒掉的選票，並找來當地報紙予以拍照。在蒙羅維亞某飯店裡閉關兩個星期後，道的重新計票委員會於十月二十九日宣布，他以五〇．九％的得票率贏得總統大選。

一份提交總部設在紐約的人權律師委員會（Lawyers Committee for Human Rights）的報告，把這一結果稱作「非洲晚近歷史上最厚顏無恥的選舉騙局之一」。那一天，蒙羅維亞空蕩蕩，靜悄悄。

此事正說明了美國政府與它所偏愛的非洲獨裁者打交道時，已變得何等的怯懦無原則；幾乎在世上每個地方，這次選舉都被斥為騙局，唯獨美國官員將它譽為「大體來講公正，儘管有一些不法情事」。雷根政府職司非洲事務的官員切斯特．克羅克（Chester Crocker），被美國參院外交關係委員會質詢時，讚譽他所謂這次選舉裡「值得一提的正面部分」，接著說：

如今，民主歷程展開，儘管並不完美。賴比瑞亞和其友人可以把那一歷程拿來做為評比日後選舉的標竿，他們想拿來做為基礎的一個標竿……道表示他以五成一得票率險勝一事，點亮了全民和解的希望——在非洲其他地方，這樣的得票率幾乎是聞所未聞，一般來講，那些地方的現任統治者都以九成五或百分之百的得票率勝選。宣稱只拿下五成一選票，道等於公開承認社會裡有許多人——四成九——支持別的觀點，不支持由他領導。

但這次選舉並非代表「民主歷程展開」，反倒代表墮入深淵的發端。

選後一個月，一九八五年十一月十日，道的前陸軍總司令湯瑪斯．奎翁帕（Thomas Quiwonkpa）發動政變欲拉下道，未能成功。奎翁帕是一九八〇年政變奪權集團的主要成員之一，後來與道失和而流亡。奎翁帕的叛軍從鄰國獅子山越界進入賴比瑞亞抵達蒙羅維亞，攻下幾大軍營和國營電臺，透過該電臺發布已錄好的聲明，承諾舉行自由選舉。政變消息一傳開，民眾即走上蒙羅維亞街頭慶祝，扯下公路沿線和路口的總統看板。「對一政權的集體仇恨，比我在奈及利亞、迦納所見到的都要強烈，」奈及利亞記者屯德·阿巴畢亞卡（Tunde Agbabiaka）在刊登於《西非》刊物的一手報導中寫道。但慶祝來得太早。靠總統官邸衛隊和其他陸軍部隊之助，道重新控制大局。「全國人民一下子好似如喪考妣，」阿巴畢亞卡寫道。「先前公開歡欣鼓舞那些人……有許多人如今自知死路難逃，甘心受死。」

奎翁帕躲在蒙羅維亞郊外一棟房子裡，被克蘭族軍人找到。他的屍體被踢打到不成人形，然後帶到巴克萊訓練中心（Barclay Training Centre）。那是位於蒙羅維亞市中心區的大軍營，隔著街與一座大型露天市場相望，市場裡擠滿商家和採買者。他的屍體在數百人注視下遭閹割、肢解、吃掉。阿巴畢亞卡目睹此事後寫道：

> 奎翁帕的遺體在令人毛骨悚然的食人儀式裡，被道的一些軍人砍成許多碎塊。而令人震驚的，在已步入現代的今日，他們仍相信藉由吃掉偉大戰士的肉，他們會得到那一偉大特質的一部分。心臟當然是人人搶著要的珍饈……

數百人遭處決，以報復這場未遂政變，主要受害者是吉奧（Gio）部族人。吉奧是奎翁帕所屬的部族，來自寧巴州（Nimba County）。在蒙羅維亞，克蘭族軍人搜捕到數百名吉奧、馬諾（Mano）兩部族的軍人和平民，把他們帶到總統官邸和巴克萊軍營予以殺害。有個曾遭羈押於總統官邸的軍人，告訴來自人權律師委員會的比爾．柏克利：

到處都有屍體。軍人歡天喜地，好似他們是得勝的英雄，好似他們剛打贏了戰爭。他們公開抽大麻，公開喝酒，喝了數瓶琴酒。情況失控，已非司令官所能控制。這變成像是部族戰爭。大部分軍人是克蘭人。如果你不是克蘭人或洛瑪人（Loma），那你就有麻煩。

還有數百名吉奧人遇害於寧巴州和道的家鄉大吉德州（Grand Gedeh County），從而播下部族冤冤相報的仇殺種子。有個來自寧巴州的吉奧部族學者，遭羈押了兩星期，吃過克蘭部族軍人的鞭子。他告訴柏克利：「我在想他們大概擔心，如果不保住這個人（道）的性命，歷史上會記載在賴比瑞亞曾有一個名叫克蘭的部族。」到處在談報復之事，克蘭部族和他們的對手都承認有遭報復的可能。茲萊城（Zle Town）一名克蘭部族農民私下告訴柏克利：

我們其實過得提心吊膽。我們知道政權易手時，每個人都會遭殃。不管非洲人搞政治的方式有何改變，他們都不會特別通融放過我們。我的想法是如果有那麼一天，如果你知道我的意思，居時必然會有報復。我國的情況非常嚴峻。我們知道我們會碰到麻煩，知道沒有什麼會永遠不變。我們覺得已有事情在醞釀。那件事爆開時，只能請上帝對我們所有人大發慈悲。

雖然出現暴行、選舉舞弊、貪腐，美國支持道一如以往，給予他其實站不住腳的統治正當性。道的存在有利於美國。「在國際問題上，我們從他那兒得到很大的支持，」有位美國資深決策者於一九九三年憶道。「他始終堅定不移支持我們對付利比亞和伊朗。他是我們得容忍的人。我們不覺得他是我們所無法打交道的大怪物。我們所有利益都得到道無懈可擊的保護。我們不必為美國的設施花上一毛錢。」一九八六年一月在國會委員會作證時，切斯特．克羅克把賴比瑞亞說得無比美好，公然無視道的治國真相：

如今，在賴比瑞亞，有以選舉為基礎的文人政府，有多黨議會，有官方、非官方報紙組成的新聞界，有廣播電臺，有仍在運行讓公民抒發己見的傳統，有保護那些自由的新憲法，有能協助落實那些憲法條文的司法系統。（賴比瑞亞）政府公開表示必會維護那系統。

但經濟現實較難掩蓋。道掌權頭五年，賴比瑞亞的經濟每年萎縮三%；國內投資減少一成六；外債攀升到十三億美元。老牌的外國投資人開始縮減他們的營運規模。道與諸多不可靠的企業家談成商業協議做為替補，給予特許權以保住政權。就在正式經濟大跌之際，銀行業受到洗錢機會的吸引，蒙羅維亞的銀行六家增加為十四家。

為整頓賴比瑞亞混亂的財政，美國於一九八七年派來十七名實務專家，接管財政部、中央銀行和其他重要的政府財政機關。這一「實務專家」（Opex）小組揪出許多商業騙局和經營那些騙局的官員，他們想建立新管制措施，卻不斷受阻，最後決定中止他們的任務。他們於一九八九年五月提出定案報告，並在其中推斷，道治理賴比瑞亞時，「把短期的政權存續和交易敲定擺在第一位，而把長遠的復甦或建設國家擺到很後面……這位總統最關注的，乃是保住政權和性命。他的優先施政項目與經濟復甦無關，且與經濟復甦相牴觸……總統道極照顧他自己部族的人和他的核心集團。他以規劃不當的工程支持地方團體，破壞了更大的社會目標。」

由於「實務專家」任務失敗，十年來花了五億美元挺道的美國終於決定不再給他錢。失去美國的支持，道碰上新的掠食者，即難以招架。

一九八九年聖誕節前一天，一群共百人的叛亂分子從象牙海岸越界進入賴比瑞亞北部。他們是賴比瑞亞國民愛國陣線（NPFL；National Patriotic Front of Liberia）這個新成立團體的成員。該團體的領導人是流亡在外的賴比瑞亞人，查爾斯・泰勒（Charles Taylor）。泰勒在當時的名氣相對來講較不響亮，但日後會成為西非最惡名昭彰的軍閥。他於一九四八年在蒙羅維亞郊外名叫阿靈頓（Arlington）的美裔賴比瑞亞人小聚落出生，父親是浸信會學校老師和巡迴法官，母親來自賴比瑞亞西北部的戈拉（Gola）部族，年輕時做過女僕。一如美裔賴比瑞亞菁英人家的大部分子弟，他讀完高中後被送到美國升學；在波士頓的賓特利學院（Bentley College）拿到經濟學學位，然後到新罕布夏學院攻讀碩士學位。他在美國待了九年，以生活豪奢而著稱，在美國當地的賴比瑞亞學生政治圈表現突出。

道政變時，泰勒正好人在蒙羅維亞。透過他老婆娘家與湯瑪斯．奎翁帕（政變領袖之一）的關係，他覓得政府採購局局長的職務。那是個肥缺，使他得以透過收受他所經手之每個合約的回扣積累錢財。但後來他與奎翁帕一同失寵。一九八三年，他被控侵吞公款九十萬美元。他逃到美國，但在道發布逮捕令並要求將他引渡回國後，他遭到羈押。他在美國牢裡蹲了十六個月，期盼替他打官司的律師讓他免去引渡命運，然後在一九八五年，靠賄賂獄警，他逃出監獄，輾轉回到西非。

泰勒在西非各地漂泊了一年多，去了迦納、象牙海岸、布吉納法索、獅子山，與密謀推翻道的異議團體打成一片，試圖建立自己的部眾。他得到一直在想辦法削弱親美政權的利比亞支持，在那裡協助籌辦一百六十名賴比瑞亞異議分子的軍事訓練事宜。

經過幾次的虛晃一招後，泰勒於一九八九年底終於準備好發動他的叛亂。他得到來自西非兩個領導人的重要援助。一個是象牙海岸總統費利克斯．烏弗埃—博瓦尼。他是托爾伯特家族的老盟友，出於私人恩怨，痛恨道的政權。烏弗埃的養女戴西．德拉佛斯（Daisy Delafosse）嫁給托爾伯特的兒子阿道弗斯（Adolphus）。道政變時，阿道弗斯避難於法國大使館。戴西急忙前往阿必尚請烏弗埃出面救人。道向烏弗埃保證會放過阿道弗斯，結果阿道弗斯還是被劫走殺害。泰勒在西非的另一個重要支持者是布吉納法索的軍事領袖布萊斯．龔保雷（Blaise Compaoré）。他也是烏弗埃大家族的一員，因婚姻而與烏弗埃搭上關係，一九八七年靠一隊賴比瑞亞流亡分子之助奪取政權。龔保雷提供泰勒訓練基地和軍火，借給他一些正規軍。泰勒的武力還包括一些來自獅子山、奈及利亞、迦納、甘比亞的異議分子，這些人全都受過利比亞給予游擊戰訓練。

泰勒起兵造反的第一個攻打目標是寧巴州。那個州住著在一九八五年奎翁帕政變失敗後遭到嚴厲鎮壓的吉奧、馬諾兩部族的人。泰勒的賴比瑞亞國民愛國陣線裡，有幾個重要人物是擁有部眾的吉奧部族流亡人士。一如泰勒所預期，道派遣一支克蘭部族部隊到寧巴州消滅叛軍。道的軍隊重施故技，對當地居民發動恐怖行動，恣意姦淫劫掠殺人，燒掉村子，把數萬吉奧人、馬諾人趕離家園。道也派出蒙羅維亞的克蘭部族殺手小隊，翦除著名的反對分子。

這一鎮壓為泰勒送上一批生力軍，主要是報復心切的不識字少年和男童。泰勒憶道，「賴比瑞亞國民愛國陣線到當地時，連行動都不用，就有人上前來，說：『給我一把槍。我要怎樣才能殺掉殺死我媽媽的那個人？』」泰勒給他們基本訓練後派他們去打仗，承諾打贏後可恣意劫掠。他把孤兒組成「娃娃兵部隊」。他還在攻下城鎮後，打開監獄，提供武器給囚犯，以擴增兵力。成群土匪橫行鄉間，攻擊克蘭人，掠奪財物。在甘蔗蒸餾酒、大麻、便宜安非他命加持下，少年兵和男童兵變成變態殺手，戴上女人假髮、嚇人面具，穿上連身裙，佩戴敵人骨頭，拿白黏土和化妝品抹臉，深信這會讓他們神功護體，其中許多人沉緬於「卡拉什尼科夫生活方式」(Kalashnikov lifestyle)。後來，這場戰爭裡的其他派系師法泰勒，要小孩拿武器上場殺敵。「那是場小孩的戰爭，」聯合國某資深觀察家說。「小孩子因犯下暴行而獲擢升軍階。他們不假思索就砍下人頭。部隊進入村子，拿走所有東西，殺人，姦淫。他們待上一兩個星期，然後開拔。」道的部隊以類似的殘暴作風對付平民。一半的人口逃離家園。

到了一九九〇年五月，泰勒的部隊已抵達蒙羅維亞東南邊八十英里處的布坎南（Buchanan），然後沿著海岸往北攻向首都，攻占凡世通輪胎公司的橡膠園和羅伯茨費爾德機場，利用該機場從布吉納法索運來軍火。六月，蒙羅維亞已遭包圍，從東邊圍城者是泰勒的部隊，從西邊圍城者是由普林斯·強森（Prince Johnson）領軍的另一個叛亂團體。普林斯·強森是來自寧巴州的前陸軍軍官，原是泰勒所率入侵部隊的一員，不久後與泰勒決裂。蒙羅維亞沒電沒水。城內居民逃不出去又缺糧，吃掉貓狗，然後開始挨餓。美國調來一支大型海陸兩棲部隊，但目的是撤離避難於美國大使館的美國公民和其他外國人。「當時如果適度出手制止蒙羅維亞城內的戰事，就能免掉這場拖了好久的衝突，」美國助理國務卿赫曼·柯恩後來坦承。道的部長逃走，克蘭部族軍人接掌大局，橫行街頭，高喊「沒有道，就沒有賴比瑞亞」，隨意劫掠、處決居民。七月，他們屠殺了避難於聖彼得路德宗教堂裡的六百名難民，大部分是吉奧、馬諾兩部族的婦孺。蒙羅維亞爭奪戰陷入拉鋸，該城淪為廢墟。整個國家陷入無政府狀態，道仍窩在總統官邸，不接受要他流亡的種種懇求。在戰火暫歇的空檔，他與助理下跳棋，看老電影，透過無線電話連上BBC或與妻子南西聊天，藉此打發時間。南西當時已前往英格蘭，她的小孩在那裡求學。

為制止這場殺戮，西非數國組成一支維和部隊，以將戰鬥雙方隔開。這一計畫的策劃者是奈及利亞的巴班吉達將軍。他很想中明奈及利亞的地區大國角色，也憂心外國異議分子參與賴比瑞亞國民愛國陣線一事，擔心他們以賴比瑞亞做為發動其他軍事行動的基地。「今日是賴比瑞亞，」巴班吉達告訴西非高峰會的諸國領導人。「明天可能是出席此會的任何一個國家。」這支維和部隊取名西非諸國經濟共同體監視團（Ecomog，Economic Community of West African States Monitoring Group），奈及利亞貢獻了其中大部分兵力。達成停火後，這支部隊的先遣隊於八月二十三日抵達蒙羅維亞，在該市的自由港設立司令部。周邊區域為強森的戰士所控。他們常未事先知會，即一身致命武器，來到該司令部即興聚會。

九月九日，將軍道決定離開安全的總統官邸，拜訪西非諸國經濟共同體監視團的司令部，七十名克蘭部族軍人隨行保護安全。普林斯·強森的叛亂團體得到線報，掌握道的動向，隨即出兵襲擊自由港以拿下道。經過一場漫長的槍戰，道雙腿受傷被捕，被押到強森的司令部。他的司令部是棟孟加拉式平房，位於蒙羅維亞郊區市鎮考德威爾（Caldwell）境內，某礦業公司的宿舍區裡。

強森要下屬以攝影機將訊問道的過程記錄下來。這部影片後來被他得意的拿給記者觀看，成為西非全境最暢銷的錄影帶之一。道被脫到只剩內褲，兩眼往上盯著折磨他的人，臉上有淤青和血，腰上纏著一條護身符。「我有話要說，如果你們願意聽的話，」他說。「解開我雙手，我會說……我從沒有下令處決人。」強森靜靜坐在桌子後面喝著啤酒。「割掉一隻耳朵，」他說，聲音輕柔。道被按著趴在地上，一把小刀割下一隻耳朵，道叫得很淒厲。影片中強森把那隻耳朵拿到他嘴巴上方，然後放進嘴裡嚼。另一隻耳朵也被割下。道被押到庭園，進一步問話。他偷了多少錢？他如何處置那些錢？道不肯說。小刀再度上場。訊問者要道跟著他說：「我，撒繆爾·卡尼翁·道，宣布政府已遭推翻，因此我要武裝部隊向陸軍元帥普林斯·強森投降。」

隔天，道遭毀損的屍體放在手推車裡遊街示眾。

在西非諸國經濟共同體監視團於蒙羅維亞以中立身分監督下，標榜全民團結的新過渡政府宣布成立，由一九八五年遭道囚禁，後來流亡美國的大學教授阿莫斯．索耶出任政府領導人。但索耶的政令只能行於首都，而且是首都部分地區。泰勒決意奪下總統寶座自己坐，拒絕參與過渡安排，於是繼續戰鬥，攻打西非諸國經濟共同體監視團在東郊區的陣地。西非諸國經濟共同體監視團回敬以空襲泰勒陣地，從而成為這場戰爭裡的另一個參戰派系。一如其他派系，西非諸國經濟共同體監視團深度涉入劫掠、軍火買賣、違禁品買賣之事。該團的高階軍官供應武器和其他軍用物資給幾個派系，換取那些派系劫來的東西。該團從事汽車、消費性商品、廢鐵的買賣太惡名昭彰，賴比瑞亞人因此把它的簡稱Ecomog說成是Every Car or Moving Object Gone（每個汽車或會動的東西都不見了）的頭字母組合詞。

泰勒欲拿下首都未成，轉而在蒙羅維亞城外，後來人稱「大賴比瑞亞」（Greater Liberia）的地區，自立政權，在那裡建立商業帝國，買賣黃金、鑽石、鐵礦砂、木材。他迅即與凡世通輪胎公司達成和解，和其他外商公司談成一連串交易。有家英國公司每月付給泰勒一千萬美元，以讓它將貯存的鐵礦砂經深水港布坎南運出境。法國成為泰勒最大的木材客戶。外商也得協助購買燃料油和車輛，得支付「保安部隊」的保護費。美國研究人員威廉．雷諾（William Reno）計算過，戰爭頭兩年期間，泰勒的軍閥經濟，一年總收益達到兩億美元。除此之外，還有劫掠物（搶來的汽車、建材、辦公室設備、路燈）的買賣收益。泰勒的兄弟納爾遜（Nelson），在他位於賴比瑞亞西南部的地盤，靠挖黃金和鑽石，三個月淨賺一千萬美元。另一個兄弟靠販賣採礦機器發了大財。

但泰勒的野心不只在賴比瑞亞境內。他把目光對準鄰國獅子山。該國政府在其首都佛里敦（Freetown）北邊的隆吉（Lungi）機場，提供了西非諸國經濟共同體監視團一個後方基地，並派兵到賴比瑞亞支持該團在該地的行動。獅子山令泰勒特別心動的東西，乃是距賴比瑞亞邊界不到一百英里，科諾（Kono）地區富藏的金剛石砂礦區。

這時，換成獅子山要被捲入恐怖內戰中。

獅子山的金剛石砂礦區是該國最值錢的資產。戰後三十年來，鑽石一直提供了該國政府一半以上的歲入。但一九七〇年代總統夏卡．史蒂文斯把鑽石業轉為他的禁臠，設立由黎巴嫩商人和本地商人組成的私人網絡替他經營鑽石業。他的一黨獨裁統治後來被稱作「十七年的蝗災」。一九八五年他以八十高齡退休時，積攢的財富據估計已達五億美元，但留下一個衰敗、破產的獅子山。

史蒂文斯挑他的狗腿陸軍司令約瑟夫．莫莫（Joseph Momoh）接他的位置。莫莫無治國之能，掌管同樣一個貪腐的一黨制，透過一特定族群的祕密小集團治國。鑽石礦區仍在私人企業家手裡，一年產生的貿易額至少三億美元，其中大部分被偷帶出境，政府只拿到少許收入。政府不再支付教師薪水，教育體系瓦解。數千名失業青年——「拉雷小伙子」（rarray boys）——在佛里敦等城鎮街頭遊蕩。他們是與社會格格不入，幾無翻身機會的窮小子，滿腔憤怒與怨恨，沉迷於賭博、吸毒、偷小東西、暴力的生活。拿不到薪水的公務員洗劫自己辦公室，搶走家具、打字機和輕型固定裝置，搶走任何能拿去轉賣以餵飽家人的東西。專業人士大半外移歐美，國家日益走向凋敝破敗。

更糟的還在後面。一九九一年三月二十三日，一群約百人的戰士，獲泰勒提供武器和資金，從「大賴比瑞亞」越界進入獅子山，拿下數個邊境村。他們自稱革命統一戰線（RUF；Revolutionary United Front），成員包括獅子山的異議分子、能吃苦能打的賴比瑞亞全國愛國陣線部隊和來自布吉納法索的一些傭兵。他們的領袖佛戴·桑科（Foday Sankoh），五十四歲，曾是獅子山陸軍下士，在利比亞受訓時結識泰勒。桑科先前因參與一九七一年欲推翻夏卡·史蒂文斯的流產政變，在佛里敦的帕登巴路監獄（Pademba Road Prison）關了七年。被趕出軍隊後，他在鑽石產區當商業攝影師為生，然後前往利比亞。革命統一戰線於四月上旬發表公報宣告該團體的存在，闡明隱含民粹主義性質的行動目標，宣稱要打擊在佛里敦忙於掠奪國家資源的政府官員和其商業夥伴，但主要目標乃是為自己、為泰勒將科諾的鑽石礦區納入掌控。為摧毀既有的公權力體系，革命統一戰線抓酋長、村長老、商人、農業工程工人、其他政府雇員，並迅即予以處決。才幾個星期，它就占領獅子山東部多個城鎮和鑽石產區。泰勒順應要求宣布桑科為「獅子山行政長官」。

桑科的叛亂得到獅子山當地都市的「拉雷小伙子」和非法盜挖鑽石者——人稱「桑桑小伙子」（san-san boys）——支持。這兩群人都希望從新體制中獲益。桑科也效法泰勒強拉小孩入伍，在突襲村子時擄走小孩。小孩接受一段期間的洗腦，獲提供毒品，訓練殺人。在某些例子裡，小孩被要求殺掉自己父母、親人。女孩常被迫成為「軍人老婆」。

娃娃兵成為獅子山戰爭的顯著特色，交戰各方都動用這種兵。據估計，在某個階段，革命統一戰線的戰士，有一半的年紀在八至十四歲。許多孩子發現，一旦入伍就脫不了身，如果逃走被抓，可能遭革命統一戰線迅速處死，或被敵人殺害報仇。但有些小孩較喜歡戰士生活。「許多未成年戰士當初是志願從軍，其中一些人想報仇，一些人想活命，」克里因．彼得斯（Krijn Peters）和保羅．理察茲（Paul Richards）在一九九八年出版研究獅子山孩子兵的專著中寫道。「加入民兵團體，既拿到飯票，也得到替代教育。薪餉或許少得可憐，但學用武器比上學更快得到回報；不久，AK-47就帶來食物、錢、熱水澡、大人立即的尊敬。戰鬥團體取代了失去的家人朋友。」

軍官對男女娃娃兵的運用都很看重。「未成年的非正規戰士，打起仗沒有顧忌，殺了人不會良心不安，有時不以為意，有時則是遊戲的延伸，」彼得斯和理察茲寫道。「伏擊是主要戰術之一，而他們打伏擊很好用，而且他們因戰爭與親人分開，極忠於他們的布拉（bra，克里奧語，意為「大哥」），即負責吸收、訓練他們的軍官。」

革命統一戰線也常強徵平民為礦場奴工或挑夫，反抗即遭毆打或殺害。有個平民「騾子」向美國記者葛雷格．坎伯（Greg Campbell）描述他從賴比瑞亞邊界將武器和裝備運到革命統一戰線位於內地的營地，每天擔心性命不保，如此過了兩年。「每個騾子都得背多達一百公斤的裝備，腳踝扭到、累垮、乃至腳步慢，都足以成為俘擄他們的革命統一戰線成員將他們射殺、棄屍林中的藉口，」坎伯寫道。「騾子都活不久。」

革命統一戰線的「鎮指揮官」被賦予自行裁量懲罰的權力——砍手砍腳成為革命統一戰線的招牌作風。叛亂分子需要什麼，就從老百姓那兒搶來，把那當成他們應得的獎賞。革命統一戰線沒有意識形態、沒有政治策略做為指導綱領，只會用暴力。數十萬人逃離家園，以避開這一團體的恐怖行動。

為敉平叛亂，莫莫請奈及利亞、幾內亞提供士兵。他也把獅子山軍隊的兵力增加兩倍為一萬四千人，招募「拉雷小伙子」和普通囚犯充數。「沒多少時間篩檢新兵，」莫莫後來坦承。「結果如今可能有許多危險人物、無家可歸者、舉目無親者、遊手好閒者、土匪穿著國軍制服。」他也鼓勵流亡獅子山的賴比瑞亞人——前克蘭部族軍人和被剝奪財產的曼丁哥族（Mandingo）商人——自組叛亂團體——賴比瑞亞聯合解放民主運動（Ulimo；United Liberation Movement for Democracy in Liberia）——以打擊革命統一戰線並把戰爭帶回到賴比瑞亞國民愛國陣線在賴國的地盤。在東部地區，當地的孟德人（Mende）以名叫卡瑪喬爾（Kamajor）的傳統狩獵團體為基礎，組成自衛民兵團，以抵擋來犯的革命統一戰線部隊。

但莫莫資金不足，無法支付他擴編後的軍隊薪餉或提供他們野戰支援與裝備，從而引發基層騷亂。而部隊主官喜歡從後方「領導」作戰，把軍人的薪餉放進自己口袋，把供應軍隊的米糧拿去市場轉賣，更加劇軍中的不滿。

一九九二年四月，一群異議下層軍官，由二十七歲上尉瓦倫坦．史特拉瑟（Valentine Strasser）率領，開車到佛里敦，表達他們的委屈，最後竟奪取政權。第一次接受採訪時，史特拉瑟說當時他們得用「打不響的過時槍枝」和革命統一戰線廝殺。在一腿被炮彈碎片打傷後，他得在醫院接受無麻醉的手術，因為沒有麻醉藥可用。然後，軍方拒絕將史特拉瑟等受傷軍人送到國外治療，因為國家付不起。

史特拉瑟表現了政變時期的標準作風，譴責「重用親屬、部落主義、嚴重治理不善，以及我們經濟、教育、衛生、運輸、通訊系統的徹底垮掉」，承諾來一場「清洗運動」。但經過短時間的民粹口號治國後，史特拉瑟和他的同僚開始搞起自己的騙人把戲，開始中飽私囊。一如他們之前的統治集團，他們也試圖插足鑽石買賣。鑽石礦區成為日益混亂之爭鬥的中心標的，而爭鬥各方包括採礦集團、無法無天的軍事單位、造反軍閥、犯罪商業利益團體。

靠運用恐怖手法，桑科最終控制了大半鑽石礦區和來自獅子山東部三億美元的鑽石交易。一九九四年，革命統一戰線進一步攻城略地，占領了鋁礬土礦場和鈦礦場，切斷政府最後一個可靠的收入來源。鋁礬土業占了出口總收益近六成。一九九五年，革命統一戰線已準備好攻打首都佛里敦。

史特拉瑟只靠一支快要垮掉的軍隊自保，深怕頂不住敵人來犯，於是和南非保安公司「執行結果」（Executive Outcomes）敲定一筆交易，由該公司提供給他一支傭兵部隊，他則給予該公司在其所收復區域開採鑽石的特許權做為回報。史特拉瑟實際上把政府的防務轉包給外國公司，把採礦業務轉包給政府的夥伴。不到一星期，「執行結果」就肅清佛里敦區域的叛軍。然後該公司著手重新訓練政府軍，把他們納入自己公司裡。它也協助將卡瑪喬爾自衛團組織成武器精良的民兵團體。到了一九九五年八月，該國大半地區仍未能擺脫內戰，但鑽石礦區已被佛里敦拿回手裡。

禁不住公民組織和援助界的壓力，史特拉瑟於一九九五年同意舉行選舉。但在這同時，他宣布他會出馬參選總統，表明他想保住權位。後來他威脅同僚若不支持他，就要革他們的職，結果，一九九六年一月，他在宮廷政變中被他的副手朱利厄斯．馬阿達．比奧（Julius Maada Bio）將軍罷黜，銬著手銬送到鄰國幾內亞。馬阿達．比奧很想自己當總統，但還是讓競選活動繼續進行。

為打斷選舉，革命統一戰線攻擊北部、東部的村子，不分青紅皂白砍掉無助村民（包括男女小孩）

的手、臂、腿，以警告老百姓勿去投票。雖有革命統一戰線施暴恐嚇，一九九六年三月仍有一百萬人出來投票，以懸殊差距選出艾哈邁德・泰將・卡巴（Ahmed Tejan Kabbah）為總統。他是獅子山人民黨（Sierra Leone People's Party）的黨魁，夏卡・史蒂文斯時代就發跡的六十四歲孟德族政治人物。

卡巴面對的難題非常棘手。他的政府沒錢，只有幾個外國朋友。它困在內戰泥淖裡，倚賴一支訓練不精、軍紀敗壞的軍隊自保。許多軍人涉入攔路搶劫、劫掠、勒索之事，與叛軍的行徑沒有兩樣。卡巴主動向佛戴・桑科遞上橄欖枝，但兩人的會談未取得多大的實質進展。桑科要求把政府裡的幾個官職留給他的革命統一戰線，要求把外國部隊，包括卡巴賴以保護戰略設施的「執行結果」和來自奈及利亞、幾內亞的士兵，全數驅逐出境。和平協議迅即碰上難關。外國援助者不願給錢。迫於外來壓力，特別是來自國際貨幣基金的壓力，卡巴中止「執行結果」的服務和其傭兵部隊，以換取援助。失去可靠的防衛武力，他在保安上愈來愈求助於卡瑪喬爾民兵團體，從而激起軍中不滿。儘管有民意支持，卡巴的處境似乎愈來愈岌岌可危。佛里敦著名律師戴斯蒙德・盧克（Desmond Luke）論道，「說來奇怪，但我相信若沒有鑽石，我國就不會陷入這樣遭剝削、退化的處境。」

在這同時，在賴比瑞亞，查爾斯・泰勒遭遇一連串挫折。賴比瑞亞流亡團體，賴比瑞亞聯合解放民主運動，開始在「大賴比瑞亞」的西北隅取得進展。該團體的領導人是曾在道的政權當過部長的哈吉克羅瑪（Alhaji Kromah）。他以幾內亞首都科納克里為基地，在獅子山邊境地區經營鑽石開採事業，以為他的征戰提供資金。賴比瑞亞聯合解放民主運動成為西非諸國經濟共同體監視團之反泰勒同盟裡不可或缺的一員。奈及利亞軍官提供它武器和情報，換取一定比例的鑽石利潤。

泰勒於一九九二年十月強攻蒙羅維亞。他用迫擊炮和火箭炮轟市中心和住宅區，最終未能得手。他的部隊快要拿下西非諸國經濟共同體監視團總部時，奈及利人從其位於獅子山的基地大舉來援，擊退賴比瑞亞國民愛國陣線。奈及利亞人採取攻勢，轟炸賴比瑞亞國民愛國陣線所占領的城鎮；以海軍封鎖泰勒地盤的貨物賴以運送出境的港口；拿下布坎南，在該地大肆劫掠，拆走總值約五千萬美元的工業設備。「大賴比瑞亞」開始縮小。

這些挫敗令泰勒相信光靠軍事手段他絕對無法奪取政權，於是他著手和西非諸國經濟共同體監視團、做為該團靠山的奈及利亞人達成和解，深信他可透過協商取得大位。雙方角力了兩年多，一連串和平協議出爐又作廢，最終在一九九五年八月於奈及利亞首都敲定一項協議。根據經八個派系領導人簽署的阿布賈協議，賴比瑞亞將先經過一段過渡時期，然後由國家委員會（Council of State）舉行選舉。該委員會有六個成員，包括代表賴比瑞亞國民愛國陣線的泰勒和另外兩個軍閥。兩週後，泰勒進入蒙羅維亞。那是自他於一九八九年發兵入侵以來，在兩次欲強行攻下該市而帶來嚴重破壞之後，在一場內戰奪走十五萬條性命之後，首度踏足蒙羅維亞。

但權力傾軋和爭奪戰利品都未停止。對鑽石買賣控制權的爭奪，不久就轉為暴力相向。一九九六年四月，泰勒的部隊和克蘭部族派系再度為控制蒙羅維亞而兵戎相向。雙方的戰士都搞起食人駭行，挖心吃掉。有個人稱「光屁股旅」（Butt Naked Brigade）的團體光著身子打仗，深信這會讓他們槍彈不入。西非諸國經濟共同體監視團的軍人也跟著開始恣意劫掠。援助工作者和其他外國人逃走。蒙羅維亞再度淪為廢墟一般。

四個月後的一九九六年八月，賴比瑞亞的諸位軍閥再度在阿布賈會面，簽署新和平協議，第十四個和平協議。這一次，西非諸國要求各派系嚴格遵守協議，揚言若違反即予懲罰，包括凍結他們的資產、禁止入境和可能以戰爭罪起訴。西方政府則警告，這是他們願意背書的最後一個和平倡議。泰勒這時已收復相當廣闊的領土，因此把和平進程視為替他奪取大權賦予正當性的手段，較願意接受約束。他與其他軍閥均將自己旗下的民兵團體轉型為政黨，同意參與復員、解除武裝的計畫。

一九九七年七月的選舉，泰勒的國民愛國黨（NPP；National Patriotic Party）拿下壓倒性勝利，囊括七成五選票，拿下國民議會六十四席中的四十九席和參議院二十六席中的二十一席。他所能投入選戰的資源，遠多於其他任何政黨，包括掌控了賴比瑞亞唯一的全國性短波電臺；動用一架直昇機；廣發T恤和米。泰勒也表明如果他輸掉選舉，他會重啟戰火，以「他殺了我媽，他殺了我爸，但我會投票給他」這句口號，強調他如假包換的軍閥資歷。許多賴比瑞亞人把票投給他只為了和平。外國觀察家，包括美國前總統吉米·卡特，認可這一選舉結果，認為是場公正的選舉。這場選舉使泰勒終於一償其統治賴比瑞亞的殘酷野心，但未使他就此揚棄他要進一步擴大其勢力範圍的圖謀。

在獅子山，卡巴的政府只存續了十四個月。一九九七年五月二十五日，二十個軍人闖入佛里敦的帕登巴路監獄，放出因與一樁政變密謀有關連而被關的異議軍官強尼・保羅・科羅瑪（Johnny Paul Koroma）少校，攻占電臺，宣布成立武裝部隊革命委員會（AFRC；Armed Forces Revolutionary Council）。在接下來的激戰中，市中心的政府機關，包括財政部和中央銀行被毀。數千名穿紅衫、纏頭巾的軍人在佛里敦街頭遊蕩，隨意劫掠、姦淫、開槍。與科羅瑪一起被放出帕登巴路監獄的六百名囚犯，使局勢更為混亂。成群結黨的劫掠者洗劫超市、辦公室、銀行、商家、民宅。卡巴逃到幾內亞；外國人撤走；數千老百姓逃難。一如蒙羅維亞，佛里敦成了空蕩蕩的破敗城市。

科羅瑪的團體除了奪權，沒有明確的長遠規畫。一如軍中其他許多人，科羅瑪教育程度低。他來自北部的林巴（Limba）部族，求學時個性彆扭、不受管教，未拿到什麼證書就離開學校，然後從軍，在軍中平步青雲。他最氣憤難平的事，與軍隊的地位低和卡巴事事優先照顧卡瑪喬爾部族民兵團體有關。武裝部隊革委會第一次廣播時宣布：「此後沒有卡瑪喬爾，沒有公民防衛團。我們是國軍。我們得為國家而戰。」

老百姓不開店、不讓小孩上學，藉此表達他們對此次政變的憤怒。非洲諸領袖和西方政府也表態反對此政變。西方欲勸軍事執政團下臺出國，並承諾確保其人身安全，但在武裝部隊革委會決定與桑科的叛軍談判之後，西方急踩煞車，不再做此努力。武裝部隊革委會主動表示願把四個委員名額給革命統一戰線；自三月起一直是奈及利亞階下囚的桑科，則被拱為在外副主席。經過五年殘酷的鄉村戰爭，革命統一戰線的戰士，頂著他們招牌的亂髮和紅頭巾，走進佛里敦。

一如在蒙羅維亞所見，打著西非諸國經濟共同體監視團名號行事的奈及利亞人決定出手干預，派增援部隊到他們所控制的機場——隆吉的國際機場和黑斯廷斯的國內機場。六月一日，奈及利亞人炮轟獅子山政府軍的科克里爾（Cockerill）司令部，以為武裝部隊革委會會逃走。但他們的干預反倒激起革命統一戰線大舉進攻守衛曼米尤科飯店（Mammy Yoko Hotel）周邊的一小股奈及利亞部隊——有八百多名外國人避難於該飯店。經過十小時激戰，飯店局部著火，雙方協定停火，以讓外國人逃離。

有七個月時間，佛里敦一直在武裝部隊革委會和革命統一戰線手裡，海空交通被奈及利亞部隊封鎖。雙方一邊進行虛與委蛇的談判，一邊為決戰做準備。與「執行結果」有關連的英國保安公司Sandline，支援奈及利亞的行動，協助訓練、補給與革命統一戰線廝殺的卡瑪喬爾民兵。泰勒的賴比瑞亞戰士則協助支持革命統一戰線。一九九八年二月，奈及利亞部隊進攻佛里敦市中心，第二場佛里敦爭奪戰爆發。經過數日激戰，武裝部隊革委會／革命統一戰線棄守佛里敦，撤退時一路毀掉房舍，殺害平民，劫掠財物。三月，卡巴從流亡地幾內亞回到這個已成廢墟的城市。

在國際援助的加持和奈及利亞部隊的保護下，卡巴竭力恢復公權力。支持武裝部隊革委會的軍官遭以叛國罪審判，判處死刑。七月，奈及利亞人把佛戴．桑科送回佛里敦接受叛國罪審判。革命統一戰線警告，若不將他釋放，它們會升高其針對平民的恐怖行動。十月，桑科被判叛國罪名成立，判處死刑。他以死刑犯之身等待上訴結果時，革命統一戰線發動「不留活口行動」（Operation No Living Thing），屠殺平民，毀損平民肢體，集體擄走小孩。革命統一戰線部隊得到來自賴比瑞亞、布吉納法索的重新補給，再度攻向佛里敦。

一九九九年一月，第三場佛里敦爭奪戰開打。革命統一戰線攻占市中心和大部分郊區前後四天，以令人髮指的暴力屠殺了約六千個平民，胡亂砍掉人的手腳，毀掉數百棟建築和數千間民宅，然後在把奈及利亞人逼到快潰敗時，帶著數百名擄來的小孩撤走。

在革命統一戰線這場攻擊後，雙方終於同意談判停火事宜。被戰爭弄得心力交疲、實力減弱且靠奈及利亞人才得以保命的卡巴，向桑科提出共享權力的提案。根據這份協議，桑科和其叛軍的戰爭罪將獲完全赦免。一九九九年七月，在大肆宣傳下，他們於多哥的洛美簽署了和平協議，多位非洲領袖觀禮，包括賴比瑞亞的查爾斯·泰勒和布吉納法索的布萊斯·龔保雷。「卡巴想要和平，桑科想要權力，」某西方外交官論道。桑科獲任命為副總統，掌管戰略性礦物資源委員會（Strategic Minerals Resources Commission），即鑽石礦場。革命統一戰線則承諾向聯合國維和部隊復員、解除武裝，做為回報。經過八年殺戮，革命統一戰線終於靠武力取得大權。

但這份和平協議不久就遇上麻煩。獅子山仍分割為奈及利亞（西非諸國經濟共同體監視團）控制區和革命統一戰線控制區。卡巴的政府管轄的領土變多，但革命統一戰線保有科諾地區的鑽石礦場，藉此取得繼續打仗的充沛資金。解除革命統一戰線與卡瑪喬爾民兵團體武裝的計畫沒什麼進展。聯合國派了維和部隊——聯合國獅子山派遣團（Unamsil）——前來取代西非諸國經濟共同體監視團，但一如在盧安達所發生的，該維和部隊的資源、裝備、後勤、情報蒐集能力皆不足。二〇〇〇年五月，這支維和部隊宣布要進駐鑽石礦區時，革命統一戰線扣押了五百名肯亞、尚比亞籍維和人員做為報復。

為防佛里敦落入革命統一戰線之手，為免聯合國獅子山派遣團遭到羞辱、挫敗，英國於二〇〇〇年五月派出一支全武裝的遠征軍干預——傘兵、特種部隊、戰鬥機、攻擊直昇機、戰艦。第一批士兵抵達時，佛里敦市內的公民團體組織了群眾示威，要求釋放聯合國維和人員。三萬民眾往桑科的官邸前進時，桑科的侍衛不分青紅皂白開火，擊斃十七名平民，還有數十人受傷。趁著現場一片慌亂，桑科男扮女裝翻過後牆逃走，但十天後於附近被抓。他被剝光衣服，押著裸體遊街，然後交給政府。泰勒欲安排他轉到第三國，不久就遭駁回。

英國軍事干預後不久，國際社會為恢復獅子山秩序、結束戰爭付出極大心力。英國派人接掌政府、中央銀行、警察部長裡的重要職位，開始重建國軍。聯合國維和部隊兵力增加到一萬八千人，為聯合國最大規模的維和行動之一。桑科被捕後，革命統一戰線分裂為數個相對立的團體，一蹶不振。二〇〇〇年十一月，各方簽署停火協議，使聯合國獅子山派遣團得以部署該國各地。二〇〇二年一月，卡巴正式宣布戰爭結束。

十一年的歲月，約五萬人喪命，兩萬人斷胳膊少腿，超過四分之三的人口流離失所。據聯合國某報告，獅子山的發展程度在世界諸國中敬陪末座。

獅子山戰爭讓查爾斯．泰勒獲益甚大。戰爭那幾年，獅子山所生產的鑽石，大部分經賴比瑞亞偷運出境，且由替泰勒辦事的商人經手。除了獅子山的鑽石，蒙羅維亞也是把來自非洲其他衝突地區（例如安哥拉）來路可疑的鑽石轉為正當商品的重要中心。一九九〇年代中期，賴比瑞亞的「官方」鑽石出口額為一年三億至四億五千萬美元，遠超過其自身鑽石產量所應有的銷售額。這裡面加計了「非官方」鑽石出口額。事實上，泰勒在搞黑幫經濟，從中大增他的個人財富。

除了與革命統一戰線有瓜葛，泰勒還帶著玩票心態涉入其他地區性叛亂，希望從中獲利。他喜歡誇稱賴比瑞亞擁有非洲最厲害的游擊戰士。他贊助來自幾內亞、意欲摧翻該國總統蘭薩納・孔泰（Lansana Conté）的一個叛亂團體，提供該團體幾個位在賴比瑞亞北部的基地。但他的插手很快就招來強烈反制。孔泰回敬以開始支持意欲推翻泰勒的賴比瑞亞異議分子。一九九九年，一個自稱「團結追求和解、民主的賴比瑞亞人」（Lurd，Liberians United for Reconciliation and Democracy）的新團體在賴比瑞亞西北部的洛法州（Lofa County）取得立足點。這個團體由諸多反泰勒的派系組成，以幾內亞為後方基地。

西方政府惱火於泰勒在西非繼續大肆搗亂，對賴比瑞亞施予武器禁運和貿易制裁，禁止該國政府官員入境。泰勒本人則被視為恥於與之為伍的人物。聯合國成立一專家小組以調查、監控他的活動。聯合國所支持的一個法庭以他在獅子山犯下的戰爭罪行將他起訴。美國官員公開談到「更換政權」的需要。

泰勒時代的結束，一如其開始時混亂且充滿暴力。二〇〇三年間，「團結追求和解、民主的賴比瑞亞人」迅速逼向蒙羅維亞，一路劫掠、姦淫、擄走小孩，作風和泰勒的部隊相差無幾。另一個叛亂團體，追求賴比瑞亞民主與選舉運動（Model，Movement for Democracy and Elections in Liberia），控制了東部和南部。有數週時間，蒙羅維亞郊區戰事激烈。數萬居民避難於市中心，缺水或食物。娃娃兵穿著古怪衣服遊蕩於街上，因服用了「藍藍」（Blue Blue）巴比妥類藥物和吸食大麻而精神亢奮，有時一手拿著AK-47，另一手拿著玩具。部會遭自己部會裡的職員洗劫。政府停擺。數百人死於霍亂和饑餓。

泰勒一再承諾會辭去總統之職，但一個禮拜又一個禮拜過去，仍未兌現承諾。蒙羅維亞繼續受到炮轟。經過經費方面的漫長爭執後，由奈及利亞人領軍的一支西非維和部隊於八月抵達蒙羅維亞，渴望結束苦難的當地居民歡欣鼓舞以迎王師。

八月十一日精心舉辦的儀式，有福音合唱團和三位非洲總統出席，泰勒高坐在絲絨寶座上，穿著嶄新的白西裝，發表告白演說，把自己與耶穌基督相提並論。「我將會是犧牲品，」他說。「如上帝許可，我會回來。」在妻子陪同下，他搭上飛往奈及利亞的飛機，以安享舒適的退休生活。奈及利亞已給他庇護和一棟豪華別墅。

30 世事無常

即使按照奈及利亞的軍事獨裁者所設下的標準，薩尼．阿巴查將軍的惡名昭彰程度都創下新高。他從位於阿布賈之阿索岩（Aso Rock），築有防禦工事的總統官邸暨總統府綜合院區，喜滋滋運用赤裸裸的權力消滅所有反對者和積累個人財富，無情程度為他之前的所有獨裁者所望塵莫及。他深居簡出，很少公開露面或出國。一九九〇年代擔任總統期間，他從未去過該國的商業首府拉哥斯。他受到保安人員和總統衛隊的重重保護，較喜歡和幾個重要的民間顧問和商界密友打交道，連他的大部分閣員和執政軍事委員會都沒機會見到他。但從他位於阿索岩的總部，他製造出此前奈及利亞人所從未經歷過的恐懼氣氛。老百姓憤恨於軍方再度阻撓民主政治的建立，但發現反對阿巴查的獨裁統治要付出很大代價。「只要繼續掌權，阿巴查樂於使奈及利亞淪為一堆瓦礫，」諾貝爾獎得主沃萊．索因卡（Wole Soyinka）出國流亡後於一九九五年寫道。

一九九四年十一月政變後才幾個月，阿巴查就面臨民眾要他下臺的聲浪。抗議呼聲大半來自仍滿腔怒火的南部政治團體，憤怒的緣由，則是約魯巴族大亨阿比奧拉酋長（Chief Abiola）明明贏了六月選舉，卻被北部將領搶走勝利果實一事。「反對派」報刊發起反軍事統治的運動，聲勢可觀。一九九五年五月，全國民主聯盟（Nadeco，National Democratic Coalition），以南部團體居多的一個鬆散聯盟，發布給阿巴查的「最後通牒」，要他於五月三十一日將政權轉交給阿比奧拉。遭解散的參院、眾院的議員發聲支持。

六月十一日，阿比奧拉宣布自己為總統，在拉哥斯舉行的簡短儀式中「宣誓就職」。「讓天塌下來，」他在記者會上說。阿巴查下令以叛國罪逮人，結果引發群情抗議。石油工人宣布無限期罷工，銀行職員、教師、護士跟進。石油業罷工癱瘓了煉油廠、油庫和其他設施，導致全國各地石油產品嚴重短缺。石油出口減少了三分之一。

為打消罷工，阿巴查嘗試了賄賂、威脅、逮捕、凶殺等手段，最後祭出赤裸裸的壓制。石油工會遭關閉，支持民主的行動主義者遭羈押，全國民主聯盟遭勒令解散，立場獨立的三家報紙——*The Concord*，*The Guardian*和*Punch*——遭禁止發行。批評者以一新「黑暗時代」提及。

一九九五年三月，阿巴查發動一場新清洗，聲稱握有密謀政變的證據。被捕者包括奧盧塞貢·奧巴桑喬和雪胡·亞拉杜瓦（Shehu Yar' Adua）這兩位公開反對軍事統治的前將領。奧巴桑喬曾於一九七六至一九七九年掌權三年，然後將權力轉交給民選政府；他是來自約魯巴蘭的重生基督徒，老早就退居他位於拉哥斯北邊五十五英里處的農場，養雞養豬度日。亞拉杜瓦是卡齊納（Katsina）酋長國很有錢的親王，在北部掌理一很有權勢的政治機器，有當總統的野心。總共四十多人（軍官、記者、人權行動主義者）在特別軍事法庭舉行的祕密審判中被定罪，判處死刑或長徒刑。奧巴桑喬判終身監禁；亞拉杜瓦判死刑。經國際抗議後，兩人刑期獲減輕。

與來自尼日河三角洲地區（奈及利亞富藏石油之地）的異議少數族群打交道時，阿巴查一樣凶狠。三角洲地區的行動主義者最不滿的地方，在於該地區的石油收入大部分被拿去造福國內多數族群的地區，他們自己所在地區則受冷落。三角洲地區是奈及利亞最窮、開發程度最低的地區之一，缺乏基本的生活便利設施；電力或水管供水設施極缺，學校、醫院經費不足。此外，三角洲地區必須承受環境退化的苦果；油管溢出的石油汙染土地和水道；燃燒的天然氣汙染空氣；漁場、農地遭汙染，毀掉農夫、漁民的生計。

一九七〇、八〇年代，三角洲地區數個社群對跨國大石油公司發動零星抗議。一九九〇年代初期，出現較有組織的抵抗，矛頭不只指向跨國石油公司，還指向政府。一時之間出現多個社群組織——恢復石油社群真正權利組織（Organisation for the Restoration of Actual Rights of Oil Communities），產油州傳統統治者大會（Conference of Traditional Rulers of Oil Producing States），憂國憂民的產油州青年（Concerned Youths of Oil Producing States）。這些組織的創立，有許多是為替族群利益發聲：伊加人國民大會（Ijaw National Congress），烏爾霍博人進步聯盟（Urhobo Progress Union），伊索科人發展聯盟（Isoko Development Union）。最重要的組織是奧戈尼人救亡運動（Mosop：Movement for the Survival of Ogoni People），創立於一九九〇年。

奧戈尼人救亡運動的主要創立者肯・薩羅韋瓦（Ken Saro-Wiwa）是作家、電視製作人和企業家，一九四一年生於奧戈尼蘭（Ogoniland）。他身材矮小，愛用仇恨、辱罵的用語，在奈及利亞最為人知的事蹟，乃是製作了「巴希與公司」（Basi & Company）這部肥皂劇。每週有三千萬人觀賞這部挖苦奈國想快速致富心態的戲劇。在小說《傑布家族的囚犯》（*Prisoners of Jebs*）中，他把矛頭轉向愚蠢的石油業榮景。「奈及利亞充斥著通膨、貪腐、不公不義、謀殺、武裝搶劫、管理不善、走私毒品、饑餓、無賴作風、欺騙、十足愚蠢……但它仍是個幸福的國家。」

一九八〇年代，他愈來愈關注奧戈尼蘭的困境。那是塊只有四百平方英里的地區，位在諸河州（Rivers State）境內，住有五十萬奧戈尼人。奧戈尼人是諸河州境內最五大產油族群。自一九五八年起，該地的油井已生產約值三百億美元的石油，但石油收入幾乎涓滴不剩流到外地，未能澤被當地居民。薩羅韋瓦把奧戈尼蘭的貧窮、退步，歸咎於政府和在該地經營大部分油井和油管的英荷石油公司殼牌。在一九九〇年為《週日泰晤士報》寫的一篇文章中，他要求重新分配石油收益以造福當地人。這篇文章題為〈三角洲地區即將爆發的戰爭〉（The Coming War in the Delta）。

一九九〇年《奧戈尼人權利法案》（*Ogoni Bill of Rights*）的發布，為這場爭取當地人權益的運動開了第一槍。它由奧戈尼人救亡運動擬就，並經奧戈尼族五個氏族的傳統族長認可，要求讓奧戈尼蘭政治自主、讓當地人控制當地的經濟資源，防止環境進一步退化。奈及利亞的軍事統治者置之不理，但奧戈尼人救亡運動的不滿在國外得到更大回響，特別是環保團體和人權團體的回響。一九九二年十二月，奧戈尼人救亡運動致函在奧戈尼蘭作業的三家石油公司，殼牌、雪佛龍和國營的奈及利亞國營石油公司，要求支付從一九五八年起積累的租金和石油探勘權利金六十億美元；支付彌補環境汙染的損害賠償金四十億美元；透過協商決定日後石油探勘的「可接受條件」。該團體給三家公司三十天時間來滿足上述要求，揚言若不照做，即訴諸集體行動。奥戈尼人救亡運動在其給三家石油公司的信函中說，「奥戈尼人為自救而戰」的時候已經過來，「因為沒有政府來解救我們」。

政府回應以派兵保護石油設施和宣布禁止所有公開集會和示威。奈國政府也明令，自治要求和危害石油生產的破壞活動，會被視為可處以死刑的叛國行動。

奥戈尼人救亡運動無視這威脅，組織以要求自決為主要訴求的「奥戈尼日」群眾大會。奥戈尼人救亡運動主席蓋里克·萊頓（Garrick Leton）於一九九三年一月在博里（Bori）向示威者說，「我們不是在要求做不到的事，而是在要求最基本的民生必需品——水、電、道路、教育，以及讓我們得以管理自己資源和環境的自決權。」薩羅韋瓦呼籲國際社會趁著奥戈尼人尚未被「跨國石油公司和它們的保護者」逼到「滅絕」，趕緊前來拯救。他力促群眾，「現在奮起，為你們的權利而戰。」

「奥戈尼日」群眾大會，有數萬奥戈尼人參與，代表奥戈尼人救亡運動由盛而衰的轉捩點。傳統領袖驚恐於與政府日益升高的對抗。四月爆發暴力事件後，他們發表聲明，為混亂情勢道歉，支持鎮壓異議人士。奥戈尼人救亡運動分裂為兩派，保守派急欲與政府達成和解；由年輕行動主義者組成的激進派，由薩羅韋瓦領導，決意繼續抗爭。保守派指責薩羅韋瓦動用「一批受過訓練的惡棍」，以讓他成為「唯一的奥戈尼領袖」。政府挑起奥戈尼人與他們鄰族安多尼人（Andonis，另一個產油族群）打起部族爭戰，供應安多尼人軍火和專門技術，從而加劇此地區的動蕩。一千多名奥戈尼人喪命，約三萬人無家可歸。在波特哈科特（Port Harcourt）市，奧克理卡人（Okrikas）和奧戈尼人爆發類似的衝突。

四名在戈卡納（Gokana）的酋長府邸開會的保守派領袖遭當地暴民殺害後，奧戈尼人救亡運動於一九九四年五月劃下句點。薩羅韋瓦等著名行動主義者被捕，政府部隊在奧戈尼蘭全境殘酷鎮壓，殺害至少五十名奧戈尼人。「人權觀察」組織的報告描述了這場屠殺：

部隊進入村鎮胡亂開槍，村民逃到周邊灌木地帶。軍人和機動警察強行闖入民宅，用腳、槍托、大砍刀打破門窗。碰上他們的村民，包括小孩和老人，遭到毒打，被迫支付「和解費」（賄賂金），有時遭射殺。許多女人遭強暴……士兵劫走金錢、牲畜等財產後揚長而去。

薩羅韋瓦被羈押了九個月，沒機會請律師，然後被控煽動殺人，接著被送上特別法庭，且無權上訴。該法庭由兩名法官和一名軍官組成。他否認該罪名，控方提不出將他與殺人案扯上關係的可靠證據。但他還是被判有罪，連同其他八名被告被判死刑。不到八天，阿巴查的臨時執政委員會（Provisional Ruling Council）就認可這一判決。世界各地為這九名奧戈尼人求情，呼籲從寬處理，但他們還是在兩天後，一九九四年十一月十日，遭處決。

阿巴查對國外的譴責聲浪仍是蠻不在乎。處死這九名奧戈尼人起了殺雞儆猴的作用，讓批評者知道和他作對的代價。重要的受害者還包括阿比奧拉酋長之妻庫迪拉特·阿比奧拉（Kudirat Abiola）和

遭國際社會排斥的人：格達費上校，攝於奪權三年後的一九七二年。他坐擁龐大的石油財富，砸下鉅資購買軍備和支援世界各地的顛覆活動。他最大的一次冒險舉動，就是出兵打算控制查德，而失敗收場。
Wikimedia Commons

衣索匹亞革命背後的推手，孟吉斯圖上校（左圖），呼籲支持者散播「紅色恐怖」對付與他作對者。他的友人卡斯楚（下圖右二）派了一萬七千名古巴戰士前來幫助他保衛政權。
（左）Wikimedia Commons；（下）AFP/Getty Images

尚比亞總統肯尼思・康達是個感性之人，動不動就當眾落淚，左手常捏著一條質地細密的白色亞麻手帕。該國的經濟被他搞得一團糟。 Wikimedia Commons

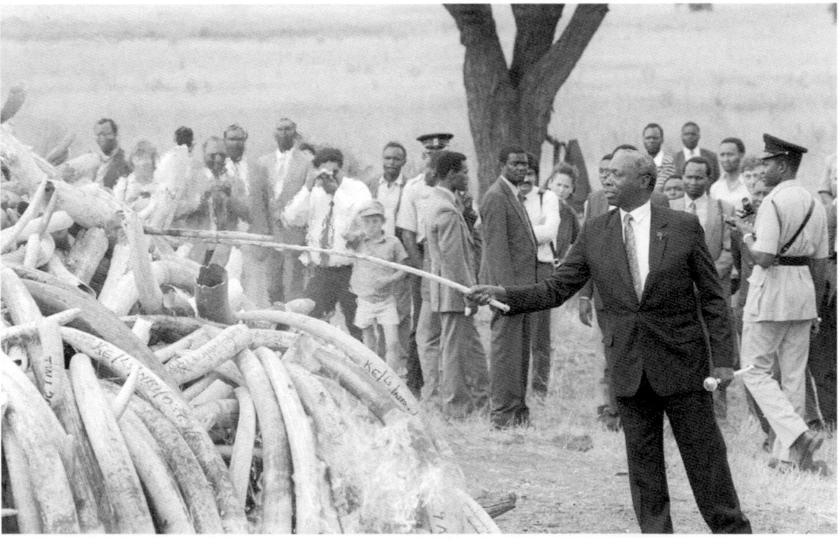

宣傳花招：一九八九年，肯亞總統丹尼爾・阿拉普・莫伊點火燒掉總值二百五十萬美元的十二噸象牙，大動作表明對抗象牙走私的決心。肯亞的象群因象牙走私而喪命大半。但在這之前，他核心集團裡的貪腐政治人物和官員已經靠象牙買賣賺進大筆財富。 ALEXANDER JOE/ AFP/Getty Images

烏干達總統尤韋里・穆塞維尼曾被譽為「新一類」循規蹈矩之非洲領導人的代表，但後來被聯合國調查人員稱為劫掠剛果礦物資源的「共犯」。 Wikimedia Commons

透過殘暴鎮壓和運用緊急狀態法（emergency law），穆巴拉克大體上壓制住伊斯蘭主義極端分子的活動。
Wikimedia Commons

多哥獨裁者尼亞辛貝・埃亞戴馬，「恐龍」世代的一員，死抱著權位三十八年，直到二〇〇五年去世為止。
Wikimedia Commons

拚命尋找庇護所的圖西家庭於教堂避難，卻還是躲不過毒手。他們遭到集體殺害，有時是在胡圖族神父的配合下遭到殺害。

Paula Bronstein/Hulton Archive /Getty Images

一九九二年十二月，做為「找回希望行動」的一部分，一名美軍在摩加迪休巡邏。此行動的目的在協助飢荒救災工作，恢復摩加迪休市區秩序。但美國介入索馬利亞的行動以慘敗收場。索馬利武裝分子利用「武裝改裝車」——用皮卡改造成的戰鬥車輛——橫行摩加迪休街頭。 Peter Turnley/Corbis Historical /Getty Images

返鄉旅程：胡圖難民擺脫「執行種族滅絕者」的掌控，踏上從薩伊返回盧安達的艱辛旅程。 Langevin Jacques/Sygma /Getty Images

西非最惡名昭彰的軍閥，查爾斯・泰勒，以「他殺了我媽，殺了我爸，但我會把票投給他」做為競選口號，打贏一九九七年賴比瑞亞的選戰。二〇〇三年他在內戰中被迫下台，穿著純白西裝發表告別演說，說自己的角色類似耶穌基督。「我將會是犧牲品」，他說。最後他在奈及利亞過舒服的退休日子。

Chris Hondros/Getty Images News/Getty Images

在一九八九年伊斯蘭主義政變裡奪取蘇丹政權後不久，歐瑪爾・拜希爾將軍保證肅清國內的「敵人」──「凡是叛國者都不配活著」。在打擊南部黑人部族的吉哈德（jihad）中，他下令族群清洗，從而奪走數十萬條性命。

Wikimedia Commons

達富爾境內叛亂分子於二〇〇三年發動反拜希爾的遊擊戰，拜希爾重施族群清洗的故技，武裝姜賈韋德民兵組織，以趕走當地居民。一百多萬難民逃到鄰國查德。

Wikimedia Commons

畢業生：在伊恩・史密斯坐牢的十一年間，已經擁有三個大學學位的羅伯特・穆加貝再拿到三個學位。擔任辛巴威總統時，他吹噓自己還有第七個學位：「暴力學位」，可見他消滅反對分子時手段的殘暴無情。

Wikimedia Commons

全球同感重獲自由的喜悅：納爾遜・曼德拉一九九〇年牽著妻子溫妮的手，走出監獄，結束在開普省二十七年的牢獄生涯。

Allan Tannenbaum/The LIFE Images Collection/Getty Images

一九九四年南非選舉。數百萬選民耐心排數小時的隊，一心要使選舉圓滿落幕。投完票要回家時，他們說已經找回做人的尊嚴。

Peter Turnley/Corbis Historical/Getty Images

曼德拉接班人塔博・姆貝基。

Wikimedia Commons

亞拉杜瓦將軍，前者鍥而不捨努力實現丈夫的奮鬥目標，在拉哥斯被國安人員槍殺於自己座車裡，後者遭殺害於獄中。軍中的異議分子也遭清除。阿巴查的副手，奧拉迪波．迪亞（Oladipo Diya）將軍，和其他數名約魯巴族軍官，被控密謀政變而處死。

為繼續牢牢掌握大權，阿巴查接著把心力放在為他的統治取得民意肯定。他允許五個政黨登記註冊，但這些黨全與他政權的成員和該政權支持者有密切關係。被懷疑反對他或可能變得「太強大」的團體，則被拒登記並遭禁。這五個政黨如期召開黨代表大會，各都選出薩尼．阿巴查為總統候選人。

但他的計畫落空。一九九八年六月八日，阿巴查死在兩名印度妓女懷裡。接替他位置的阿卜杜勒薩拉米．阿布巴卡（Abdulsalami Abubakar）迅即改弦易轍。上任後才幾個星期，他即釋放數十名囚犯，包括奧巴桑喬將軍、人權行動主義者、石油工會首領、奧戈尼人異議分子。釋放阿比奧拉之事還在協商時，阿比奧拉突然死於心臟病發。阿布巴卡也宣布打算讓奈及利亞回歸文人統治，著手制訂新的選舉時程。地方選舉於一九九八年十二月舉行，州選舉於一九九九年一月，國會和總統選舉於一九九九年二月。奧巴桑喬囊括六成三選票，贏得總統大選，主要得力於北部權力掮客的支持；他的人民民主黨（People's Democratic Party）掌控了國會。二月的選舉充斥著詐欺、賄賂等不法情事。立場獨立的選舉觀察家，根據制式標準判定二月的選舉既「不自由也不公正」，但仍推斷它們大體上反映了「民意」。在一九九九年五月於阿布賈舉行的典禮中，奧巴桑喬宣誓就任總統，結束十六年的軍事統治。

獨立四十年後，奈及利亞繳出很難看的成績單。沃萊．索因卡說他的國家是「一塊大陸的傷口」。

石油收益達二千八百億美元，經濟卻破敗不堪，公共服務事業長期效率不彰；學校和醫院日益衰敗，高等教育已幾乎垮掉；道路坑坑洞洞，電話系統幾乎停擺。斷電頻頻，國內汽油供應甚至短缺。一般來講，二〇〇〇年時奈及利亞人比一九七〇年代初期石油業剛迎來榮景時還窮。人均收入三百一十美元，不到一九八〇年的三分之一。一半人口靠一天不到三十美分的收入過活，一半人口無緣享用安全無虞的飲用水。將近五分之一的小孩活不到五歲生日，將近一半的五歲以下孩童因營養不良而發育不良。數百萬人住在貧民窟裡，周遭是成堆腐爛的垃圾，無緣享有基本的生活便利設施。

歷任政府的施政糟到極點。公務體系之類的重要機關，吃掉大筆經費，卻沒什麼績效；侵吞公款和賄賂很常見。軍隊到處被仇視。警察的作風如同占領軍，常向老百姓強索金錢，有時與黑幫狼狽為奸；準軍事組織「機動警察」（Mobile Police），殘酷作風惡名昭彰，被取了「殺了就跑」的綽號。警察人數遭刻意壓低，以免他們成為和軍方相抗衡的勢力。居民約千萬的拉哥斯市，只有一萬二千名警力。警察經費不足，裝備不良，訓練不足，鎮不住黑幫。

司法體系紊亂不堪。囚犯常未經審判就一連關了數年。有個官方委員會調查了人滿為患的監獄後發現，一半的獄囚未經依法判決；有些獄囚在牢裡蹲了十年，從未見過法官。訴訟常靠賄賂而非根據正義裁定勝敗。許多罪犯因出身名門望族或得到有權有勢政治人物保護而逍遙法外。只要有足夠的錢和影響力，任何人都能利用國家機關來傷害與其作對的人，不管是在土地糾紛或商業糾紛上，還是在個人恩怨上。

出於好大喜功心態，在某些工程上砸了大筆錢，卻毫無效益。在阿賈歐庫塔（Ajaokuta）建造一大型煉鋼廠，總共投入八十億美元，卻連根鋼條都未生產出來。還花了數十億美元，在阿布賈建造一座有美輪美奐飯店和辦公大樓的超現代首都，執政菁英用得不亦樂乎，一般老百姓卻沒得到什麼好處。

更糟的是被貪走的龐大金額。阿巴查的貪婪為他之前的歷任統治者所望塵莫及。據估計，他偷走四十多億美元，不是直接從國庫拿走，或從政府發包案中收取，就是透過汽油信託基金（Petroleum Trust Fund）之類的騙局盜取。他設立這一基金，表面上說是為了將國內汽油價格上漲所增加的收益用於基礎建設和其他投資項目，實際上是圖利自己。劫掠國家財富的行徑，直持續到阿布巴卡將軍下臺為止。軍事統治的最後幾個月，許多官方發包案落入與政府關係很好的公司。一九九八年十二月底至一九九九年三月底，外匯儲備少了二十七億美元。

在國外，奈及利亞被列為世上最貪腐的國家之一。它以商業詐欺，特別是一樁頭期款詐欺而著稱於世。刑法第四一九條明令禁止頭期款詐欺，因此這樁詐欺被該國人稱作「四一九騙局」。奈及利亞黑社會在全球毒品買賣領域也舉足輕重，控制了輸入美國的大部分海洛英和古柯鹼。

被數年的高壓軍事統治壓下的族群對立、宗教對立死灰復燃，加劇奈及利亞所面臨的種種難題。「人人都在磨刀，」阿南布拉州（Anambra State）州長在接受新聞界採訪時警告道。根本原因之一，乃是政府機關垮掉，連基本的服務都無法提供。族群和宗教團體把國家視如無物，向首要的效忠對象尋求援助和保護。政治人物利用人民對中央政府的絕望、幻滅心態，遂行自己的盤算。對立團體競爭激烈。因為輸掉競爭，就輸掉對國家稅收的控制權，代表政治人物無法將稅收用在自己選民身上。

一批族群突然冒出，有些族群要求自決，有些想掌管自己地方的經濟資源，還有些擬就了文化目標、社會目標。好戰團體自組民兵組織，以自組的治安維持隊打擊日益猖獗而警力無力遏制的犯罪活動。族群暴力變得愈來愈常見。一九九九年一月至二〇〇〇年一月，記錄在案的衝突超過兩百起。聯合國開發計畫署二〇〇二年人類發展報告引述某奈及利亞人的話：「在軍事政權底下，我們從政府那兒什麼都沒得到，但我們有和平。如今我們置身民主體制裡，我們從政府那兒什麼都沒得到，而且我們沒有和平。」

約魯巴族行動主義者群起支持奧杜瓦人大會（OPC；Oodua People's Congress），深信北部人陰謀將他們邊緣化。約魯巴族的領袖，酋長阿比奧拉，不只被北部軍官搶走一九九三年的勝選果實，還被丟在牢裡自生自滅，未得到充分的醫療。他後來死亡一事被認為疑點重重。奧巴桑喬上臺主政，也未能平息他們的怒氣。奧巴桑喬雖是約魯巴人，卻被視為北部利益集團的傀儡。一九九九年選舉時，約魯巴人絕大多數未把票投給他，而是投給以約魯巴人為基礎的反對黨：民主同盟（Alliance for Democracy）。

不久，約魯巴人與豪薩人即爆發族群暴力衝突。距拉哥斯三十六英里的薩加穆（Sagamu）是可樂果貿易重鎮，豪薩人在那裡居住、做買賣已有數代。由於一名豪薩族婦女據稱觀看名叫奧羅（Oro）的約魯巴族傳統儀式被逮後遭殺害，該地發生械鬥。五十多人遇害；在約魯巴族居住區和豪薩族的薩博（Sabo）居住區，房舍、店鋪、清真寺、市場都被毀。逃難的豪薩族商人來到卡諾（Kano），帶來他們受迫害的消息，當地豪薩人隨即找當地的約魯巴族居民報復。四個月後，約魯巴、豪薩兩族商人為了爭奪拉哥斯市凱圖（Ketu）區重要的「十二哩市場」（Mile 12 Market）的控制權而起衝突。凱圖的暴力事件促使豪薩族在北部設立一個與奧杜瓦人大會性質相同的組織，阿雷瓦人大會（Arewa People's Congress），與之相抗衡。奧杜瓦人大會的行動主義者也涉入與拉哥斯市伊加族碼頭工人的衝突，而那些衝突激起拉哥斯市阿傑袞萊（Ajegunle）貧民區居民間的激戰。奧巴桑喬下令警察當場射殺暴亂者，向全國電視觀眾說，「人決定如畜牲般行事時，我們就必須把那些人當畜牲一般。」

東部的民兵團體同樣活躍。伊加青年委員會（IYC；Ijaw Youth Council）是其中最突出的團體之一。它是由尼日河三角洲地區伊加族世居地的幾個青年會組成的聯盟，成員包括尼日河三角洲志願軍（Niger Delta Volunteer Force），即當地人較愛稱之為艾格貝蘇小伙子（Egbesu Boys）的一個武裝分支。一如奧戈尼人，伊加人要求掌控自己土地上的石油資源，把抗爭對象鎖定跨國大石油公司。一九九八年十二月，伊加青年委員會發布凱阿瑪宣言（Kaiama Declaration），給石油公司十九天的期限撤離「伊加蘭」（Ijawland）——一塊涵蓋諸河、巴耶爾薩（Bayelsa）、三角洲這三州部分地區的區域——並警告石油公司若敢尋求政府部隊保護，將被視為「伊加人的敵人」。伊加族民兵團體不只放話威脅，還付諸行動，破壞石油設施和輸油管，擄走石油公司員工索取贖金，促使政府大舉鎮壓。他們也涉入烏爾霍博人、伊采基里人（Itsekiris）為爭奪石油城市瓦里（Warri）的控制權而起的衝突。後來，被擄和被抓為人質成為三角洲地區石油公司員工常碰到的事，而石油公司通常以悄悄支付贖款了事。

伊格博族行動主義者成立伊格博人大會（Igbo People's Congress），支持族群地區自決的要求。更極端的團體，實現比亞弗拉主權國運動（Movement for the Actualisation of the Sovereign State of

Biafra），極力主張分割奈及利亞，伊格博人自建一國家。它的成員公開升起過去的比亞弗拉旗。「從奈及利亞迸不出好事，」有個發言人說。「聽到的都是停電、水不足、武裝搶劫和其他壞事。我們不想成為那個壞東西的一部分。」

除了搞族群動員，有些族群絕望於警察幫不上忙，還大膽搞起防治犯罪的行當。有個人稱巴卡西小伙子（Bakassi Boys）的伊格博族治安維持隊，因使用「叢林正義」手段而惡名遠播，卻深得民心。它最初是阿比亞州（Abia State）阿巴（Aba）市集鎮的商人，鑑於黑幫勒索、偷搶、魚肉鄉民數年警方均無力制止，而於一九九九年創立，不久就以有效打擊犯罪而聲名大噪，並有其他城鎮找他們幫忙維持治安。才幾星期，他們就「肅清」該州全境的黑幫。鄰州阿南布拉州的當地商人，說服當局讓他們也自組民團打擊本地犯罪。成果斐然。二〇〇〇年他們在市集鎮奧尼查（Onitsha）展開行動才幾星期，就抓到並處決兩百名他們所認定的犯罪分子。

曾在恩蘇卡大學（University of Nsukka）擔任講師的約翰內斯・哈尼施費格（Johannes Harnischfeger），在一篇研究巴卡西小伙子的論文中，描述了囚犯受到如何的處置：

最初……他們在巴卡西中心關了幾天，在那裡接受一調查委員會調查。罪行查明屬實後，他們才被帶出監遊街示眾，然後押到容得下數百人圍觀的交叉路口。他們被載著遊街時連連遭毆打，沒時間求助於旁觀者，哭嚎他們命運的悲慘，或打動旁觀者的同情心。巴卡西小伙子也未宣布判決，或試圖說明他們的行動正當有理。一抵達行刑地，他們就把五花大綁的人犯丟在地上，拿起

> 鈍掉的大砍刀朝他們猛砍數分鐘。那是場無聲的殺戮，因為受害者沒有尖叫，但在巴卡西小伙子把輪胎丟在他們身上，淋上汽油，以完成他們任務時，有些受害者仍在地上扭動。
>
> 從圍觀的群眾裡，我找不到一個人發出不以為然或嫌惡的話語。只偶爾察覺到一絲淺淺的憂懼。例如，有一些要前去市場採買的婦人快步經過時，只朝這駭人的場景迅速瞥了一眼，同時在自己身上快速劃十字。還有些婦人拿起布掩嘴，因為從燒焦的屍體飄散出的煙有毒。但無一人對這些受害者表露遺憾之意。

據公民自由組織（Civil Liberties Organisation）二〇〇二年的一份報告，巴卡西小伙子據估計於十八個月內在阿南布拉州處決了多達三千人，犯罪率因此大大降低。有個記者委員會於二〇〇一年頒獎給阿南布拉州，譽之為「奈及利亞犯罪最少的州」。

在這同時，北奈及利亞被穆斯林、基督徒之間頻傳的宗教衝突撕裂。自一九八〇年代，好戰穆斯林團體就極力要求於北部數州施行更多伊斯蘭律法。由人稱麥塔齊內（Maitatsine，「詛咒者」）的穆罕默德．馬爾瓦（Muhammadu Marwa）領導的穆斯林團體，一九八〇年代初期動員都市年輕窮人發動一連串暴亂，先是在卡諾，然後在尤拉（Yola）、卡杜納（Kaduna）和麥杜古里（Maiduguri），造成數千人喪命。一九八二年，在卡諾，基督徒在距清真寺不遠的地方重建教堂，引發穆斯林憤怒，進而爆發一波暴力活動。一九八六年，巴班吉達宣布奈及利亞將以正式會員身分加入伊斯蘭大會組織（Organisation of Islamic Conference），把基督徒的怨氣燒得更旺。一些基督教領袖認為此舉是往建立伊斯蘭國邁出了一步。一九八七年，卡杜納南部的基督徒、穆斯林學生起爭執，導致暴亂，數十座教堂、清真寺因此被毀。一九九一年，一名來自德國的基督教福音傳道者想在卡諾的賽馬場舉辦一場奮興布道大會，結果在該地引發暴亂。在鮑基（Bauchi），基督徒州長與當地什葉派領袖長期不和，引發暴亂。一九九二年，卡杜納南部信基督教的卡塔夫人（Katafs）和信伊斯蘭教的豪薩人之間的一樁土地糾紛，升高為更大區域的宗教暴力衝突，使數百人喪命。

原因往往既和宗教信仰有關，也和集體貧窮、失業、犯罪和政府無能緩解這些問題有關。北部要求施行伊斯蘭律法的呼聲升高，原因之一是司法體系瓦解和執法不力。青年求助於宗教信仰和加入治安維持隊以執行伊斯蘭律法，不是出於宗教信念，而是出於政治考量。政治人物則利用忠於宗教的心態，做為他們奪取權力時爭取群眾支持的手段。

一九九九年，南方基督徒奧巴桑喬當上總統後，北部的宗教緊張再度迸發。幫他選上總統的北部權力掮客，發現他未如他們所預期的那麼聽話，滿腹牢騷。奧巴桑喬就任總統後不久，就著手拔除數百名與前軍事政權有密切關係的軍官，其中大部分是北方人。北部領袖痛心於失去政治權力，挑起對基督徒「祕密行動計畫」的恐懼，把伊斯蘭律法當成重新確立北部團結的工具。

一九九九年十月，新當選的札姆法拉州（Zamfara State）州長艾哈邁德．薩尼（Ahmed Sani）宣布，這個位於極北部的窮州要在二〇〇〇年一月以伊斯蘭律法為該州唯一的法律體系，並舉沙烏地阿拉伯為他的效法對象。到這時為止，已有約四分之三的北部刑法以伊斯蘭律法為基礎，包括婚姻、離婚方面的法律規定。薩尼打算將伊斯蘭律法擴大適用於所有刑事案件，也用在判刑上，刑罰將包括鞭笞和用石頭砸死。他說要使墮落的社會回復乾淨的生活，伊斯蘭律法不可或缺。他說伊斯蘭律法將只會影響穆斯林居民，但他提議禁酒、禁止賣淫、關閉當地戲院。北部居少數的基督徒既憤慨又憂心。南方新聞媒體指控薩尼把札姆法拉帶回黑暗時代。奈及利亞基督教協會宣布上法庭打官司。東南部克羅斯河州（Cross River State）議會議員揚言若札姆法拉做此改變，他們將宣布此州為「基督教州」。

但其他的北部州決定效法薩尼，總共有十二個州。二〇〇〇年二月卡杜納市一場基督徒抗議，演變為血腥衝突，留下數百具屍體。數個居住區整個遭「宗教清洗」。許多受害者是伊格博人。奈及利亞南部的伊格博族治安維持隊，包括巴卡西小伙子，殺害數百名從北部移來的豪薩人，做為報復。數千名難民和外移者逃離極北部，其他區域的宗教緊張升高。高原州（Plateau State）首府喬斯（Jos），原本以平和寧靜著稱，二〇〇一年被基督徒、穆斯林兩方團體的衝突淹沒，三千人喪命。

奧巴桑喬主政頭幾年就爆發這麼多暴力衝突——為土地、政治、宗教、族群、金錢而起的衝突——有時讓人覺得奈及利亞似乎是無法治理的國度。全國一億二千萬人口分屬約二百五十個族群，每個族群有自己看重的目標，混亂的潛力簡直無限。「衝突的頻仍和衝突在全國各地擴散時的迅猛，已使許多奈及利亞人納悶大多數奈及利亞人對我們所辛苦贏得的民主到底持多大的肯定，」奧巴桑喬於二〇〇二年論道。

奧巴桑喬努力壓制族群衝突，努力處理奈及利亞所遭遇的種種難題，但成果有限。奈及利亞的衰敗太根深柢固，貪腐體系太牢不可破，不是三兩下就能解決。此外，奈及利亞的政治仍是仔細留意賺錢機會的菁英團體專擅的場域，而非實行經濟、社會改革的工具。

二〇〇三年，奈及利亞人再度出門投票，讓奧巴桑喬連任總統，對政治人物的失望卻比以往更濃。四年後的第三次選舉在相對較平和的情況下完成，被視為一個了不起的成就，由此可看出人民對奈及利亞的期望有多低。但奈及利亞人仍深深覺得他們前途未卜。卡車、巴士的側車身上有則他們很喜愛的警世語：「世事無常」。

31 不配活著

一九八九年奪取蘇丹政權後不久，歐瑪爾·拜希爾將軍一手拿著可蘭經，一手拿著卡拉什尼可夫步槍，在一場群眾大會上講話。「我在此向你們發誓，必將我們人民中的叛教者、拿錢才辦事者、人民敵人、武裝部隊敵人清除出去，」他宣布。「凡是叛國者都不配活著。」

拜希爾的政變為一伊斯蘭主義獨裁政權揭開序幕，這個政權對付反對者，不管是穆斯林，還是非穆斯林，一樣心狠手辣。在這一冒險事業中，他的指導者暨恩師是哈桑·圖拉比（Hassan al-Turabi），全國伊斯蘭陣線（NIF）的創辦人和穆斯林兄弟會的首腦。一九八〇年代的更早時，努梅里當政期間，圖拉比在提倡伊斯蘭主義意識形態上著有貢獻。圖拉比身材矮小，留著一綹白色長髯，在英格蘭和法國受過教育，戴眼鏡，知識淵博，富有魅力，自認是不只將改造蘇丹、也將改造該地區其他國家的伊斯蘭復興運動的中心。他是世界知名的伊斯蘭學者，拜希爾極權統治的體面門面。

一個又一個機構——公務體系、軍隊、司法系統、大學、工會、專業人員協會、國營企業——內部的異議分子遭清除。著名的穆斯林派系，例如哈特米教團（Khatmiya）、安薩爾教團（Ansar），被迫噤聲；它們的房地產和資產，包括清真寺和聖祠，大半遭國家接管。基督教活動遭限制而後禁止。新聞界遭嚴格控制。數百名政治人物、記者、醫生和工運人士未經審訊即遭拘禁。許多人被帶到「鬼屋」，即政府否認存在的屋子，在那裡受到拷問。據聯合國人權委員會一九九四年發表的一份報告，遭拘禁者受到火燒、毆打、電擊、強暴以取供。

一九九一年頒行的新伊斯蘭刑法，規定武裝搶劫者要公開吊死或釘死在十字架上，通姦者要用石頭砸死，叛教者要處死。喀土木政府施行的一項公共秩序法，對音樂、舞蹈、婚禮施予限制，禁止男女一起跳舞。警察以違反此法令為由解散音樂會和婚宴。女人被逼離政壇。一九九一年的一道總統令限制女人的活動，要她們遵守全國伊斯蘭陣線的道德衛士與善行提倡者（Guardians of Morality and Advocates of the Good）所實施的嚴格服裝規定。一九九六年，喀土木政府當局又展現其宗教狂熱，規定在公共運輸工具、劇院、戲院、宴會裡和野餐時，男女必須分區就座；穆斯林勿觀看異性；禁止男人看女人的體育賽事。宗教實際上成為壓制的手段。蘇丹政府除了施行他們自己一套的伊斯蘭統治，還提倡阿拉伯化，堅持以阿拉伯語教學，貶低非阿拉伯人的文化。

拜希爾也仿照伊朗的革命衛隊，自組伊斯蘭民兵團體，人民衛隊（PDF；People's Defence Force）。政府規定公務員、教師、學生、接受高等教育者都必須接受人民衛隊訓練；青年被當街抓走，送到訓練營。人民衛隊的人數最後達到十五萬。他們被用於鎮壓北部城鎮的民間示威，被派去南部打叛軍。南部的平亂戰爭被官方定調為吉哈德，所有穆斯林都得支持的神聖職責。拜希爾宣布凡是在南部戰死的軍人，都是「用鮮血灌溉南部土地，使那裡得以長出尊嚴與榮耀」的烈士。

在這同時，欲將蘇丹打造為泛伊斯蘭活動的活躍之地的圖拉比，忙於落實他的抱負。一九九一年，在波斯灣危機把美軍招來該地區之後，他於喀土木建立阿拉伯和伊斯蘭人民大會（PAIC；Popular Arab and Islamic Conference），做為抵抗美國欲「將伊斯蘭世界再度殖民地化」的泛伊斯蘭陣線。一批好戰團體受邀參加於喀土木舉行的成立大會，而它的成立標誌著「對美（和對其盟友）之戰爭」的開打。許多團體在蘇丹設立基地。來自阿爾及利亞、突尼西亞、埃及的伊斯蘭主義行動主義者獲提供庇護所和護照。因政治煽動罪名正在埃及受到缺席審判的埃及盲眼神職人員歐瑪爾・阿卜杜勒・拉赫曼，獲蘇丹政府給予一棟官方別墅，然後持觀光簽證前往美國，打算在那裡為伊斯蘭主義團體設立一基地。到了一九九一年底，蘇丹已接納一千名埃及叛亂分子。巴勒斯坦領導人，包括阿布・尼達爾（Abu Nidal），也被迎請入境。就連惡名昭彰的恐怖分子伊利奇・拉米雷斯・桑切斯（Ilich Ramírez Sánchez），也就是更多人知曉的豺狼卡洛斯（Carolos the Jackal），在未能得到伊拉克、利比亞庇護後，也得到蘇丹給予暫時保護。

選擇蘇丹做為新棲身之地的諸人，包括沙烏地某營造業鉅子的有錢子弟奧薩瑪・賓拉登（Osama bin Laden）。他和圖拉比一樣受到建立一「伊斯蘭主義國際」（Islamist International）的想法啟發，在阿富汗參與反蘇聯占領阿富汗的吉哈德長達十年，先是在沙烏地阿拉伯和中東幫忙募款，後來以巴基斯坦邊界的白夏瓦為基地，親自組織抗蘇作戰。他與巴勒斯坦學者阿卜杜拉・阿札姆（Abdullah Azzam）

一起創立阿富汗服務局（Maktab al-Khidamat／Afghan Service Bureau），以招募、訓練外國聖戰士。一九八九年蘇聯撤出阿富汗後，他回到沙烏地阿拉伯，重新投入家族事業，為阿富汗戰爭的退伍軍人創辦一福利救濟組織。一九九〇年八月伊拉克入侵科威特時，他主動表示願動員一萬名聖戰士保護沙烏地阿拉伯，但令他怒不可遏的，沙國王室竟找美國保護，邀美軍前來沙國設立基地。賓拉登譴責沙國王室後，活動範圍被局限於吉達。想找到新基地的他，得悉蘇丹邀他搬到喀土木，欣然接受。

一九九一年抵達喀土木後不久，三十六歲的他與圖拉比共進晚餐。兩人有許多相同之處。圖拉比長期支持阿富汗吉哈德，去過白夏瓦至少六次。他與賓拉登在該地的戰友阿卜杜拉·阿札姆，以及同樣大力支持阿富汗抗蘇大業的謝赫歐瑪爾·阿卜杜勒·拉赫曼，都私交甚篤。他也和賓拉登一樣反感於沙烏地王室，而且他譴責沙國王室，除了因為讓美軍進駐沙國一事，還因為他們背離了他眼中的伊斯蘭正道。一同用餐時，圖拉比承諾給予賓拉登所需的一切援助，承諾提供他辦公室和安全人員。他積極協助賓拉登投資蘇丹的計畫，幫忙讓他的營造公司免關稅進口卡車和拖拉機。賓拉登搬進喀土木利雅德區的別墅，與圖拉比的大宅相鄰。

賓拉登投桃報李，大力支持圖拉比的泛伊斯蘭雄心。根據他本人的說法，他一抵達喀土木就拿出五千美金成為圖拉比之全國伊斯蘭陣線的成員，並捐了一百萬美元給他的阿拉伯和伊斯蘭人民大會。他也開辦多種事業。他的營造公司參與建造從喀土木到蘇丹港（Port Sudan）的一條新公路；蘇丹港郊外的一座新機場；其他幾個政府工程。他投資銀行業和農業，從事農產品出口。

他同樣積極於組織叛亂網絡。他聲稱花了兩百萬美元把阿拉伯聖戰士從巴基斯坦空運到蘇丹。他也自掏腰包在蘇丹建造了二十三座訓練營，提供它們所需設備。到了一九九四年夏，已有至少五千名聖戰士在蘇丹受過訓，而他們往往一邊受訓一邊為賓拉登的營建工程和農業計畫效力。

蘇丹不久就惡名昭彰，成為支持恐怖主義運動的流氓國家。埃及指控蘇丹所訓練出來的刺客殺害了議長。突尼西亞宣稱圖拉比和蘇丹政府官員與突尼西亞行動主義者密謀將武器偷偷運進該國，以執行暗殺總統的計畫。在阿爾及利亞，伊斯蘭主義者反軍政府的叛亂，由在蘇丹受過訓練且打過阿富汗戰爭的阿爾及利亞老兵發動。在蘇丹受過訓練的利比亞人，一九九三年暗殺格達費未遂，一九九五年在利比亞境內發動攻擊。在蘇丹受過訓練的巴勒斯坦哈瑪斯組織的行動主義者，對迦薩走廊的以色列平民巴士發動了自殺炸彈攻擊。蘇丹也支持索馬利亞境內艾迪德的民兵組織，支持厄利特里亞和衣索匹亞境內的伊斯蘭主義團體。一九九三年，圖拉比的老友謝赫歐瑪爾涉及紐約世貿易中心炸彈攻擊案。此案被判有罪的諸人中，六人是蘇丹人；聯合國兩名蘇丹外交官被控協助此攻擊行動的謀劃者。謝赫歐瑪爾從未因世貿易中心炸彈攻擊而受審，但還是於一九九六年被判定犯了共謀暴亂罪，密謀「對美國（發動）都市恐怖主義戰爭」，包括用炸彈攻擊紐約數個地標，判處終身監禁。

一九九五年六月於衣索匹亞暗殺埃及總統穆巴拉克未遂，乃是蘇丹涉入恐怖主義運動的歷史上最重要的一刻。當時，穆巴拉克坐車從阿迪斯阿貝巴的機場前往該市，欲參加非洲團結組織的高峰會，途中遭到刺客攻擊。刺客是埃及行動主義者，他們在蘇丹境內一處「安全的農場」準備好此次任務，然後越界進入衣索匹亞。大部分刺客被捕，但有三人逃回蘇丹。調查人員循線追查，查到圖拉比和蘇丹保安機關的高階官員身上。埃及與衣索匹亞指控蘇丹組織此一攻擊。驚魂未定的穆巴拉克譴責圖拉比和拜希爾為「惡棍、犯罪分子、瘋子。」聯合國安理會對此事表態，對蘇丹施予一籃子制裁，要求將三名被通緝的埃及人引渡到衣索匹亞。

眼見支持恐怖主義之事曝光，受鄰國政府痛批，且被西方避之唯恐不久，拜希爾的政府開始改弦更張。圖拉比的阿拉伯和伊斯蘭人民大會遭解散；外籍戰士遭驅逐出境。賓拉登也未能倖免，一九九六年三月被要求與他的追隨者一起離境前往阿富汗。據圖拉比所述，他「懷著被驅逐的憤怒心情」離開蘇丹。但蘇丹已給了他一個非常難得的機會，讓他在五年期間發展出恐怖主義網絡，把他自己的團體「基地」（al-Qa'eda）擺在吉哈德活動的中心位置。

蘇丹與伊斯蘭主義極端主義分子結盟的影響，多年未消。基地組織一九九四年在東非安插的「潛伏」特工，一九九八年八月用炸彈攻擊了肯亞、坦尚尼亞境內的美國大使館，殺害二百六十三人，傷五千多人。柯林頓總統下令報復，以飛彈攻擊喀土木一家製藥廠，宣稱該廠被用來製造化武。美方未提出可靠證據支持這一指控，但蘇丹喪失了製造藥品的大半能力。

在這同時，拜希爾在蘇丹南部愈來愈積極執行吉哈德，且手法愈來愈殘酷。在科爾多凡（Kordofan）省南部的努巴山脈（Nuba mountains），出現一新的衝突區。當地居民，不分穆斯林和非穆斯林，都痛惡北部商人霸占土地，於是跟著蘇丹人民解放運動叛亂。穆斯林這時被納入報復目標，於是伊斯蘭宗教學者在一九九二年發布教令，界定反政府者的身分：「穆斯林叛亂，就是叛教者；非穆斯林是阻止伊斯蘭擴散的非信士；伊斯蘭已允許我們隨意殺掉這兩種人。」

「隨意殺掉」之說，造成蘇丹南部的大規模屠殺。村子和救濟中心遭從空中不分青紅皂白狂轟濫炸；人民衛隊的部隊和政府支持的民兵組織屠殺平民，隨意掠奪他們的財產和牛隻。數千婦孺被當成戰利品擄走，淪為奴隸。大半人口被迫離開家園，挨餓，靠穿過戰區送來的國際救濟物資活命。

南部相對抗派系再度自相殘殺，加劇南部的苦難。一九九一年八月，努埃爾族游擊隊長里耶克・馬洽爾（Riek Machar），試圖從約翰・加朗（John Garang）手中奪取對蘇丹人民解放運動的控制權。加朗是丁卡族領袖，自一九八三年起一直以獨裁作風掌管該組織。馬洽爾追求南部獨立，而非加朗所贊成的世俗化、統一的蘇丹。兩人的權力鬥爭導致丁卡、努埃爾兩族分裂多年。數萬人在這場第二次戰爭中喪命；數十萬人在因此導致的饑荒中餓死。雙方都強徵娃娃兵。喀土木政府得利於這一分裂，與馬洽爾達成和解，供應他武器打加朗，避免在馬洽爾所控制的區域開戰。努埃爾族內部相對抗的派系兵戎相向，使情勢更加動亂。

鄰國政府驚恐於拜希爾欲以喀土木為中心發動地區性吉哈德的野心，於是支持蘇丹南部的叛亂勢力，從而使南部的戰局更為複雜難解。烏干達成為加朗的部隊取得武器、彈藥的主要管道之一。為了報復，拜希爾開始支持烏干達北部的叛亂團體，尤其是約瑟夫・科尼（Joseph Kony）所領導的「神的抵抗軍」(Lord's Resistance Army)。科尼是個深信神會降生救世的精神病患者，專長擄人、強暴和截去小孩肢體。美國政府回應以增援坎帕拉的穆塞維尼政府。涉入南蘇丹亂局者，還包括來自西方的基督教基本教義派團體，他們投身「救贖」計畫，以買回非洲奴隸的自由。

南蘇丹民生凋敝，但仍擁有雙方都想據為己有的東西：石油。一九七八年在上尼羅河省班提烏

（Bentiu）北邊發現石油後，美國公司雪佛龍花了約十億美元探勘，在該區域找出兩個大油田──「團結」（Unity）和「海格利格」（Heglig）──但由於叛亂分子攻擊，一九八四年中止在當地的活動。拜希爾的政府從一開始就決心開發蘇丹的石油潛力。石油，一如伊斯蘭主義意識形態，支配它的戰略。一九九二年，它說服雪佛龍出售其四千兩百萬英畝的使用特許權，將該區域分割為數小塊，引進新的石油開發夥伴。

油田大部分位於努埃爾人、丁卡人的地盤。為防止叛軍攻擊該區域，政府發動族群清洗，用軍隊和巴加拉阿拉伯人民兵團體趕走當地居民，在油田周圍建立防線。它也以努埃爾族的里耶克・馬洽爾一派當代理人，幫它抵擋蘇丹人民解放運動，暗示石油收益可讓他們分一杯羹。隨著在喀土木簽署一和平協議，政府與馬洽爾的交易於一九九七年正式確立。蘇丹政府希望靠這紙協議讓外國投資人相信，油田此後安全無虞。新石油聯合企業成立──大尼羅河石油營運公司（Greater Nile Petroleum Operating Company）──參股者包括中國、馬來西亞的國營企業。不到兩年，該公司就建成一千五百四十公里長的輸油管，連接尼羅河地區油田與紅海岸供超級油輪停靠的新海港。啟用儀式於一九九九年五月由圖拉比、拜希爾主持；一九九九年八月首次出口原油。拜希爾把這一出口說成真主對「蘇丹之忠誠」的獎賞。他呼籲伊斯蘭主義志願兵加入一特種旅，以協助保護那些油田。到了二〇〇一年，蘇丹已日產二十四萬桶石油。那一年的石油收益占了政府總歲入的四成以上。多了錢可供運用，拜希爾大買軍火，購買了攻擊直昇機和戰鬥裝甲車。一九九八至二〇〇〇年的國防開支增加了九成六。西上尼羅河（Western Upper Nile）省境內開闢了新的探勘區，更多當地居民被逐離家園。

一九九〇年代陸續有人提出數個和平倡議，但都未有實質進展。喀土木執政的全國伊斯蘭陣線小集團出於一時的利害而參與，完全無意於向叛軍讓步。拜希爾與圖拉比兩人漫長的權力鬥爭，在二〇〇一年圖拉比被捕中劃下句點，但未改變全國伊斯蘭陣線追求其伊斯蘭主義目標的決心。但拜希爾還是很想擺脫蘇丹「被排斥國家」(pariah state)的身分，很想打破鄰國和西方政府對它的孤立。

由於蘇丹支持國際恐怖主義、在南蘇丹戰爭中行徑殘暴、鎮壓國內所有反對勢力，拜希爾的政府成為世上最被唾棄的政府之一。聯合國大會和聯合國人權委員會年復一年針對此戰爭表示譴責。二〇〇〇年，美國新設的政府機關，國際宗教自由委員會，推斷「蘇丹政府是世上最粗暴傷害宗教自由、信仰自由權利的國家」。美國境內的右翼基督教組織愈來愈大聲譴責蘇丹涉入奴役和宗教迫害之事，極力要求制裁拜希爾的政府。二〇〇一年，美國眾議院通過「蘇丹和平法案」(Sudan Peace Act)，提出一套制裁手段，如果喀土木政府未能展開有意義的協商以結束戰爭，或繼續阻撓人道救援行動，美國即會施予那些制裁。二〇〇一年九月，基地組織攻擊紐約世貿中心的雙子星大樓和華府的五角大廈後，拜希爾極欲避開報復，於是急忙譴責恐怖主義，承諾配合美國針對基地組織和其他恐怖主義組織的措施。

他也一改先前心態，變得更願意接受透過協商止戰的主張。小布希總統指派約翰·丹佛思(John Danforth)參議員為蘇丹和平特使，要他查明這場戰爭的兩個主角，全國伊斯蘭陣線和加朗的蘇丹人民解放運動，是否真的願意協商。小布希於二〇〇一年九月表示，「將近二十年來，蘇丹政府發動殘酷、可恥的戰爭對付自己人民。那不應該，必須停止。這個政府鎖定平民做為施加暴力、恐怖的對象，允許並鼓勵奴役。停止戰爭的責任在他們身上。他們如今必須追求和平，我們有心幫忙。」

丹佛思提出四個建議，以檢驗雙方是否真心要協商。他要雙方：簽署努巴山脈（一九五六年分隔南北蘇丹舊邊界以北的一塊區域）停火協議；同意不攻擊或鎖定平民或民用結構物與平民財產；同意尊重衝突區域裡的「平靜區」，以便醫療救援機構執行免疫計畫；同意指定一委員會調查蘇丹境內的奴役行為。

在建立奴役調查團和「平靜區」方面，很快就有進展。雙方於二〇〇二年一月在瑞士簽署努巴山脈停火協議。但不攻擊平民一事，就較難談定；拜希爾最初峻拒停止空中轟炸。但二〇〇二年二月，在一架武裝直昇機攻擊世界糧食計畫署設於比耶（Bieh）村的食物救濟站，奪走二十四條人命後，隨之而來的國際抗議聲浪迫使蘇丹政府道歉，中止空中攻擊。

在二〇〇二年四月呈給小布希總統的報告中，丹佛思推斷短期內就可能透過協商結束戰爭，建議美國積極發揮其中間人作用。於是，美國攜手英國、挪威，在推動和平進程上扮演主要角色。為突顯協商失敗的後果，小布希簽署蘇丹和平法案，使其成為法律。該法的主要條文表示，如果六個月後，美國總統查明蘇丹政府並未真心協商或阻撓人道救援行動，根據該法，他有權制裁喀土木，協助蘇丹人民解放運動。如果蘇丹人民解放運動被認定並非真心協商，美國不會採取不利於蘇丹政府的行動。

因此而展開的和平進程，先天就有缺陷。除了涉入衝突的兩個主要團體，沒有其他蘇丹人團體參與這一進程。全國伊斯蘭陣線政府只代表一個相對較小的北方派系，這個派系在過去年十二年裡成功壓制了北部所有反對勢力，倚賴保安機關維繫政權，以不經審判的囚禁為主要手段，嚴格管控媒體。

烏瑪黨、民主聯盟黨（Democratic Unionist Party）之類比全國伊斯蘭陣線得到遠更多的民意支持的反對團體，無緣參與這一進程。其他的北部團體——在西部達富爾（Darfur）和東部紅海丘陵區貝賈人（Beja）地盤裡的團體——公開敵視全國伊斯蘭陣線政府，在自己地區從事顛覆活動。全國伊斯蘭陣線所決意維持的伊斯蘭主義式政府，其他團體無一認同。

蘇丹人民解放陣線則是由丁卡人領導的組織，由加朗支配，但因內部派系分分合合，無法團結對外。它以建立世俗化、統一的國家為目標，但除此之外缺乏意識形態基礎。在這同時，大部分南方人始終仇視以伊斯蘭教為圭臬的阿拉伯人統治，贊成南部獨立。但南方人的民族認同感很淡薄；愛部族、愛氏族之心遠更強烈。得到中央政府支持的努埃爾族諸派系和蘇丹人民解放運動的丁卡族支持者，彼此互看不順眼，而且，其他一些部族民兵組織——瓊萊（Jonglei）省的穆爾萊人（Murle）；赤道省東部的蒙達里人（Mundari）和托波薩人（Toposa）；加札勒河（Bahr-al-Ghazal）省西部的法爾提特人（Fartit）——都反對蘇丹人民解放運動。

但和平進程至少讓人得以懷抱希望，希望這場至二〇〇二年為止已造成二百萬人喪命、四百萬人流離失所的衝突中止。全國伊斯蘭陣線政府和蘇丹人民解放運動在肯亞馬洽科斯（Machakos）這個寧靜的城鎮會談了五個星期，雙方在幾個重大問題上達成協議。根據二〇〇二年七月簽署、二〇〇四年定案的馬洽科斯議定書（Machakos Protocol），南部獲授予自決權。從二〇〇五年一月和平協議定稿簽署之時算起，經過六年過渡期，南方人將透過公投決定是要留在統一的蘇丹裡，還是要自立一國。宗教的問題，則以南北分別對待的方式處理。伊斯蘭律法獲確認為占蘇丹三分之二國土的北部地區的法源，但喀土木不在其列，至於南部，則可以當成蘇丹之世俗化的一部分來治理。於是，住在北部的約五百萬非穆斯林，將仍會受到伊斯蘭律法的管轄。許多北方人和南方人都希望建立涵蓋整個蘇丹的一個世俗化國家，但這一心聲完全被置之不理。

但就在一場戰爭漸漸平息之時，另一場戰爭在西部的達富爾地區爆發，可能造成自盧安達人道慘劇以來最大的災難。它起源於一場已存在多年的土地爭奪衝突，衝突的一方是營遊牧生活的阿拉伯人，另一方是營定居農耕生活的「非洲人」（黑人）。一九八〇年代期間，由於乾旱和日益沙漠化，這一衝突加劇。營遊牧生活的阿拉伯人從乾燥的達富爾北部地區往南移，進入黑人穆斯林部族——富爾人（Fur）、馬薩利特人（Masalit）、札格哈瓦人（Zaghawa）——居住的區域，從而捲入一連串暴力衝突。喀土木政府未著手化解緊張，反倒站在阿拉伯遊牧民那一邊，提供他們武器。

二〇〇三年二月，自稱蘇丹解放軍（Sudan Liberation Army）的叛亂團體，受到南蘇丹之叛亂分子所爭取到的協議鼓勵，以喀土木忽視該地區的發展和未能保護該地區使免受阿拉伯人侵犯為理由，起兵叛亂。它的領導人要求在中央政府占有一席之地。另一個叛亂團體，正義與平等運動（Justice and Equality Movement），加入戰局。喀土木回應以殘暴的族群清洗，意欲趕走當地居民，由阿拉伯裔移民填補，一如它在南部產油區和努巴山脈的作為。空軍轟炸村莊；陸軍發動地面戰；政府許可名叫姜賈韋德（janjaweed）的阿拉伯人民兵組織隨意殺人、劫掠、姦淫。姜賈韋德燒光數百座村子，殺掉數千名部族民，集體姦淫女人，擄走小孩，搶走牛隻。叛亂團體也不分青紅皂白濫殺無辜。難民無以為生。到二〇〇四年二月，已有百萬人逃離家園。聯合國機構試圖干預時，喀土木政府阻撓外來調查和救濟行動。西方政府擔心危害好不容易談成的南部和平協議，拿不定主意。

殺戮在無人制止的情況下持續了一年多。直到二〇〇四年三月，即過了暴力高峰期之後，人道行動主義者才促成國際社會關注達爾富暴行的嚴重。西方的憤慨排山倒海而來。聯合國官員稱達富爾是「世上最嚴重的人道危機」。報紙專欄作家談到「種族滅絕」。演藝圈明星加入「拯救達富爾」運動。

禁不起世人的指指點點，拜希爾約束姜賈韋德。暴力平息，但衝突仍未解決。外國援助機構如願讓數百萬達富爾老百姓不致餓死，但拜希爾毫不放鬆其軍事鎮壓，不在乎因此帶來的苦難。叛軍則分裂為數股，彼此反目成仇，自相殘殺。

死傷數字逐年升高。國際維和行動一塌糊塗；維和部隊和援助工作者不久就身陷暴力。據估計，到二〇一〇年，已死亡三十萬人，三百萬人無家可歸。

應聯合國安理會的要求，國際刑事法庭（總部設在海牙的戰爭罪法庭）開始調查達富爾地區的暴行。二〇〇八年，國際刑事法庭檢察官說他們已找到足夠將拜希爾扣上十項「種族滅絕、違反人道罪、戰爭罪」之罪名的證據。

經過八個月的審議，國際刑事法庭的法官駁回種族滅絕指控，但以下令集體殺人、姦淫、拷問的罪名將拜希爾起訴，並對他發布逮捕令。二〇一〇年，經過另一波審議後，加上種族滅絕的罪名。國際刑事法庭裁定，有「合理的理由讓人相信」，從二〇〇三年四月起蘇丹部隊試圖對富爾人、馬薩利特人、札格哈瓦人施予種族滅絕。

拜希爾沒把這一公開批評放在眼裡，以不屑口吻將那斥為陰謀插手蘇丹事務的「新殖民主義」強權的伎倆。有龐大的石油收益作靠山，他的政權一如以往穩如泰山。中央政府預算約四分之三花在保安機關、軍隊和武器上。靠二〇一〇年被動了手腳的選舉，他得以穩穩續坐他的大位。中國、亞洲的投資人以行動支持他的政權。

但就在拜希爾忙著消滅達富爾的叛亂勢力時，南蘇丹漸漸脫離他的掌控，且一去不復返。二〇〇五年和平協議後南方人嘗到不受北部人統治的滋味，使他們更加要求完全獨立。拜享有部分石油收益之賜——六年來總共約一百億美元——他們首度有了可靠的收入來源。未來的收入也不必擔心：約八成的石油藏量位在南部，據估計有六十億桶。在二〇一一年一月舉行的公投中，三百八十萬南部人投票贊成七月脫離自立，占總票數將近九成九。

但南部此刻所面臨的艱鉅任務，沖淡了獨立即將實現的雀躍。有一堆與北部有關的難題尚未解決，包括富藏石油的阿卜耶伊（Abyei）區的未來歸屬問題。阿卜耶伊跨處於新國界上，丁卡族恩果克人（Dinka Ngok）和營遊牧生活的阿拉伯裔米塞里亞人（Misseriya Arab）都宣稱那是他們的世居地，但恩果克人想加入南蘇丹，米塞里亞人則想加入北蘇丹。援助機構指出有關南部的「可怕統計數據」。它是世上開發程度最低的地區之一，只有少許公路、學校或醫療設施。除了石油，唯一值得一提的產業是破敗首都朱巴（Juba）郊區的一座啤酒廠。具有專門技術的人員很少，約八成五人口是文盲。石油收益代表未來可能更為美好，但過去六年突然到手一百億美元，卻未改善現狀多少。其中約三分之一花在軍隊薪餉和武器上。還有許多被貪汙走。南部絕大部分人支持獨立，但因部族對立而仍嚴重分裂。因此，從一開始南蘇丹就被視為未上正軌的國家。有些觀察家悲觀說它是世上第一個「開始時就已失敗的國家」。

32 黑金

一九九〇年冷戰告終，安哥拉無休無止的內戰出現了第一道和平曙光。整個一九八〇年代，安哥拉一直是冷戰裡的一個棋子，是美蘇兩強利用代理人在其中爭奪霸權的戰場。俄羅斯人和古巴人繼續支持羅安達中央政府，安哥拉人民解放運動的馬克思主義政權，美國人則和南非人一起支撐若納斯·薩文比的叛亂團體「安盟」。美國總統雷根援助他眼中蘇聯「附庸國」境內的叛亂勢力，藉此「消耗」蘇聯的資源，而安哥拉是雷根這一「消耗」戰略的重要一環。第一任總統期間，雷根受阻於禁止美國直接援助安盟的一九七六「克拉克修正案」，於是利用第三方提供軍火給薩文比。第二任期間，他如願推翻克拉克修正案，使他得以直接暗中軍援安盟。軍援數量逐年攀升。

與薩文比打交道的美國官員，給他的領導本事打了高分。「這個安哥拉人兼具軍閥、最高首領、煽動家、政治家的特質，叫人不佩服也難，」曾主掌美國非洲事務的助理國務卿切斯特·克羅克，在他一九九二年的著作《南非洲正午》（*High Noon in Southern Africa*）中寫道。克羅克指出薩文比精通三種非洲語和四種歐洲語，認為他具備了「世界級的戰略眼光」。一九八六年，薩文比受邀訪問白宮，華府以「民主捍衛者」的形象將他介紹給美國民眾。

靠美國和南非的支持，薩文比的部隊控制了安哥拉中部、南部的大半地區，勢力往北直抵薩伊邊界，占領了占安哥拉鑽石產量四分之三的倫達地區鑽石礦區。薩文比與莫布圖勾結，利用薩伊做為安哥拉北部游擊隊活動的基地，收受美國軍火的管道，出售鑽石的貿易中心。

為抵禦安盟的威脅，安哥拉人民解放運動政府倚賴五萬古巴士兵，砸大錢買蘇聯武器，錢則來自美國公司所正在開發的近海油田的收入。一九八七至一九九〇年，蘇聯供應了總值超過三十億美元的軍事裝備。安哥拉衝突的弔詭之一，乃是安哥拉政府要古巴部隊負責保衛美國人所擁有的石油設施，使不受美國人所支持的叛軍攻擊。這場戰爭的代價非常大。一九八〇年代，超過三十五萬人喪命，被迫離開家園者（deslocados）達一百多萬。

一九八八年十二月各方達成協議，南非從安哥拉、納米比亞撤兵，古巴部隊則分階段撤離安哥拉做為回報，但這一協議還是未解決戰爭。急欲討華府歡心的莫布圖，試圖當調人談成安哥拉和平協議，一九八九年六月邀薩文比和安哥拉人民解放運動領袖艾杜瓦多．多斯．桑托斯到他位於巴多利泰的府邸。兩人在那裡首度會面，冷冷握了手。七天後，薩文比的突擊隊攻擊羅安達的供電設施。

一九九〇年三月納米比亞獨立紀念日慶典期間，美俄兩國官員會面，開始商討安哥拉和平問題。前殖民強權葡萄牙呼應這一倡議，在四月安哥拉人民解陣線與安盟的第一輪當面對談時充當調解人。

十三個月後，在一九九一年五月三十一日於里斯本舉行的會議上，多斯．桑托斯和薩文比簽署了厚達六十頁，以結束十六年內戰為宗旨的一籃子協議。多斯．桑托斯拘謹寡言，薩文比則開朗、討人喜歡、充滿自信。出席此儀式的美俄官員同時宣布結束非洲境內冷戰。由英國出生的聯合國外交官瑪格麗特．安斯蒂（Margaret Anstee）領軍的聯合國代表團被偎以重任，負責監督和平進程，核實排定於一九九二年舉行的選舉結果。在有二百萬居民的羅安達沙地貧民區（musseque），一九九一年協議被以感激的心情稱作「瑪格麗特的和約」。

雖然看到了真誠善意，彼此仍猜忌甚深。安哥拉人民解放運動是威權主義政黨，由一小撮菁英掌控。這批菁英被稱作石油權貴（oil nomenklatura），長期習於以專斷方式行使權力，從官方事業自肥。它極倚賴一個靠東德協助所發展出來的保安機構，來確保其政權和消滅任何反對跡象。一九七七年未遂的內部政變，安哥拉人民解放運動政府靠古巴部隊協助將其壓下，而凶狠的壓制手段所產生的恐懼氣氛，這時仍瀰漫各地。自一九七九年於阿格斯蒂紐．涅托死後接掌政權以來，多斯．桑托斯這位受過蘇聯訓練的石油工程師，手中的權力愈來愈大，並搞起個人崇拜。一九八五年安哥拉人民解放運動的代表大會歌頌他的英明領導，宣布「由於他始終如一且真心誠意尊重革命原則，由於他在剖析、解決本黨主要問題時表現出的睿智和謙遜，他的威望、權威和好戰分子、人民對他的尊敬與欽佩愈來愈鮮明可見」。

事實上，安哥拉人民解放運動的政策一敗塗地。它施行取法蘇聯的中央計畫、國有化體制長達十五年，造成工業、農業生產都暴跌。石油收益是唯一的收入來源。石油使這個政府得以發兵征討安盟，得以購買都市居民所需的進口糧食，得以讓石油權貴享有豪奢的生活。在這同時，鄉村居民則得自謀生路。即使在羅安達，物資都持續短缺。安哥拉人民解放運動的菁英能到他們自己的超市採買，超市裡義大利巧克力、蘇格蘭威士忌和紅肉供應充足，老百姓則每天花幾小時排隊（bicha），冀望買到一丁點米或馬鈴薯。市井買賣主要不是用貨幣，而是以蛋、六罐裝鋁罐拉格啤酒或其他東西物物交易的方式進行。公共服務事業解體後，菁英使用國外的教育、醫療設施，費用則取自公款。

多斯．桑托斯住在他位於富屯戈．德．貝拉斯（Futungo de Belas）的總統院區，生活豪奢，鮮少離開那裡。總統院區是古巴人為他建造的現代建築群，位在可俯瞰大海的陸岬上，與骯髒、建築破舊、電力不足、爆發霍亂、惡臭、破敗的羅安達相比，猶如兩個世界。安哥拉人民解放運動仍自稱是馬列政黨，但它堅守社會主義路線的話語根本是假話。

一九九〇年，在俄羅斯人對安哥拉不再感興趣之後，安哥拉人民解放運動正式揚棄馬列主義，宣布贊成經濟改革。但它所施行的改革，為菁英提供了更多商機，尤以國有資產的私有化為然。這時安哥拉人民解放運動所代表的，幾乎只是個替一祕密小集團掩護不法的門面組織。這個小集團由與總統府有關係且彼此有親緣關係的有錢家庭——富屯戈人（futungos）——組成，他們的主要目標就是替自己牟利致富。他們個個都不想為了和平協議危及自己的商業利益。

至於安盟，它是薩文比的個人采邑，他不斷追求權力的工具。雷根總統和其他欣賞他的西方人對他讚譽有加，但他卻是個無情的獨裁者，有著救世主式的天命情懷，堅持完全控制，不容他的安盟裡有異議、有人批評他。他宣稱代表安哥拉的「非洲」人，把安哥拉人民解放運動說成由羅安達的白人和黑白混血兒宰制的沿海政黨。但他本人能保住性命，完全多虧了南非白人統治者的援助。南非白人統治者這麼做，則是出於維繫白人支配地位的考量。薩文比的總部設在然巴（Jamba），位在安哥拉東南隅，地處偏遠，與南非在西南非和卡普里維地帶（Caprivi Strip）內的基地聯繫容易。南非部隊補給、保護他的總部，保住他的叛亂勢力，前後長達十三年。去過那裡的外國記者個個嘆服於安盟的紀律嚴明和有效率，以無能和貪腐而著稱的安哥拉人民解放運動，相形之下大大遜色。薩文比精於公關宣傳，很快就替自己塑造了捍衛西方價值觀的堅決反共形象。他很喜歡自己在西方世界的形象：英勇的游擊隊領袖，一九七〇年代經過「長征」進入灌木森林，以繼續反馬克思主義暴政的戰鬥。但一如安哥拉人民解放運動，薩文比極倚賴觸角廣布的保安機構來維繫他的控制，以恐懼為控制手段。他有計劃地清除安盟內部的對手和批評者，不只處死黨內異議人士，還處死他們的家族成員。據人權團體的報告，他數次將被控行使巫術的婦女、小孩公開活活燒死。此外，根據替他立傳的佛瑞德·布里吉蘭（Fred Bridgland）的說法，薩文比據說性欲很強。「薩文比的性活動已超乎一般人對好色一詞的大部分認知。他替他的高官選妻子，在古怪的通過儀式中先睡過她們，才讓她們嫁人。」他甚至引誘自己未成年的甥女拉凱兒·瑪托斯（Raquel Matos），把她納為妾。「拉凱兒的父母反對，遭處死，」布里吉蘭說。

一九九二年二月，安哥拉正準備舉行選舉時，一樁事件讓人得以一窺薩文比的行事手法。薩文比兩個極親近的同僚，他的「外長」東尼·達·科斯塔·費南德斯（Tony da Costa Fernandes）和他的「內政部長」米蓋爾·恩兆·普納（Miguel N' Zau Puna），在發現薩文比下令處死兩名重要官員和他們的家人後，宣布退出安盟。這兩名官員分別是提托·齊袞吉（Tito Chigunji）和他的姻親威爾森·多斯·

桑托斯（Wilson dos Santos）。齊衰吉來自奧維姆本篤族（Ovimbundu）的望族，而據說薩文比把該家族視為潛在的對手；先前該家族就有幾名成員離奇死亡，死因可疑。據這兩名退黨者的說法，齊衰吉的兩個小孩，其中一個還是嬰兒，被人抓著用頭砸樹而死。

這些事情的披露重創了薩文比在安哥拉和西方的名聲。齊衰吉與威爾森．多斯．桑托斯都曾以安盟代表的身分派駐國外，在華府很有名氣。美國國務卿詹姆斯．貝克（James Baker）致函薩文比，要他完整交待這兩人的遭遇。薩文比否認他們的死與他有關連，安然度過風暴。他仍深信他會贏得選舉。在羅安達，他把競選總部設在米拉瑪爾（Miramar）區——可俯瞰海灣的外國使館集中區——的高地上，一棟氣派的白色別墅裡，一再告訴前去那裡採訪他的記者，他如果輸掉，只會因為選舉舞弊。一九九二年三月聯合國代表團團長瑪格麗特．安斯蒂來到安哥拉後不久，就登門拜訪。「他全身散發傳奇色彩——他催人欲眠的銳利眼睛、他的雙手、甚至他那雙擦得一塵不染的皮靴，」她在她的回憶錄裡寫道。「這個人全身散發領袖魅力。那一次他還散發迷人風采和溫情可掬的通情達理……表面上看那是極文明、現代的場合，但我整個人覺得自己是中世紀宮廷裡的賓客。」

儘管緊張情勢升高，安哥拉仍首度嘗到自由的滋味。新店鋪和酒館開張；外國志工（cooperante）成群抵達；雄心勃勃的重建計畫問世；外商前來尋找承包機會；居民替自己房子上漆。「一九九二年的安哥拉，經過死氣沉沉的社會主義剝奪歲月後，就像打呵欠、伸展四肢醒來的李伯，」美國記者茱迪絲．麥特洛夫（Judith Matloff）寫道。「特務橫行、拿蛋當交易媒介的日子過去了」。到處散發著不再打仗後的寬心氣氛，但是否就此遠離戰爭，人們仍存有疑慮。「會不會像一九七五年那樣？」有個市場商販問道。「開啟戰端的不是人民，而是領導人。」

和平進程本身碰上不小的困難。根據一九九一年協議，總兵力約二十萬的兩支對立軍隊不能到駐地之外，要復員、重組為五萬兵力的一支新國軍，而且得在十六個月內，在選舉之前，完成這所有作業。光是後勤方面，問題就很大。國內三分之二的道路因為埋設地雷或橋梁被毀而無法通行車輛，空中運輸也有限。此外，據估計有五百萬選民得登記。

奉派前來核實復員和監督選舉過程的聯合國代表團，聯合國安哥拉核查團（Unavem），獲授予的權限有限且手中資源不多。安理會根據七四七號決議授權這一代表團時，堅持盡量壓低開支。「給了我一架七四七，燃料卻只夠一架DC3（螺旋槳飛機）飛，」安斯蒂抵達羅安達後，向一記者開玩笑道。為了納米比亞和柬埔寨監督選舉過程的任務，聯合國分別撥予四億三千萬美元和二十億美元的經費，安斯蒂拿到的經費則是一億三千二百萬美元。為順利完成任務，她不得不乞求西方個別政府提供更多物資和設備。由三百五十名軍事觀察家組成的團隊，要搞定危險重重的復員計畫。「世上花費最少的維和行動」，安斯蒂如此說。總共八百人的選舉觀察團，要在面積比法、德、義三國領土總和還要大的區域裡，監督五千八百二十個投票所。看著任務開展，茱迪絲·麥特洛夫把這次行動總結為「無能到離譜的一次聯合國和平任務」。

不久，和平進程的每個部分，都大大落後於原訂時程。至一九九二年九月，安哥拉人民解放運動和安盟的軍隊，分別只復員約一半和約四分之一。新成立的國軍，安哥拉武裝部隊（Forças Armadas Angolanas），只有八千兵員。雙方都擔心對方保留實力，以便輸掉選舉時重啟戰火。紛爭叢生，加劇不信任的氣氛。安盟惱火於政府決定組成新「鎮暴」警隊——後來俗稱的忍者（ninjas）——鎮暴警察穿著海軍藍制服，戴墨鏡，手持AK-47和烏茲衝鋒槍，開始出現在羅安達街頭。薩文比說它是「另一支軍隊」。

雙方打選戰，手法愈來愈火爆。薩文比擅於運用激憤言語，揚言開票結果若不是他贏，他不會接受那結果。「如果安盟未打贏選舉，肯定有人把選舉動了手腳。如果動了手腳，我想我們不會接受選舉結果。」當時街上流傳一句話：「安哥拉人民解放運動偷東西，安盟殺人。」但投票日平和有序。九月三十日投票所關閉時，幾乎沒有暴力事件。不管安哥拉的政治人物有何陰謀詭計，選民以據估計九成的投票率表明他們一定要投票的決心。他們太渴望和平了。

國營電臺開始廣播初步開票結果，顯示安哥拉人民解放運動取得壓倒性領先，這時麻煩開始出現。最先開出的票，主要來自都市選區，即大家都知道的安哥拉人民解放運動的票倉。隨之爆發電臺廣播戰。安盟的沃爾甘（Vorgan）電臺——「黑色小公雞抵抗之音」（Voice of the Resistance of the Black Cockerel）——堅稱安盟以多出對手一倍的票數遙遙領先。十月三日，官方結果仍未公布之時，薩文比突然在沃爾甘電臺上發布「致安哥拉全國人民書」，警告如果官方宣布安哥拉人民解放運動獲勝，會有暴力出現。

我要很遺憾告訴大家，安哥拉人民解放運動想藉由偷走票箱，藉由阻撓選民造冊代表辦事，藉由透過它的電臺和電視頻道扭曲事實與數據，來非法且竭盡全力抓住權力不放……此刻安哥拉人

> 民解放運動正在搞欺騙。在各個省，安盟於總統、國會選舉都領先……
>
> 全國選務委員會得考慮到，它透過數據造假和篡改電腦資料搞鬼的行徑，會促使安盟採取可能會令我國情勢大亂的立場……
>
> 全國選務委員會受到富屯戈．德．貝拉斯總統官邸的操縱，而我們不怕富屯戈．德．貝拉斯。如果富屯戈想要這過程停住，想要我國的情勢變壞，那它就繼續去說謊、偷票箱、扭曲數據。一如一九七五年時我們向已故總統阿格斯蒂紐．涅托博士說過的，「開啟戰爭易，但把戰爭延長並打贏難。」如果安哥拉人民解放運動想選擇戰爭，它知道它永遠打不贏這個戰爭。
>
> 我們想要安哥拉人民解放運動注意到一個事實，即我國有一些男女願意為了讓國家能彌補過去的荒唐而獻出他們的生命。就我們來說，不是哪個國際組織說選舉自由且公正就說了算……

兩天後，薩文比清楚表達了他的意圖，下令安盟的將領退出新成立的國軍。薩文比本人離開羅安達，前往中部高地上的安哥拉第二大城萬博（Huambo），一九七六年時他曾以萬博做為他的大本營。努力讓和平進程走下去的安斯蒂前去找他，在官方公布投票結果之前，著手調查安盟所指控的舞弊情事。調查後斷定，雖有不合規定之事，卻沒有大規模舞弊的證據。

經過一再推遲，官方終於在十月十七日正式公布結果。總統選舉部分，多斯．桑托斯拿下四九．五七％的選票，薩文比拿下四〇．〇七％。得票必須過半才算當選，因此得舉行第二輪投票。國會選舉部分，安哥拉人民解放運動得票率五三．七％，拿下一百二十九席，安盟三四．一％，拿下七十席。

安斯蒂認可這一結果，宣布儘管有「瑕疵」，聯合國代表團認為選舉「大體上自由且公正」。

有人分析這一選舉結果，發現安哥拉人民解放運動在其金本篤人「地盤」囊括所有席次，在羅安達和周邊的本戈（Bengo）、北寬札（Kwanza Norte）、馬蘭熱（Malange）三省拿下八成一的總統票和八成五的國會票。同樣的，安盟在其奧維姆本篤人的大本營意氣風發，在本格拉、比耶、萬博三省和東南部人口稀疏的寬多－庫邦戈（Cuando Cubango）省，拿下八成總統票和七成六國會票。差別在於安哥拉人民解放運動成功吸引到金本篤人地盤之外的支持。在這兩黨票倉之外的十個省，安哥拉人民解放運動拿下七成二的總統票和七成七的國會票。許多原本可能支持安盟的選民，被薩文比的好鬥式選戰作風嚇到而轉向。競選時他語帶恐嚇揚言如果他選輸了會重啟戰爭。

安斯蒂的團隊和其他外國代表團極力挽救和平進程，但雙方仍準備再次開打。安盟的部隊從其駐地拔營，控制了內陸數大塊地區，包括產鑽石的倫達（Lunda）地區，迫使政府行政官員逃跑。在羅安達，安哥拉人民解放運動開始把武器分發給其在貧民區的支持者。數個城鎮暴發衝突。安盟部隊攻打萬博的電臺、電視臺，試圖占領省政府大樓。

十月三十一日，羅安達爭奪戰開打。經三天戰鬥，安盟部隊遭逐出首都。羅安達的辦公大樓、民宅、飯店被毀。政府的「忍者」和來自羅安達貧民區的武裝治安維持隊，發動「清洗行動」（limpeza），四處捕殺安盟支持者，欲將羅安達境內的這類人肅清，從而構成聯合國某高級官員所謂的「全面屠殺」。

羅安達爭奪戰爆發後，為爭奪其他城鎮，也爆發類似的激烈衝突，造成約三十萬人喪命。安哥拉再度分裂為政府控制區和叛軍控制區。但這一次，安哥拉內戰不再是冷戰的附屬物，也與南非為保住白人支配地位而展開的鬥爭無關。它是為滿足一人獨攬大權的野心而發動的戰爭。

在安哥拉的維和行動垮掉之際，聯合國啟動類似行動以結束莫三比克內戰。內戰打了十五年，使莫三比克殘破不堪。到了一九九〇年代初期，全國一千八百萬人口，已有一百多萬人喪命，另有五百多萬人被迫離開家園。超過九成人口生活在貧窮線以下，六成人口赤貧。為防止集體餓死，莫三比克倚賴外援。

在國際支持下，莫三比克解放陣線（Frelimo）政府和莫三比克全國抵抗運動叛亂團體被拉上談判桌，開始漫長的談判。莫三比克全國抵抗運動一開始就是外國勢力的代理人——先是白人主政的羅德西亞的代理人，然後是南非的代理人——已以極端殘暴、為倣效尤而屠殺、砍人手腳、強拉娃娃兵入伍而惡名昭彰，但它也善加利用莫三比克解放陣線的威權統治政策所引發的強烈民怨，控制了莫國中部、北部數大片地區。在有機會參與新政治秩序後，莫三比克全國抵抗運動於一九九二年同意解散其軍隊，轉型為政黨，投入選舉。十月四日，即安哥拉選舉幾天後，雙方在羅馬簽署和平協議。

忖於安哥拉維和的一敗塗地，聯合國決定把大量人力、金錢、裝備投入莫三比克，在那裡實質建立一個與中央政府並存的政府。大部分重要的工作，從復員、解除武裝到重新安置難民、戰鬥人員，由聯合國機構執行，或由非政府組織代為執行。復員始於一九九四年一月，九月完成，那時選舉尚未舉行。十月的總統選舉，莫三比克解放陣線的若阿金·席薩諾（Joaquim Chissano）拿到五成三選票，莫三比克全國抵抗運動的阿爾豐索·德拉卡馬（Alfonso Dhlakama）拿到三成三；國會選舉方面，莫三比克解放陣線拿下四成四選票，一百二十九席，莫三比克全國抵抗運動拿下三成八選票，一百一十二席。莫三比克全國抵抗運動接受這結果，甘於扮演「忠誠」反對黨的角色。

在安哥拉，城市戰打了兩年，造成前所未見的破壞。薩文比一改他一九八〇年代的游擊戰略，把重點擺在保住重要城市。被趕出羅安達、洛比托（Lobito）、本格拉後，安盟設法攻占了十八個省會中的五個，包括他用來做為司令部的萬博市。萬博市爭奪戰打了五十五天，該市大半地區因此淪為廢墟。政府軍撤離該市後繼續從空中轟炸它。安盟也包圍政府所控制的城鎮，意圖使守軍餓到開城投降。比耶省省會奎托（Kuito）遭不斷轟炸了九個月後，雙方同意暫時停火；六個月後戰火終於平息時，城中建築物已幾乎全毀。雙方埋設了數百萬地雷，在平民中造就了新一代的斷腿缺胳臂者（mutilado）。

薩文比已失去其先前靠山（美國、南非）的支持，但取道莫布圖主政的薩伊的補給線仍然暢通，使他得以拿鑽石換武器。安盟來自鑽石的收益，一年達三億至五億美元，使他財力雄厚。莫布圖提供武器交易的最終用戶證書給薩文比，允許他在薩伊儲存武器，以換取鑽石和現金。薩文比也與剛果─布拉札維爾、多哥兩國總統達成協議，取得支援設施；多哥總統埃亞戴馬為薩文比的小孩提供庇護。

但薩文比所掌控的領土開始縮小。一九九三年，他控制了全國超過三分之二的領土，但一九九四年間，隨著政府重組其軍隊，把一半的全國預算花在武器上，安盟逐步失去領土。一九九四年十一月，政府軍奪回萬博市，迫使薩文比撤退到他的故鄉，即曾是奧維姆本篤族國王的都城拜倫多（Bailundo），那裡。十一天後，出於利害考量，安盟同意在盧薩卡談成的新和平協議。

與一九九一年的和平協議不同，盧薩卡議定書（Lusaka Protocol）授予聯合國新代表團監督和平進程執行的直接職責。七千名聯合國士兵組成的特遣隊，奉命協助復員和組成新國軍。聯合國官員希望重現莫三比克的成功案例。但儘管聯合國方面向薩文比表示願讓他在過渡期間分享權力，他從一開始就祭出推拖、延遲戰術來阻撓和平進程，以爭取時間從他所仍控制區域生產的鑽石積累戰爭經費。他派了七萬多士兵到聯合國所管轄的「駐紮區」，但那些人大部分是被抓來替復員充數的鄉村後備軍人。他真正的軍隊和他們的裝備、物資，他仍抓在手裡。他也拒絕多斯・桑托斯欲請他在日後的全民政府裡擔任副總統的提議。有個外國記者就此提議問他時，他咆哮回道：「我看來像傀儡嗎？」

一九九七年四月，全民政府終於成立，包括安盟出身的幾位部長。和平進程走到這個階段，聯合國非常滿意，認為照這樣發展下去，它能撤出大部分的維和部隊，由只有一千五百士兵組成的部隊執行剩下的任務。但薩文比仍不讓政府將仍歸他控制的許多區域納入管轄，特別是鑽石礦區。他無視清議，在礦區附近舉行拍賣會，邀外國買家搭機前來搶購。到一九九七年，他過去五年的鑽石交易收入，據估計已達二十億美元。

聯合國安理會惱火於薩文比阻撓和平進程，一九九七年八月制裁安盟，禁止該黨的領導幹部在國際旅行，關閉安盟的國外辦事處，禁止飛行器飛入安盟控制區。經過又一番推諉後，安理會於一九九八年六月下令禁止購買未附官方產地證書的安哥拉鑽石，凍結安盟的銀行帳戶和其他金融資產。

薩文比在拜倫多的處境似乎愈來愈岌岌可危。一九九七年五月莫布圖政權的垮臺，使他失去了他最後一個可依賴的外國盟友。一九九七年六月剛果—布拉札維爾因內戰而動盪不安時，他失去另一個

鑽石市場。在羅安達擔任部長和議員的安盟成員，失望於他的阻撓政策，決定脫黨。但薩文比所積聚的戰爭經費使他得以重新整軍經武，為另一次爭取「勝利」做準備。

政府也砸大錢在軍火上，打定主意如果薩文比繼續阻撓盧薩卡議定書的落實，要動武打垮他。多斯．桑托斯終於失去耐性，一九九八年十二月宣布戰爭是唯一選項，下令軍隊攻打安盟在中部高地上的據點。和平進程瓦解，聯合國結束其觀察任務，自一九九四年來花在安哥拉上的十五億美元付諸流水。

一九九八年開打的戰爭打了三年多。雙方動用強徵來的新兵，摧毀村莊，劫掠財物，殺害平民，姦淫婦女小孩。將近三分之一的人口（約四百萬）被列為被迫離開家園者（deslocado），無家可歸且身無分文。一九九九年失去對拜倫多和他僅存的幾座大機場的控制權後，薩文比把大本營搬到東部的莫希科（Moxico）省，放棄攻占城鎮的策略，再度對政府目標展開游擊戰。安盟的戰力遭政府攻勢削弱後，每下愈況。在戰爭最後階段，政府祭出焦土戰術，強行移走安盟控制區裡的鄉村居民，燒掉他們的作物。二〇〇二年二月，薩文比在靠近尚比亞邊界的偏遠盧瓦（Luva）地區被困住，在交火中戰死。幾天後，安盟求和。

在和戰交替這些年，多斯．桑托斯和其手下發了大財。多斯．桑托斯從其位於富屯戈．德．貝拉斯的總部操作總統恩庇制，把政府發包的工程、商機、鑽石開採特許權、土地所有權、進口執照、特定商品的專賣權、低利信貸，賞給他的家人、朋友、同僚，即所謂的即富屯戈人）。為打內戰而購買軍火，讓一些得到當局垂青的人拿到大筆回扣。政府的私有化計畫使高階軍官和高級官員得以用象徵性的區區小筆金錢，或有時根本一毛錢都不用花，買進國有財產、農場、企業。有些富屯戈人有管道接觸外匯，在不同市場間「借貸套利」，靠雙重匯率大賺其錢。

菁英家庭也受益於國家提供的外國醫療服務，受益於國家獎學金，使他們的子弟得以出國讀書——出國除了讀大學，還有人讀高中。一九九七至二〇〇一年，出國獎學金平均占去政府在教育方面總開支的一成八，比花在國內技職教育和高等教育的經費總和還要多。出國醫療支出耗掉政府在衛生方面總支出的一成三，幾乎和初級保健方面的支出一樣多。以行動表明忠心的部長和官員，獲贈比他們的年薪多上許多的豐厚「聖誕節紅利」。

安哥拉的石油收益大半被拿去用於私人目的。石油產量於一九八三年後成長了五倍。一九九七至二〇〇二年，石油業營收一百七十八億美元。但這筆收入的流向，官方諱莫如深。國際貨幣基金二〇〇二年的一份報告顯示，一九九六至二〇〇一年的政府支出，有兩成二「用途不明」，另有一成六被列為「預算外」。「人權觀察」組織二〇〇四年發表的一份報告，利用國際貨幣基金的數據，推斷一九九七至二〇〇二年有四十二億美元的金額「未交待去向」，平均一年七億美元，近國內生產總額的一成，和同一期間教育、衛生、社會服務方面的總支出約略相當。這份報告說，說穿了就是安哥拉統治階層的嚴重管理不善和貪腐。

當政府是中央控管之某項主要收入的直接受益者，因而不倚賴國內課稅或多元化經濟來運作時，那些統治國家的人就有獨一無二的自肥、貪汙機會，特別是如果收入管理不透明的話。取得政治權力往往是獲致財富的首要管道，因此，奪取權力並無限期保住權力的誘因非常強。這一動力腐蝕了國家的治理，最終腐蝕了對人權的尊重。由中央控管的收入（例如石油收益）的存在，未帶來繁榮、法治、對權利的尊重，反倒有助於強化、加劇非民主或不可問責之統治者或執政菁英的最惡劣習性，反倒有助於讓他們在沒有相應的問責機制下自己致富……這就是安哥拉已出現的情況。

多斯．桑托斯費盡心思務使政府的石油帳目不受審查。二〇〇二年通過的國家安全法案，將「國家的金融、貨幣、經濟、商業方面的利益」列為祕密，明令凡是洩漏消息被捕者都要入監服刑。國際貨幣基金的一個團隊想解開該國的石油帳目，於是要求該國政府說明為何它所說從石油公司的石油探勘費收到的金額和石油公司所說的付出金額間，有高達二億一千五百萬美元的落差，結果政府官員說他們「不能提供說明這些付款的證明文件，因為與石油公司簽有保密協議」。英國石油公司回應提高透明度的要求，二〇〇一年宣布它會公布其付給安哥拉的金額數目，安哥拉政府隨之威脅取消該公司數十億美元的合約，並附帶警告其他所有石油公司：「我們希望維持我們與在安哥拉經營業務的石油公司所始終保有的良好關係，力勸我們其他所有夥伴日後勿有類似的態度。」

政府打定主意不讓外界窺知，但由於歐洲境內針對後來俗稱「安哥拉門」（Angolagate）的醜聞所展開的一連串調查，多斯．桑托斯的交易還是有一部分曝了光。二〇〇〇年七月，曾任石油公司高階主管的安德烈・塔拉洛（André Tarallo）向法國當局證稱，億而富—阿基坦（Elf-Aquitaine）公司付了數百萬美元的賄款給非洲數位領導人，以換取影響力和石油交易，而多斯・桑托斯是那批賄款的收受人之一。多斯・桑托斯否認此一指控。「安哥拉總統的內閣認為塔拉洛先生的態度令人無法接受且不公正，因為安哥拉當局出於誠意給予他各種援助，以確保億而富在安哥拉經營成功和取得良好績效，從而使法國得以在安哥拉的石油業裡占據老二的位置，得到明顯的好處。」

多斯・桑托斯也被指名是一筆見不得人之交易裡的受益人。這筆交易涉及重訂安哥拉欠俄羅斯的五十億美元債務的支付計畫，以便購買軍火。二〇〇二年，瑞士法官達尼埃爾・德沃（Daniel Devaud）在調查涉及「俄羅斯、安哥拉要人」的交易時，下令凍結存在日內瓦某銀行戶頭裡的七億美元資金。這些要人與那筆債務協議有關連，多斯・桑托斯是其中之一。這位安哥拉人民解放運動領袖火冒三丈。在寫給瑞士總統的抗議信中，多斯・桑托斯說瑞士法官無權插手安哥拉、俄羅斯之間的雙邊事務，揚言撤回駐瑞士大使。他把德沃的作為斥為「傲慢、濫權、違反國際法原則」。但二〇〇二年六月，安哥拉內政部長在羅安達的議會中坦承，政府的錢的確存在私人的銀行戶頭裡，但辯解這在面臨非常情況的國家司空見慣。國際貨幣基金的職員要求交待這一俄羅斯債務協議的詳情時，安哥拉政府以「那會侵犯國家主權」為由拒絕照辦。

二〇〇三年，經濟學人情報社（Economic Intelligence Unit）提供的資料，讓世人見識到富屯戈人有多有錢。它說安哥拉境內有三十九個人，每個人資產至少五千萬美元，另有二十個人，據說每個人資產至少一億美元。這份名單中前七個最富有的人中，六個是長期在政府當官者，剩下那個則是退休不久的官員。這五十九個人的財產總值至少三十九億五千萬美元。相對的，二〇〇二年，人口約一千四百萬的安哥拉的國內生產總值，約一百零二億美元。

富裕菁英與普遍貧窮的其他人民，反差非常強烈，而在羅安達，這一反差最為鮮明。該市的街頭充斥最新款的賓士車和豐田越野休旅車，海灣裡有水上摩托車在繞圈，空調大賣場裡的價格和倫敦大賣場裡的價格一樣。但在街角有成群的流浪兒和去胳臂斷腿者在晃蕩，向行經的人車乞討。該市四百萬人口，有二百萬無緣享用乾淨水，靠從無業小販買來，未經處理過的桶裝班戈（Bengo）河水活命。大部分安哥拉人靠一天不到七十美分的收入勉強過活。

33 暴力學位

一九八〇年辛巴威獨立建國時的希望、樂觀之情，存續了數年才消。羅伯特．穆加貝信守他的和解承諾，致力於與他的前白人對手締結良好的工作關係。他任命兩名白人入閣，留任前羅德西亞武裝部隊司令彼得．沃爾茲（Peter Walls）將軍當辛巴威的軍事首長。穆加貝甚至留任過去想方設法暗殺他的情報頭子肯．佛勞爾（Ken Flower）。有次，兩人在穆加貝的辦公室會晤時，佛勞爾急著向穆加貝說明羅德西亞人幾次試圖殺掉他的事，以讓穆加貝充分瞭解他的背景。但穆加貝一笑置之。「沒錯，但都沒得手，不然我們不會一起在這裡，」他說。「別以為我會為你們的失手鼓掌」。在個人回憶錄中，佛勞爾憶道：「為這個非洲領袖效命，真是個奇怪的經驗，白人曾被教導去仇視他，我們曾預言他的掌權會帶來禍殃。」

同樣值得一提的，穆加貝與前羅德西亞領袖伊恩．史密斯建立友好關係，邀他過來見了數次。史密斯不難想見大為折服。兩人第一次會晤後，史密斯記載道，「我回到家告訴珍妮特，希望這不是幻覺。他的言行舉止像個穩重有禮的西方人，與我本以為會見到的共產黨惡棍完全相反。如果這是真的，那麼心裡就有希望而不是絕望。」接下來的幾次會晤，史密斯離開時都更加有信心，在其日記裡談到穆加貝的「成熟、講理和光明正大。」

穆加貝也盡力讓白人企業對未來放心，強調外來投資的重要和先按資本主義路線發展再採行社會主義措施的必要。「我們接著會促成改變，但以切合實際的方式改變，」他說。「我們明白我國經濟結構以資本主義為基礎，明白不管我們有何想法，都必須以那為行動基礎。修正只能以漸近的方式進行。」

他特別想贏得營利性白人農場主的信任。他們是該國最具優勢的群體之一，總數只有六千人，卻擁有該國將近四成的農地和三分之二的最優質土地。他們的作為被視為攸關辛巴威的經濟榮枯。他們的產出占農業產出的四分之三，以先進的技術和設備生產多種作物和大宗商品。他們生產市場上所販售玉米（主食）的九成；棉花（主要工業作物）的九成；幾乎全部的菸草和其他出口作物，包括小麥、咖啡、茶葉、糖，總共占辛巴威總出口額的三分之一。他們雇用約三分之一賺取工資的勞動力——一九八〇年時約二十七萬一千人。

穆加貝清楚必須把白人農場主當成「寶」，必須以大幅調漲的價格和其他財政誘因獎勵這一產業，務使技術服務和技術支援維持在高水準。由於他的用心支持與金援，原本被一九八〇年選舉結果弄得緊張兮兮且心情低落的白人農場主，不久就恢復信心，甚至把他捧為「好心腸的老鮑伯！」此外，辛巴威獨立後的頭兩年，天公作美，雨量豐沛，收成創新高。

獨立的蜜月期帶給白人族群許多好處。他們不再遭遇軍事徵召或經濟制裁或汽油配給。這時他們可隨心所欲從事戰時捨棄的那些舊休閒活動。除了掌握大部分營利性農場，他們還主宰工、商、銀行業，幾乎壟斷高階技能，大部人保有可觀的房地產和個人財富。在戰爭結束後的經濟榮景裡——兩年裡成長了兩成四——白人是最大受惠者。

在西方援助大量湧入的加持下——獨立頭一年獲許諾援助九億英鎊——穆加貝也得以啟動讓全民享有教育和醫療服務的浩大計畫，得以為土地重分配計畫籌得資金。土地改革刻不容緩。四百萬人靠已過度擁擠、過度放牧、急速退化的公有地（communal land）過日子。四分之三的小農土地位在乾旱頻發、即使降雨量達到正常水準仍不夠從事集約型作物生產的區域。公有地的人口密度是「白人」區域人口密度的三倍多，公有地居住人口已是那些土地所能負荷之人口的兩倍。土地不足和土地劣化是存在已久的問題，白人統治數十年期間一直擺著未解決，而且由於人口壓力，問題日益嚴重。公有地每年多冒出四萬戶人家。

在英國金援下，穆加貝的政府啟動要在三年期間將一萬八千戶人家遷置於約二百五十萬英畝前白人土地的計畫，那些土地主要是戰時遭棄置的東北部農場。這一計畫規劃得非常詳細，要求建設公路、圍欄、清洗槽、住宅、學校、診所這些基礎設施。它只代表初步的土地問題處理措施，但受制於一制憲協議，穆加貝不得採取較激進的措施。這一制憲協議從獨立起有效期十年，規定土地交易只能在買賣雙方你情我願的基礎上進行。為讓白人農場主放心他們的土地所有權，穆加貝堅稱他會在規定的期限內遵守這一協議。

但穆加貝願意遷就白人的利益——國家經濟的繁榮主要倚賴白人——卻未以同樣的寬容對待反對他的黑人。

穆加貝的目標，誠如他從獨立之初就一再表明的，乃是建立由辛巴威非洲民族聯盟—愛國陣線（Zanu—PF）統治的一黨制國家。事實表明，他打仗不是為了實現民主，而是為了取得完全的控制。一九八〇年出任總理後，他於接受採訪時表明他失望於一九七九年在倫敦的和談剝奪了他取得軍事勝利（最大喜悅）的機會，從而剝奪了他「作主」的機會。在英國敦促下，他出於一時的利害考量，同意與他的對手約書亞·恩科莫，辛巴威非洲人民聯盟（Zapu）領導人，組成聯合政府，兩人底下的游擊隊——穆加貝的辛巴威非洲民族解放軍（Zanla）和恩科莫的辛巴威人民革命軍（Zipra）——則合併為一支新國軍。但穆加貝從一開始就表露出對此安排的不耐，允許他最親信的兩個同僚埃德加·泰凱雷（Edgar Tekere）和以挪士·恩卡拉（Enos Nkala），嘲笑、詆毀恩科莫和支持他的恩德貝萊人。獨立後才幾星期，泰凱雷和恩卡拉就不顧可能挑起衝突的風險，公開談到有必要「消滅」辛巴威非洲人民聯盟。恩卡拉是恩德貝萊族政治人物，長期仇視恩科莫，嘲笑他是「自行任命的恩德貝萊族國王」。泰凱雷用語更為尖刻：「恩科莫和他的游擊隊員是我國傷口裡的細菌，必須用碘酒把他們清洗掉。病人不免會尖叫一下。」

穆加貝暗中籌劃最後的對決。一九八〇年十月，即獨立後才六個月，他就和殘暴的共產獨裁國家北韓簽署協議，由北韓協助訓練一支新陸軍旅，並賦予該部隊對付國內異議人士的明確職責。這支新部隊的新兵幾乎全招募自操修納語且忠於穆加貝的前游擊隊。這支後來被稱作第五旅的部隊，自成一系，與國軍其他部隊不相統屬，有自己的制服，戴自成一格的紅扁帽；它使用不同的裝備、運輸工具、武器。它的密碼與無線電設備與其他部隊不相容。它的指揮鏈繞過節制陸軍其他部隊的中間層級，直接聽命於穆加貝的陸軍司令。直到一九八一年八月，由一百零六名北韓教官組成的教導隊在辛巴威開始運作之後，穆加貝才揭露這支新旅的存在。

在這同時，穆加貝的打手繼續他們對辛巴威非洲人民聯盟的打擊。一九八〇年十一月在恩科莫的據點布拉瓦尤（Bulawayo）的一場政治性群眾大會上，恩卡拉把辛巴威非洲人民聯盟斥為「敵人」，要求辛巴威非洲民族聯盟—愛國陣線的支持者發起他所謂的總動員。「你們要自行組成小團體，做好隨時可在辛巴威非洲人民聯盟的地盤挑戰他們的準備。如果那表示要動手，我們就送他們幾拳。」這場群眾大會後，相對立政黨的支持者在街頭起衝突，在布拉瓦尤市的郊區市鎮恩圖姆巴內（Entumbane），相對立的游擊隊開打，激戰了兩天。這件事導致其他軍事基地裡，包括新整合而成的防衛部隊在內，出現緊張、不信任的氣氛。一九八一年二月在恩圖姆巴內爆發第二波戰事，三百多人死亡。大批辛巴威人民革命軍的軍人擔心自身安危，帶著武器逃離所屬部隊。

到了一九八二年初期，穆加貝覺得地位已夠穩固，可以放手和恩科莫決裂。他所搬出的藉口是對方暗藏軍火。為處理戰爭後民間仍儲藏軍火的問題，已設立了一個聯合高階委員會，但穆加貝宣稱在辛巴威非洲人民聯盟名下的農場找到數批暗藏的軍火，證明該團體的領導階層計劃發動軍事政變。「這些人正打算推翻、接管政府，」他嚴正表示。他把恩科莫在內閣中的角色比喻為「屋裡的眼鏡蛇」，接著說，「要有效對付蛇，唯一辦法就是打破它的頭。」恩科莫果然被革去政府職務；他的黨所擁有的企業、農場、房地產遭沒收，數千名把解員發放金投資在它們上面的前戰士一下子血本無歸；兩名前辛巴威人民革命軍領導人，包括國軍副司令，被以叛國罪逮捕。恩科莫否認穆加貝的所有指控。「真正的癥結不在軍火，」他說。「這是對付他的政治動作的起點，目的是推動一黨制國家。」

由於穆加貝的指控，國軍裡的前辛巴威人民革命軍軍人成為報復對象。許多人遇害，遭毆打，或受到其他傷害。數百人帶著武器逃亡。成群的前辛巴威人民革命軍「異議分子」在馬塔貝萊蘭（Matabeleland）遊蕩，搶劫商店，攔劫巴士，攻擊孤處一地的農莊住宅和村子。他們沒有明確的目標。「一九八〇年代，沒有一個人是招募來的，」某個前辛巴威人民革命軍戰士後來接受研究人員採訪時說。「我們是形勢所逼。我們所有人都只是在灌木森林裡碰在一塊。為了活命，每個人想離開就離開。」

馬塔貝萊蘭一地日益不受法律管轄，為南非提供了插手此衝突的機會，一如南非在鄰國莫三比克所為。數小股異議分子，在南非川斯瓦北部某基地受過訓練後，偷偷回到馬塔貝萊蘭，使當地更為動盪。這些人只有百人，但用當時南非人的話說，他們已足以「使鍋子持續沸騰」。穆加貝把異議人士的活動歸咎於辛巴威非洲人民聯盟，說它與以南非人為基底的團體聯手，欲推翻政府。穆加貝以暴力活動為藉口，在馬塔貝萊蘭全境大肆鎮壓，在這過程中翦除辛巴威非洲人民聯盟。「我們所要採取的諸多措施，有一些會是法律所不允許的，」他在一九八二年告訴國會。「在現今的情況下，以一眼還一眼，一耳還一耳，可能還不夠，我們很可能得以兩耳還一耳，兩眼還一眼，加倍奉還。」

這個任務就由第五旅擔下。穆加貝把這支新旅稱作古庫拉渾迪（Gukurahundi），那是個修納語詞，意為春雨來臨前洗掉穀殼的初雨。戰爭期間他就用過這個詞，把一九七九年稱作Gore reGukurahundi（人民風暴之年），用以指稱人民反白人統治的鬥爭達到最高潮那一年。在馬塔貝萊蘭，古庫拉渾迪有了更惡毒的意涵，被解讀為「掃除垃圾」。

從一九八三年一月底部署在北馬塔貝萊蘭省（Matabeleland North）那一刻起，第五旅就刻意鎖定平民展開有計畫的毆打、縱火、集體殺害。村民被集攏、聽訓、連續毆打數小時。毆打之後往往是公開處死。最初鎖定的目標是根據名冊點到名的前辛巴威人民革命軍戰士和辛巴威非洲人民聯盟幹部，但受害者往往是隨機被選中，包括婦女。然後村民被迫一邊在集體塚上跳舞，一邊用修納語唱讚頌辛巴威非洲民族聯盟—愛國陣線的歌，塚裡是幾分鐘前他們被殺害埋葬的家人和同村村民。六個星期裡，至少兩千平民遇害，數百農莊被毀，數萬平民遭毆打。此外，第五旅實施嚴格宵禁，禁止各種交通工具行走，關閉店鋪，阻撓旱災救濟物資送到快餓死的村民手上。

穆加貝對他壓制叛亂的做法直言不諱。「我們得以非常無情的手段解決這難題，」他在馬塔貝萊蘭鄉間告訴某群聽眾。「如果你的親人在這過程中被殺，別哭……凡是有男女提供食物給異議分子的地方，我們到了那裡，就會除掉那些人。我們打擊不分對象，因為分辨不出誰是異議分子而誰不是。」

一九八四年，南馬塔貝萊蘭省（Matabeleland South）成為古庫拉渾迪清剿的重點。這個地區已受苦於三年乾旱。那裡的居民，總數四十萬，極倚賴救濟物資和當地商店的食物供給。政府關閉所有商店，阻止所有糧食（包括旱災救濟糧食）送抵該區域，實行全面宵禁，禁止進出宵禁區，無視這樣的做法必然使許多人餓死。數十萬老百姓不久就陷入絕境。教會人員懇求穆加貝撤銷這些措施，提醒不久後就會餓莩遍野。但這些措施持續施行了兩個月。第五旅某軍官在與當地恩德貝萊人開會時說明了軍方的糧食政策，說「首先你們會吃掉雞，然後山羊，再來牛，然後驢子，接著會吃掉自己小孩，最後吃掉異議分子。」部隊把該地僅存的食物搜括一空，搶走牛隻，不屑地說道牠們是十九世紀恩德貝萊人襲掠修納人期間所搶走的牛。許多村民不得不吃起昆蟲和草籽以活命。不計其數的人喪命。

布拉瓦尤主教指控政府施行有計畫餓死人的政策時，穆加貝反駁道，這位主教看重拜恩科莫更甚於拜上帝。他說保安部隊執行了「一個漂亮的任務」。神職人員不該插手政治。「不是主教打個噴嚏，我們就都感冒。沒這回事。我們是政府，我們照我們覺得恰當的方式管我們的事……我們不能因為主教說了什麼就東奔西跑。有這必要嗎？」

除了禁止糧食進入，第五旅還和穆加貝的祕密警察機關「中央情報組織」（Central Intelligence Organisation）聯手抓走數千男女小孩，乃至年老體弱者，把他們帶到訊問中心關起來，有時一關就是好幾星期。陸軍營區，例如巴拉格韋（Bhalagwe），變成惡名昭彰的刑求、酷虐之地。一度有多達二千名恩德貝萊人關在那裡，都是從南塔貝萊蘭各地用卡車押送過去。巴拉格韋的犯人說每天都有人被打死、刑求至死；倖存者則要負責挖墓穴。屍體也是用卡車運走，丟進當地的礦井裡。一九八四年的四個月期間，估計有八千人待過巴拉格韋。在布拉瓦尤的警方拘留營（Stops Camp），犯人關在戶外的「籠子」裡，受風吹日曬雨淋，與先前被關者留下的血漬、糞便為伍。這些籠子與訊問室很近，籠中人能聽到那些日夜受訊問者的尖叫、呻吟聲。

在一九八五年選舉前的那段時期，馬塔貝萊蘭受到更多暴力傷害。辛巴威非洲民族聯盟—愛國陣線的青年旅（Youth Brigade），仿中國的紅衛兵建成，被當局放出去對付當地居民，逼他們買黨證，逼數千人上巴士以前去參加黨的群眾大會，毆打每個擋到他們的人。數十名辛巴威非洲人民聯盟的幹部和地方議員，可能多達四百個，夜裡被人從家中擄走，其中許多人就此了無蹤影或訊息全無。在布拉瓦尤的一場選舉會議上，穆加貝對那些想把票投給辛巴威非洲人民聯盟的人，發出意思非常清楚的威脅。「我們明天會在哪裡？」他問。「明天是戰是和？讓馬塔貝萊蘭的人民來回答。」

儘管受到種種暴力和恐嚇，恩科莫的支持者不為所動：辛巴威非洲人民聯盟在馬塔貝萊蘭拿下全部十五個國會席次。穆加貝決意報復，任命以挪士・恩卡拉為他的新警察部長。恩卡拉本人以辛巴威非洲民族聯盟—愛國陣線候選人的身分在南馬塔貝萊蘭省參選國會議員，結果得票率不到一成，不得不另尋選區。恩卡拉獲任命後不到一星期，警方即突擊恩科莫的家，逮捕他的助手和侍衛。數百名辛巴威非洲人民聯盟的幹部遭羈押，包括五名國會議員，還有十一名布拉瓦尤市議員、市長、剛當選的市長、市祕書兼行政官，以及約兩百名市議會雇員。恩卡拉表明他的意圖：「我們想除掉辛巴威非洲人民聯盟的領導階層。目前你只看到警告燈，我們還沒有完全施展拳腳。我不想聽到人替他們求情。我只想聽到鼓勵，鼓勵對付這個異議組織。」

恩卡拉逐步壓制辛巴威非洲人民聯盟。他先是禁止該黨舉行群眾大會和集會，然後下令關閉該黨所有辦事處。辛巴威非洲人民聯盟所控制的區議會遭解散。恩卡拉說，「辛巴威非洲民族聯盟—愛國陣線統治這個國家，凡是質疑這點的人都是異議分子，都該解決掉。」對意圖不再遮遮掩掩，就是要消滅武裝異議分子。誠如穆加貝一直以來所打算的，就是要消滅辛巴威非洲人民聯盟。一九八七年十二月二十七日，穆加貝與恩科莫簽署合併協定，把辛巴威非洲人民聯盟和辛巴威非洲民族聯盟—愛國陣線合為一黨，並以辛巴威非洲民族聯盟—愛國陣線為該黨此後的黨名。剩下的一百二十二名異議分子獲赦免，主動向當局自首。保安部隊的所有隊員也獲赦免。

在穆加貝追求一黨制國家的過程中，至少一萬平民遇害，還有數千上萬人遭毆打刑求，一整個族群受害。穆加貝長久以來一貫的手法就是暴力。鑑於史密斯堅不妥協，暴力是達成多數統治的唯一辦法。在反白人統治的戰爭中，他就開始迷信於槍桿子所帶來的權力。一九七六年從莫三比克透過電臺講話時，他扼要說明了自己對選舉民主的看法，然後論道：「我們的選票必須與我們的槍桿子在一塊。畢竟我們日後所會拿到的選票都會是槍桿子所造就出來。要讓造就出選票的槍桿子繼續當選票的保安官，它的保證人。人民的選票和人民的槍始終是不可拆開的雙胞胎。」那是他所堅守的信條。一掌權，穆加貝就繼續用暴力來實現他的目標。後來他更誇稱他有「暴力學位」。辛巴威則要為此付出慘重代價。

馬塔貝萊蘭戰役在進行之時，穆加貝與白人族群真誠相待的氣氛煙消雲散。曾是羅德西亞陣線之宣傳工具的電臺和電視臺，一下子被改造成辛巴威非洲民族聯盟—愛國陣線的宣傳機器，常在廣播中帶著貶意提到「種族主義」白人，令白人大為惱火。穆加貝底下的部長也開始在演說中批評白人族群，且那些演說被政府控制的媒體顯著報導。在與穆加貝私下晤談時，伊恩·史密斯一再抗議他所謂的「針對我們白人族群所發起、現在還在進行中的指責運動。」一九八一年某次會面時，他質問穆加貝公開支持一黨制國家之事，指出那不利於吸引外來投資。那是他們最後一次會面。「他顯然不高興，我們分手時，與前幾次不同，氣氛冷淡，」史密斯在其回憶錄裡記載道。「他隔著一段距離站著」。

在獨立後的頭七年由特定選民另行選出的白人國會議員，問政愈來愈尖銳，一有機會就挑政府的毛病。史密斯出面建議新政府對白人九十年統治的貢獻給予應有的感謝。他心情愈來愈低落，逢人就說辛巴威正漸漸走向馬克思主義一黨專政。

南非發動一連串以破壞為目的的攻擊，以使辛巴威處於弱勢和守勢，從而加劇辛巴威黑白族群間的裂痕。穆加貝指控辛巴威境內對當局心懷不滿的白人與南非勾結。一九八一年十二月一場大規模炸彈爆炸重創辛巴威非洲民族聯盟－愛國陣線總部後，他宣布「蜜月期」結束。「令我的政府不解的是反動與反革命分子幾乎沒有悔改之意。他們在辛巴威犯下叛國罪和反人道罪，我們本可以把他們送交行刑隊，但我們決定原諒。」他擴大攻擊對象，不只把特務和蓄意搞破壞者涵蓋在內，也把矛頭指向整個白人族群，拿他們所擁有的財富忿忿批評。他說必須打破他們對經濟權力的壟斷。

僅存的種族和諧希望讓位給互不信任和互相猜疑。愈來愈多白人決定離開。獨立後不到三年，就有約一半白人外移。剩下的十萬白人退回去他們自己的世界，由俱樂部、體育活動、舒適生活構成的世界。一九八五年選舉，白人最後一次票選自己的民意代表，前述的七年時期將在此次選後結束。而在這次選舉中，白人絕大多數把票投給史密斯和他那票死硬派同志，而非溫和派候選人。

穆加貝火冒三丈，認為他們的勝利是種背叛。他譴責史密斯和把票投給他的「種族主義者」，揚言報復。他說白人族群根本不配得到獨立時他們所受到的那種信任。

這次投票表明他們毫無悔改之意。他們仍死抱著過去，仍支持……曾以一連串駭人行徑對付辛巴威人民的那個人。我們想要表明，我國的種族主義者日子會很難過……那些不接受由非洲人當家作主這一政治現實的白人，將得離開這個國家。我們要與想與我們共事的白人共事，但其他白人得另覓新家。

他以修納語保證：「我們會殺掉置身我們之間的蛇，會把他們砸得稀巴爛。」

消滅他的辛巴威非洲人民聯盟對手並建立事實上走一黨制路線的國家體制後，穆加貝開始累積個人大權。在一九八七年十二月三十日的某場儀式上，他在疊歌樂曲《你是唯一》的伴奏下，獲國會宣布為執行總統（executive president），集國家元首、行政首長、防衛部隊總司令三職於一身，有權力解散國會和宣布戒嚴，有權利競選連任，沒有任期限制。他透過一龐大的恩庇體系統治，掌控公務體系、防衛部隊、警察部門、國營企業裡所有高階職務的任命權，幾乎箝制住政府機器。公務體系、國營媒體、警察部門、國營企業一個接一個受他擺布。

在穆加貝支持下，新統治階級冒出——部長、國會議員、政黨幹部、高階公務員、軍警首長、頂尖企業家、總統助手和密友——他允許他們爭奪地產、農場和企業，藉此確保他們效忠、支持他的政權。「我很有錢，因為我是辛巴威非洲民族聯盟—愛國陣線的一員，」得到穆加貝栽培的富商菲利普·

齊揚瓦（Phillip Chiyangwa）得意表示。「想發財就得加入辛巴威非洲民族聯盟—愛國陣線。」這一爭奪愈來愈激烈，造成貪腐叢生。一個又一個國營企業——國營石油公司、國營電力供應公司、郵務和電信公司——遭到掠奪。最有名的貪腐事例，乃是一筆為補償戰爭受害者而設立的官方基金，遭穆加貝的同僚吃乾抹淨，致使最後沒錢可以給真正的戰爭受害者。官方調查此弊案，在犯罪名單中列出一些赫赫有名的政治人物，包括內閣部長，但他們從未受到懲罰。

穆加貝本人變得愈來愈孤高、威權。他在哈拉雷的官邸受到嚴密保衛。他每次出門都是浩浩蕩蕩的車隊，武裝侍衛在車隊四周隨行保護，尖銳的警笛聲數英里外就可聽到。他公開談到他很欽佩羅馬尼亞的尼古拉．西奧塞古（Nicolae Ceauşescu）之類的獨裁者，在他被人民革命拉下臺的前一天稱頌他。黨在報紙上刊登的廣告，仿共產國家搞個人崇拜的手法，把穆加貝譽為「我們始終如一且可靠的領導人」。他不斷暢談共產主義的優點，主張辛巴威的未來「在堅如磐石的單一巨大政黨下得到更好的保障」。他把許多時間花在出國上，利用他的革命英雄形象，打造了國際反南非種族隔離運動之關鍵人物的形象，愈來愈無心於內政。

穆加貝在國外大為風光，在國內，卻因執政菁英的貪腐和豪奢，招來日益升高的民怨。穆加貝欲打造新社會主義時代的保證，愈來愈讓人覺得是空話。教育和醫療服務大幅成長，就業卻毫無改善。每年數萬青年離校，有不錯的學歷，卻甭想找到工作。菁英付擔得起昂貴的私立教育和醫療設施，大部分人民卻得面對品質日益低落的公立學校和醫院，因為這兩者都沒有足夠的資源增加和維持服務。通膨上升，靠工資過日子的人發現他們在獨立後頭幾年所賺的錢不久後就被通膨吃掉一部分。

在鄉村，遷置計畫進展緩慢，只有小部分小農受惠。獨立後的頭十年，總共有五萬二千戶，約四十一萬六千人，獲遷置於面積共六百五十萬英畝的前白人土地上。這是頗了不起的成就，但完全談不上解決問題。辛巴威非洲民族聯盟—愛國陣線的政治人物，在替自己取得農場上更為用心。到了一九九〇年，新的地主階級牢牢屹立：部長、國會議員、高階公務員、軍警首長和國營企業經理。他們自獨立後已取得八％的營利性農場，但只把其中小部分土地用於生產。

數千名前戰士的困境尤其引人注目。許多人早早就放棄學業從軍，既無學歷，也無一技之長。一九八〇年解員後，他們拿月津貼拿了兩年，然後就得自謀生路。有些人成立了合作社，但不久就垮掉。有些人在公有地上幹活勉強溫飽；還有些人浪跡城鎮尋找工作，覺得受騙、失望。許多人一貧如洗。據估計總共約三萬人失業。報紙替他們發聲，指控政府蓄意忽視他們。「數千名處境悲慘的前戰士，看著曾與他們在解放戰爭中共苦的那些人，如今過得那麼優裕，他們自己卻窮得要死，肯定很沮喪很失望，」布拉瓦尤《記事報》（*Chronicle*）論道。政府承諾成立一特別委員會調查這問題，但光說不做。

獨立十年後只有少許成就可拿來宣說，穆加貝決定把重點擺在土地問題上，以在一九九〇年選前那段期間提升支持度。「我們的可耕地和牧地大部分仍在我們過去的殖民者手上，我們大部分小農在上帝所賜予的土地上過活，卻仍活像個擅自占地者，從我們這麼一個非洲國家的歷史來說，這怎麼也說不通。」他未徵詢農場主、鄉村居民、乃至他自己的農業專家的意見，就宣布一「革命」計畫，要把約一千三百萬英畝的地（白人還擁有之土地的一半多）重新分配給小農。在載歌載舞中，國會通過一憲法修正案，讓政府有權沒收土地，訂定已沒收土地的價格，以及不讓原持有土地者上訴以爭取公正的賠償。

穆加貝的土地計畫激起強烈抗議，抗議除了來自白人農場主，還來自英、美、世界銀行、國際貨幣基金。這四者都憤慨於未支付應付的金錢強奪土地的主張。許多——將近一半——的白人農場主是在獨立後花錢買下農場，買前得到政府的批准。穆加貝把這件事說成渴求土地的大多數人和決意逆民意而行的「一批貪婪的種族主義侵占者」兩方算總帳。他宣布，任何阻撓他施行土地收購計畫的法庭裁定，他都將不予理會。「我，羅伯特．穆加貝，不能被白人移民拖上法庭」。

經過幾個月的爭論，穆加貝放棄原來主張，同意讓法庭出面決定遭沒收土地的應有價格。他的農業部長韋特尼斯．曼溫德（Witness Mangwende）向白人農場主保證，政府鎖定的目標不是具生產力的農場，而是利用不足的土地、外國人擁有的荒地、純粹出於投機目的而擁有的土地、在外地主以及「擁有超乎必要之農場的人」，想藉此平息他們的怒火。

穆加貝的土地改革從一開始就亂無章法。沒有事先知會或徵詢，政府就於一九九二年「指定」收購總面積達一萬七千英畝的十三座農場。農場主從報紙得知這一決定。大部分農場是具生產力的農場，包括一座大酪農場和一座大菸草場。十三座農場中有七座後來從收購名單中移除，由此可見這一決定的規畫有多草率。一九九三年，政府指定收購另外七十座農場，其中同樣有許多農場極具生產力。這次指定的農場，有一些是與政府唱反調的政治人物所有，從而引來用土地收購計畫以解決政治宿怨的猜疑。一群白人農場主上法庭挑戰政府這一政策的合法性，穆加貝勃然大怒。「任何法庭阻止收購任何土地的裁定，我們一律不接受，」他於一九九三年七月說。「我們想要誰的地，就要誰的地，不管他們是黑人或白人。」

但令穆加貝顏面無光的，人民遷置計畫不久就醜聞纏身。一九九四年四月，一獨立報紙發現，政府不顧白人地主反對強行收購的一座三千英畝農場，未用於重新安置三十三名無地小農，而是租給穆加貝底下的部長韋特尼斯・曼溫德。進一步調查發現，約三十座要用於重新安置人民的農場已被分發給部長和高官，包括警察首長和空軍司令，而且其中許多農場是以象徵性的小額租金放租，某些農場則是完全沒租金就放租。

穆加貝禁不住人民怒火，同意取消一批農場租約。但抗議聲浪一平息，黑人菁英就繼續奪取政府土地，土地重分配計畫因此深陷貪腐泥淖。自辛巴威獨立後已投下四千四百萬英鎊在遷置計畫的英國，決定不再支持該計畫。

這一土地醜聞使本已日益不得民心的政府，民意支持度再下滑。穆加貝和其密友被認為利用各種機會自肥，絕大部分人民則苦於失業率升高、高通膨、社會服務惡化。面對驟然升高的民怨，穆加貝的回應乃是把該國的經濟困境怪到白人頭上。辱罵白人成為他的主要招術，除此之外，他未提出別的辦法因應辛巴威的衰落。

他與日常現實脫節，身邊淨是逢迎拍馬的部長和助手，不大清楚人民對他政權有多不滿。在一九九六年十二月深得人心的退伍老兵穆科馬・穆薩（Mukoma Musa）的葬禮上，現役陸軍軍官吉卜遜・馬辛蓋澤（Gibson Mashingaidze）准將直言批評辛巴威非洲民族聯盟—愛國陣線，質疑該黨對它於戰時所訂下的理想和原則的信守決心。這位准將說，政治人物搞錢自肥，穆薩之類退伍軍人卻受到冷落。他告訴現場哀悼者，他自掏腰包，穆薩才得以有個像樣的葬禮，因為穆薩太窮了。「有的人如今名下有十座農場、豪華遊艇，在穆薩同志之類的前戰士窮途潦倒時，他們長出大肚腩。這是我當初拿自己性命託付的那個辛巴威非洲民族聯盟—愛國陣線？這是承諾要在我們晚年時照顧我們的那個黨？」

退伍軍人曾被視為穆加貝的最忠貞支持者，一九九七年卻在一連串示威活動中走上街頭，抗議政府忽視他們的委屈，高唱革命歌，擂鼓，揮舞標語牌，譴責穆加貝總統。穆加貝拒見他們，他們愈來愈強勢，要求退役金、養老金、土地，揚言若無法如願就要開打。經過數個星期的搪塞，穆加貝屈服於他們的要求，承諾給予一套補助，包括用來重新安置他們的土地。據估計要花上四億多美元，而已經透支的政府根本拿不出這筆錢。穆加貝說政府會想盡辦法籌到錢，如有必要不惜借錢，把政府破產的疑慮斥為無稽之談。「你們有聽過哪個國家因借錢而垮掉的嗎？」他問。世界銀行很不放心，擱置其放款計畫。穆加貝於十一月宣布退伍軍人會於聖誕節前拿到錢，辛巴威幣值應聲暴跌。

退伍軍人危機重新引爆土地問題。索求土地的聲音響於耳際，穆加貝再度把矛頭指向白人農場主。「我們要拿到土地，而且一毛錢都不願給。」他說政府只會為「基礎設施」（建築、道路、堤壩）付錢，但為「土地本身」，一毛都不會付。其他的賠償，找英國這個前殖民強權要。一九九七年十一月，政府發布要徵收的農場，共一千五百零三座，總面積約一千二百萬英畝。

把國內一半的營利性農場收歸國有所引發的震波，震撼整個辛巴威和其境外。經濟學家、銀行家、企業家，包括白人和黑人，都警告，在如此倉促、如此規劃不周的情況下，把國內這麼多具生產力的資產沒收，會使該國經濟垮掉。結果，股市暴跌，因為超過三分之一的上市公司極倚賴農業。辛巴威政府要求英國增加對人民遷置計畫的援助，英國拒絕，說先前所投入的資金未能如計畫造福貧窮黑人。

隨著辛巴威日益深陷經濟泥淖，穆加貝遭遇群眾反抗。工會發動全國罷工，抗議他為了籌錢大方照顧退伍軍人而提議課徵新稅和新規費，許多城鎮因此停擺。一九九八年一連串糧食價格上漲激起暴亂。為了平亂，穆加貝不得不求助於軍方，獨立後首度把部隊派到街頭。他急於得到國際貨幣基金、世界銀行、歐盟的貸款，以免國家垮掉，於是同意擱置徵收白人農場的計畫。

一九九八年，國際努力為辛巴威土地問題尋找可行的解決之道。來自聯合國機構、世界銀行、國際貨幣基金和二十三個外國政府（包括英、美、中、加）的代表，齊聚於哈拉雷召開三天會議，與會者還有來自營利性農場主聯盟（Commercial Farmers Union）等當地非政府組織的代表。穆加貝蒞會主持開幕儀式，概述了要達成大規模改變的雄心勃勃計畫。自獨立以來的十八年裡，辛國政府已把約七萬戶人家遷置於約九百萬英畝的土地上。穆加貝這時所建議的，乃是再購得一千二百萬英畝地，在五年內讓十五萬戶定居於那些土地上，經費估計為十億美元。

與會代表認為穆加貝的提議野心太大，遠非辛國政府所能執行。鑑於前一次的土地計畫已遭揭露弊案，他們也主張任何新計畫都必須受到嚴格監督，以確保土地真的用於安置小農。此外，他們主張必須用與市場有關的價格，在買賣雙方你情我願的情況下，收購土地。他們不追求大規模收購計畫，希望一步一步來，先進行小規模初步收購，以確定此計畫是否可行。與會各方（包括辛巴威政府）最後同意的方案，乃是以一百一十八座農場為初步執行對象的遷置計畫。這些農場占地約七十萬英畝，它們的白人農場主已出價求售。十二個外國捐助者同意貢獻第一階段所需經費。這是歷來為讓土地問題有所進展而給予穆加貝的最大機會。

結果毫無動靜。穆加貝完全未著手施行初步階段。對穆加貝來說，把土地當政治武器來用，用處較大。經過他十八年統治，人民日益不滿、不安於現狀，這是他所能打出的最後一張政治牌。

到了一九九〇年代底，辛巴威已處境艱危。失業率已成長到超過五成。畢業的小學生，只有一成能找到正職工作。通膨已達六成。實質工資價值十年來已跌了兩成二。一千三百萬人口的平均收入，一九九〇年代結束時，比該年代開始時，還少一成，超過七成的人赤貧。醫院藥物、設備不足，公立學校沒經費，國營企業破產，公共運輸體系破舊，燃料供應不穩定，數十家企業倒閉。曾是非洲最乾淨城市之一的哈拉雷，這時以人道行上瓦礫遍地、水泥路面龜裂、街燈故障、路面坑坑洞洞、垃圾沒人清、水管破掉而著稱。街頭犯罪猖獗。

經濟一場糊塗，穆加貝仍想風光於國際舞臺。未徵詢國會或內閣，他於一九九八年八月派了一支由數千士兵、戰機、裝甲車組成的遠征軍到剛果，以撐住洛朗・卡比拉搖搖欲墜的政權，希望使自己成為該地區公認的主要權力掮客。遠征行動據估計一天要花掉至少一百萬美元，有人質疑這項花費，穆加貝反駁道：「別用一副資源比人民安全和國家主權重要的口吻談資源。人民要活命。我國要安定，只有一個辦法，就是正面對抗叛亂分子。」

剛果向一小批辛巴威國防官員和企業家提供了豐厚的回饋。卡比拉願意給予採礦、伐木方面的特許權和鑽石、鈷等礦物方面的優惠交易，回報辛巴威的軍事支援。他說這是為了彌補辛巴威部分的打仗開銷，但真正受益者是穆加貝的密友。辛巴威債務日增。穆加貝插手剛果一事，在國內外都被視為他日益狂妄自大的表徵。

貿然出兵剛果，激化反穆加貝政權的聲浪。一九九九年九月，由工會人士、律師、公民團體組成的一個同盟創立新政黨，民主改變運動（ＭＤＣ；Movement for Democratic Change），打算在排定於二〇〇〇年舉行的下一次國會選舉時把辛巴威非洲民族聯盟－愛國陣線拉下臺。它的領導人，摩根·茨萬吉萊（Morgan Tsvangirai），一個把勞工運動打造為一股團結勢力的工會幹部，老早就公開批評穆加貝的統治。茨萬吉萊與人權團體、教會組織聯手推動憲改，希望使穆加貝無法第三次競選總統。

穆加貝的回應，乃是設立一憲政委員會，要它擬出新憲，在全國公民投票中交由選民裁奪。這個委員會充斥他的支持者，不負使命交出一份讓穆加貝滿意的憲法草案。這份憲草對穆加貝當總統二十年來所取得的龐大權力和重要人事任命權毫無更動，並提議未來總統只能連一任，每任五年，但不溯及既往，從而使穆加貝有權利再幹十年兩任總統。穆加貝未徵詢此委員會，即在草案裡加上允許無償徵收土地的修正條款，深信那會有助於穩住鄉村選票。這一修正條款寫道，英國做為前殖民強權，要負責賠錢給遭沒收土地的地主。如果英國不出錢，政府沒義務支付賠償金。營利性農場主聯盟表明反對此一憲草，動員白人農場主群起反對。

二〇〇〇年一、二月期間的公投宣傳活動，正值集體失業、貧窮加劇、燃料不足、工廠關門、公共服務事業快停擺、貪腐弊案爆發、在剛果打不得民心之戰爭的時期，宣傳重點既擺在憲草上，也擺在政府的政績上。穆加貝把經濟危機歸咎於農場主和實業家、囤積居奇和投機的人、英國、國際貨幣基金和世界銀行，挑起反白人的情緒。政府控制的報紙、電視臺、電臺跟進。「二十年前我們用AK-47打（白人），如今我們用筆和選票，」《週日郵報》（*Sunday Mail*）說。「但這場戰爭和一九七〇年代的戰爭一樣重要。敵人是同一個。」白人被說成是民主改變運動的幕後策劃者，白人用它來保護他們自己的利益。他們被警告如果鼓勵自家員工投「反對票」，會招來反擊。政府發起撲天蓋地的宣傳活動，勸選民投「贊成票」。

結果穆加貝遭到驚人挫敗。憲法草案被五成五的選民否決。儘管憲法草案承諾給地，鄉村選民大部分棄權。執政菁英大為震撼，瞬間瞭解到他們對權力的掌控已經鬆動，隨之而來，他們已享有二十年的財富、薪水、特權、合約、佣金、騙局也可能不保。穆加貝把他的挫敗主要歸咎於白人，決意要他們為此付出代價。

公民投票結果公布十天後，一場經過精心統籌的有計畫行動展開，以斧頭、大砍刀為武器的團夥，入侵全國各地的白人農場。政府和軍隊的卡車被用來將他們運到農場，用來確保他們食物供應無虞。他們被叫作退伍軍人，但大部分人年紀太輕，不可能打過二十年前那場仗。許多人是拿日津貼幫人辦事的失業青年。他們攻擊農場主和其家人，揚言要殺掉他們，逼他們逃離自己家園，並洗劫他們的財物。他們設立武裝營區和路障，搶走拖拉機，宰掉牛，毀掉作物，汙染供水。警方袖手旁觀，農場主任人宰割。

入侵白人農場之事，由位在哈拉雷的辛巴威非洲民族聯盟－愛國陣線總部發號施令。該黨高階幹部、陸軍軍官、警察都扮演了要角。琛傑萊．渾茲維（Chenjerai Hunzvi）是其中表現最突出的人之一。他是個腐敗的機會主義者，控制了退伍軍人協會。三月十五日在辛巴威非洲民族聯盟－愛國陣線總部舉行的記者會上，渾茲維披露他已拿到黨撥予的大筆經費，用以組織入侵農場行動和在即將舉行的國會選舉中為該黨打選戰。他說入侵農場將使白人無法像先前公民投票時那樣組織起來反穆加貝。

除了白人農場主，住在白人農場上的農場員工和其家人，也成為恐怖行動的目標。約四十萬名工人受雇於白人農場主。他們連同他們的妻子，在選民中所占比例不小，高達一成五。穆加貝深信他們是使他輸掉公投的幫凶，把他們視為敵營的一分子。一個又一個農場受到團夥的暴力攻擊和恐嚇，而施暴者事後未受到法律制裁。農場工人遭人身攻擊，遭踢踹、鞭打；男人被擄走，女人被強暴；他們的家被毀掉，財物遭洗劫。數千人被抓走，用偷來的卡車、拖拉機、拖車運到遭地主遺棄之農場上的「再教育中心」。洗腦課有時一連數天數夜，上課時，授課者當著眾人唸出被認定支持民主改變運動者的名字，然後那些被點到名字的人被推到前面受毆打和鞭打。農場主找高等法院保護，拿到宣告入侵農場非法的法院指令，但穆加貝根本不甩，要警察不予理會。他告訴黨的支持者，如果白人農場主不肯乖乖交出土地，他會要他們好看。「屆時我會宣布開打，而且會打到底，我可以告訴你們，他們打不贏，我們會贏。」他的措詞愈來愈好戰。在國營電臺上提到那些膽敢在公投時反對他的農場主時，他說：「他們聯合起來一致反對政府，甚且動員，其實是強逼，他們農場上的工人支持反政府立場，由此已表明他們不是我們的朋友，而是敵人。」接著他說得更清楚：「我們現在的心態，乃是你們如今是我們的敵人，因為你們表現的就是辛巴威敵人的作風，我們非常生氣。我們整個族群都很生氣，因此如今才會有退伍軍人強占他們地的事。」

在這緊要關頭，英國政府插手，深信眼前所需要的乃是放狠話。很想有番作為的英國部長彼得・海因（Peter Hain）表示穆加貝已和現實脫節，從而引發激烈的言語交鋒。他把辛巴威說成快要垮掉的國家，公開談到英國要撤離兩萬本國公民的應變計畫，從而加劇白人族群的恐慌。但他的這番話只是把穆加貝惹火，使他得以理直氣壯地把這場危機說成是辛巴威對抗前殖民強權，以取得自己應得遺產的一場鬥爭，說這個前殖民強權幫辛巴威的白人族群出頭，要保護他們的利益。提到辛巴威境內的英國公民時，穆加貝回道：「他們想走就走，我們甚至能幫他們一把，替他們指出出口。」

整個選戰期間，穆加貝持續怒批他的反對者，實際上允許對他們動用暴力。「想分化我們人民的人要小心，因為死神會找上他們，」他在由瑞典出資興建的馬尼卡蘭（Manicaland）省供水工程啟用典禮上警告道。他把茨萬吉萊說成「叛國賊」，說他是為英國移民和白人移民利益服務的「傀儡」，向反對勢力發布了他所謂的「宣戰書」。「民主改變運動別想在我國主政，永遠別想，在我有生之年，乃至我死後，都別想。」民主改變運動的候選人、幹部、支持者受到言語、人身攻擊，警察則往往袖手旁觀。約四十名反對黨支持者遭殺害，包括三名活躍於民主改變運動的知名白人農場主；警察往往知道行凶者是誰，卻任他們逍遙法外。二〇〇〇年六月選舉的三個星期前，民主改變運動說只有在二十五個選區能自由且安全無虞的打選戰；在四十六個選區，打選戰受到嚴重恐嚇；在四十九個選區，暴力、恐嚇程度高到根本不可能打選戰。茨萬吉萊說，「穆加貝想要的，就是把全國人民恐嚇到乖乖聽話。」總部設在華府的全國民主協會（National Democratic Institute），在一份選前報告中推斷，「辛巴威不存在獲致可靠之民主選舉的條件」。

經過數個月有計畫的恐嚇，辛巴威非洲民族聯盟—愛國陣線險勝。它拿到四成八的選票，贏得六十二個國會席次。民主改變運動拿到四成七選票，五十七個席次。創黨才九個月的民主改變運動，拿下哈拉雷、布拉瓦尤兩大城的所有席次和馬塔貝萊蘭十二個選區裡的十個選區；它在中部省（Midlands Province）和馬尼卡蘭省的城鎮也有亮眼的斬獲。辛巴威非洲民族聯盟—愛國陣線淪為一個完全倚賴鄉村修納人選票的政黨；只保住一個城市選區。若非動用恐嚇，該黨八九不離十會輸掉選戰。

選舉雖然結束，穆加貝卻未收斂其殘酷專制統治。他的疑心病愈來愈重，堅稱反對勢力的坐大，乃是他的宿敵的陰謀所致。他的宿敵，即英國、西方、舊羅德西亞勢力、白人農商利益集團，乃至教會，個個都想方設法要推翻他的「革命」。七月一場選後檢討會上，穆加貝告訴辛巴威非洲民族聯盟—愛國陣線中央委員會的委員，「低估與我們敵對的勢力」將是大大失策。他說民主改變運動不是如某些人所以為的普通反對黨，它是「白人勢力造反」的表現，「由曾奴役、壓迫我們人民的那些敵對勢力所設計並培養出的反革命特洛伊木馬。」那些勢力曾被動員來打二〇〇〇年選戰，如今他們把目標放在二〇〇二年的總統選舉。以各種必要的手段擊垮他們，乃是辛巴威非洲民族聯盟—愛國陣線的責任。

首當其衝者是白人農場主。穆加貝發動一場「最速成」（fast-track）人民遷置計畫，把數千座農場列為徵收標的。它們包括大牧牛場、花卉農場、酪農場、狩獵場、菸草農場、屠宰場、狩獵旅行用房產、小農場。農場主拿到驅逐通知，要他們在三十天內離開。當局保證未來某一天（未清楚交待日期）會支付他們「改善」房產所花的錢，但不針對地賠錢給他們，即使許多人是在獨立後在政府認可下用錢買下農場。

穆加貝說「最速成」計畫意在協助無地的小農重新安居，但它很快就淪為肆無忌憚的搶地活動。陸軍軍人、警察、空軍軍官、退伍軍人、政府官員和政黨幹部、小農，數千人集體湧入營利性農場，瘋狂搶奪土地，在那裡蓋簡陋木屋，砍樹，獵殺野生動物，洗劫房舍。許多農場，不管有沒有被列入徵收名單，遭占據。有一絲抵抗，就會招來人身攻擊、死亡威脅和強行驅逐。黨內巨頭和軍警指揮官帶頭行動，把最好的房產據為己有。民主改變運動的支持者遭明令禁止收取「最速成」土地。

營利性農場主聯盟求助於最高法院，想制止這失控局面。最高法院不負他們所望，宣布最速成計畫不合法；還說營利性農業區已明顯失去法治。「幹了壞事而且繼續在幹壞事，必須予以制止。」穆加貝的回應，乃是有計畫的抹黑白人法官，矛頭特別指向他於一九九〇年任命的最高法院白人首席法官安東尼·古貝（Anthony Gubbay）。二〇〇〇年十一月，五名最高法院法官在最高法院大樓聽取營利性農場主聯盟的請求時，兩百名政府支持者侵入該大樓，在警察面前揮舞標語牌，大喊「殺掉法官」。

在次月的辛巴威非洲民族聯盟－愛國陣線代表大會上，穆加貝發表了充滿赤裸裸種族主義言論的演說，把白人地主斥為「白魔鬼」，誓言拿走他們所擁有的一切東西。

法官想幹什麼我管不著，但法院任何裁定都擋不了我……我的立場是我們連在法庭裡替自己立場辯護都沒必要。這個國家是我們的國家，這塊土地是我們的地……他們以為他們是白人，所以上帝授予他們擁有我們資源的權利。在這裡沒這回事。白人不是非洲土生土長。非洲是非洲人的非洲，辛巴威是辛巴威人的辛巴威。

在後來與古貝的某次會晤中，穆加貝的司法部長派翠克・齊納馬薩（Patrick Chinamasa）要他辭職，說他如果不辭，政府「無法保證他安全」。迫於死亡威脅，古貝辭職。穆加貝任命忠於他的黨員接替他的位置。他也擴編最高法院的法官員額，使其充斥受他酬庸而任命之人。他們的初步作為之一，乃是宣布他的土地計畫合法。

接著穆加貝把矛頭轉向白人商界，指控白人藉由關閉工廠和公司蓄意破壞經濟，把失業、價格上漲、燃料不足怪罪於他們。「許多人把傷害我國的種種經濟弊病都怪在我們頭上，怪在政府頭上，怪在我們黨上。但控制經濟的那些人是一群種族主義者，」他在黨代表大會上講話。他說，面對這一「攻擊」，他的回應之道乃是允許更多恐怖行徑。在黨代表的激烈叫好、鼓掌聲中，他宣布：「本黨必須繼續在我們真正的敵人白人的心裡製造恐懼。」

辛巴威非洲民族聯盟—愛國陣線的人，以該黨總部為基地，成群結隊強行闖入白人名下的工廠和辦公室，行徑一如先前入侵白人農場時所為。他們毆打、擄走經理和員工，搶走設備，私設法庭，甚至入侵哈拉雷一家私立醫院，在院內正有十五項手術進行時威脅經理：「我們要把你們押到辛巴威非洲民族聯盟—愛國陣線的總部，把你們放進沒有門的房間裡。」才幾個星期，就有約三百個商家遭入侵，包括店鋪、餐廳、飯店、外商公司。退伍軍人領袖琛傑萊・渾茲維野心愈來愈大，宣布打算將行動對象擴及外國使館和援助機構，穆加貝不時指控它們幫助民主改變運動。他們所挑中的目標，包括投入公民教育計畫、糧食救濟、孤兒照護的援助機構。國際群起抗議，穆加貝才撤銷突擊行動。

在二〇〇二年三月總統選前那段時期，穆加貝很清楚他要不擇手段才能打贏選戰。「我們此刻注定要面臨的是真刀真槍的戰爭，總體戰，」他在二〇〇一年十二月的一場黨代表大會上告訴與會代表。「你們是為人民而戰的辛巴威非洲民族聯盟—愛國陣線軍人。我們來到你們省分時，你們得做好指揮作戰的準備。發射子彈，即發射選票，那一刻到來時，槍的彈道必須是正的。」他提醒道，這場總統選戰會比二〇〇〇年選戰難打。「去年我們從未提到設立指揮中心，但現在我們在談它，那表示我們就要接敵。我們應像軍事機器一樣行動。」他致詞時一度以不屑口吻提到茨萬吉萊，大喊，「要那個端茶侍者死！」

新一波暴力和恐嚇發動，對象是選民。從全國四個民兵基地，青年小隊被派去追捕反對黨支持者。他們突擊店鋪，摧毀房子，設立路障，把人拖出巴士和汽車，要求出示黨證。國內數大片地區變成「禁入」區，遭到封鎖，不准民主改變運動前去那裡從事競選活動。該黨幹部遭劫持、毆打、拷問，有時遭殺害；群眾大會遭打斷；黨辦事處遭攻擊。

穆加貝的目的乃是使仍是辛巴威非洲民族聯盟—愛國陣線票倉的鄉村地區投票率高，藉由騷擾城市區域選民和剝奪那些選民的選舉權，削弱民主改變運動在城市區域的支持度。選務機關奉穆加貝之命，使用各種手段阻撓都市選民。施行妨礙選民登記的新規定。修改公民身分法，藉此實質上使數千居民失去投票權。估計有百萬的國外辛巴威僑民投不了票。政府還進一步規定，選民不能像過去那樣在國內任何選區投票，而必須在自己家鄉選區投票，從而實質上剝奪了數千名為了躲掉家鄉的暴力和恐嚇而逃離家園的選民——例如農場工人和反對黨支持者——的投票權。選務機關在選民登記已截止之後，讓數千名辛巴威非洲民族聯盟—愛國陣線新支持者的名字偷偷加入選民名冊，以增加這類選民的數目。

新國安法施行，把批評總統列為犯罪，賦予警方隨意禁止舉行群眾大會的權力，禁止法庭讓涉嫌出於政治動機犯罪者保釋，讓政府得以在實際上不經審判即關人。在這同時，電臺、電視臺、政府新聞媒體推出撲天蓋地、沒完沒了的宣傳，詆毀他的反對者摩根．茨萬吉萊。茨萬吉萊被斥為意圖推翻政府的白種羅德西亞人的傀儡；欲將辛巴威重新納為殖民地的英國政府的特務；據說涉及暗殺穆加貝之密謀的叛國賊。一則定期於《信使報》（*The Herald*）上刊登的辛巴威非洲民族聯盟—愛國陣線廣告呼籲：「別讓他賣掉你固有的權利，別讓他賣掉你的靈魂，別讓他賣掉你的國家，別讓他賣掉你的地。」防衛部隊司令維塔利斯．茲維納瓦歇（Vitalis Zvinavashe）升高恐嚇氣氛，宣布如果穆加貝輸掉選舉，軍方不會承認該選舉結果。

選舉本身充斥著詐欺和令執政黨受益的卑鄙運作。為壓低都市選區的投票率，選務機關大幅削減都市區域的投票站數目。就哈拉雷來說，全國約六分之一人口住在那裡，登記選民約八十八萬，卻只分配到一百六十七個投票站，只有先前國會議員選舉時所分配到數量的一半。選務官員存心阻撓，使某些投票站投票的速度低到一小時只有二十人投成票。許多人排了數小時卻沒機會投票。

官方開票結果顯示，穆加貝拿到一百六十八萬五千張票，得票率五成六，茨萬吉萊尾隨其後，拿到一百二十五萬八千張票，得票率四成二。據官方說法，馬修納蘭（Mashonaland）地區三省，即辛巴威非洲民族聯盟—愛國陣線的鄉村票倉，投票率（六成二）遠高於二〇〇〇年國會選舉，構成穆加貝得票的大部分，哈拉雷的投票率為四成七，布拉瓦尤為四成五。

在茲維姆巴（Zvimba）家舉行的慶功宴上，穆加貝警告道，他會以鐵腕對付任何抗議政府的活動。「任何抗議，任何欲製造問題的舉動，我們都不會容許，」他說。「想造反、想使法紀蕩然的人，都會遭到他們這輩子所未遭遇過的毒打。」

另一場壓制運動在全國各地展開。反對黨的行動主義者遭逮捕、毆打、拷問，有些人更遭殺害。數千人逃離家園。茨萬吉萊被控叛國。辛巴威人再怎麼勇敢反抗穆加貝的獨裁統治，終歸徒勞。

然後，白人農場主迎來最後攻擊。五月，約三千名白人農場主——占了境內僅剩白人農場主的大部分——收到四十五天內停止一切生產的命令，接著收到再四十五天內無補償空出其房產，否則關押的命令。八月期限到期時，數百人不想乖乖離去，結果被捕。「搞定了，」穆加貝宣布。許多值錢的農場企業被穆加貝的小集團——他的妻子和其他親人、部長、高官——接收。

強占農場一事，為做為該國主要產業之一的營利性農業敲下喪鐘。數十萬農場工人和他們的眷屬淪為赤貧；許多人被辛巴威非洲民族聯盟—愛國陣線的青年民兵趕離土地。糧食供應因此大減，加劇乾旱衝擊。數大片區域休耕，作物產量銳減。辛巴威日益倚賴糧食進口和外國救濟，原是富庶之國的辛巴威淪為靠施捨度日。

七百萬人（人口一半）有餓死之虞時，穆加貝把糧食當成政治武器，以逼迫人民支持辛巴威非洲民族聯盟—愛國陣線，做法一如一九八〇年代他在馬塔貝萊蘭所為。政府將玉米的進口和分配權利，單獨授予國營的穀物銷售局（Grain Marketing Board），使黨的幹部和政府官員得以優先供糧給辛巴威非洲民族聯盟—愛國陣線的支持者，得以阻止糧食分配到反對黨區域。「只要尊重當前政府，你們就不會餓死，」政府部長阿貝德尼科・恩庫貝（Abednico Ncube）告訴村民。「但我們不要那些選舉時把票投給殖民主義者，然後需要食物時過來找我們的人。你們不能把票投給民主改變運動，然後以為辛巴威非洲民族聯盟—愛國陣線會幫你們……你們得把票投給辛巴威非洲民族聯盟—愛國陣線的候選人……然後政府就會開始重新思考你們是否有權享有這糧食援助。」穆加貝的親信之一，迪戴穆斯・穆塔薩（Didymus Mutasa），說得更白：當國內剩下「只有六百萬人口，全都是支持這一解放鬥爭的我們自己人，我們會過得比較好。」

反對黨地盤的糧食日益不足，布拉瓦尤的天主教大主教庇護・恩庫貝（Pius Ncube），直言譴責穆加貝政府。「這個政府正在做的事應受譴責，」他說。「他們不管人民死活。為了政治權力，這個政府不惜犧牲數千人性命。這個政府讓最近幾次選舉時把票投給反對黨的區域挨餓。魔鬼才會幹這種事。」

數十萬人逃離辛巴威，以避開經濟崩潰和政治壓迫。逃亡者除了剩下的大部分白人，還有黑人中產階級的大半——醫生、護士、會計、教師等專業人士。這些黑人認為只要穆加貝繼續當政，他們就沒有未來。到了二〇〇四年，已有三百多萬人離開（占人口四分之一），大部分人前往南非，冀望在那裡找到工作。留下不走者，日子則愈來愈苦。除開有錢菁英，每天都是活命大作戰。失業率達到八成；到處糧食不足。從一九九九至二〇〇四這五年期間，經濟萎縮了三分之一。

穆加貝對他所製造出來的法紀蕩然、暴力橫行亂象仍是一副事不關己的心態，因為那正使他得以繼續掌權。他宣稱他的所作所為在捍衛他人民的「主權」，甚至拿自己與希特勒相提並論。「如果那是希特勒，那就讓我當十倍的希特勒。十倍。那正是我們所主張的。」

穆加貝的殘暴專制似乎沒有收斂跡象。二〇〇五年的國會選舉，穆加貝再度明目張膽動手腳，以贏得過半選票。勝選的穆加貝非常雀躍，告訴記者他打算當總統當到「一百歲」，並迅即對膽敢把票投給他對手的反對黨支持者施予報復。

這一次他的主要目標是住在城市邊緣貧民區和棚戶區而對政府心懷不滿的廣大辛巴威民眾。他們是最窮的窮人，過著朝不保夕的生活。穆加貝以貧民區和棚戶區是罪犯藏身處為藉口，下令武裝警察和青年民兵將那裡的居民趕走，將那些地方夷為平地。這場運動被稱作穆蘭巴茨維納（murambatsvina），那是修納語詞，意為「趕走垃圾」。穆加貝的警務首長奧古斯丁·齊胡里（Augustine Chihuri）公開談到此行動的目的：「我們得把國內一心要摧毀經濟的那一大批爬行的蛆清除掉，」他說。

警方毫無預警即開始抓捕哈拉雷等城鎮境內數千名街頭商販，沒收他們的貨物（從口香糖到二手衣各種東西都有），拆掉市場攤子。就連已在哈拉雷的中央廣場做生意數十年的花販和古玩小販，都在這波突擊中遭清除；小販一臉不可置信的看著自己的花和木雕成堆燒掉。布拉瓦尤市第五街市場淪為遍地的扭曲金屬和燒焦木頭。一個又一個城鎮，街頭買賣幾乎蕩然無存。

對貧民區、棚戶區居民的攻擊同時展開。警方動用推土機和大錘，將一個又一個聚居區剷平，使數千戶人家在隆冬之際必須餐風露宿自謀生路。破壞行動接連進行了數星期。穆加貝不甩國際譴責，堅持幹到底。聯合國一調查結果推斷，在穆蘭巴茨維納行動期間，約七十萬人若非沒了家，就是沒了生計來源，或者兩者皆喪失；將近十萬戶民居和超過三萬二千個商家被毀；另有二百四十萬人（人口五分之一）間接受害。

隨著二〇〇八年總統、國會選舉的逼近，反對黨支持者再度嘗到他們意料中的壓迫。二〇〇七年三月公民組織、工會、反對團體聯合於哈拉雷郊區市鎮海費爾德（Highfield）的運動場舉辦「祈禱會」，作為「拯救辛巴威運動」的一部分時，穆加貝放出鎮暴警察。數十名示威者被捕，帶到當地警局毒打。穆加貝說，警察有「權利毆打」異議分子。摩根．茨萬吉萊來到該警局以弄清楚事情，結果也被逮捕，在他那些被捕的支持者面前被強壓在地，遭到毒打。事後，醫生斷定他的顱骨被打裂。有位目擊者說，警方的目的乃是讓反對者知道，「如果他們能輕易就讓我們的領袖受到如此的傷害，他們能如何對付我們其他人」可想而知。後來，穆加貝在達累斯薩拉姆舉行的非洲高峰會上向與會諸國領導人說，他授權警方毆打茨萬吉萊，因為他的支持者攻擊警察。「我要警察打他一頓，他自找的。」一面對來自西方政府的譴責，穆加貝反駁道：「誰理他們。」

反對黨支持者無視與穆加貝政權作對的可怕後果，繼續抗爭。二〇〇八年三月二十九日的選舉，穆加貝雖然壓制選民、作票，卻大抵徒勞。都市和鄉村的選民都不支持他。一個又一個投票站的開票結果，都顯示反對黨候選人遙遙領先。許多穆加貝最親信的同僚敗選。二十八年來穆加貝首度輸掉國會控制權。根據官方開票結果，以茨萬吉萊的民主改變運動為首的諸反對黨拿下一百零九席，辛巴威非洲民族聯盟─愛國陣線拿下九十七席。

反對黨高興了幾天，穆加貝漫長的黑暗統治似乎就要結束。但總統大選結果，影響政局的關鍵因素，仍然不明。茨萬吉萊宣稱得票剛好過半，已贏得總統大選。但穆加貝的官員，以「作業理由」，不肯公布開票結果。他們說茨萬吉萊和穆加貝都未拿到絕對多數的選票（這次選舉有三個候選人）。在四月四日的會議上，辛巴威非洲民族聯盟─愛國陣線的政治局決定把投票結果確定為茨萬吉萊得票率四七．九％，穆加貝四三．二％。因此必須舉行第二輪投票，從而讓該黨有充分時間重施故技，透過毆打選民讓他們聽話。經過五個星期的推拖，「官方」結果才公布。第二輪投票日訂於六月二十七日，即第一輪投票後三個月。

穆加貝為確保贏得第二輪投票所展開的恐怖運動，比以往任何一次選舉時更加嚴厲。青年民兵、警察、軍事人員和執政黨惡棍，如同軍事作戰般，進入反對黨地盤，設立拷問營和洗腦中心，不分青紅皂白施暴當地居民。這場運動由穆加貝聯合作戰指揮部的將領和保安首長統籌，取名「馬夫霍泰拉帕皮行動」（Operation Mavhoterapapi）。馬夫霍泰拉帕皮意為「你把票投給誰」，但選民把它簡單稱為齊杜杜（chidudu），意為「恐懼」。村民遭集體毆打，被告知「下次把票投給穆加貝，不然要你死」。提供給數百萬貧困辛巴威人的救濟糧食，被政府當成逼他們把票投給穆加貝的武器。數十名民主改變運動的幹部遭擄走殺害；數百人遭拷問；強暴、縱火、非法拘捕之事司空見慣。這場運動最初把重點擺在支持反對黨的鄉村區域，後來擴及到都市棚戶區和貧民區。約二十萬人被迫逃離家園。在某場選舉造勢大會上，穆加貝誓言他「絕不會接受」民主改變運動獲勝，會「開戰」以阻止此事發生。「我們不要單單因為選票就放棄我們的國家。圓珠筆怎打得過槍？」

預定投票日的五天前，茨萬吉萊決定退選。「我們不能……明知投了那票會要人的命，還要（人）投下那樣的票，」他說。「我們不再參與這場暴力、沒有正當性的假選舉。穆加貝已宣戰，我們不要成為那場戰爭的一部分。」

於是穆加貝的恐怖手法再度得逞。六月二十七日選民在害怕、憂懼的氣氛中前往投票所，心知結果只會有一種。凡是被發現未投票者，都會遭報復。茨萬吉萊敦促人民投票以保住性命。開票結果公布後不到一小時，穆加貝即在總統官邸，在助他勝選的諸位將領觀禮下，宣誓就任總統。「辛巴威是我們的，」後來穆加貝說。「我絕不會投降，永遠永遠永遠不會。」

接下來幾個月，辛巴威的處境日益悲慘。除了糧食不足、停電，還有醫療、衛生服務的瓦解造成霍亂爆發；需要外國援助，才能將它控制住。貨幣變成廢紙。通膨達到五十億兆，價格每天至少翻一倍。七月，中央銀行發行面額為一千億的新紙鈔，但一張一千億元的紙鈔，竟只能買到半條麵包。六個月後，中央銀行發行了面額一百兆的新紙鈔。但通膨之勢未消，最後辛巴威政府不得不放棄辛巴威幣，改用外幣。約九成人口失業。需要外國援助糧食，才能保住五百萬人性命。

隨著辛巴威陷入更深的泥淖，穆加貝聲稱已和反對黨展開對話，以建立全民政府。經過八個月曲折的談判，他終於讓茨萬吉萊出任總理。但他從頭至尾表明他對此過程的不屑，不管他的國家慘到何種地步，他當家作主的決心始終不變。他說只有上帝能把他拉下臺。

穆加貝和其小集團能牢牢掌權，還得歸功於鑽石這個新財源。二〇〇六年在辛巴威東部的齊亞茲瓦（Chiadzwa）區發現一豐富的鑽石礦區，引發數千人蜂擁前去挖取。地質學家估計，齊亞茲瓦礦區是一百年來世上所發現的最大鑽石礦區。一批穆加貝的好友看出那裡可賺大錢，最初成立了鑽石包銷集團（syndicate），後來決定將該地納入更直接的控制。二〇〇八年，在一場名叫哈庫佐克韋（Hakudzokwi，「沒回頭路」）的行動中，軍隊奉命進入齊亞茲瓦強行驅逐挖掘鑽石者；武裝直昇機朝民眾濫射，殺死數十人。在地下工作的礦工在他們所挖鑿的狹窄地道裡驚慌竄逃，結果遭壓死或窒息而死。至少兩百名挖掘者遇害；還有更多人遭毆打、強暴、催淚瓦斯攻擊、狗咬。後來，獨立調查人員報告，軍方使用強徵的勞工開採鑽石。

對穆加貝和其小集團來說，這是獲利極大的一門事業，使他們比以往更富有，在未來數年財源滾滾。

34 彩虹彼端

一九九四年十二月，就任總統七個月的納爾遜．曼德拉，在其自傳於約翰尼斯堡正式發行之時，以其一貫的自貶口吻開玩笑道，政務的繁重令他有時不由得渴望較平靜的牢獄生活。把經過數百年白人少數統治的南非改造為道地的民主國家，工程著實浩大。曼德拉所承接的整個制度，大體上是為服務白人利益而設計。除開國會，所有重要建制——公務體系、保安部隊、商界、大學、媒體、股票交易所、銀行、農業——都由白人支配。誠如曼德拉所公開坦承的，南非的繁榮仍高度倚賴白人的技能、專門知識和資本。但他既明白到必須讓白人對黑人統治下自己的未來放心，也面臨黑人甚高的期待。他勝選後緊接的那段時期，黑人選民急切希望改變。選戰時曼德拉的保證——就業機會增加、住屋增加、教育改善、醫療服務——仍迴蕩於全國各地。一下子有那麼多要求、那麼多優先事項要辦。投身政治對抗種族隔離制度五十年後，現年七十五歲的曼德拉，面臨另一個挑戰，無比艱難的挑戰。「我發現一個祕密，即爬過一座大山後，發現還有許多山頭要爬，」他在自傳裡寫道。

眼前所需的，除了能執行各種大型經濟、社會發展計畫的新中央政府，還要一個全新的省政府、市鎮政府行政體系，得把前黑人家邦併入新設的九省，得把約八百個按種族隔離制設立的地方當局重新設計為三百個多種族實體。警察機關，原是執行種族隔離法的最前線單位，這時需要全面整頓，以使其較能為各地人民所接受。新成立的國軍需要重組，以將來自非洲民族議會游擊隊和前黑人家邦軍隊的士兵納入。整個教育體系，原本各種族各成一套，這時需要重整。白人公立教育提供高水準的教育，黑人公立教育則受害於數十年的人力物力匱乏：許多建築破舊不堪，三分之一沒電，四分之一沒水，一半沒衛生設備，三分之一教師未有教師資格，還有許多教師不合格。

種族隔離制的影響，包括貧富差距懸殊。白人平均收入是黑人平均收入的八倍。白人占全人口一成三，所得卻占全國所得六成一。黑人中產階級急速成長，他們在總所得中的比重仍相對不大。私部門所有資產，只有幾乎二％在黑人名下。據聯合國一九九四年人類發展報告所公布的計算數據，如果把白人南非視為一個國家，其生活水平將名列全球第二十四，緊接西班牙之下；按同樣的基礎計算，黑人南非則名列全球第一百二十三，次於賴索托和越南。從人類發展的角度看，整個南非只名列全球第九十三。四千萬人口中，二千二百萬人缺乏充分的衛生設施，包括住在城市的七百五十萬人；一千二百萬人無緣享有乾淨水；二千三百萬人沒電可用；約二百萬孩童沒上學。將近一半的南非家庭處在貧窮線以下；四分之一靠不到貧窮線收入一半的所得過活；約八百萬人據估計「百分之百赤貧」。三分之一的人口是文盲。

南非擁有非常可觀的資產，可藉以克服這一種族隔離遺害。這些資產包括極豐富的礦物蘊藏，其中鑽石儲量占全球四成四，錳藏量占全球八成二和鉑系金屬藏量占全球六成四。南非是全球最大的黃金生產國，產量占全球三分之一。它的金融、銀行、法律體系也運行多年且有效率；約翰尼斯堡股票交易所是全球第十大。它的製造業基礎，從世界標準來看保護過度且不具競爭力，但有大幅成長的潛力。鐵公路、港口、機場這些基礎設施很完善。電話、電力服務穩定可靠。大學和技術學院培育出現成可用且有能力的人材。從統計角度看，南非擁有一千兩百億美元的國內生產總值，是全球前二十五大經濟體之一。在非洲，南非是不容小覷的大國。

但曼德拉當總統後發現，南非經濟艱困。非洲民族議會原以為承接了一個雄厚的經濟體；該黨雄心勃勃的發展計畫，就是根據這一認知制定。但其實國庫幾乎是空的。前任政府創下預算赤字占國內生產總值八．六％的新高紀錄，總外匯儲備降到不及三個星期進口額。此外，政府的內債龐大。債務清償成本，加上經常支出，耗去九成二的政府歲入，只剩八％可用於資本支出。「根本沒錢可拿來做我們計畫做的事，」曼德拉的重要部長麥克．馬哈拉日（Mac Maharaj）憶道。「我們得丟掉藍圖，從頭開始。」

失業率的數據本身，代表了一重大的危機。經濟活動人口裡，只有約一半有正式部門的工作。另有數百萬人靠非正式部門的工作（街頭小販、小生意人、幫傭、家庭小型生產業）謀生。即使如此，官方失業率仍達三成三。據估計五百萬失業人口中，大部分沒有一技之長或未受過訓練，找到工作的機會渺茫。一九九四年新進入勞動市場的四十五萬人，只有二萬七千人可望找到工作。平均來講，經濟的正式部門只能吸收勞動市場新進人力的六%。新政府為公務體系的一萬一千個經理、辦事員、清潔工空缺徵人時，應徵者超過一百五十萬。

晚近幾年經濟成長很糟。在南非有紀錄以來的最長衰退中，該國的國內生產總值一九九〇年下跌了〇·五%，一九九一年〇·四%，一九九二年二·一%（主要肇因於該年乾旱打斷農業生產）。從一九九〇到一九九三這四年，國內生產總值總共下跌了一·八%。一九八九至一九九三年正式就業人口減少了超過三十五萬。光是要吸收每年進入勞動市場的新進人力，就需要六%的年成長率。要降低失業率，成長率需要達到八%至一〇%。

白人政府留下的經濟百病叢生，而且，誠如曼德拉所認識到的，他極需要吸引外資，才能讓他的開發計畫有所成。即使有私部門的支持，國內資源仍不足以把年成長率提升到三%以上太多。但外國投資人不放心非洲民族議會長期以來的國有化、國家控制經濟的主張，在看到新政府做出一番成績之前，不願貿然投資。曼德拉留意到必須讓國內外投資人相信政府決心施行財政紀律和健全的經濟管理，於是在經濟政策上堅持走審慎、保守路線。但改變的緩慢導致騷動增加。工會，即非洲民族議會執政的功臣，開始展示實力，希望為過去的付出拿到回報。非洲民族議會內，也有人失望於政府所不得不做出的妥協。「我們是掌權，還是有職無權？」外號「東京」的塞克斯瓦萊（Tokyo Sexwale），南非工業心臟地帶豪登（Gauteng）省的總理，一九九四年十一月問道。

曼德拉也得處理種族隔離時期抗議政治所留下的弊病。抗議文化根深柢固。黑人居住區居民多年來習慣於拒付租金和服務費以抗議種族隔離政策，如今，即使已改朝換代，黑人當家，仍不大願意付他們該付的錢。無法無天的事到處可見。學生抓教職員為人質，惡意破壞建築，洗劫商店。罷工警察設立路障。獄警放危險囚犯逃獄。防衛部隊裡的前非洲民族議會游擊隊員不假外出。計程車司機封鎖約翰尼斯堡中心區。擅自入侵空屋占住。店員大肆洗劫自家店鋪。除了這些惡行，還有暴力犯罪猖獗的問題。

失序的程度嚴重到曼德拉不得不嚴厲譴責滋事作亂者。一九九五年二月為國會第二會期開議致詞時，他痛批以無政府、破壞行徑來滿足自己要求的工人和學生。「我要清楚告訴所有人，打擊無政府、作亂勢力的戰爭已經開打，」他說。對於那些要求他的政府立即給予好處的人，他同樣不客氣：

> 政府根本沒錢滿足收到的要求。任何種集體行動都不會創造出政府所不具備的資源。我們每個人都得丟掉政府有一大袋錢的錯誤看法。政府沒這麼多錢。我們得丟掉「應享權利」的文化，那種文化使人認為不管提出什麼要求，政府都必須速速予以滿足。

這是在整個社會醺醺然於多數統治的降臨後發出的冷靜清醒之語。曼德拉要求對未來有不實期待的人民守紀律和勒緊褲帶。

事實表明，曼德拉帶頭推動全民和解一事，對南非的助益遠大得多。全民和解成為他個人的志業。從就任總統那一刻起，他就努力促成新的種族和諧，不斷向居少數的白人保證他們在多數統治下仍會有好日子，強調建立「彩虹國家」的重要。就職那天，在普勒托利亞中央政府機關大樓（Union Buildings）下方的草坪上，向眾多人民講話時，他敦促發揮寬恕精神。「Wat is verby is verby」他用阿非利卡語說。「過去的就過去了。」

對於他的舊政治對手，他依舊寬大為懷。他歡迎戴克拉克在他的內閣任職，稱讚他在建立民主上的貢獻，讚譽他是「最偉大的非洲之子之一」。他不遺餘力栽培右派阿非利卡人政治人物，一心要化解右派抵抗。他力求保留為紀念阿非利卡人歷史裡的重大事件和英雄而建的雕像、紀念碑，而取的街名。他不時用阿非利卡語講話，說它是「希望與解放的語言」。懇求公務員支持政府改革時，他用阿非利卡語向他們講話。他在開普敦市的官邸，原叫威斯特布魯克（Westbrook），後來被他改為赫納登達爾（Genadendal）。赫納登達爾是阿非利卡語詞，意為「仁慈谷」，開普地區第一個基督教傳教團的團名。

他透過多種作為表達善意。他主辦了他所謂的「和解午宴」，把前種族隔離政權領導人和重要的黑人行動主義者的妻子、遺孀聚於一堂。他特別走訪種族隔離制度的設計者亨德里克．佛烏爾特的遺孀，她住在奧蘭治河畔的一個小鎮上。當年對抗大英帝國的布耳人游擊隊，有一派叫「戰鬥到底派」（bittereinders），該派保住這個小鎮，作為純白人的殖民地。更值得一提的，乃是他為珀西．尤塔爾（Percy Yutar）安排的午宴。尤塔爾是里沃尼亞審判（Rivonia trial）時的檢察官，主張判曼德拉死刑，並在法官未如此判時表示遺憾。

曼德拉的和解努力，在一九九五年南非主辦世界杯橄欖球錦標賽時達到最高潮。阿非利卡人以近乎宗教般的熱情擁抱橄欖球，但大部分黑人把這個運動視為「布耳人球賽」，白人支配地位的象徵。白人以無比的熱情期待這場橄欖球賽，但曼德拉決意把它塑造為全國性的盛事。他來到開普敦附近的跳羚隊（Springbok）訓練場，親自為球隊加油打氣——球隊裡除了一個黑人，全是白人——並呼籲黑人一起支持他們。「我們已把這些年輕人當成我們的小伙子，當成我們自己的小孩，我們自己的明星選手。全國人民個個是他們的後盾。我從未像此刻這樣驕傲於我們的小伙子，希望我們所有人共享那一驕傲。」

南非與紐西蘭打決賽時，兩隻球隊進場，曼德拉穿著南非隊隊長綠、金色六號球衣，頭戴跳羚隊帽，出現在球場上，令白人占了絕大多數的現場觀眾情緒高亢，興奮不已。跳羚隊拿下冠軍時，南非舉國歡騰，黑人和白人一樣欣喜。曼德拉所努力欲激發出的全民一體感，在那一刻成真。

黑人族群內部有批評者主張曼德拉用心讓白人放心，更甚於處理黑人的委屈。但曼德拉不接受這樣的批評：「我們得化解白人的憂心，以確保平穩過渡。如果不這麼做，蠢蠢欲動的內戰大概已爆發。」他說，讓白人放心，一點損失都沒有，何樂而不為。

在如何處理南非的暴力過去上，雙方意見分歧，蜜月期隨之結束。曼德拉認定種族隔離時期侵犯人權之事，應設一真相委員會予以調查，目的不是為了懲罰，而是為了給公眾一個交待，為了協助清除過去的不公不義。他說，不處理過去的罪行，那些罪行會「像化膿的傷口一直跟著我們」。在曼德拉的全民政府裡擔任副總統的戴克拉克譴責這一想法，主張真相委員會的設立會導致把矛頭對準過去政府違法濫權情事的「獵巫」行徑，同時忽略了非洲民族議會的罪行。他說那很可能「把已開始癒合的縫合傷口扯開」。

在接下來的全國性論辯裡，有人如非洲民族議會原來所主張的，贊成紐倫堡式的審判，聲稱種族隔離是與二戰期間納粹所犯暴行不相上下的「一種種族滅絕」，而納粹領導人後來因那些暴行遭起訴。有人以白人族群是種族隔離制的最大受益者，要求白人族群賠償。還有人主張，要提高和平、和解的可能性，最佳辦法會是給予各方特赦。大部分白人，一如戴克拉克，反對這整個過程，主張其後果只會是打開舊傷口，重新喚起仍隨時可能會浮現的舊敵意。「雙方都曾犯下暴行，所以就原諒和遺忘吧」，乃是阿非利卡語的報刊共有的想法。

關於真相委員會的主要目的，各方看法南轅北轍。有人主張最重要、最該做的，乃是伸張正義，讓那些犯下嚴重侵犯人權之罪行者受到究詰。另有人主張真相的重要不下於正義，甚且更有過之，光是瞭解真相，就會大大有助於和平、穩定的實現；避免審判，也會降低保安部隊強烈反彈的風險。保安部隊仍大體上控制在白人手裡，曼德拉曾私下論道，如果他宣布舉行一連串刑事審判，很可能隔天早上起來發現自己家被坦克包圍。

一九九五年問世的真相與和解委員會（TRC），不可避免是妥協的產物。它的職權限於調查從一九六〇年夏普維爾屠殺起三十四年間嚴重侵犯人權之事，即謀殺、擄人和拷問。於是，種族隔離制所涉及的更大範圍不公不義之事，比如強迫約三百萬人離開家園、以違反通行證法監禁數百萬人、未經審判即予羈押，將不會受到追究。只有極端的種族隔離行徑會受到檢視，常態性的種族隔離行徑則不會。

真相與和解委員會被賦予傳喚到庭和搜索、扣押的權力，且有自己的調查機構來執行調查。它被要求對保安警察和解放團體所犯下的不法情事寄予同樣的關注。但它不是司法機關，不是法院，不能起訴或施予懲罰。它的目的，與其說是對犯行輕重下一判斷，不如說是確立一真相揭露過程。主動前來交待犯行者，只要讓委員會滿意認定他們已全盤披露自己的犯行，認定他們當初是抱著政治目的那麼做，就會得到免起訴的對待，以回報他們說出真相。如果未主動前來交待犯行，就仍有遭起訴之虞。

當時只有少數人認為真相與和解委員會會查明真相或達成和解，更別提協助解決遠至十或二十年前所發生的謀殺、失蹤事件。舊保安警察機構，大部分案件裡的首要嫌犯，老早就毀屍滅跡，一心阻撓調查。願意出來作證，說明自己所知事實的受害者或受害者家人始終不缺，但關於凶手或下令他們行凶者的身分，少有確切的證據。真相與和解委員會官員認為，只有少數犯下罪行者會趁著赦免的良機出來交待犯行。

但這個委員會還是排除萬難，突破沉默的高牆。一九九六年十月，五名前警方殺手小隊的隊員，在調查人員逼近之際，擔心遭起訴，於是請求赦免六十宗謀殺案的罪行。這個殺手小隊的總部位在川斯瓦的北部。他們說他們全是為了政治理由那麼做，亦即是「為了維繫國民黨政府和種族隔離制，為了打擊共產主義，為了抵抗解放」。其他殺手小隊的成員跟進。保安警察的神祕世界一步步被揭開，許多殺人者和拷問犯人者被迫出來面對社會。

更令人意想不到的，乃是保安警察網絡開始揭開之後，真相與和解委員會發現可以循著指揮鏈往上逐步追查，查到政府最高層。保安體系的最高機關是國家安全委員會，高階將領和重要政治人物定期在該機構開會，以決定該用什麼手段擊垮國內外的反對勢力。一九八〇年代波塔的「總體戰略」政策，就是在這裡制定。種族隔離時代的將領和政治人物被傳喚到該委員會時，竭力為真相與和解委員會的調查人員所取得的文件辯解，那些文件批准他們將他們所選定的目標「翦除」、「壓制」、「除離社會」。曾任國家安全委員會主席十二年的波塔，收到真相與和解委員會的傳票時，悍然拒絕應訊。

戴克拉克到真相與和解委員會應訊了三次。身為當時最重要的阿非利卡人領袖，該委員會給了他代表他所屬族群擔下過去罪責的機會。但他終究是個小鼻子小眼睛的政治人物，只想著如何讓自己免遭追究。他為種族隔離制所造成的種種苦難發出流於誇大的道歉，但不願為保安部隊的違法濫權行為攬下責任，怪「壞分子」擅自執行「未經授權的行動」，怪「下層人員」「錯誤解讀」政府政策。

非洲民族議會到該委員會應訊一事，意義更為重大，因為該黨如何交待自身涉入謀殺、放炸彈、拷問之事，攸關它執政的適當性。非洲民族議會被要求交待的事，除了它轄下戰士的活動，還有該黨支持者執行「輪胎套頸點火」殺人和其他侵犯人權的活動。非洲民族議會也得交待其在與因卡塔黨的自相殘殺衝突中扮演的角色。那一衝突奪走了數千條人命。

非洲民族議會從一開始就採取的立場，乃是它沒有多少必須交待的事。曼德拉副手塔博．姆貝基（Thabo Mbeki）第一次向該委員會陳述意見時，主張非洲民族議會一直在打一場反邪惡政體的「公義戰爭」。他說，把抵抗種族隔離制與捍衛種族隔離制相提並論，「在道德上站不住腳，在法律上不正確。」非洲民族議會是「萬不得已」，是在種族隔離政權已使非暴力抵抗完全不可能後，才動用暴力。非洲民族議會努力避免平民傷亡，但一九八〇年代中期保安部隊的殘暴活動，使它不得不擴大攻擊對象。有些行動或許「超乎大家公認的準則」，但必須從非正規戰爭的時空背景來予以理解。

非洲民族議會的自我卸責習性，令真相與和解委員會碰上大麻煩。非洲民族議會的高階幹部表示該黨成員不必為放炸彈、殺人之事尋求赦免，因為他們反種族隔離的行動是「公義戰爭」的一部分，真相與和解委員會主席戴斯蒙德．圖圖（Desmond Tutu）大主教為此揚言辭職。「如果政黨能自己赦免自己的罪，設個真相委員會有何意義？」他說，做為真相與和解委員會之設立依據的法律，說得非常清楚。該法律未對嚴重侵犯人權的罪行給予道德上的區分。「嚴重侵犯就是嚴重侵犯，不管是誰所為，不管出於什麼理由。這樣，所有犯罪者在法律之前才平等。他們屬哪個黨無關緊要。」

第二次向該委員會陳述意見時，非洲民族議會較願意交待其武裝行動的細節，但對於奪走至少四百條人命的「輪胎套頸點火」殺人之類問題，仍然含糊其詞。談到與因卡塔黨自相殘殺一事時，非洲民族議會幾乎迴避所有責任。姆貝基做出冗長、凌亂的解釋，做出令人產生誤解的回答。事實上，姆貝基的回答，有許多和戴克拉克的回答一樣是為了替自己脫罪。

經過將近三年的調查，真相與和解委員會於一九九八年寫成調查報告。該報告提出一些定罪意味濃厚的論斷，推斷進入「濫用職權領域」的政府是一九七〇年代晚期的波塔政府。前幾任政府靠壓迫來統治，波塔的政府則採取殺掉其反對者的方針。它也必須為普遍使用拷問、擄人、縱火、蓄意破壞諸手段負責。該報告說，波塔憑藉其身為國家元首和國家安全委員會主席的地位，「促成且助長……讓嚴重侵犯人權之事能發生且真的發生的氣氛。」

該報告接著說，「濫用職權領域」延續到戴克拉克執政時期。它批評戴克拉克未能壓制「第三勢力」的活動。「第三勢力」指的是試圖破壞過渡時期，使非洲民族議會無法順利執政的大批保安部隊成員和右派團體。這份報告也指控他未向真相與和解委員會全盤披露他政府裡的高官和高階警察嚴重侵犯人權的罪行。「他未能這麼做，構成對定案有決定性影響的隱瞞行為，從而使他在委員會眼中成為嚴重侵犯人權罪行的共犯。」

談及非洲民族議會時，真相與和解委員會同樣秉筆直書。該報告說，在非洲民族議會進行武裝鬥爭期間，有計劃地放炸彈、埋地雷，造成平民傷亡。真相與和解委員會指出，事實上非洲民族議會的武裝活動「最終殺掉的平民多於殺掉的保安部隊人員」。該委員會同意非洲民族議會並未把平民列為攻擊目標，但推斷「不管非洲民族議會為這些作為提出什麼樣的辯解……被這些爆炸炸死或炸傷的人，都是非洲民族議會嚴重侵犯人權之事的受害者。」它也譴責非洲民族議會把官方線民和汙點證人當成合理的暗殺對象。它說殺害他們是嚴重侵犯人權的行徑。此外，武裝鬥爭時期，非洲民族議會營造出讓其支持者把施暴反對者（市議員、鄉村頭人、因卡塔黨黨員、其他被認為與統治當局合作者或與非洲民族議會為敵者）當成「人民戰爭」之正當一環的氣氛，非洲民族議會該為營造出這樣的氣氛「負起道德責任和政治責任」。它還說，一九九〇至一九九四年這段期間，非洲民族議會令數百名與他們作對者喪命或受傷。非洲民族議會創立並武裝「把法律抓在自己手裡」、對平民犯下暴行的「自衛隊」，從而也成為暴力活動急劇升高的幫兇。

真相與和解委員會定於一九九八年十月發表其報告，而在此前兩個月，該委員會遵照自家法規，把調查結果的摘要送交被它點名涉及侵犯人權之事的約兩百個個人和組織。他們個個的反應都是不以為然。戴克拉克火大於被稱作「侵犯人權罪行的共犯」，請高等法院發出禁制令，不准那段提到他的三十行文字公諸於世。

遠更令人震驚的，乃是非洲民族議會的反應。它憤慨於自己被以戰爭罪嚴厲譴責，堅持要真相與和解委員會與其面談，打算要該委員會修改調查結果。真相與和解委員會邀非洲民族議會提出書面陳述，但拒絕會面。非洲民族議會回敬以指控真相與和解委員會將反種族隔離的鬥爭「判定為犯法」，說它的調查結果「莫名其妙、專斷」，說該委員會「錯得離譜」。

塔博·姆貝基嚴重誤判情勢，竟和戴克拉克一樣請高等法院向真相與和解委員會發出緊急禁制令，以阻止該報告的發布。大主教圖圖掩不住心中的憤怒與失望，接受一連串媒體訪談，警告南非有陷入新暴政之虞。「我們不能以為昨日的壓迫不會成為明日的壓迫。我們已在全球各地看到這種事發生，如果這裡發生這種事，我們不該大驚小怪。」他呼籲所有南非人提防政府濫權和腐敗。

姆貝基欲令該委員會噤聲的企圖未能如願，但此舉重創了非洲民族議會的名聲，令人對他的領導才能深深疑慮。一九九八年十月真相與和解委員會終於把它的五冊報告呈給曼德拉時，氣氛非常沉重，非洲民族議會的阻撓舉動使這一成就黯然失色。曼德拉本人表態支持真相與和解委員會和其調查報告。「和解這棟大廈的奠基工作正在進行，我們深信它已為這項工作做出貢獻。」但相對立的聲音此起彼落。姆貝基繼續主張真相與和解委員會「錯誤且受到誤導」。戴克拉克指控該委員會追求報復而非和解。

雖然被種種抗議聲浪搶去風采，真相與和解委員會的成就還是很可觀。它清楚查明殺手小隊的行動，並非某些人自己的偏差行為，而是政府壓迫體制的主要部分；拷問是有計畫的作為，且實際上被當成官方的習慣作為而得到容忍；相對立黑人派系間的暴力活動受到各自派系正式的鼓勵、支持、資助。它查明了從下往上直到政府最高層的指揮鏈。它協助查明了令許多家庭苦惱許久的謀殺、失蹤案。它拿解放團體自己幹下的殺人、拷問、輪胎套頸點火的罪行質問他們，堅持對這些罪行和政府罪行一視同仁。它也為數千個受害者和他們的家人提供了抒發心聲的機會，讓許多人得以首度解脫壓在他們身上的不幸和悲痛之情。誠如被警方子彈打瞎的盧卡斯．席克韋佩雷（Lukas Sikwepere）對這一經驗的概述：「我覺得一直以來很不舒服，因為無法說出我的遭遇。但如今，來到這裡，告訴你們我的遭遇，我覺得像是恢復了視力。」

但這一切都是在很高的代價下，在赦免加害者的情況下，取得。赦免過程使許多作惡者最終願意主動出來交待過去所幹下的暴行，但看著那些有罪之人坦白自己的駭人罪行然後無事的離開，還是令受害者和其家人心裡很不是滋味。

此外，沒有多少跡象顯示真相與和解委員會的作為推動了和解。如果可以，白人族群會更希望讓過去被遺忘，不再談起。只有少數白人出席該委員會聽證會，或在電視上看那些聽證會，或聽電臺轉播。最常聽到的都只是殘缺不全的證詞。許多白人聽到殺手小隊的活動和其他暴行時，發自內心感到驚駭，但他們相信那些暴行只是整件事的一部分，聲稱真相與和解委員會所正全力處理的，就是那個部分。揭露的真相愈是令人驚駭，他們就愈覺得自己能與那些事脫鉤。

民意調查一再顯示白人對真相與和解委員會不信任、憤恨。一九九八年七月的民調，約七成二白人覺得該委員會使種族關係變糟；將近七成白人覺得該委員會無助於使南非人在未來更和諧相處；約八成三的阿非利卡人和七成一說英語的白人認為該委員會立場偏頗。這可以說是一場大規模的不信任投票。

相對的，黑人族群密切注意真相與和解委員會的動態，深怕有所遺漏。瑪塔塔．彩杜（Mathatha Tsedu）於該委員會結束作業時，在《索威托人報》（*Sowetan*）上撰文憶道：

那些承受不住回憶與揭露之真相的倖存者和親人，他們的證詞、恐懼、啜泣、嚎哭，令我們感動。我們在自己家裡也流下眼淚。

我們也守在收音機、電視機前，聽、看殺害我們的愛國志士的那些人，談他們為了捍衛白人的支配地位而幹下的殺人案。

當那些人，臉上看不到一絲痛悔，談他們在我們土地的幾條河流的河岸上架起柴堆，燒掉人屍，同時烤著小羊排、牛排時，我們發出了噓聲。

當那些人說完這些證詞，然後安然無事大搖大擺走開，我們更生氣。

真相與和解委員會的作為，在某些黑人心裡激起的憤怒，其實和其在白人心裡激起的憤怒一樣大，尤以幹下駭人髮指罪行的保安部隊特工透露一丁點真相就換到自由，而受害者和他們的家人卻被拒於法庭之外，令他們特別憤怒。許多人想要真相，但更想要正義——起訴和判刑。

民調反映了黑人對真相與和解委員會作為的失望，幾乎和白人的失望一樣深。一九九八年七月的民調顯示，過半的黑人（六成）相信該委員會公正對待各方，約六成二認為它的作為使種族關係變差。但值得注意的，黑人對未來比白人樂觀：將近八成黑人覺得由於該委員會的努力成果，南非的人民此後會更和諧的一起生活。

回應加諸真相與和解委員會的批評時，圖圖主張真相往往製造分裂。「和解的重點不在親切友好，不在以假為真。建立在虛假上的和解，或未正視現實的和解，不是真和解，無法持久。」真相或許未必能促成和解，但沒有真相，不會有真正的和解。

不管曼德拉多麼努力將重點擺在社會中較窮的那部分人，新南非的直接受益者是黑人中產階級。在公務體系和國營企業中，黑人迅速取得他們長久以來無緣取得的地位和職權。商業界跟進，急欲讓人看到商界過去的不平等現象已得到糾正。儘管幾年來高談必須提拔黑人，只有一成的經理職由黑人擔任。有一技之長和合格條件的黑人，機會很多。但受過訓練和有經驗的黑人太少。例如，總共一萬四千個特許會計師中，只有六十五人是黑人。因此造成的後果之一，乃是隨著白人名下的企業致力於推動黑人資本主義的發展，一小批成功的黑人企業家拿下一個又一個商業交易，在這過程中財富大增。黑人中產階級也是政府為糾正種族歧視遺害而採取之措施的最大受益者。那些措施給予在受雇、升遷、政府工程得標上「過去處於劣勢」的群體優先的照顧。

事實上，曼德拉主政那些年，黑人族群內的貧富差距顯著拉大。這一差距自一九七〇年代晚期起有增無減。一九八〇年代期間，最窮的一半人口落入更窮的境地，但黑人中產階級如魚得水，收入逐步成長，使他們成為南非境內往上爬升最快的群體。一九九〇年代，黑人菁英（政治人物、行政官員、企業家、經理人、商人）發達成功為此前所未見，許多人過起在南非備受稱羨的優渥生活，取得備受稱羨的身分地位象徵——大型房車、游泳池、傭人、小孩讀私立學校、高爾夫差點（golf handicap）、出國度假。可能有五%的黑人躋身中產階級，但對大部分黑人來說，抗貧大作戰還沒打完。

從入主總統府的初期起，曼德拉就開始為後曼德拉時代的南非做準備。他不理會人民的要求，堅持一九九九年第一任總統任滿就退休，絕不連任。「等我任滿時我已八十一歲，」他說。「我認為像南非這樣健全的國家由八十多歲的人領導並不明智。你們需要年紀較輕，搖得動、搬得動這個國家的人。」

事實上，曼德拉治國明顯有失果斷，常聽任政務自行運行，不予操控，好似他的政府所要辦的事項多到嚇人，不知從何下手。而這個政府有時出現的亂無章法、搞不清楚狀況的情況，曼德拉本人難辭其咎。他年老時行事和年輕時一樣流於魯莽。偶爾他行使他手中的大權流於輕率。他的頑固和急躁脾氣是出了名的。他發現自己任命的部長無能或腐敗時，會出於執拗的義氣出手解救，而非把他們革職。南非迫切需要吸引西方投資，他卻堅持個人自主作風，與格達費、卡斯楚之類很可能令西方投資客打退堂鼓的獨裁者密切往來。

但不管曼德拉治國有哪些失敗和缺點，他既維持住他在黑人族群裡的民意支持度，也保住白人族群對他的尊敬與欽佩。黑人和白人都暱稱他為馬迪巴（Madiba）一事，說明了他在國內受愛戴的程度。馬迪巴是他所屬氏族的族名，源於十八世紀的某酋長。在橄欖球、足球、板球比賽拿下全國冠軍，有時被歸功於「馬迪巴魔力」——他蒞臨現場觀看球賽的效應。

曼德拉享有高人氣，但未被人氣沖昏頭。他出身貴冑，但擁有非洲領袖所罕有的平易近人作風。他常出於真心的關注，停下腳步與小孩或青年講話。面對工人和權貴，他待之以一樣的禮貌。他對每個人都謙恭有禮且關心，不管對方的身分地位或年齡。被沒完沒了的會議、演說、官方社交活動纏身，他還是抽出時間回應個別人士的請求，樂於接受來自學童和平民百姓的邀請，需要打電話給陌生人時他就打，有人邀他合照時他來者不拒。儘管年老病痛纏身，他當總統那幾年充滿幹勁，好似急欲彌補失去的時間。

曼德拉被寄予這麼高的信心，這麼高的信任，堪稱一人繫國家之安危，因而他下臺後南非的未來不禁令人憂心忡忡。他不只被視為民主之父，還被視為南非安定的保障者。他健康欠佳的傳言一出，就足以使股市和貨幣暴跌。曼德拉盡力壓低自己在政府裡的重要性，強調他內閣同僚的才幹和能力。

「我許多同僚幾乎在每個方面都遠勝於我。我不是個資產，反倒比較像是個花瓶。」

他始終不改退休之志，利用他剩下的總統任期培養寬容文化，冀望那文化從此深植南非。「我的人生快到盡頭，」他告訴阿非利卡人學生。「我希望能帶著燦爛的笑容長眠，心知青年、左右輿論者和每個人都努力跨越藩籬，努力團結這個國家。」

他所留下的國家，其和諧程度為它此前歷史上所未見。

從他手上接下總統之位的塔博·姆貝基，有新的一批優先事項要處理。曼德拉把和解擺在施政的第一位，姆貝基則遠更看重南非社會的改造。「在貧富仍舊被人從種族的角度來界定的情況下，黑人與白人之間不可能有和解，」他說。「如果想要黑白和解，就得改造社會。如果我們的經濟是以造福白人、令居多數的黑人處於劣勢為導向，而且不處理此事，不會有和解。」姆貝基所最擔心的，乃是他所謂數百萬無緣更上層樓的黑人「日益升高的憤怒」。「夢想的實現遭推遲會發生什麼事？」他問，引用美國黑人詩人朗斯頓·休斯（Langston Hughes）的話。「爆炸。」

領導風格也有顯著改變。曼德拉以慈祥族長的姿態領導南非，超然於政治紛擾之上，姆貝基則被稱作幕後操作者，精明的知識分子，喜歡引用莎士比亞、葉慈的句子，但少了親民作風，行事諱莫如深。曼德拉的治國風格是抓住大方向不管細節，姆貝基則是事無大小親力親為。

姆貝基從小就受到民族主義政治事業的薰陶。他父親戈萬·姆貝基（Govan Mbeki）是鐵桿共產黨人和非洲民族議會的堅定分子，一生獻身於政治鬥爭，期望他的長子塔博克紹其裘。塔博·姆貝基是個用功、內向的男孩，在川斯凱鄉村地區的老家把大半閒暇花在閱讀他父親的藏書上，十四歲時加入非洲民族議會的青年聯盟，十九歲創立一親非洲民族議會的學生組織，一年後加入共黨。一九六二年，二十歲時，他連同另外二十六名學生，被非洲民族議會派出國深造，一九九〇年才返國。流亡期間他拿到英格蘭蘇塞克斯大學的經濟學學位，在蘇聯受過軍事訓練，成為共黨政治局一員，擔任過非洲民族議會數個駐外代表之職。

一九八〇年代期間，英國首相柴吉爾之類的西方領導人把非洲民族議會視為「典型的恐怖主義組織」時，姆貝基在西方漸漸被視為該組織可讓人接受的一面——說話輕柔、能清楚表達個人想法的實用主義者，贊成透過協商而非革命暴力結束種族隔離制。他特別善於和無視政府規定，從南非前來和非洲民族議會商談，以找出突破僵局之道的眾多南非白人（商人、學界人士、神職人員、反對黨政治人物）打交道。姆貝基穿著花呢上裝，抽著他不離手的菸斗，吐出中產階級的語言，而非他們所預期的革命分子的激昂言詞。回到南非後，他立即投入差不多一樣的工作，安撫驚恐於民族主義論調的商人、要求自建「人民國家」（volkstaat）的右翼阿非利卡人、揚言發動內戰的祖魯族民族主義分子。「他的外交手腕能做到讓許多人以為他軟弱的程度，」曼德拉曾如此論道。

擔任曼德拉副手時，姆貝基掌理大半的政治庶務，實質上擔任他的行政總管。他獲授以擬定經濟政策的特別任務。為此，他提出了名叫「成長、就業、重分配」（Gear；Growth, Employment and Redistribution）的政策文件。這份文件贊成正統自由市場策略，一九九六年發表，主張嚴格的財政紀律、低政府赤字、私有化、貿易自由化、靠出口推動成長。它表明的目標，乃是促進經濟成長以達到一年六%的成長率，以及西元二〇〇〇年前創造五十萬個就業機會。姆貝基所採策略的重要一環，乃是推動黑人工商企業，促進黑人中產階級的發展。在某黑人商界領袖大會上致詞時，他嚴正表示：「為實現根除我國境內種族主義這個目標，我們所必須有的作為之一，乃是努力打造並強化黑人資本家階級。」他說黑人沒必要為出現一成功發達的黑人資產階級而感到難堪。那是經濟、社會「消除種族特徵」（deracialization）過程的一部分，窮人會因此受惠。

姆貝基的自由市場策略使他贏得外國投資人和商界人士的肯定，但激怒了非洲民族議會的傳統盟友——工會和共黨。他被指背叛革命，遭國際資本收買，拋棄了「非洲民族議會的靈魂」。在一九九八年的共黨代表大會上，聽完一個又一個代表上臺譴責非洲民族議會的「背叛」之後，他發言反擊，指共黨領袖「擺出假革命姿態」，說他們是「江湖郎中」和「騙子」，說他們試圖「以遭猛烈啃咬後的非洲民族議會的屍骸為食」，藉此打造他們的組織。他說他們正努力「散播我們政府已和非洲其他所有政府一樣失敗的看法」。

一九九九年姆貝基接任總統時，他的名聲已是褒貶參半。批評者說他是操縱他人的高手，對付對手毫不留情，只信任幾個忠心的顧問。他被說成工作狂，大小事都要管，但搞砸曼德拉交付他的一些任務，處理真相與和解委員會的報告時顯露出糟糕的判斷力。新聞界指他極敵視批評，甚至把批評當成別有居心，並指出他喜歡以對方懷有種族怨恨的指控來回應批評。一九九七年非洲民族議會的第五十屆黨代表大會，他獲無異議推選為該黨黨魁。卸任的曼德拉在姆貝基獲推選為黨魁時，表達了他自己的憂心。他的看法得到鼓掌肯定：「獲無異議推選為領導人者，肩負一重責大任，」他說。「他可以利用那一有力職位向批評他的人算舊帳，把他們邊緣化或除掉他們（鼓舞），在自己身邊淨擺些唯唯諾諾的男女（鼓掌）。他的第一要務，乃是消除他同僚的疑慮，使他們能在內部暢所欲言，不致提心吊膽。」

姆貝基的第一任總統任期，一開始一帆風順。一九九九年非洲民族議會以比一九九四年更大的過半票數（六成六得票率）打贏選舉，令他信心大增。在他的就職演說中，他感謝老一輩把南非從深淵中救出，然後談到希望讓仍過著悲慘生活的數百萬人有更美好的未來。他引用茨瓦納人的俗語，說南非正處於「黎明初起」，只能看到映襯在晨空裡的牛角尖的階段。但不到一年，姆貝基就捲入無意義的愛滋病爭議。那一爭議不只傷害他的權威，也激起他是否適任總統之職的質疑。

愛滋危機初起時，南非一如其他非洲國家，未予以積極有力的因應。第一批數量可觀的HIV陽性病例，一九八六年出現在受雇於蘭德金礦區工作，來自馬拉威的外籍礦工上。一九九〇年，產前檢查所測出的成人感染HIV的比例為〇．七％；到了一九九二年，成長兩倍，變成二．二％。但種族隔離政權終於有所作為，展開愛滋宣導教育和防制計畫時，遭遇不少的阻力。反種族隔離的行動主義者聲稱那些計畫是政府欲控制人口成長的詭計，政府欲藉愛滋病說服黑人減少性活動，減少新生兒，藉此抑制非洲解放運動；他們嘲諷Aids這個頭字母組合詞，說它其實是「Afrikaner Invention to Deprive us of Sex」（阿非利卡人為剝奪我們性活動編出來的鬼話）的簡稱。還有人把這種傳染病說成是行使巫術的居心不良者所造成。

曼德拉的政府聲稱把抗愛滋運動列為施政的優先要務，但由於還有許多問題（住宅供給、教育、就業、更大範圍的保健問題）需要處理，它在這方面成效甚微。曼德拉把抗愛滋指定為「總統首要計畫」，但他覺得談愛滋很不自在，因此未用心推動該計畫。為讓大眾認識愛滋，衛生部委託民間舉辦耗費巨資的音樂劇《莎拉菲娜續集》（*Sarafina II*），結果此劇爭議纏身，造成政府與防愛滋實地工作者失和。當衛生部長恩科薩札納．德拉米尼—祖瑪（Nkosazana Dlamini-Zuma）於一九九八年宣布，抗逆轉錄病毒藥疊氮胸苷（Azidothymidine／AZT）不會上市時，爭議再起。經測試證明，疊氮胸苷能減少受感染母親垂直傳染給嬰兒的比例達五〇％，且該藥的製造商已大幅調降價格，她仍以成本為理由，宣布該藥不會上市。一九九九年曼德拉卸任時，據官方估計，ＨＩＶ陽性病例已達到四百萬，占人口一成；已死於愛滋的人數則是五十萬。

愛滋危機如此嚴重，姆貝基卻愈來愈執著於一小批奇葩科學家的看法。這些科學家質疑ＨＩＶ的存在，即使真有ＨＩＶ存在，他們也質疑它會不會只是個無害的「過客」病毒。全球絕大部分醫學權威已對愛滋病因有一致的看法，但這些科學家質疑這一正統看法，聲稱那是製藥大廠欲從非洲的貧窮苦難中獲利的陰謀的一部分。他們主張，抗逆轉錄病毒藥不只昂貴，而且有毒，致命性比它們所要治療的那個病還要強。愛滋不會傳染；它是貧窮加劇舊疾這一模式的結果。

二〇〇〇年初期，姆貝基決定設立「研究非洲ＨＩＶ／愛滋病的總統直轄國際科學家小組」，以查明他所謂的「事實」，間接表示有關愛滋病因的正統看法只是個「論點」。令科學界、醫學界大為憤慨的，他邀來一些著名的「異議分子」參與，儘管他們的理論老早就被人斥為不值一顧。二〇〇〇年四月，他寄了封信給諸位世界級領袖，包括聯合國祕書長科菲・安南（Kofi Annan）、美國總統柯林頓、英國首相東尼・布萊爾，在信中說他延請這些異議分子，乃是因為他認為在尋找對這一傳染病的因應之道時，需要考慮各方意見。然後他為這些異議分子的立場大力辯解，說他們是恐嚇的受害者，且說那一恐嚇與種族隔離時期所出現的恐嚇相差無幾。「不久前，我國人民因為當局認為他們的看法危險而予以殺害、拷問、監禁，」他寫道。「如今有人要我們做種族主義種族隔離暴政當年所做過的那件事，只因為有人禁止對某一科學觀點持有異議。」

在華府，白宮不敢置信竟有如此的詭辯之詞，要官員查明此信是否是偽造。南非醫學研究委員會（Medical Research Council）主席，著名微生物學家馬萊加普魯・馬克戈巴（Malegapuru Makgoba）教授，埋怨「根據政治考量而做出的南非愛滋病危機方面的一長串決定」，憂心忡忡說該國正「迅速成為政治人物所擁抱的那幾種偽科學的溫床」。

這一爭議除了在南非造成觀念混淆和癱瘓抗愛滋工作，還在世界引發軒然大波。二〇〇〇年七月，南非要舉辦一場國際愛滋研討會。研討會主席，納塔爾大學的胡森・庫瓦迪亞（Hoosen Coovadia）教授，希望還研討會一個清靜的空間，於是力勸姆貝基勿插手科學領域的爭辯。但姆貝基的回應乃是授權他的部長對庫瓦迪亞和其他批評者人身攻擊，質疑他們的學歷，暗指他們是「製藥業的前線部隊」。研討會召開前，五千名科學家，包括數名諾貝爾獎得主和幾大研究機構、醫學會的主席，簽署一項指陳ＨＩＶ是愛滋病直接病因的宣言，結果姆貝基的衛生部長，曼托・特夏巴拉—姆西曼（Manto Tshabalala-Msimang）將它斥為只有衛生科學家簽署的「菁英人士文件」。「我們對

HIV和愛滋病的看法，不能由特定一群孤傲的人決定。」姆貝基的發言人帕克斯・曼卡赫拉納（Parks Mankahlana）警告，如果這份宣言的起草者把它交給總統或政府，它最終會「在辦公室的垃圾桶裡找到它舒服的歸宿」。

為在德爾班舉行的研討會開幕致詞時，姆貝基完全無意改變立場接受主流觀點。他重述他對這一傳染病之嚴重性的懷疑，詳述了世界衛生組織一九九五年一份報告的調查結果。該報告主張奪走世上最多人命的東西是赤貧——異議人士所贊成的看法。這場研討會之後，他立場更往後退，搞起歪曲事實的文字遊戲、陰謀論和偽科學，繼續嘲弄HIV與愛滋病之間的關連。「愛滋是後天免疫不全症候群，」他告訴國會。「我認為『病毒造成一症候群？』這個問題問得沒有道理。病毒無法做到這個。病毒會致病。」他的總統府發出一份聲明，指責那些希望政府在公立醫院裡提供抗逆轉錄病毒藥的抗愛滋行動主義者想毒死黑人。「我們的人民正被當成實驗品，被騙去使用危險有毒的藥，」該聲明說；它把這比擬為「種族隔離時期的生物戰」。他告訴非洲民族議會的國會黨團，對他愛滋政策的批評，乃是美國中情局欲抹黑他的陰謀。他領導開發中國家在國際經濟體系裡爭取較好的交易，中情局於是與製藥公司聯手，要讓他名譽掃地，使無法再帶頭搗他們的亂。接受開普敦某電視臺專訪時，他說他無意以身作則公開接受HIV檢測，因為那會使人以為他接受特定的科學觀點——主流的醫學「典範」。在海爾堡大學演講時，他間接表示投身公共運動的醫學科學家和抗愛滋行動主義者有其種族主義動機。「的確有一些自認是我們領導人的人，以我們是帶菌者，是無法以理性駕馭情感的較低等人類，必須做奇怪的選擇，才能使一墮落、有病的民族不致亡於自招的疾病，於是拿著標語牌上街，要求我們那樣做。」換句話說，批評姆貝基者對愛滋病因的解釋乃是欲不利於非洲人之種族主義陰謀的一部分。姆貝基擁抱異議人士論點的結果，就是使民眾更加抗拒愛滋教育。

不管姆貝基努力用何種扭曲的論據來支持他的主張，愛滋肆虐的證據有增無減。聯合國愛滋署估計，二〇〇〇年南非有二十五萬人死於愛滋。世界衛生組織估計，二〇〇〇年南非五分之一的成人是HIV陽性。南非兒科學會估計，二〇〇〇年有七萬嬰兒生下來就帶有HIV。衛生部二〇〇一年的調查發現，接受公立產前診所服務的南非婦女，有四分之一是HIV陽性。醫學研究委員會的一項調查推斷，從一九九九至二〇〇一年中期這段期間，愛滋已成為最大死因。二〇〇〇年，十五到四十九歲的死者，有四成死於與愛滋有關的病，全國所有死者，包括小孩，四分之一死於與愛滋有關的病。該委員會警告，如果這一傳染病未受到抑制，到二〇一〇年會奪走五百萬至七百萬南非人性命；二百萬孩童會淪為孤兒；預期壽命會從此傳染病迸發前的六十五歲陡降為四十一歲；每年死於愛滋的人數會達到八十萬。

姆貝基對愛滋問題的頑固不化，在非洲民族議會的上層圈子裡引發不小的爭執。非洲民族議會一名高階幹部告訴記者，姆貝基已「曝露了他性格裡我們其中某些人所清楚的一面：極端自負和多疑。」曼德拉表明其對姆貝基不以為然的態度，要求政府有所作為。「這是場戰爭，它所奪走的人命，多過此前所有戰爭，」他告訴某報紙。「在人們奄奄一息之際，我們絕不能再繼續辯論，繼續爭論。」馬克戈巴指責姆貝基欲以「蘇聯式作風」恐嚇批評他的人，要醫生和科學家面對「種族滅絕」絕不能再緘默。工會要求政府將愛滋疫情宣布為全國緊急事態。省政府開始自行批准使用名叫奈韋拉平

（nevirapine）的新抗逆轉錄病毒藥，且得到該藥製造商免費供藥五年的協助。喜劇作家跟著起鬨，嘲弄起姆貝基的心態。白人諷刺作家彼得—迪爾克·埃斯（Pieter-Dirk Uys）在刊登於《開普時報》的投書中，化身為埃薇塔·貝祖伊登胡特（Evita Bezuidenhout），寫道，「並非每個人都認為你是個狂妄、傲慢、多疑、無情、殘酷的史達林主義者。」她說她那個因種族主義罪而服刑的兒子伊贊，已成為姆貝基的超級粉絲，因為官方對愛滋問題的不清不楚，意味著這種病將會殺掉大多數黑人，從而「完成種族隔離制所未能完成的任務」。

二〇〇一年八月，行動主義組織「治療行動運動」（Treatment Action Campaign），在花了四年勸總統改弦易轍未能如願之後，開始打官司，以迫使政府提供奈韋拉平，協助減少母嬰傳染。政府主張法院無權制定政策。但政府在高等法院和憲法法院先後輸掉官司。二〇〇二年七月，憲法法院命令政府「立刻」在所有公立醫院免費提供奈韋拉平給所有ＨＩＶ陽性孕婦，令姆貝基顏面無光。

到了這個時刻，姆貝基仍繼續推拖。他的衛生部長曼托·特夏巴拉拉—姆西曼，流亡時期就結交的一個密友，建議採用吃大蒜、甜菜或橄欖油之類的偏方，聲稱它們已產生「令人吃驚的結果」。直到法院揚言採取進一步的行動，政府才推出一愛滋藥物計畫做為回應。那時已有一百萬人死於愛滋；感染ＨＩＶ的人數已達到五百三十萬；據估計每天有兩千人感染ＨＩＶ；每天約六百人即將死於愛滋。哈佛大學公共衛生學院二〇〇八年發布的調查報告估計，姆貝基不讓愛滋病人和孕婦接受抗逆轉錄病毒藥治療，使三十六萬五千人因此提早喪命，包括三萬五千名嬰兒。

姆貝基當總統期間的其他作為同樣引發爭議。姆貝基揚棄曼德拉所贊成的多種族路線，獨獨著重於提升黑人的福祉。他採行「黑人經濟授權」計畫，鼓勵白人企業將股權全賣給黑人，聲稱此舉會為黑人企業家提供開闊的發展空間，但此舉的主要作用，乃是使關係良好的一批菁英富商更加富有。非洲民族議會的主要成員迅即抓住這些機會，拿政府的工程承包權換取股權。「我奮鬥了老半天，可不是為了繼續窮下去，」非洲民族議會一重要幹部說。「朋黨資本主義」開始扎根。

姆貝基也積極施行扶助弱勢的平權措施，以讓黑人在公務體系、地方政府和鐵路、港口、電力公司之類的國營企業裡有一席之地，無視黑人的能力和資格是否稱職。數千名有專門技能的白人被趕出政府部門和國營企業。國家行政機關實質上變成非洲民族議會的分支。曼德拉所努力打造的人人皆為公民的觀念和愛國情操迅即遭削弱。許多白人以平權措施、高犯罪率、公共服務變差為由徹底離開南非，到國外尋找新天地。據估計十年間有七十五萬白人外移，使南非失去許多有專門技能的人力。

姆貝基也開始露出獨裁傾向。他容不下任何一種批評，在自己身邊安插了一批唯他是從的軟骨頭。黨的委員會和代表大會受到嚴厲控制。批評者受到黨的死忠打手無情辱罵。凡是被認為質疑姆貝基權威者都迅即遭到打擊。姆貝基本人樂於抹黑對手，以使他們失去公信力。姆貝基最看重的是效忠；在他眼中，效忠比能力重要得多。官職的授予以效忠為基準。

國會的功能迅速衰退。曼德拉給予國會應有的尊重，認為它是民主政治的主要支柱之一，姆貝基則想方設法削弱它。非洲民族議會的黨員都要服從他的指令。據某位非洲民族議會國會議員的說法，非洲民族議會變成「害怕自己領導人、在意他創造個人前途或毀掉個人前途之本事、在意他對效忠、對想法一致之要求的政黨。」隨著姆貝基開始追求更富「非洲主義」色彩的目標，幾位非洲民族議會的重要白人黨員覺得他們的存在沒那麼受歡迎。他瞧不起反對黨，很少到國會接受質詢。久而久之，國會的角色幾無異於橡皮圖章。

姆貝基對待辛巴威獨裁者羅伯特．穆加貝的方式，進一步傷害他的聲望。南非對其北方內陸鄰國擁有絕無僅有的施壓能力。南非提供了辛巴威過上好日子所不可或缺的運輸線、電力和其他服務。一九七〇年代，南非政府出於自身利害考量，使用這些工具逼伊恩．史密斯接受黑人多數統治。二〇〇〇年穆加貝為保住權位而開始其持續不斷的恐怖運動時——打垮與他作對的政治人物、侵犯法院、踐踏產權、操縱選舉、打壓獨立新聞媒體、加速經濟崩潰——西方政府的反應是紛紛加以譴責，最後祭出一批對他個人的制裁，但姆貝基選擇走他所謂的「無聲外交」。

姆貝基審慎以對，最初有其有力理由。英國試圖以隔空公開喊話而非面對面坐下來談的方式逼辛巴威就範，結果只是使問題惡化，使穆加貝得以理直氣壯將英國說成運用其勢力保護白人移民利益的新殖民主義強權。姆貝基認為私下的勸說會有較好的效果。但他的勸說一再徒勞。有一次，與姆貝基會談之後，穆加貝在電視轉播的記者會上保證，會把「退伍軍人」從他們所占領的所有營利性農場移走，安置到別的地方，記者會上姆貝基就坐在穆加貝旁邊。隔天，穆加貝說他的話被「錯誤引用」，然後下令加快沒收土地。穆加貝一再向姆貝基承諾他會透過協商與反對勢力談成解決方案，但始終光說不練。此後穆加貝又多次食言，但姆貝基仍堅稱「無聲外交」會有結果。他不只一次公開替辛巴威境內人權辯護，甚至開始重述穆加貝的論點，說問題的根源是英國未能遵守其替土地重分配出資的承諾和英國插手支持其在辛巴威的「白人親戚」。他說英國這麼氣鼓鼓吵辛巴威問題，只純粹「因為有白人死掉，有白人遭剝奪財產。」穆加貝的暴政已使數百萬黑人受到暴力傷害，過著悲慘、困苦的生活，但對姆貝基來說，這似乎還不足以要他發聲抗議。辛巴威無法無天的狀態未消，但姆貝基未加大力道批評穆加貝，反倒幫他擋住西方怒火的攻擊，極力阻止大英國協暫時取消辛巴威的會員國身分。

姆貝基力挺殘暴的非洲獨裁者而非挺身捍衛人權之舉，符合非洲領導人為了大我的團結而對同儕的惡行視而不見的悠久傳統。此舉讓他贏得南非境內非洲主義人士的支持，那些人稱頌辛巴威立下狠狠教訓白人的榜樣，希望南非如法炮製。但此舉令外國投資人憂懼，令白人族群緊張，使外界對姆貝基信守民主價值觀的承諾更加不放心。此外，此舉玷汙了非洲民族議會的名聲。該黨在爭取人權的過程中得到那麼多幫助，如今卻對鄰國人民爭取人權的行動漠不關心。始終根據良心發聲的南非大主教圖圖，在一份簡直直言不諱的訓斥聲明中，聲稱自己被那些支持穆加貝之類獨裁者的非洲領導人「搞糊塗了」。「人權就是人權，它們若非放諸四海而皆準就毫無價值，」他說。

由於愈來愈多高層貪腐證據曝光和姆貝基想方設法掩蓋該貪腐情事，姆貝基政權更加受到唾棄。高層貪腐的弊病，誠如曼德拉在下臺前不久就悲痛坦承的，在他執政期間首次浮現。「我們上臺時，一群人懷著要肅清官場貪腐的熱情，」他在一九九九年說。「在此要非常失望的指出，要上來肅清貪腐的我們自己人，如今自己腐化了。」

曼德拉當總統時生活儉約，但他身邊幾個同僚卻抓住機會藉權牟取私利，包括完成大型軍火採購計畫的一群非洲民族議會部長和官員。這個採購計畫的宗旨，既在於提升南非的防禦能力，也在於讓他們從外國軍火承包商那兒拿取回扣。他們漫無節制的花錢——買了潛艇、巡防艦、戰鬥機——在政府照理應把重點擺在提供住屋、衛生設施、學校和「讓所有人享有更美好生活」之時，花掉南非五十億美元。由姆貝基領導的一個內閣小組委員會，負責監督這一過程。

一九九九年宣布軍火交易，立即招來其中涉及賄賂、貪腐的猜疑。不久，某反對黨政治人物率先在國會裡提出此事。後來，審計署（Auditor-General's Office）所提出的一份初步報告，在發包方面找出多項不法之處，建議進一步調查。國會某監察委員會督促政府成立一反貪腐特別機構，並授予大權。

但姆貝基的回應，乃是全面掩蓋不法。他再度出動一票內閣部長抨擊審計長和該監察委員會。在一場流露多疑心態的電視演說中，他不改舊習，將這波紛擾歸因於受雇要讓政府喪失公信力的陰謀家的技倆。他堅決拒絕讓反貪腐機構涉入此事，迅速著手除掉監察委員會裡搗亂的委員，逼國會聽話。他還要審計署、國家檢察署、護民官署改寫它們所合力編寫的官方報告，以確保該報告完全不提政府的不法情事。

後來，由於英、法、德三國境內的調查，揭露外國軍火承包商至少付了三億美元的賄款和「佣金」給政治人物、官員、中間人、非洲民族議會，高層的貪腐行徑才完全曝光。這些調查所發現的不法情事，包括姆貝基本人曾在法國與一軍火承包商祕密商談，後來該承包商拿到一筆價值二十億蘭特的採購合約，要供應南非海軍四艘軍艦。令人難以置信的，姆貝基說他不記得此事。

於是，步入民主政治才幾年，南非做為非洲大陸光明未來的燈塔形象就大大黯淡。對曼德拉彩虹國家的飄飄然樂觀，已被對姆貝基日益領導無方的絕望取代。事實表明，非洲民族議會又是一個追逐私利的政黨，由一批只想著自肥的貪腐菁英支配。

更糟的還在後面。姆貝基欲強化他個人對非洲民族議會的掌控，激起黨內激烈的爭鬥。前後五年時間，南非身不由已陷入兩個相對立派系的陰謀詭計和內鬥之中，一派支持姆貝基，另一派由前副總統雅各布．祖瑪（Jacob Zuma）領導。這場充斥下流手段的鬥爭，圍繞著從軍火交易生出的高層貪腐問題展開。高層貪腐已像毒藥蔓延整個非洲民族議會。祖瑪只是捲入收賄醜聞的幾名非洲民族議會高層幹部之一，卻成為國家檢察官打擊的主要目標。加諸他的罪名，除了詐騙錢財、洗錢、詐欺，還有強暴。

祖瑪強暴官司具備了他的反對者所設計的「桃色陷阱」的一應特點。控告他的人是個HIV陽性的家庭友人。祖瑪坦承與該女子發生性關係，但否認強暴。檢察官投入龐大資源以讓他被定罪，提交了一份二十名證人的名單。結果控方是個有問題的女人，先前就有多人被她控告強暴，包括四名神父。祖瑪如外界所料無罪獲釋。

不過他在法庭上的證詞，使他成為全國的笑柄。他說那個女子穿短裙挑逗他，接著說按照祖魯人傳統，如果他拒絕滿足她，會使她覺得受辱。他坦承他心知對方是HIV陽性，仍未戴套和她上床。但他說，身為國家愛滋委員會的前主席，他知道風險「微乎其微」。無論如何，事後他沖了澡，以把染上愛滋的風險降到最低。

在這同時，貪腐罪名仍然纏身。雖有明確不利於他的證據，祖瑪仍出馬角逐非洲民族議會主席之位，在二〇〇七年的黨主席選舉中與姆貝基捉對廝殺，拿下三分之二選票。許多黨代表把票投給他，純粹為了要姆貝基下臺。祖瑪迅即著手報仇。幾天後，非洲民族議會就逼姆貝基辭去總統之位，代之以一位代理型的政治人物，以撐過二〇〇九年大選之前的過渡時期。選前不久，非洲民族議會分裂。還留在黨內、忠於姆貝基的黨員脫黨自立政黨。非洲民族議會大部分黨員支持祖瑪。檢察官基於技術性理由，決定撤回對祖瑪的所有尚待審理的指控，從而使祖瑪的地位更為穩固，儘管法官表明他們此舉並不表示他無罪獲釋。大選時，非洲民族議會拿下將近三分之二的選票。但這個勝選既帶來歡欣鼓舞的慶祝，也激起不祥的預感。

成為民主國家的頭十五年，南非成就斐然。它建立非常穩定的政局，而在經過漫長且暴烈的權力爭奪後，這樣的成就更顯難能可貴。南非舉行了一連串秩序井然且公認自由公正的選舉（一九九四、一九九九、二〇〇四、二〇〇九）。南非頒行了對個人權利予以有力保護的新憲，而且擁有獨立的司法、能表達自己主張的新聞界、活力旺盛的公民社會。

此外，它的經濟原本限制資本出境、管制資本入境，這時則已被改造為具有國際競爭力，不再單單倚賴金礦開採利潤，而是包括了製造、觀光、銀行、保險四項欣欣向榮的產業。經濟成長率成長一倍多，年平均約三％。國家財政恢復平穩。通膨和利率下跌。教育，而非還債，為政府支出的最大宗。

在住屋、衛生設施、電、初級醫療和養老金的供應方面有長足進步。

但南非所仍面臨的問題之大，依舊令人憂心。經濟雖有成長，失業率還是超過四成。職缺雖有增加，面對龐大待業人口，依舊供不應求。不到七%的中學畢業生可望在正式經濟裡找到工作。在某些鄉村地區，失業率高達九成五；有時，十二個人靠一份養老金過活。五千萬人口中，三百多萬人住在違章聚落，許多人過著赤貧生活，聚落裡的衛生設備、乾淨水或電少之又少，生計無著。全國總共有一千八百萬人沒有衛生設備可用；五百萬人沒有安全無虞的供水；七百萬人在國民貧窮線以下掙扎求生。對許多人來說，犯罪是唯一的保命手段；南非的犯罪率居世界前茅。

此外，貧富差距愈來愈大，造成嚴重的社會緊張。執政菁英恣意揮霍的生活方式和為該種生活方式提供加持的貪腐，激起公憤。二〇一〇年，重要的工會領袖茲韋林濟瑪·瓦維（Zwelinzima Vavi）發出令人難忘的怒吼，把新菁英封為「掠奪者」，痛斥他們「往窮人臉上吐口水」，同時大辦豪宴，「從半裸女子的胴禮上享用」壽司。他向工會代表講話時怒道：「菁英在這些宴會上展示他們的財富，那些財富往往以可疑手段取得。看到這些宴會，讓我渾身不舒服。」他說，菁英所發出的訊息非常清楚：藉權牟財很值得。「當打好政治關係和向當官者行賄能讓人一下子成為億萬富翁，誰還要辛苦打拼？我們在獎勵懶惰、貪婪、腐敗，壓抑苦幹實幹、正直、廉潔。」

非洲民族議會政府不只貪腐叢生，還十足無能。由於政府部長未能事先規劃，南非遭二〇〇八年能源危機打擊，造成經濟普遍被打亂。這一衝擊影響深遠。國營電力公司Eskom不得不提醒外商公司，至少在二〇一三年前勿投資高用電的新事業。南非在全球經濟裡的地位開始下滑。政府在提供住屋、自來水、電力給貧窮村落上所獲致的進展，不久就被教育、醫療等公共服務事業方面的失職掩蓋。在每個層級，專門人才都嚴重短缺，姆貝基拋棄白人專門人才，更加劇其中許多領域的人才短缺。抗議公共服務變差的街頭活動愈來愈常見。

但非洲民族議會的領導階層仍深信他們能掌控大局。藉由設立一連串門面公司以標下政府工程和藉由其他類似作為，他們使該黨的投資增加到十七億五千萬蘭特。他們的目標是確保非洲民族議會菁英財力雄厚，以繼續牢牢掌權，或者如雅各布・祖瑪所說，「在耶穌復臨之前」，一直牢牢掌權。

35 出自非洲

在南非於一九九四年成為民主國家後的歡天喜地氣氛中，納爾遜．曼德拉樂觀說道，不只南非，還有整個非洲大陸，都站在新時代的入口。一九九四年六月在非洲團結組織高峰會上講話時，他講述了自古羅馬時代以來非洲所經歷過的苦難和屈從，承認當今非洲許多領導人替非洲的苦難又加上一筆。「我們必須正視一件事，即只要是我們在自己管自己方面出了差錯，我們都必須說，沒把國家治理好不是勢所必然，問題出在我們自己身上。」他說，「新生」的時刻已經到來。「我們知道，要改變這一切，全靠我們非洲人自己。我們得堅定表示必會這麼做。我們得說沒有什麼障礙大到足以使我們無法達成一場非洲復興。」

非洲復興之說並非此時才有。一九五〇、六〇年代非洲脫離殖民統治那段時期，它就是非洲各地共有的想法。但南非加入更廣大的非洲國家共同體，對非洲復興來說，似乎是個好兆頭，畢竟它帶來了與撒哈拉沙漠以南非洲的其他所有經濟產出幾乎不相上下的經濟產出，並為民主帶來新的動力。

這一想法在塔博・姆貝基當總統期間被他採用，並轉化為個人的神聖志業。姆貝基的目的，乃是改善非洲的形象，以吸引外資，使新南非成為重要的全球貿易國。一九九八年在東京向日本聽眾演說時，他引用古羅馬歷史學家老普林尼的話做為開場白：Ex Africa semper aliquid novi，意為「總是有新東西出自非洲」。姆貝基提到令非洲聞名於世的古文物：埃及金字塔，奈及利亞的貝南青銅雕，衣索匹亞阿克蘇姆（Aksum）的方尖碑，馬利廷巴克圖的圖書館，辛巴威的石造要塞，南非的古岩畫。「根據非洲例外論，黑色成為恐懼、邪惡、死亡的象徵。而檢視過這一切和其他許多東西之後，我完全沒有找到足以證明此一沿襲已久之獨斷說法的東西。」姆貝基說，自獨立以來，非洲得努力解決「新殖民主義」、冷戰問題。但那個時代如今已成過去。獨裁者的下臺，如一九九七年莫布圖的下臺，標誌著「新殖民主義在我們大陸上壽終正寢」。

新時代——非洲復興——已經展開。一黨制國家和軍事獨裁統治不再被視為可接受的治國形式。民主如今是指導原則。姆貝基說，一九九〇年代期間，至少二十五國建立了「多黨民主」。南非成為公認的民主國家一事，乃是「這場非洲運動」的一部分。新經濟政策已獲推行，以吸引投資客，促進私部門成長，減少國家干預。非洲人已從過去的錯誤中得到教訓，如今更能落實他們自己的改革。「非洲復興，不管是其哪個部分，都只有在由非洲人自己界定其目標和目的下，在我們自己擬定其計畫下，在我們為自己政策的成敗承擔責任下，才可能成功。」但國際援助是不可或缺的一環。「我們深信，非洲構成世上最大的開發挑戰一事，應是國際社會一致同意的。」

姆貝基的非洲復興觀獲得西方的肯定。柯林頓第二任總統期間熱衷於推行更積極進取的非洲政策，迅即利用這一構想來實現他的抱負。一九九八年三月，他訪問非洲，創下美國現任總統一次巡訪最多非洲國家的紀錄——以迦納為首站，十天走訪了六個非洲國家。

「一百年後，你們的孫子輩和我們的孫子輩會回顧這段過往，然後說這是非洲復興的開端，」他在阿克拉的獨立廣場告訴興高采烈的民眾。「鳥兒來回奔波以築巢。我們會來回奔波，盡我們所能助你們建造新非洲。」在南非，他以差不多奔放的情感表達了對非洲的肯定。「過去，美國決策者想到非洲時——如果他們想到非洲的話——會說：『我們能為非洲做什麼，或關於非洲，我們能做什麼？』這問得不對。應該問：我們能與非洲一起做什麼？非洲的確仍需要世界，但世界比以往任何時候更需要非洲。」

柯林頓的非洲策略，必須從「新一代」非洲領袖群裡挑出幾個矢志施行民主、追求經濟重生、維護公民權利而通過美國檢驗標準的非洲領袖。除了姆貝基，這些人還包括烏干達的尤韋里·穆塞維尼；盧安達的保羅·卡加梅；衣索匹亞的梅萊斯·澤納維（Meles Zenawi）；厄利特里亞的伊塞亞斯·阿費韋爾基（Isaias Afwerki）；迦納的傑瑞·羅林斯。這一策略固有的風險，很快就顯露出來。柯林頓訪非後不到三個月，衣索匹亞和厄利特里亞就打了一場無益的邊界戰爭，造成十萬人死亡，厄利特里亞三分之一的人被迫離開家園，數億美元的錢浪擲在軍火上。衣、厄兩國開戰後兩個月，盧安達與烏干達一頭栽入剛果第二場內戰，然後為了爭奪他們在剛果所占領地區的戰利品而反目成仇，彼此打了起來。美國對非洲復興構想的支持迅即大減。

姆貝基不改其志，繼續高喊非洲復興，但碰上的困難愈來愈大。除了安哥拉、剛果、蘇丹、賴比瑞亞、獅子山、衣索匹亞、厄利特里亞境內的戰爭，非洲還苦於其他多場衝突。部族衝突使剛果－布拉札維爾動蕩不安，打斷了該國的多黨政治實驗，使首都部分地區殘破不堪。中非共和國也因部族衝突而分裂。烏弗埃－博瓦尼在位期間，象牙海岸以穩定而著稱，但此時，一連串領導人為了個人目的挑起族群對立、宗教對立，使信基督教的南方人與信伊斯蘭教的北方人反目，最終引發一場襲捲阿必尚部分地區並使該國分崩離析的內戰。在烏干達，穆塞維尼的軍隊指揮官忙於剛果境內掠奪時，約瑟夫·科尼（Joseph Kony）的宗教團體「神的抵抗軍」，繼續在阿秋利蘭境內有計畫的殺人、擄人，每年把數千名孩童抓為奴隸為其效命。二〇〇〇年，非洲境內有十多場大型衝突在進行。五分之一的非洲人生活在受戰火摧殘的國家。約一千兩百萬人被歸類為難民，占全球難民總數四成。誠如《經濟學人》所說，民主、開發似乎「無望」。二〇〇〇年三月塞內加爾的阿卜杜·迪烏夫接受敗選時，他只是四十年來第四位這麼做的非洲總統。

為將非洲復興構想具體化，姆貝基與另位幾位非洲領導人（奈及利亞的奧盧塞貢·奧巴桑喬，阿爾及利亞的阿卜杜拉濟茲·布泰佛利卡，埃及的霍斯尼·穆巴拉克，塞內加爾的阿卜杜拉耶·瓦德），一起提出名叫「追求非洲發展的新夥伴關係」（Nepad；New Partnership for African Development）的倡議。這個發展計畫成立於二〇〇一年，裡面有許多老掉牙的漂亮話。簽署其創始文件的十五國政府，保證以個人和集體之力促進民主原則、人民參與、善治、健全的經濟管理。他們同意成立一非洲同儕評鑑機關，以監督他們的表現和懲罰違約者。相對的，他們要求工業化國家施行一套比以前更好的貿易、投資、援助、債務減免措施做為回報。他們特別希望西方政府拆除針對紡織品、農產品之類的非洲產品設立的貿易壁壘；將開發援助經費提升到本國國內生產總值的〇．七％，以符合聯合國的目標；鼓勵西方民間企業增加投資。他們希望在十五年的時期裡一年有六百四十億美元輸入這一倡議的簽約國，把年成長率提升到七％，二〇一五年時將貧窮人口減半。這一倡議的口號是「更好的非洲更好的世界」。

有個非洲團結組織革新計畫，與這一復興運動有關連。至這時為止，該組織一直被視為幾無異於獨裁者俱樂部。推動這一計畫的主要人物是姆貝基和奧巴桑喬。姆貝基於一九九九年說，需要強化非洲團結組織，「使其運行時把重點擺在實現非洲復興這一戰略目標上」。在這同時，格達費上校著手利用該組織，藉以在被國際孤立數年後重新打入國際社會，並為自己在非洲打造新的領導角色。一九九九年，他邀非洲諸國領導人到蘇爾特（Sirte）參加特別高峰會，會中他公開了他的「阿非利加合眾國」計畫。該合眾國將設立一大陸總統、一支軍隊、一非洲共同貨幣，就等與會元首同意。

於是，二〇〇一年，非洲團結組織退場，非洲聯盟（African Union）登場。這是個附設有多種新機構的組織，包括一泛非洲議會、一泛非洲法院、一非洲中央銀行、一和平與安全委員會。它也被賦予較大的權力。非洲團結組織受憲章規定，不得干預個別國家的事務，非洲聯盟則被賦予不需合意就可干預會員國事務，以「恢復和平與穩定」；以「防止戰爭罪行、種族滅絕和反人道罪行」；以回應「對合法秩序的嚴重威脅」的權利。

二〇〇二年七月，非洲五十三國領導人共聚德爾班，參加非洲聯盟的開幕大會。氣氛猶如嘉年華，有盛大演說、豪華盛宴、一連串精采表演——祖魯族舞者、塞內加爾足球員、軍樂隊、福音音樂合唱團。「對我們這塊大陸和其上的人民來說，這是充滿希望的一刻，」姆貝基說。「非洲必須在全球事務上占有其應得地位的時刻已經到來……我們要透過行動宣告世界，這是個民主大陸，有民主機構與民主文化的大陸，甚至應該說是個有良好治理的大陸，在這大陸上，人民有參與，法治得到維護。」

但這場盛會既喚起對非洲未來的希望，也令人想起非洲醜陋的過往。除了姆貝基、奧巴桑喬之類追求現代化者，還有一大堆狂妄自大，對民主或善治興缺不大的獨裁者。有些總統根本是黑幫分子，例如賴比瑞亞的查爾斯．泰勒，以「他殺了我媽，殺了我爸，但我會把票投給他」的口號打贏選戰。其他總統，例如肯亞的丹尼爾．阿拉普．莫伊，腐敗到極點。許多總統是已牢牢掌權數十年的「恐龍」。多哥的尼亞辛貝．埃亞戴馬，參與暗殺總統奧林匹歐行動的前陸軍中士，一九六七年就開始掌權；加彭的歐瑪爾．邦戈自一九六七年；利比亞的格達費自一九六九年；肯亞的莫伊自一九七八年；赤道幾內亞的特奧多羅．奧比昂．恩蓋馬自一九七九年；辛巴威的羅伯特．穆加貝自一九八〇年；埃及的霍斯尼．穆巴拉克自一九八一年；喀麥隆的保羅．比亞自一九八二年。

恩貝基想讓這場盛會既有豪華盛大的場面，又有莊嚴隆重之感，但不久就因格達費乖張離譜的行徑而相形失色。帶了六百名官員和六十輛裝甲車的車隊抵達德爾班的格達費一心想搶風頭，在國王公園（King's Park）體育場三萬觀眾面前起身，揮動拳頭，堅持用英語來場不在預定流程裡的即席演說。「非洲是非洲人的非洲！這塊地是我們的！非洲是我們的地！你們是這塊大陸的主人！你們感到自豪！你們要走向光榮！不再有奴役！不再有殖民化！這是個新開端！」提到南非與辛巴威的白人時，格達費嚴正表示，「我的兄弟曼德拉先生！我的兄弟姆貝基！原諒吧！我的兄弟穆加貝！原諒白人吧！他們現在很窮。你們是你們自己的主子。原諒他們。你們是自由的。我們比他們大。我們強大！……如果他們想為我們效力，沒問題。如果他們想回去，沒問題。再見。跟他們說再見。」較冷靜理性的聲音，由本身是迦納人的聯合國祕書長科菲・安南發出：「小心勿把希望當成已成之事，」他警告道。

事實上，非洲邁入獨立時代五十年後，前景黯淡一如以往。它本就是世上最窮的地區，如今還落後世界其他地區愈來愈遠。它的人均國民所得比世上第二窮地區，南亞，少了三分之一。由於人口增加到超過十億，實質人均所得如今比一九七〇年代還要低。如今，一半的人口靠一天不到一美元的收入過活。非洲的貧窮線繼續上升。一九八一至二〇〇二年，貧窮人口增加了幾乎一倍。聯合國二〇〇七年的一份報告預測，到了二〇一五年，撒哈拉沙漠以南的非洲地區會占去全球窮人的將近三分之一，一九九〇年時則占了五分之一。

非洲蘊藏極豐富的礦物，其整體經濟產出卻占全球國內生產總值不到二%。它在世界貿易與投資所占的比重也少得可憐，不到二%。二〇〇〇年代中期，大宗商品價格劇漲時，非洲邁入一段樂觀期，外界看好非洲未來。二〇〇〇至二〇〇八年，實質國內生產總值一年約成長五%，比一九八〇、九〇年代高了一倍多。行動電話網有顯著成長，從而促進了貿易。由於全球衰退，二〇〇九年成長率跌到二・五%，但二〇一〇年反彈回升。經濟表現變好，卻對失業率或貧窮線的降低作用不大。值得注意的，糧食生產大大落後。二〇一〇年的一份報告顯示，全球糧食生產在過去四十年成長了將近一五〇%，非洲的糧食生產自一九六〇年以來卻跌了一成；營養不足的非洲人自一九九〇年以來增加一億至二億五千萬人。

其他指標同樣令人沮喪。非洲是孩童就學率下滑、不識字稀鬆平常的唯一地區：在撒哈拉沙漠以南的非洲地區，約一半的孩童未能讀完小學。它也是預期壽命在下滑的唯一地區，而下滑主因是HIV／愛滋的擴散。為防治HIV／愛滋努力了十年，已獲致些許成就，但撒哈拉沙漠以南的非洲地區仍占全球帶有此病毒的人口的六成七，全球與愛滋有關的死亡人數的七成一，全球新感染愛滋孩童的九成一。在聯合國開發署所擬的一份清單上，人類發展程度最低的二十五國全在非洲。非洲也是全球化浪潮下的輸家，技能和基礎設施都缺，使其吸引不來推動全球化的跨國大企業。

非洲人口成長迅速（一年平均二．五%），加劇非洲諸國政府所面臨的困難。尤其，都市擴張的腳步，已令公共服務事業非常吃力。一九八〇至二〇一〇年，非洲城鎮人口占總人口的比重從二八%增加為四〇%。數百萬人在貧民區和棚戶區過著沒有基本生活便利設施可享的悲慘生活。聯合國二〇一〇年的一份報告預測，到二〇三〇年，會有一半非洲人口，即七億六千萬人，落腳於都市區。開羅、金夏沙、拉哥斯之類大都會區，已名列全球最大都會區之林。到二〇二五年，開羅人口可望從一千二百萬增加為一千五百五十萬；金夏沙從八百萬增加為一千七百萬；拉哥斯從一千萬增加為一千六百萬。相當多的城居非洲人會有相對較好的收入。一年收入超過五千美元的非洲家庭，據預測會從二〇〇八年的八千五百萬戶增加為十年後的一億二千八百萬戶。但由於政府無法滿足基本服務、住屋、社會支援方面的需求，另有數百萬人未來日子會很苦。聯合國二〇一〇年的報告警告，若沒有周全的規劃，非洲城鎮周邊貧民區的爆增可能招來災難。

非洲要免於急劇衰落，大大有賴於國際援助。危機太大，不是非洲國家自己所能解決。大部分國家其實已破產，被債務壓垮，幾乎無法自行募集到提供最基本公共服務所需的資金。到了一九九〇年代晚期，已有一半以上國家靠西方援助，才得以湊到政府預算的五成和公共投資的七成經費。

但西方政府一方面肯定「追求非洲發展的新夥伴關係」所訂下的目標，卻對非洲能否實現這一交易裡它所應做到的事，仍心存懷疑。此前那麼多倡議無一成功。自獨立以來，非洲所收到的外援，遠超過世上其他任何地區。西方已金援非洲約八千五百億美元，但成效不彰。援助疲乏已成為常態。一九九〇年代，給予非洲的國際官方援助，從一年平均二百八十六億美元減為一百六十四億美元。

在新舊千禧年之交，對於外援所能有的成效，曾再度生起短暫的樂觀。這份樂觀主要得歸功於為「使貧窮成為歷史」而大力運作的遊說團體的努力。二〇〇〇年，西方諸領袖承諾支持一新倡議——「千禧年發展目標」（Millennium Development Goals）。這一倡議著重於社會發展，並針對減少貧窮、增加受教育機會、打擊愛滋、瘧疾之類疾病，訂下二〇一五年前要達成的目標。針對重負債國家，擬好了債務減免方案。西方政府承諾將援助支出調升到占國民所得的〇．七％。

二〇〇五年，迸發另一波「救非洲」的熱情。在前愛爾蘭流行歌手鮑伯．蓋爾多夫（Bob Geldof）推動下，英國首相東尼．布萊爾設立非洲委員會（Commission for Africa），要專家擬出新的待改革事項，警告「問題愈來愈大」。在厚達四百五十頁的報告中，該委員會建議了一套已是老掉牙的措施：

減免更多債務；增加西方援助；西式貿易改革。最強調的一點，乃是西方必須有所行動。西方經濟學家用他們在一九五〇、六〇年代已用過的那一套術語，說明為何贊成「用力推一下」非洲。這一意見得到蓋爾多夫和西方援助機構的接受。一如一九八五年衣索匹亞饑荒時他們發起Live Aid搖滾音樂會，藉此動員民眾支持援助衣索匹亞，如今蓋爾多夫和其他流行音樂巨星投身一新的運動，力促西方政府採取更果斷的行動。二〇〇五年七月，由全球最富裕國家組成的八大工業國組織（G8），在蘇格蘭的格倫伊格爾斯（Gleneagles）舉行高峰會。而在此會舉行前的那個星期，蓋爾多夫主辦了全球歷來最大的音樂活動Live8，領導眾多明星在十個國家陸續舉辦音樂會，以展現民意對此運動的支持。這些音樂會實況轉播到一百四十個國家，觀眾據估計達二十億。面對沸騰的民意，八大工業國領袖同意增加債務減免額度，在未來五年內將援非經費從二百五十億美元增加為五百億美元。

但二〇一〇年的一份進度報告顯示，西方政府的實際援助遠遠達不上他們所承諾的援助和他們的豪言壯語。聯合國估計，那一年實際援非的資金，比承諾援非的資金少了一百六十億美元。整體來講，援助經費占國民所得的比重只及〇．三四％，不到〇．七％這個目標的一半。在某些例子裡（義大利、日本就是例子），援助經費自二〇〇五年以來其實下跌。此外，由於西方陷入經濟衰退，西方政府把愈來愈多心力用於處理國內失業問題，而非國外的貧窮問題。歐洲十國的援助支出，二〇一〇年少於二〇〇九年。

也沒有哪個西方政府願意為了非洲的復興，修改本國的貿易政策、農業政策。工業化國家決意保護本國生產者，運行一套大不利於非洲生產者的補貼、關稅壁壘制。他們的農業補貼總額，一天超過十億美元（一年四千億美元），幾乎相當於整個撒哈拉沙漠以南非洲地區的國內生產總值。然後，生產成本只占實質成本一小部分的西方多餘農產品，送到非洲市場上傾銷，削弱當地生產者的競爭力。在這同時，非洲農產品面臨工業化國家所設置的關稅壁壘，那些壁壘實際上使它們進不了西方市場。

以棉花為例，就可看出非洲必須跨越的障礙。非洲是世上第三大棉花生產區，生產具競爭力的優質棉花。在西非，棉花為百萬農民提供了生計。在說法語的西非地區，棉花年產量從一九六〇年獨立那年的十萬噸成長為一百萬噸。在貝南、布吉納法索、查德、馬利、多哥，棉花貢獻了五％至一〇％的國內生產總值，三分之一多的出口收入，六成多的農業出口收入。在西非，生產成本為一磅約四十美分。相對的，在美國，生產成本比那高出一倍多。但美國提供其二萬五千名棉農一年三十億美元的補貼——比所有棉花的價值還要多。於是，美國棉農能以三分之一生產成本的價格輸出棉花。他們在十五年期間拿下將近三分之一的全球市場。除了美國補貼，歐盟以一年約十億美元的補貼支持其棉農。世界銀行的調查報告估計，歐洲進口棉花會比在西班牙或希臘種棉花便宜兩倍。在希臘或西班牙，付給農民的補貼遠超過棉花市價。據公平貿易基金會（Fairtrade Foundation）二〇一〇年的一份報告，過去十年美國和歐盟付給本國棉農的補貼總共達到三百二十億美元。中國，世上最大的棉花生產地，同一期間花一百五十億美元支持其棉農。

對世界價格的整體衝擊巨大。西非棉花產量從一九九八至二〇〇二年成長了一成四，收入卻下跌了三成一。世界銀行估計，若把所有棉花補貼取消，西非的出口收入一年會增加二億五千萬美元。非洲農民也與其他受補貼的種種農產品（歐洲糖、亞洲米、義大利蕃茄、荷蘭洋蔥）在辛苦競爭；許多人已被迫歇業。

西方對非洲的興趣衰落之時，中國懷抱日益增長的雄心接下這擔子，在中國人此前一直視之為歐洲後院的地方，看到冒出的龐大機會。一九七〇、八〇年代，中國採低調非洲政策，只在挑選過的國家執行其援助計畫，把自己打造為冷戰強權之外一個窮但有原則的替代選擇。但一九九〇年代，新遠程策略開始成形。做為中國「走出去」計畫的一部分，中國鼓勵國營企業和民間企業尋找新出口市場，擴大國外業務。原本參與執行中國援助計畫的中國承包商，開始投標非洲境內的其他發包案。石油業與礦業、發電、製造、電訊領域，成立了合資企業。中國與非洲談成石油、礦物供應交易，以滿足其急速成長的工業所需，並承諾為非洲建造鐵公路、煉油廠、學校、醫院、足球場做為交換。數千名中國商人隨著大型工程的開工過來，建工廠，買地，投資農場、零售店和餐館。在許多非洲城市和鄉鎮，中國產品和商人的出現變得稀鬆平常。到二〇〇〇年，已有約四萬兩千名中國工程師和專技工人在非洲工作；雙邊貿易已達到一百億美元。

中非合作論壇（FOCAC），中國挺進非洲行動最重要的一環，二〇〇〇年在北京創立，非洲四十四個國家的代表參加了開幕典禮。在熱鬧宣傳聲中，中國承諾就債務減免、投資、人才訓練施行諸多新計畫。中國於二〇〇六年舉辦第二次中非合作論壇高峰會。在人民大會堂外的街道上，告示牌歌頌「驚豔非洲」。大會堂內，國家主席胡錦濤扼要說明了建立新「戰略夥伴關係」的計畫。他說接下來三年，中國會將對非洲的援助加倍，為貿易和基礎設施提供更優惠的資金，允許許多非洲產品免稅進入中國市場，建造更多學校和醫院。

到二〇一〇年，中非貿易額於十年間成長為原來的十倍，達到將近一千一百五十億美元；中國的直接投資從二〇〇三年的不到五億美元暴增為九十多億美元；據估計已有百萬中國人（企業家、技術專家、醫療人員、探礦者、農民）進入非洲；中國已成為非洲境內最強的外來勢力。

西方的批評者迅即指出中國在非洲不斷擴張勢力的缺憾。他們主張，西方把重點擺在善治和民主上，認為它們是獲致進步的基本要件，但中國扯這些努力的後腿，在不附加任何條件下，與獨裁者、暴君、令人憎惡的政權談成可獲取高額利潤的交易，助他們保住政權，無視侵犯人權之事。批評者舉蘇丹的歐瑪爾·拜希爾和辛巴威的羅伯特·穆加貝為例，說明中國的行徑。批評者也指控中國人加劇當地貪腐，違反勞動法，傷害環境，大舉輸入便宜產品而使當地產業無法立足。二〇一〇年，美國高階官員強尼·卡爾森（Johnnie Carson）在拉哥斯演講時，把中國說成「一個侵略性很強、惡性重大、不講道德的經濟競爭者。」

但許多非洲領導人歡迎中國對非洲這種務實、生意至上的交往方式，比起西方的干預和愛就選舉、貪腐、透明、人權問題說教，中國的做法更得他們歡心。

但不管有多少外援輸入非洲，不管外援來自中國還是西方，都未從根解決問題。因為非洲過去半世紀的種種苦難——戰爭、專制統治、貪腐、乾旱、無日無之的暴力——造就了一場規模遠更大得多的危機。危機的核心，乃是非洲諸國領導人未能提供有效的治理。只有少數國家得到英明或能幹的領導。在後種族隔離時代，南非成為公認受到良好管理的民主國家，有健全的建制和得到現代憲法明確保障的制衡制度。波札那為可長可久的多黨民主立下獨一無二的範例，經濟管理完善，利用其盛產的鑽石推動國家發展，維持吏治的清廉。

但非洲大部分國家受到「大人」和執政菁英的毒害。他們最在意的事，乃是保住權位以便自肥。他們用以保住權位的家產制統治，榨乾了大半的國家資源。他們充當外商公司的「守門員」，藉此豪奪了更多財富。他們所取得的財富，大半若非浪擲在奢侈生活上，就是存在外國銀行戶頭和對外投資上。世界銀行估計，非洲私人財富的四成存放於境外。他們爭奪財富之舉，催生出瀰漫社會各階層的貪腐文化。二〇〇二年為非洲聯盟擬就的一份報告估計，貪腐每年使非洲損失一千四百八十億美元，超過非洲大陸所有國內生產總值的四分之一。二〇一〇年發布的研究結果估計，一九七〇年以來，至少八千五百億美元被人從非洲刮取走。

在執政菁英盜取公款的排行榜上，產油國，例如奈及利亞、安哥拉、加彭、赤道幾內亞、利比亞，均位居前列。據二〇〇五年發布的官方數據，奈及利亞的領導人於四十年裡偷走兩億兩千萬美元。加彭的統治者歐瑪爾．邦戈掌權四十一年，使自己成為世上最富有的人之一。他於二〇〇九年去世的兩年前，法國調查發現，光是在法國，他就有六十六個銀行帳戶，一百八十三輛車，三十九棟豪宅。在加彭首都利伯維爾的濱海區，主要的林蔭大道歐瑪爾．邦戈勝利大道（Omar Bongo Triumphal Boulevard）旁，林立著美輪美奐的政府機關大樓。但在這漂亮的門面後面，座落著迷宮般的破舊房子和棚戶區。它們直綿延到天際，住在那裡的人大部分一貧如洗。赤道幾內亞的石油收入於二〇一〇年增加到九十億美元，但那仍是該國殘暴獨裁者奧比昂．恩蓋馬和其家人的禁臠；一如安哥拉的多斯．桑托斯，奧比昂堅持石油收入的管理是「國家機密」不可透露。利比亞龐大的石油財富由格達費上校和其家人控制。利亞比投資局（Libyan Investment Authority），一個有七百億美元資金並在世界各地做了多種投資的投資基金，被視為家族事業。家人彼此間也為取得具豐厚利潤的商業交易而明爭暗鬥。他們對利比亞私部門的掌控撲天蓋地，因而有個美國官員把該國稱作「格達費公司」。美國駐的黎波里大使館說：「事實上，格達費家族和忠於該家族的政治人物完全擁有利比亞境內值得擁有、值得買下或值得出售的大部分東西，或擁有那些東西的可觀股權。」

其他許多非洲領導人，光是藉由盡可能長久的抓住權力，利用權位打造商業帝國，就積累了龐大的個人財富。其中最惡名昭彰的兩位是埃及的霍斯尼．穆巴拉克和突尼西亞的札因．阿比迪恩．本．阿里（Zine al-Abidine Ben Ali）。穆巴拉克於掌權三十年期間取得的財富，據估計至少值二十億美元，可能高達七百億美元；他的房地產包括位於倫敦、紐約、洛杉磯的不動產和紅海沿岸數塊高價土地。穆巴拉克的一個兒子，他所培植的接班人，也在億萬富翁之列。在突尼西亞，本．阿里掌權二十三年期間，利用許多親戚建立了橫跨各種產業的商業帝國：銀行、保險、飯店、運輸、營造、物流、觀光，資產估計達一百億美元。美國一大使在發回華府的電文中，描述了本．阿里的家族如何被公認為「準黑手黨」：「據說，不管是現金、服務、土地、房地產，或甚至你的遊艇，本．阿里總統的家族都想據為己有，而且據說都如願以償。」

二〇一一年，宰制北非數十年的貪腐、高壓政權所引起的公憤，在一個又一個國家裡爆發。這場後來人稱「阿拉伯之春」的抗議運動，源於突尼西亞某落後城鎮裡發生的一樁小事。一個名叫穆罕默德・布亞濟濟（Mohamed Bouazizi）的街頭商販，在西迪布濟德（Sidi Bouzid）的政府機關外自焚，以抗議市府官員在指控他無照做生意後沒收他貨物一事。這一孤立行動發生後才幾小時，即有群眾聚集示威，抗議本・阿里的政權。在臉書、推特之類社交網絡的搧風點火和多年積壓之民怨——對貧窮、失業、警察執法殘暴、物價節節上漲、執政菁英貪婪、處處受限的沒自由生活的民怨——推波助瀾下，他們的抗議像野火擴及整個突尼西亞。警察鎮壓不成；軍方不願替政府出面干預。經過二十九天的抗議，一月十四日本・阿里逃亡。

受突尼西亞「茉莉花革命」的鼓舞，埃及的民眾走上街頭，高呼推翻穆巴拉克。抗議最初由青年行動主義者和學生（臉書世代）帶頭，但不久就有數十萬埃及人共襄盛舉。這些人來自各年齡層、行業、階級、宗教，受不了穆巴拉克之警察國家的貪腐和經濟失敗。示威者占領開羅中心的解放廣場（Tahrir Square），把它闢為充滿革命熱情的大本營。在此次抗議中，穆斯林兄弟會冷眼旁觀，未扮演吃重角色。為平定暴亂，穆巴拉克放出鎮暴警察和成群惡棍。但軍方，埃及最重要的權力仲裁者，不久斷定他已成為大累贅，於是收回對他的支持。經過十八天的抗議，二月十一日，穆巴拉克被迫下臺。

穆巴拉克下臺一星期後，換利比亞著火。反格達費的示威在東部的班加西（Benghazi）市爆發，然後擴及到首都的黎波里和其他城鎮。格達費試圖用殘暴武力打垮示威。政府士兵不分青紅皂白開火，數百抗議者喪命。但人民對屠殺行徑的公憤轉化為人民叛亂。格達費不久就控制不住班加西等數個城鎮。他把動亂怪罪於外國勢力，歸咎於毒品販子和基地組織成員，誓言「逐戶」追捕叛亂分子。

他出動坦克、空襲和非洲傭兵，下令對反中央的城鎮施予集體報復；他警告道，政府軍「不會手下留情，不會心慈手軟。」他的坦克向班加西進發時，聯合國安理會擔心該市不久就會上演大屠殺，於是出手干預，核准成立「禁航區」和採取「一切必要手段」保護平民。幾小時後，西方的戰機就在利比亞開火，攻擊格達費的坦克、火炮，使裝備不良的叛軍得以不致被消滅。四個星期前以和平反政府示威開場的活動，至此演變為另一場非洲戰爭。追根究柢肇因於一共有的現象：掌權數十載且決心不計代價保住權位的老邁獨裁者。

曾發達繁榮的象牙海岸，在已統治十年的南方政治人物洛朗・巴格博（Laurent Gbagbo）不願接受敗選，出動阿必尚的軍隊和青年民兵以保住權位之後，於二〇一一年陷入一場令民生凋敝的內戰。二〇〇二年北部叛亂後，象牙海岸南北分裂，各界原寄望這場推遲了五年才舉行的選舉，有助於鞏固分裂的南北地區締結的和平協定。選舉在聯合國支持下舉行，北方政治人物阿拉桑・瓦塔拉（Alassane Ouattara）拿下五成四選票，擊敗對手巴格博。除了聯合國，非洲聯盟、歐盟、西非地區性組織西非國家經濟共同體（Ecowas）也都接受此一選舉結果。但巴格博在阿必尚的總統府堅持不退，拒絕所有調解，挑起族群對立和宗教對立，以壯大自己聲勢。內戰奪走數百人性命，使一百多萬人不得不逃離家園。雙方都蹂躪平民。選後四個月，瓦塔拉的部隊從北部大舉南下。曾以巴黎式林蔭大道而著稱的阿必尚成為戰場。武裝團夥和劫掠者橫行街頭。最後，在派駐阿必尚的法國士兵協助下，才把巴格博硬抓出他總統官邸裡的地堡。又一個非洲國家因為一人死抓權力不放而滿目瘡痍。

即使已改朝換代，不管上臺時許下什麼承諾，新政府都急忙拾起前朝習性。肯亞的丹尼爾．阿拉普．莫伊於二〇〇二年底被迫下臺，結束二十四年的掌權時，調查人員估計他和他的密友搜刮了高達三十億美元的錢。接任總統的姆瓦伊．齊貝吉，談到他承繼了「一個被幾年的不當統治和無能嚴重摧殘的國家」，誓言根除貪腐。「肯亞將不再貪腐成風，」他嚴正表示。但由卡倫津族政治人物組成的莫伊的「卡爾巴內特集團」一退場，由基庫尤族政治人物組成的齊貝吉的「肯亞山幫」（Mount Kenya mafia），立即接替他們的位置。他們迅即著手敲定高獲利的交易或接收既有的詐騙事業。莫伊的夥伴所設立的盎格魯租賃公司騙局（Anglo-Leasing scam）——與空殼公司簽訂的一連串假採購合約——迅即被齊貝吉的夥伴承接，在騙局遭揭發前共汙走七億五千萬美元。

齊貝吉上臺才一年多一點，貪腐就再度猖獗，致使英國駐肯亞高級專員愛德華．克雷（Edward Clay）留下那發火怒斥的經典一幕。二〇〇四年七月他在奈洛比向商界領袖演講時說，把廉潔部長與高官的名字寫在郵票背面，連一張郵票都寫不滿。

想到貪腐汙掉的錢相當於肯亞國內生產總值約八%，就讓人忍無可忍。從石油蘊藏、鑽石或其他可能滋長十足貪腐文化的資源角度來看，肯亞不是個富國。肯亞所擁有的，主要是他的人民——他們的聰明、工作倫理、教育、創業技能和其他技能。

這些有用的東西如果未得到管理、獎賞或正確的領導，會不保。有一天我們可能會在這縱情劫掠的活動結束之時醒來，赫然發現肯亞的潛力全都已成為過去，肯亞是個已失去機會的國度。

我們從不認為貪腐會一夜之間消失無蹤。我們都明白有些貪腐會被帶到新時代。我們希望此後不會再碰上貪腐，但還是碰上：當今的治國者顯然傲慢、貪婪，或許還感到恐慌，因而使他們像個貪吃鬼。他們或許以為我們會看不到那不算嚴重的貪吃，或以為我們會原諒他們這種行為，因為他們宣稱喜歡吃樂施會的午餐。但當他們貪吃到吐得我們的鞋子上都是嘔吐物時，就別指望我們不會在意。

齊貝吉的肯亞山幫不知節制的貪婪行徑，最終把肯亞逼到內戰、經濟破敗的邊緣。執政菁英靠公款和西方援助過好日子時，窮人隊伍已膨脹為一支民意沸騰的大軍。大部分肯亞人靠一天一美元的收入保住性命。奈洛比三分之二居民住在惡臭的貧民區。肯亞西部的洛族特別憤憤不平：他們被拒於權力舞臺之外四十年，始終遭政府冷落。

二〇〇七年十二月選舉前的那段時期，反肯亞山幫的民意浪潮壯大。洛族反對派政治人物萊拉．奧丁加（Raila Odinga）冒出頭，自封窮人和其他不滿執政當局者的捍衛者。那些不滿執政當局者，一如洛族，誓言除掉貪腐菁英。萊拉．奧丁加是奧津加．奧丁加之子，在奈洛比某選區參選國會議員。該選區包含漫無節制擴張的基貝拉（Kibera）貧民區，而在該貧民區，未加蓋的汙水溝縱橫境內，一百多萬人擠居在陋屋裡。

國會選舉結果說明人民不滿的程度。齊貝吉的密友被拉下臺約二十個。反齊貝吉的政黨大獲全勝，奧丁加的黨拿下二百一十個席次中的九十五個，成為最大黨。總統選舉時，奧丁加拿下八個省中的六個省。

但齊貝吉和他的小集團為保住權位和牢牢掌控當年打下江山的好處，豁了出去，決定在總統選舉計票上動手腳。選務機關無視明眼人都看得出的作票跡象，宣布齊貝吉以二十萬票的勝差當選，然後他偷偷摸摸的宣誓就職連任，為期五年。

接下來爆發的暴力活動，毀掉肯亞政治穩定的好形象。其中許多暴力活動，有來自各方（基庫尤族、洛族、卡倫津族）的高層政治人物參與籌劃。在裂谷省，卡倫津族領袖老早就為這樣的衝突做好準備，衝突一起即放出部族民兵攻擊、驅逐基庫尤族居民。許多基庫尤人投票支持將齊貝吉的腐敗小集團拉下臺，但所有基庫尤人和他們的財產、事業，仍舊成為攻擊目標。各方看重的是部族身分。基庫尤族領袖以牙還牙，允許武警和名叫蒙吉奇（Mungiki）的基庫尤族黑幫報復、壓制。駭人暴力橫行了三十天，一千一百多人遇害，三千人受傷；六十五萬人被迫離開家園；肯亞分裂為相敵視部族各據一方的局面。經濟受創也非常大。觀光業暴跌。肯亞不再被視為可靠的經商或觀光基地。

經過漫長的談判，齊貝吉和奧丁加談出折衷方案：齊貝吉續當總統，奧丁加當聯合政府的總理。但這只是把能掠奪公款的政治人物、官員的陣營擴大。肯亞已落入險境，掠奪仍未停。

就在肯亞面臨危險大旱，可能發生集體餓死之事時，政府官員密謀將儲備玉米全數賣給蘇丹以獲取個人利益。另外，英國提供給窮人家小孩的教育資金遭盜走。反貪腐運動老將約翰・吉松戈（John Githongo）二〇〇九年警告道，「我們眼前所看到的是集體瘋狂獵食的現象。」二〇一〇年，美國大使麥可・蘭內伯格（Michael Ranneberger）說有一批貪腐菁英能為非作歹而逍遙法外，而齊貝吉、奧丁加和大部分內閣閣員都是那批人的成員。二○一○年肯亞的財政部官員估計一年有將近四十億美元被貪腐者汗掉，相當於國家預算的三分之一。

非洲大部分地方受苦於同樣的困境。它的經濟發展潛力一再被執政菁英的掠奪式政治作風打斷。他們牟取私利，往往為了個人目的而挑起暴力。奈及利亞學者克勞德·艾克在其《非洲的民主與發展》（*Democracy and Development in Africa*）中論道，「問題不在於發展失敗，而在於發展其實從未被列入待辦事項。」經過數十年的不當管理和貪腐，大部分非洲國家已被掏空，它們已失去為公共利益服務的能力。事實上，非洲諸國政府和執掌那些政府的吸血鬼似的政治人物，不只無法為人民提供援助和保護，反倒被他們所治理的人民視為他們在求生鬥爭中甩不掉的另一個包袱。

校的黑人學生和來自附近某城鎮的白人學生踢了一場足球賽。前來作客的白人帶了自己的葡萄牙裁判來，而據薩文比的說法，黑人隊每次進球，那些裁判都不承認。這使薩文比怒不可遏，尤其是因為球賽是用他的球打。於是他中止比賽，帶著球走掉。球賽不得不取消。

第三十三章

天主教正義與和平委員會和法律資源基金會（Legal Resources Foundation），聯合出版了《打破沉默》（*Breaking the Silence*），書中詳細描述了馬塔貝萊蘭發生的暴行，用了一千多名證人的證詞。在《非洲淚》（*African Tears*）和《眼淚之外》（*Beyond Tears*）這兩本書中，辛巴威白人農場主Cathy Buckle按事情的先後順序描述了入侵土地一事的破壞、恐怖和此舉的悲慘後果。Martin Meredith報導了穆加貝的生平。Peter Godwin對二〇〇八年選戰的記述，《恐懼》（*The Fear*），生動呈現了穆加貝政權的殘暴。

第三十四章

南非真相與和解委員會的報告，一九九八年十月發表，共五冊。為該委員會的努力留下紀錄者，包括Desmond Tutu；Alex Boraine；Antjie Krog；Martin Meredith。關於南非境內的愛滋，見Kyle Kauffman與David Lindauer的著作。還有兩本探討愛滋的書引人注意：Edwin Cameron的個人記述《見證愛滋》（*Witness to AIDS*）和Jonny Steinberg的《錫茲韋村的考驗》（*Sizwe's Test*）。後一書描述愛滋病對一小鄉村村民生活的衝擊，讀來引人入勝。Andrew Feinstein帶讀者一窺非洲民族議會的內部運作，極具價值。Paul Holden解開錯綜複雜的軍火交易。Mark Gevisser詳細檢視了姆貝基的生平。Alec Russell以新聞寫作手法生動描述了曼德拉—姆貝基當政那些年。

第三十五章

關於外援在非洲的作用，觀點南轅北轍，欲瞭解者參見以下諸人的著作：Paul Collier；William Easterly；Dambisa Moyo；Roger Riddell；Robert Calderisi；Jeffrey Sachs。Deborah Brautigan針對中國在非洲活動的目的，有非常權威的分析。在《換我們吃了》（*It's Our Time to Eat*）中，米雪拉·隆恩描述了約翰·吉松戈（John Githongo）的遭遇。吉松戈曾任反貪腐主管，試圖解決肯亞境內的高層貪腐問題。

Youth Combatants in Sierra Leone），刊登於《非洲》（*Africa*），68 (2)，1998。

第三十章

Karl Maier在其著作《這棟房子已倒了》（*This House Has Fallen*）中寫到今日奈及利亞的情況，眼光犀利。該書名取自奇努亞·阿切貝（Chinua Achebe）引用的一段文字：「由這個例子可瞭解什麼是已倒掉的國家；它已經垮了。這棟房子已倒了。」Ken Wiwa以深情筆法描繪了他的父親肯·薩羅維瓦。Johannes Harnischfeger談巴卡西小伙子的文章，刊登於《現代非洲研究期刊》（*Journal of Modern African Studies*），41，1 (2003)，23-49。

第三十一章

聯合國人權委員會報告，發表於一九九四年二月，編者是Gaspár Bíró。其他有用的報告，包括「人權觀察」的《不給人做人的尊嚴：蘇丹，一場人權災難》（*Denying the Honour of Living: Sudan, a Human Rights Disaster*, New York, March 1990）；《蘇丹、石油、人權》（*Sudan, Oil and Human Rights*, New York, 2003）。「非洲權利」探討了努巴人的困境。在《奴隸》（*Slave*）中，Mende Nazer講述了身為努巴人的她，小時候被巴加拉劫掠者擄走，然後被賣為奴的感人故事。其他有用的記述包括Ann Mosley Lesch的記述；美國駐喀土木外交官Donald Petterson的記述。

里耶克·馬洽爾（Riek Machar）聞名國際，不只因為是個軍閥，還因為他娶了英格蘭籍援助工作人員Emma McCune。Deborah Scroggins在《埃瑪的戰爭》（*Emma's War*）中講了這段故事。Scroggins向友人轉述了McCune的看法：從做愛變成替獨立的南蘇丹草擬憲法，這中間的落差「大得不可思議」。McCune於一九九三年在奈洛比死於車禍。

第三十二章

Tony Hodges詳細分析了現代安哥拉。Judith Matloff；Karl Maier；Pedro Rosa Mendes各提供了有價值的親身見聞錄。瑪格麗特·安斯蒂（Margaret Anstee）為失敗收場的一九九二至一九九三年和平進程提供了內幕報導。英國記者佛瑞德·布里吉蘭（Fred Bridgland）為薩文比寫了語多肯定的傳記，但後來失望於安盟的極權主義。布里吉蘭轉述了薩文比告訴他的一則軼事。薩文比說，一九四〇年代他在某基督新教的教會學校就讀時，傳教士安排薩文比所屬學

報告《不留活口：盧安達種族滅絕》（*Leave None to Tell the Story: Genocide in Rwanda*），撰文者是Alison des Forges，一九九九年發表。「非洲權利」發表的一千兩百頁報告，含有數十位證人的證詞。傑拉爾・普律尼耶（Gérard Prunier）寫下涵蓋整段歷史的極有用著作，包含對法國政策發人深省的洞見。Linda Melvern考查了外國在盧安達的更大角色；在《殺人陰謀》（*Conspiracy to Murder*）中，她放進了盧安達國際刑事法庭上的證據。多部出色的記述出自記者之手，包括Fergal Keane和Philip Gourevitch。Gourevitch揭露了以利撒凡・恩塔基魯提瑪納牧師的角色。Elizabeth Neuffer陳述了在盧安達找公道懲凶手的難處。

第二十八章

米雪拉・隆恩生動描述了莫布圖政權結束時的情景。莫布圖身邊助手昂諾雷・恩班達（Honoré Ngbanda）和他的女婿皮耶・揚森（Pierre Janssen）的記述，也值得一看。聯合國「非法利用剛果民主共和國自然資源與其他種財富」專家小組的報告，二〇〇一、二〇〇二、二〇〇三年發表。

第二十九章

約翰・岡特（John Gunther）一九五三年走訪賴比瑞亞後寫道：「『古怪的』、『怪胎的』、『奇怪的』，我真想用其中任何一個詞來形容它。」他指出，塔卜曼總統那艘四百六十三噸重的遊艇的保養費，花掉全國預算的一％。比爾・柏克利（Bill Berkeley）為人權律師委員會寫的報告，詳細描述了道的政權，包括在寧巴州所幹下的暴行。在《墓穴還沒填滿》（*The Graves Are Not Yet Full*）中，他再度把賴比瑞亞寫入筆下。馬克・胡班（Mark Huband）為賴比瑞亞內戰留下的親身見聞錄，包含了對查爾斯・泰勒與普林斯・強森的描寫。Anthony Daniels透過文字帶讀者一覽一九九一年蒙羅維亞的廢墟。威廉・雷諾（William Reno）細究賴比瑞亞、獅子山軍閥不可告人的財務活動，探查夏卡・史蒂文斯政權的貪腐程度。Stephen Ellis探索賴比瑞亞戰爭的宗教層面。Aminatta Forna生動描述了她父親Mohamed Forna的遭遇。她父親是醫生，曾任部長，因反對史蒂文斯的暴政，在佛里敦受到不公的審判後遭處決。葛雷格・坎伯（Greg Campbell）以親身見聞描述了獅子山的鑽石礦場。保羅・理察茲（Paul Richards）檢視了獅子山境內戰爭的社會背景。Krijn Peters與Paul Richards合寫的文章，〈為何而戰：獅子山年輕戰士的聲音〉（Why We Fight": Voices of

同將此經歷形諸文字，二〇〇〇年由巴黎的La Découverte出版，書名《誰在本塔爾哈殺了人？》(*Qui â tué a Bentalha: chronique d'un massacre annoncé*)。在La Découverte於二〇〇一年出版的《齷齪的戰爭》(*La Sale Guerre*)中，前特種部隊軍官Habib Souaïdia為平亂戰役留下批判性的記述，說他目睹許多軍中同袍幹下拷問、強暴、濫殺無辜之事。二〇〇三年發表的「人權觀察」組織報告《算總帳的時刻》(*Time for Reckoning*)，處理了七千件「失蹤案」的問題，其中大部分失蹤於保安部隊之手。

第二十六章

Ioan Lewis教授提供了歷史背景，在他《索馬利人近代史》(*Modern History of the Somali*)的第四版中，則掌握到二〇〇二年為止的情況。一些個人記述值得參考，包括John Drysdale；Scott Peterson；Mark Huband；Keith Richburg的記述。穆罕默德·薩赫努（Mohamed Sahnoun）在《錯過的機會》(*Missed Opportunities*)中交待了他的說法。Mark Bowden重現了一九九三年十月三、四日美國的行動，鉅細靡遺，引人入勝。John Hirsch與Robert Oakley提出敘事體的記述，大部分從Oakley的視角陳述。安·萊特（Ann Wright）的備忘錄，〈聯合國索馬利亞行動的法律層面和人權層面〉(Legal and Human Rights Aspects of UNOSOM Military Operation)，在一九九三年七月十三日，也就是「蓋卜迪德」突擊行動兩天後，送到聯合國祕書長的特別代表手上。詳盡的事後援助報告，《找回希望？索馬利亞境內的人道援助，一九九〇—一九九四》(*Hope Restored? Humanitarian Aid in Somali, 1990-1994*)，一九九四年十一月由華府的政策分析與難民問題研究中心（Center for Policy Analysis and Research on Refugee Issues）發表。

第二十七章

盧安達種族滅絕過程中遇害的人數，不可能有精確的估算。「人權觀察」估計至少死了五十萬人。最常被引用的數據是八十萬。其他的估計數據為一百萬。二〇〇〇年進行的普查，確立了九十五萬一千名受害者的名字。但有時全家人遇害，沒人知道曾有他們存在。隔年盧安達政府發表的報告，提到一百萬多一點這個數據。卡加梅的軍隊於種族滅絕期間和緊接那之後的時期，屠殺了約五萬胡圖人——卡加梅最後坦承確有其事的戰爭罪。

關於這場種族滅絕，已有一百多本書問世。最全面的記述出自「人權觀察」

烏干達境內勇敢對付HIV與愛滋病的人》（*Open Secret: People facing up to HIV and AIDS in Uganda*），描述了烏干達對付愛滋的策略。

第二十三章

一九九〇至一九九六年，撒哈拉沙漠以南非洲地區的四十八個非洲國家，三十七國舉行了多黨選舉。一半以上的選舉結果，讓前獨裁者繼續掌權。以下諸人為這一「民主化」時期提供了最有用的記述：Michael Bratton and Nicolas van de Walle；Jennifer Widner（編）；David Apter and Carl Rosberg（編）；John Wiseman。Segun Osaba談奈及利亞境內貪腐的文章，刊登於《非洲政治經濟評論》（*Review of African Political Economy*, 1996）,69，371-386。Peter Lewis對奈及利亞一九九三年選舉的觀察心得，刊登於《非洲事務》（*African Affairs*, 1994）,93, 323-340。

第二十四章

Gail Gerhart探討了黑人意識的興起；Donald Woods描述了史蒂夫・比科的角色。比科在保安警察手中受折磨的證據，取自向真相與和解委員會提的證詞；溫妮・曼德拉身為黑幫「曼德拉聯合足球俱樂部」老大的角色，也得到真相與和解委員會詳盡的調查：見Martin Meredith的《和解》（*Coming to Terms*）。曼德拉與南非政府間的一連串祕密協商和後來南非邁向民主選舉的過程，在Allister Sparks與Patti Waldmeir兩人各自的著作裡，得到最充分的探討。

第二十五章

欲瞭解賽義德・庫特卜的理念和著作，參見Gilles Kepel；關於謝赫阿卜杜拉・阿卜杜勒・拉赫曼，見Mary Anne Weaver；關於暗殺沙達特一事的密謀者，見Johannes Jansen。

關於阿爾及利亞的衝突，Hugh Roberts的論文集《戰場》（*The Battlefield*），提供了寶貴的見解。Michael Willis和Luis Martinez也提供了有用的記述。一九九〇年代的屠殺通常被認定是武裝伊斯蘭團（GIA）所為，卻有證據顯示，在其中某些屠殺案裡，保安部隊即使不是行凶者，也是共犯。一九九七年九月二十二日夜，在阿爾及爾南邊十英里處的本塔爾哈（Bentalha）發生屠殺，奪走四百多條性命，包括男女和小孩。有個倖存的平民將所見記錄下來，並指該屠殺有保安部隊涉入。這位倖存者叫Nesroulah Yous，他與Salima Mellah一

蘭（Fred Bridgland）以肯定立場描述了薩文比的生平。Martin Meredith探討了羅德西亞片面宣布獨立那些年和最後的結果。

第十九章

章名「紅淚」取自一九八五年逃亡國外的達威特・沃爾德・吉奧爾吉斯的回憶錄。Alex de Waal為衣索匹亞三十年間的戰爭和饑荒提供了最全面的記述。其他有用的記述是當時在阿迪斯阿貝巴當美國代辦的David Korn的著作；考查救濟行動之國際層面的Peter Hill的著作。

第二十章

關於查德，Robert Buitenhuijs的兩卷著作全面介紹了一九七〇、八〇年代查德的內戰。Virgina Thompson and Richard Adloff；Sam Nolutshungu；Michael Kelley的著作也值得參考。

關於利比亞，有Jonathan Bearman；John Cooley；Lillian Craig Harris；David Blundy and Andrew Lycett諸人探究了格達費的政權。John Wright和René Lemarchand探討了格達費干預查德一事。

關於蘇丹，Douglas Johnson說明了南部戰爭的錯綜複雜。Ushari Ahmad Mahmud博士與Suleyman Ali Bado描述迪延屠殺的著作，一九八七年由喀土木大學出版。Deborah Scroggins在《埃瑪的戰爭》(*Emma's War*)中，描述了達富爾地區丁卡族難民的困境。David Lamb；Robert Kaplan；Scott Peterson；Mark Huband；Bill Berkeley，也提供了寶貴的親身見聞錄。引述自援助機構行政人員的話，取自Bill Berkeley的記述。

第二十一章

大部分科學家認為愛滋病從非洲的靈長目動物身上，透過「自然轉移」，跳過物種藩籬，傳到人類身上。比如，獵人被黑猩猩感染，就導致「自然轉移」。與此相抗衡的一個理論認為，愛滋病是一九五〇年代數千名非洲人被注射了來自黑猩猩腎臟而受汙染的小兒麻痺症疫苗所致。Edward Hooper在其著作《河流》(*The River*)中，詳盡論證了這一說法。Tony Barnett和Alan Whiteside從全球角度介紹愛滋病，但把重點擺在非洲。Ezekiel Kalipeni等人把焦點擺在愛滋病在非洲的影響。倫敦ActionAid組織二〇〇〇年的報告，《公開的祕密：

而非如外界所以為的把錢藏起來。」

賴里・戴夫林（Larry Devlin）於一九七四年從中情局退休，成為莫里斯・騰伯斯曼（Maurice Templesman）在金夏沙的私人代表。騰伯斯曼是安特衛普某鑽石買賣家族的後代，做為莫布圖的密友長達二十餘年。該家族於二次大戰前就從安特衛普搬到紐約。戴夫林能直接面見莫布圖，繼續扮演情報蒐集管道的角色。據一九七九年走訪薩伊的美國某位前副助理國務卿的說法，在莫布圖眼中，戴夫林才是「真正的美國政府代表，遠比大使更容易見到莫布圖。」

一九八一年九月恩古札赴華府眾議院非洲小組委員會，就薩伊的政治、經濟情勢作證時，描述了他被革去外長職務，在草草審判中以「叛國罪」判處死刑後，在一九七七年受到的拷問。他講述的拷問過程，詳細到讓人不寒而慄。據恩古札所述，莫布圖揚言親手斃了他。後來恩古札接受保安人員訊問時，訊問人員把一根金屬管插入他的陰莖，然後透過該管子往裡面灌氣，使血管破裂，造成劇痛。同時對他的睪丸施以電擊。儘管如此，恩古札後來還是回去替莫布圖賣命。埃爾溫・布盧門塔爾（Erwin Blumenthal）的國際貨幣基金報告，刊登於一九八二年十月的*Info-Zaire*第三十六期。

對莫布圖時期的諸多記述，特別有用者包括以下諸人的著作：Michela Wrong；Sean Kelly；Crawford Young and Thomas Turner；Collette Braeckman；Jean-Claude Williame；Blaine Harden；Bill Berkeley；Mark Huband。Michael Schatzberg生動描述了薩伊鄉村小農所受的苦。一些勇敢的記者記錄了莫布圖當政時期在剛果各地難忘的遊歷，包括David Lamb；Jeffrey Tayler；Helen Winternitz。Winternitz於一九八三年在金夏沙採訪了奇塞凱迪，並描述了她本人後來在莫布圖的保安警察手裡受到的折磨。

第十八章

Norrie MacQueen從葡萄牙人的角度描述了葡萄牙非洲帝國的瓦解。John Stockwell，中情局安哥拉特別工作組的組長，留下來自內部人的記述，痛悔於他的介入。Fernando Guimarães說明了古巴、蘇聯、中國、美國、南非各有所圖的居心，探究了古巴涉入的時程表，推斷古巴出兵介入安哥拉一事，大概是在一九七五年上半葉就計畫了。在《又過了一天》（*Another Day of Life*）中，雷薩德・卡普辛斯基為獨立前那幾個星期留下生動的親身見聞錄。教授Spies寫下官方的南非干預史《薩瓦納行動》（*Operation Savannah*）。佛瑞德・布里吉

and States in Tropical Africa)。兩者都把政府干預視為非洲經濟衰落的主要原因之一。羅伯特·貝茨的著作，說明組織完善的都市利益團體如何支配全國政治，大大影響了學術圈和政策圈。

第十七章

莫布圖的財富多寡和那些財富的下落，長久以來猜測不斷。據替他立傳的Francis Monehim所述，一九五九年底在布魯塞爾，莫布圖名下只有六美元。一九八八年，他告訴美國眾議員Mervyn Dymally：

如果我說我在歐洲沒有銀行帳戶，那顯然是在說謊；我有帳戶。如果我說我戶頭裡沒多少錢，那也是在說謊；我有不少錢。沒錯，我的確有很多錢。不過我估算總共不到五千萬美元。在這樣的大國當了二十二年的國家元首，那又算得了什麼？

一九八七年，一組來自《財星》雜誌的編輯、記者，把莫布圖列入「難以證實且不可能查明」的一類富人。他們參與長達一年的一項專案，以替全球最富有者排名次。他們說莫布圖「據說」有五十億美元資產。美國電視節目「六十分鐘」，在一九八四年談薩伊的報導中，使用同一數據。一九九七年五月，倫敦《金融時報》估計他的財富為四十億美元。美國境內涉及他親人Litho Maboti資產的訴訟文件，讓人一窺他家族的財富。Maboti死於一九八二年，據說有十億美元的身家。

莫布圖的確喜歡炫耀他的財富。一九八二年，他帶著將近百名薩伊人來美度假，兩週裡，待過飯店、商店、度假牧場、迪士尼樂園，估計花掉二百萬美元。

但莫布圖垮臺後，除了他散布世界各地的房地產，調查人員想找出他傳說中私人財富的下落，卻碰上困難。在瑞士銀行發現了微不足道的四百萬美元。莫布圖雖然弄到大筆錢，但似乎很有可能把其中大半的錢用於維持他的個人統治體制。

一九九〇年代初期，美國財政部估計他的財產為四千萬至四千五百萬美元。「我們努力想弄懂手上擁有的資料，驚訝發現莫布圖手頭非常緊，」某官員告訴米雪拉·隆恩。「他在支付個人開銷、維護他的法國房地產、令他的隨員常保開心上並不順利。那數據間接表明，由於Gécamines和Miba（國營鑽石公司）的營業額日漸衰退，他掠奪國家機構的能力已大大萎縮。他浪擲了許多錢，在哈拉雷。

亨利·克耶姆巴（Henry Kyemba）對阿敏政權的記述特別有意思。他當過阿敏的首要私人祕書、內閣祕書長、最高行政首長、部長，然後於一九七七年逃亡國外。前英國陸軍軍官Iain Grahame也和阿敏很熟。Tony Avirgan與Martha Honey以親身見聞記述了烏干達入侵坦尚尼亞之事。阿敏於二〇〇三年死於流亡地吉達，享年約八十。他死時，烏干達的經濟產出已回到一九七一年阿敏上臺那一年的水平。

以下諸人的著作探討了孟吉斯圖的革命：David and Marina Ottoway；Fred Halliday and Maxine Molyneux；John Markakis and Nega Ayele；René Lefort；Christopher Clapham；Andargachew Tiruneh。達威特·沃爾德·吉奧爾吉斯（Dawit Wolde Giorgis）從內部成員的角度提供了寶貴的記述。Samuel Decalo在其著作《權力精神病》（*Psychoses of Power*）中檢視了阿敏、博卡薩、恩蓋馬的生平。Brian Titley從較持平的角度記述博卡薩的生平。Robert Af Klinteberg的赤道幾內亞報告，一九七八年由日內瓦的International University Exchange Fund出版。

第十四章

尼耶雷雷在其自編的文集、演說文集中，清楚說明他如何獨力施行社會主義。他的烏賈瑪實驗在學術界特別受到關注。Cranford Pratt研究了它的起源。其他有用的記述，包括Andrew Coulson、Goran Hyden、Dean McHenry、Michaela von Freyhold諸人的著作。

第十六和二十二章

關於非洲的經濟衰落，已有大批優秀著作問世。特別有用者是以下諸人的著作：Robert Bates；David Fieldhouse；Douglas Rimmer；Tony Killick；Ralph Austen；Richard Sandbrook；John Ravenhill；Nicolas van de Walle；Roger Tangri，以及Thomas Callaghy與John Ravenhll合編的論文集。一九八一年出版的兩部著作，對有關非洲經濟體的剖析性辯論有顯著影響。一個是世界銀行的《撒哈拉沙漠以南非洲地區的加速發展》（*Accelerated Development in Sub-Saharan Africa*），因主要撰文者為Elliot Berg而通稱為伯格報告（Berg Report）；另一個是羅伯特·貝茨（Robert Bates）的《熱帶非洲的市場與國家》（*Markets*

第十章

恩克魯瑪遭推翻後，軍方的全國解放委員會（National Liberation Council）指派由法官佛瑞德·阿帕羅（Fred Apaloo）主持的調查委員會調查恩克魯瑪的資產。受命調查恩克魯瑪政權之公、私活動的委員會、特別稽查小組等調查機構，共有四十多個，阿帕羅主持的委員會是其中最早成立者。軍方揭露迦納境內貪腐猖獗的程度，無疑意在使恩克魯瑪顏面掃地，使軍方奪權具有正當性。但揭露的證據確鑿且充分。阿帕羅委員會發現，政變時恩克魯瑪擁有的現金和房地產共值二百三十二萬二千英鎊。美國學者Victor LeVine推斷，恩克魯瑪「明確涉入多種貪腐活動」。Trevor Jones客觀描述了恩克魯瑪最後幾年的生活。

第十一章

奇努亞·阿切貝（Chinua Achebe）的小說呈現了從殖民統治到「大人」當政，非洲的所有經歷。欲瞭解襲捲奈及利亞第一共和的諸多危機，參見以下諸人的著作：James Coleman (1958)；Richard Sklar (1963)；John P. Mackintosh et al. (1966)；Robin Luckham (1971)；Kenneth Post and Michael Vickers (1973)；Billy Dudley (1973)；Larry Diamond (1988)。John de St Jorre為內戰提供了最出色的整體描述。John Stremlau探討了國際涉入的情況。Michael Crowder提供了標準的奈及利亞史。

第十二章

Christopher Clapham、Patrick Gilkes、John Markakis三人的著作探討了海雷·塞拉謝的政權。與海雷·塞拉謝的宮廷打了四十年交道而對其非常熟悉的美國律師約翰·史賓塞（John Spencer），留下親身見聞錄。雷薩德·卡普辛斯基於海雷·塞拉謝遭推翻後採訪了幾位前宮廷官員，生動描繪了他當皇帝最後幾個月舊皇宮的生活；批評者說他的描述有點流於幻想。

第十三章

義大利記者里卡多·奧里齊奧（Riccardo Orizio）在其著作《魔鬼的談話》（*Talk of the Devil*）中，記錄了他與下臺後的阿敏、博卡薩、孟吉斯圖的訪談內容。阿敏得到沙烏地政府伸出援手，在吉達過舒適的流亡生活；博卡薩坐了七年牢之後，在班吉的納塞別墅安度晚年；孟吉斯圖受羅伯特·穆加貝招待，住

著作。

Malyn Newitt描述了葡萄牙的殖民歷史。John Marcum的兩卷本安哥拉專題論著，提供了許多細節。安哥拉人民解放運動（MPLA）的創立日期，長久以來爭議未決。此爭議的核心，乃是這個反殖民運動到底是哪個團體所發起。照安哥拉人民解放運動的「官方」說法，它創立於一九五六年十二月十日。與此南轅北轍的說法，說直到一九五八年或更晚時才有人提到安哥拉人民解放運動，說後來為了穩住它的公信力，才把它的創立日說成比實際創立日還要早。Fernando Guimarães探討了此爭議正反雙方的看法。

第八章

W. Arthur Lewis是提倡工業化的最有影響力經濟學家之一。一九六〇年代初期，他當過一段時間的迦納政府顧問。他始終主張，非洲國家欲藉由增加可買賣之農產品的產量來達成經濟成長，根本是緣木求魚。他深信世界市場已充斥著非洲國家所正想利用的產品（茶葉、咖啡、可可、糖），增加產量只會使世界價格降低，從而沒有獲利的可能。

第九章

章名〈第一場自由之舞〉，引自詩人拜倫《靜默遐想》（*Detached Thoughts*, 1821-1822）裡的詩句：「我有時希望我是非洲的主人；立即做韋爾伯佛斯終會做的事，亦即把奴役掃離她的沙漠，欣賞他們的第一場自由之舞。」波蘭記者雷薩德．卡普辛斯基（Ryszard Kapuscinski）在其著作《足球戰爭》（*The Soccer War*）中談到，一九六五年底，他在一個月裡開車走過西非五國（幾內亞、迦納、多哥、達荷美、西奈及利亞），其中四國處於緊急狀態。其中一國的總統剛被推翻，一國的總統幸運保住性命，一國的總統不敢離開他有部隊圍護的官邸。兩國的議會被解散，兩國的政府垮臺，數十人死於政治衝突，還有數十人被捕。「五百二十公里路上，我被攔查了二十一次，搜身四次。到處氣氛緊張，到處有火藥味。」「行動團體」在西奈及利亞貪腐的例子，取自《寇克委員會對西奈及利亞法定法人事務的調查報告》（*Report of the Coker Commission of Inquiry into the Affairs of Statutoy Corporations in Western Nigeria*, Ministry of Information, Lagos, 1962）。Gérard Chaliand對十四個說法語國家之貿易統計數據的研究，發表於一九六六年五、六月的*Partisans*雜誌特刊——「困境中的非洲」（L' Afrique dans l' Épreuve）。

可能要他們提供的東西通報我們的人。那個時候我們很缺這類消息。」

一九五八年，比利時殖民地政府派莫布圖到布魯塞爾，他在那裡攻讀新聞寫作，繼續向保安局報告消息。他也開始為盧蒙巴的剛果民族運動（MNC）效力，最後當上該組織在布魯塞爾辦事處的主任。盧蒙巴似乎清楚莫布圖與保安局的關係，斷定那是一個辛苦謀生的記者為了賺取亟需的收入而從事的無害活動。據Vandewalle的說法，莫布圖呈給保安局的政治報告，常轉交給布魯塞爾美國大使館的中情局分站。當時在布魯塞爾任職的勞倫斯·戴夫林（Lawrence Devlin），一九六〇年初期在美國大使館一場招待會期間首度碰到莫布圖。剛果於一九六〇年六月獨立後不久，戴夫林獲派任中情局萊奧波德維爾分站站長。擔任站長期間，戴夫林與莫布圖交情甚篤，提供他資金以確保他的士兵效忠於他。

米雪拉·隆恩根據她對戴夫林的訪談，描述了他如何挫敗他人對莫布圖的一次暗殺企圖。戴夫林不接受莫布圖是美國傀儡的說法。「他從不是傀儡。他覺得不利於剛果的事，他就不會做，而當事情不會傷害他國家的利益時，他就會贊同我們的看法。他始終走自己的路，湊巧在某個時候我們朝同一個方向走。」

Catherine Hoskyns詳細描述了一九六〇、一九六一年時的剛果。Madeleine Kalb探討了美國的角色。參院委員會調查中情局活動的報告，《涉及外國領導人的那些據稱的暗殺密謀》(*Alleged Assassination Plot Involving Foreign Leaders*, United States Senate, Washington, US Government Printing Office, 1975)，同樣有用。戴夫林和悉尼·戈特利卜（Sidney Gottlieb）都以化名出席這個參院委員會做說明。

第七章

南非的種族隔離制已在汗牛充棟的多種著作裡得到鉅細靡遺的探討。Leonard Thompson的著作，以其敘述明晰和立場持平而引人注目。納爾遜·曼德拉的奮鬥生涯，可見於他的自傳和Anthony Sampson與Martin Meredith為他寫的傳記。

羅德西亞走上叛亂之路一事，也已得到詳細探究。有用的記述可見於James Barber、Robert Blake、Larry Bowman、Frank Clements、Kenneth Young諸人的

Lonsdale）、David Anderson諸人所寫的記述，以及E. S. Atieno Odhiambo與John Lonsdale合編的論文集。

第六章

自約瑟夫・康拉德的小說《黑暗之心》（*Heart of Darkness*）於一九〇二年出版以來，已有許多作家和歷史學家受到剛果和其動蕩歷史的吸引，將其當作創作題材和探討對象。如今，這股吸引力強勁一如以往。Adam Hochschild對萊奧波德國王之剛果自由邦的生動描述，一九九八年出版。同一年，美國小說家Barbara Kingsolver推出《毒木聖經》（*The Poisonwood Bible*），講述一美國傳教士在一九六〇年，帶著妻子和四個年幼女兒進入非洲心臟地帶拯救剛果人靈魂的故事。二〇〇〇年，米雪拉・隆恩出版一部力作，描述陷入困境的莫布圖政權最後幾年的情況，美國記者Jeffrey Tayler寫了他順剛果河而下的精彩旅行。二〇〇一年，海地製片Raoul Peck推出一部令人難忘的影片，重現盧蒙巴短暫、多事的一生。這部影片有句臺詞，來自盧蒙巴寫給妻子波琳的最後一封信：「我知道有一天歷史會做出它的論斷，但那不會是在布魯塞爾、巴黎或華府寫下的歷史，而會是我們自己寫的歷史。」

盧多・德維特（Ludo de Witte）對盧蒙巴遇害一事的調查結果，發人所未發，一九九九年以荷蘭文首次發表，然後二〇〇〇年出了法文版，二〇〇一年出了英文版。德維特利用了個人證詞和諸多官方文件，認為比利時當局是此謀殺案的元凶，在比利時引起軒然大波。此前四十年以來，比國官員一直堅稱此案完全是剛果人所為。德威特提出的證據促使比利時人於二〇〇〇年設立一國會調查組。二〇〇一年十一月發表的國會調查報告，措詞審慎，推斷「比利時政府的某些成員和其他比利時籍參與者，要為造成盧蒙巴死亡的情勢負起道德責任。」國會調查組也揭露一九六〇年十月十九日那份在頁緣附有國王博杜安之看法的備忘錄。

莫布圖當警方線民的證據，來自Frederic Vandewalle。此人曾在剛果擔任保安局（Sûreté）局長，一九八五年接受了Sean Kelly的訪談。莫布圖自一九五六年離開陸軍起，一直受雇於比利時。他常把剛果同胞的活動，特別是像他一樣正開始參與政治的他那一輩人的活動，寫成詳細報告，提供給比利時人。Vandewalle說他當局長期間，保安局擬出雇用許多這類剛果人當領錢線民的政策。「他們不是冷戰意義上的那種間諜，純粹是能把剛果新領袖的動態和我們

的電視節目「帝國的終結」(End of Empire)接受採訪時，納丁憶道，艾登用的字眼其實是「殺掉」(murdered)。

第三章

針對法國的阿爾及利亞戰爭，已有約三千本書和超過三十五部影片問世。即使在該戰爭結束已四十多年的今天，這場戰爭仍是令法國陷入分裂對立的一個議題。直到一九九九年，法國政治人物連在是否該給它冠上「戰爭」這個正式稱呼，都無法達成一致看法。過去，它被委婉稱作一場維護法紀的行動，「阿爾及利亞的騷亂」(les événements en Algérie)。二〇〇二年法國國民議會開會審議將埃維昂和平協議簽署日訂為「國家紀念日」的法案時，正反議員勢力相當(二八七票贊成、二〇四票反對)。法案激起激烈對立，致使提案者最後決定撤回該法案。有關此戰爭的出色英文著作是Alistair Horne的《野蠻的和平戰爭》(*A Savage War of Peace*)。

第四章

桑戈爾的生平和著作，有Janet Vaillant、Jacques Hymans、Irving Markovitz三人分別著書探討。烏弗埃—博瓦尼本姓烏弗埃，一九四五年打贏選戰後，為慶祝勝選，他在姓裡加上「博瓦尼」。在寶萊(Baulé)語裡，博瓦尼一詞意為「公羊」，據說代表頑強的決心。Paul-Henri Siriex以肯定態度寫烏弗埃。Marcel Amondji的批判性則濃厚得多。引用自《西非》雜誌，談烏弗埃在阿必尚之宅邸的句子，來自一九六一年八月二十六日號。

第五章

F. D. Corfield所寫的英國政府正式報告，《茅茅之起源與壯大的歷史調查》(*Historical Survey of the Origins and Growth of Mau Mau*, HMSO, London, 1960)，仍值得一讀，主要因為它說明了在此叛亂七年後殖民地當局對情況的掌握有多淺薄。Bildad Kaggia、Waruhiu Itote、J. M. Kariuki三人各自的記述，提供了來自叛亂分子角度的寶貴看法。佛瑞德·庫拜(Fred Kubai)在接受Brian Lapping所製作電視節目「帝國的終結」(End of Empire)採訪時，從他的角度描述了中央委員會與肯亞塔衝突之事。Jeremy Murray-Brown為肯亞塔立了傳。學界研究人員已全面探究過這個領域。最有用的記述，包括Tabitha Kanogo、Frank Furedi、David Throup、Greet Kershaw、John Lonsdale(in Berman and

章注

本書涉獵的範圍極廣，不倚賴其他多人的著作，不可能寫得出來。在章注裡，我列出一部分我認為特別有趣、有價值的著作。更完整的書單可在「精選參考書目」裡找到。

引言

非洲通史著作包括八卷本《劍橋非洲史》（*Cambridge History of Africa*）和Philip Curtin等人；John D. Fage；John Iliffe；Roland Oliver；John Reader所編的那幾卷。「瓜分非洲」一事在Thomas Pakenham筆下得到生動的描述。關於去殖民化時期，Prosser Gifford和Roger Louis所編的兩冊論文集和John Hargreaves的記述，特別有用。

第一章

一九五七年十一月，查爾斯·阿登─克拉克爵士在皇家非洲協會和皇家帝國協會在倫敦聯合舉辦的會議裡講到他的象牙海岸經歷；他的演說稿刊登於一九五八年一月《非洲事務》（*African Affairs*）卷五第二二六頁。David Rooney在他為阿登─克拉克寫的傳記裡，廣泛利用了阿登─克拉克的私人書信。恩克魯瑪的自傳，在艾莉卡·鮑爾協助下寫成，還在迦納獨立時出版。艾莉卡·鮑爾在《（女）私人祕書／黃金海岸》（*Private Secretary (Female)/Gold Coast*）中，生動描述了她效力恩克魯瑪十餘年的情形。Dennis Austin的《迦納政治》（*Politics in Ghana*），對該時期有精采描述。

第二章

William Stadiem有著作介紹法魯克多彩多姿的人生。三大密謀者（納塞、納吉布、沙達特）出書描述了一九五二年政變。我所參考過的諸多納塞傳記，包括Anthony Nutting、P. J. Vatikiotis、Jean Lacouture、Robert Stephens諸人替他立的傳。安東尼·納丁（Anthony Nutting）在其著作《大大的教訓》（*No End of a Lesson*）中，出於慎重考量，淡化了艾登談到納塞時所用的強烈字眼──「你不知道我要幹掉（destroyed）納塞？」為Brian Lapping所製作的格拉納達

—— *Towards Sustained Development in Sub-Saharan Africa: A Joint Program of Action*, Washington, DC, 1984
—— *Sub-Saharan Africa: From Crisis to Self-Sustainable Growth*, Washington, DC, 1989
—— *Governance and Development*, Washington, DC, 1992
—— *Adjustment in Africa: Reforms, Results and the Road Ahead*, Washington DC, 1994
—— *Assessing Aid: What Works, What Doesn't and Why*, Oxford University Press, New York, 1998
—— *Can Africa Claim the 21st Century?*, Washington, DC, 2000
—— *Economic Causes of Civil Conflict and their Implications for Policy*, Washington, DC, 2000
Woronoff, Jon, *West African Wager: Houphouët versus Nkrumah*, Scarecrow Press, Metuchen, 1972
Wright, John, *Libya, Chad and the Central Sahara*, Hurst, London, 1989
Wrong, Michela, *In the Footsteps of Mr Kurtz: Living on the Brink of Disaster in the Congo*, Fourth Estate, London, 2000
—— *I Didn't Do It For You: How the World Betrayed a Small African Nation*, Fourth Estate, London, 2005
—— *It's Our Turn to Eat: The Story of a Kenyan Whistle Blower*, Fourth Estate, London, 2009
Young, Kenneth, *Rhodesia and Independence*, Eyre & Spottiswoode, London, 1967
Young, Crawford, *Politics in the Congo: Decolonization and Independence*, Princeton University Press, 1965
—— *Ideology and Development in Africa*, Yale University Press, 1982
—— *The African Colonial State in Comparative Perspective*, Yale University Press, 1994
Young, Crawford and Thomas Turner, *The Rise and Decline of the Zairian State*, University of Wisconsin Press, 1985
Young, John, *Peasant Revolution in Ethiopia: The Tigray People's Liberation Front, 1975–1991*, Cambridge University Press, 1997
Yeros, Paris (ed.), *Ethnicity and Nationalism in Africa: Constructivist Reflections and Contemporary Politics*, Macmillan, Basingstoke, 1999
Zack-Williams, Tunde, Diane Frost and Alex Thomson (eds.), *Africa in Crisis: New Challenges and Possibilities*, Pluto, London, 2002
Zartman, I. William and Christopher L. Delgado (eds.), *The Political Economy of Ivory Coast*, Praeger, New York, 1984
Zartman, William (ed.), *Collapsed States: The Disintegration and Restoration of Legitimate Authority*, Lynne Rienner, Boulder, 1995
Zolberg, Aristide R., *Creating Political Order: The Party-States of West Africa*, Rand McNally, Chicago, 1966
—— *One-Party Government in the Ivory Coast*, Princeton University Press, 1969

Wasserman, Gary, *Politics of Decolonisation: Kenya Europeans and the Land Issue, 1960–1965*, Cambridge University Press, 1976
Watson, Catherine, *Exile from Rwanda, Background to an Invasion*, US Committee for Refugees, Washington, 1991
Weaver, Mary Anne, *A Portrait of Egypt: A Journey through the World of Militant Islam*, Farrar, Strauss, New York, 2000
Weiss, Herbert, *Political Protest in the Congo: The Parti Solidaire Africain During the Independence Struggle*, Princeton University Press, 1967
Weiss, Herbert and Benoît Verhaegen (eds.), *Les Rébellions dans l'est du Zaire, 1964–1967,* Centre d'Étude et de Documentation Africaines, Brussels, 1986
Weissman, Stephen R., *American Foreign Policy in the Congo, 1960–1964*, Cornell University Press, 1974
Werbner, Richard, *Tears of the Dead: The Social Biography of an African Family*, Edinburgh University Press, 1991
White, Dorothy Shipley, *Black Africa and de Gaulle: From the French Empire to Independence*, Pennsylvania State University Press, 1979
Widner, Jennifer A., *The Rise of a Party-State in Kenya: From 'Harambee!' to 'Nyayo'*, University of California Press, 1992
Widner, Jennifer (ed.), *Economic Change and Political Liberalization in Sub-Saharan Africa*, Johns Hopkins University, 1994
Williame, Jean-Claude, *Patrimonialism and Political Change in the Congo*, Stanford University Press, 1971
—— *Zaire, L'épopée d'Inga: chronique d'une prédation industrielle*, L'Harmattan, Paris, 1986
—— *Patrice Lumumba: la Crise Congolaise Revisitée*, Karthala, Paris, 1990
—— *L'Automne d'un Despotisme: Pouvoir, Argent et Obéissance dans le Zaire des Années Quatre-Vingt*, Karthala, Paris, 1992
Willis, Michael, *The Islamist Challenge in Algeria: a Political History*, Ithaca Press, Reading, 1996
Wilson, Richard A., *The Politics of Truth and Reconciliation in South Africa: Legitimizing the Post-Apartheid State*, Cambridge University Press, 2001
Winternitz, Helen, *East Along the Equator: A Journey Up the Congo and into Zaire*, Atlantic Monthly Press, New York, 1987
Wiseman, John, *The New Struggle for Democracy in Africa*, Ashgate, Aldershot, 1996
Wiseman, John (ed.), *Democracy and Political Change in Sub-Saharan Africa*, Routledge, London, 1995
Wiwa, Ken, *In the Shadow of a Saint*, Doubleday, London, 2000
Woods, Donald, *Biko*, Paddington Press, London, 1978
Woodward, Peter, *The Horn of Africa: Politics and International Relations*, Tauris, London, 2003
World Bank, *Accelerated Development in Sub-Saharan Africa: An Agenda for Action*, Washington, DC, 1981

Tekeste Negash and Kjetil Tronvall, *Brothers At War: Making Sense of the Eritrean–Ethiopian War*, Currey, Oxford, 2000

Theroux, Paul, *Dark Star Safari: Overland from Cairo to Cape Town*, Hamish Hamilton, London, 2002

Thompson, Leonard M., *The Political Mythology of South Africa*, Yale University Press, 1985

—— *A History of South Africa*, Yale University Press, 1994

Thompson, Virginia and Richard Adloff, *French West Africa*, Allen and Unwin, London, 1958

—— *The Emerging States of French Equatorial Africa*, Oxford University Press, 1960

—— *Conflict in Chad*, Hurst, London, 1981

Thompson, W. Scott, *Ghana's Foreign Policy, 1957–1966: Diplomacy, Ideology and the New State*, Princeton University Press, 1969

Throup, David, *Economic and Social Origins of Mau Mau, 1945–53*, Currey, London, 1987

Throup, David and Charles Hornsby, *Multi-Party Politics in Kenya: The Kenyatta and Moi States and the Triumph of the System in the 1992 Election*, Currey, Oxford, 1998

Timberlake, Lloyd, *Africa in Crisis: The Causes, the Cures of Environmental Bankruptcy*, Earthscan, London, 1988

Titley, Brian, *Dark Age: The Political Odyssey of Emperor Bokassa*, Liverpool University Press, 1997

Tordoff, William,

`ocialiste: la Tanzanie, Editions Ouvrières, Paris, 1976

Vail, Leroy (ed.), *The Creation of Tribalism in Southern Africa*, Currey, London, 1989

Vaillant, Janet G., *Black, French and African: A Life of Léopold Sédar Senghor*, Harvard University Press, 1990

van de Walle, Nicolas, *African Economies and the Politics of Permanent Crisis, 1979–1999*, Cambridge University Press, 2001

Vatikiotis, P. J., *Nasser and his Generation*, Croom Helm, London, 1978

—— *The History of Egypt*, 3rd edn, Weidenfeld & Nicolson, London, 1985

Verschave, François-Xavier, *La Françafrique; Le plus long scandale de la République*, Stock, Paris, 1998

Villalón, Leonardo A. and Phillip A. Huxtable (eds.), *The African State at a Critical Juncture: Between Disintegration and Reconfiguration*, Rienner, Boulder, 1998

Voll, John O. (ed.), *Sudan: State and Society in Crisis*, Indiana University Press, 1991

Von Freyhold, Michaela, *Ujamaa Villages in Tanzania: Analysis of a Social Experiment*, Heinemann, London, 1979

Waldmeir, Patti, *Anatomy of a Miracle: The End of Apartheid and the Birth of a New South Africa*, Viking, London, 1997

—— *Ces Messieurs Afrique 2: Des réseaux aux lobbies*, Calmann-Lévy, Paris, 1997
Smith, William E., *We Must Run While They Walk: A Portrait of Africa's Julius Nyerere*, Random House, New York, 1971
Sorrenson, M. P. K., *Land Reform in the Kikuyu Country*, Oxford University Press, 1967
Soyinka, Wole, *The Open Sore of a Continent: A Personal Narrative of the Nigerian Crisis*, Oxford University Press, 1996
Sparks, Allister, *The Mind of South Africa*, Heinemann, London, 1990
—— *Tomorrow Is Another Country: The Inside Story of South Africa's Negotiated Revolution*, Heinemann, London, 1995
—— *Beyond the Miracle: Inside the New South Africa*, Jonathan Ball, Johannesburg, 2003
Spencer, John, *The Kenya African Union*, KPI, London, 1985
Spencer, John H., *Ethiopia at Bay: A Personal Account of the Haile Selassie Years*, Reference Publications, Algonac, 1984
Spies, F. J. du T., *Operasie Savannah, Angola, 1975–1976*, Suid-Afrikaanse Weermag, Pretoria, 1989
St Jorre, John de, *The Nigerian Civil War*, Hodder and Stoughton, London, 1972
Stadiem, William, *Too Rich: The High Life and Tragic Death of King Farouk*, Robson, London, 1992
Stearns, Jason, K., *Dancing in the Glory of Monsters: The Collapse of the Congo and the Great War of Africa*, PublicAffairs, New York, 2011
Steinberg, Jonny, *Sizwe's Test: A Young Man's Journey Through Africa's AIDS Epidemic*, Simon & Schuster, New York, 2008
Stengel, Richard, *Mandela's Way: Fifteen Lessons on Life, Love and Courage*, Random House, New York, 2010
Stephens, Robert, *Nasser, A Political Biography*, Allen Lane, London, 1971
Stockwell, John, *In Search of Enemies: A CIA Story*, Deutsch, London, 1978
Stone, Martin, *The Agony of Algeria*, Hurst, London, 1997
Stora, Benjamin, *Algeria, 1830–2000, A Short History*, Cornell University Press, 2001
Stremlau, John J., *The International Politics of the Nigerian Civil War 1967–1970*, Princeton University Press, 1977
Sundkler, Bengt and Christopher Steed, *A History of the Church in Africa*, Cambridge University Press, 2000
Swainson, Nicola, *The Development of Corporate Capitalism in Kenya, 1918–1977*, Heinemann, London, 1980
Tangri, Roger, *The Politics of Patronage in Africa: Parastatals, Privatization and Private Enterprise*, Currey, Oxford, 1999
Taylor, Ian, *China's New Role in Africa*, Lynne Rienner, Boulder, 2010
Tayler, Jeffrey, *Facing the Congo: A Modern-Day Journey into the Heart of Darkness*, Abacus, London, 2001

Russell, Alec, *Big Men, Little People: Encounters in Africa*, Macmillan, London, 1999
—— *After Mandela: The Battle for the Soul of South Africa*, Hutchinson, London, 2009
Sachs, Jeffrey, *The End of Poverty: Economic Possibilities for Our Time*, Penguin, New York, 2005
el-Sadat, Anwar, *Revolt on the Nile*, Wingate, London, 1957
Sahnoun, Mohamed, *Somalia: The Missed Opportunities*, United States Institute of Peace Press, Washington, DC, 1994
Samatar, Said S., *Somalia: A Nation in Turmoil*, Minority Rights Group, London, 1991
Sampson, Anthony, *Mandela: The Authorised Biography*, HarperCollins, London, 1999
Sandbrook, Richard, *The Politics of Africa's Stagnation*, Cambridge University Press, 1985
—— *The Politics of Africa's Economic Recovery*, Cambridge University Press, 1993
—— *Closing the Circle: Democratization and Development in Africa*, Zed, London, 2000
Schatzberg, Michael G., *Politics and Class in Zaire: Bureaucracy, Business and Beer in Lisala*, Africana Publishing, New York, 1980
—— *The Dialectics of Oppression in Zaire*, Indiana University Press, 1988
—— *Mobutu or Chaos? The United States and Zaire, 1960–1990*, University Press of America, Lanham, 1991
Schatzberg, Michael G. (ed.), *The Political Economy of Kenya*, Praeger, New York, 1987
Schatzberg, Michael G. and I. William Zartman (eds.), *The Political Economy of Cameroon*, Praeger, New York, 1986
Scott, Ian, *Tumbled House: The Congo at Independence*, Oxford University Press, 1969
Scroggins, Deborah, *Emma's War: Love, Betrayal and Death in the Sudan*, HarperCollins, London, 2003
Shelley, Toby, *Endgame in the Western Sahara: What Future for Africa's Last Colony?*, Zed, London, 2004
Shivji, Issa G., *Class Struggles in Tanzania*, Heinemann, London, 1976
Short, Philip, *Banda*, Routledge and Kegan Paul, London, 1974
Siriex, Paul-Henri, *Félix Houphouët-Boigny; homme de la paix*, Seghers, Paris, 1975
—— *Houphouët-Boigny ou la sagesse africaine*, Fernand Nathan, Paris, 1986
Sklar, Richard, *Nigerian Political Parties: Power in an Emergent African Nation*, Princeton University Press, 1963
Smith, David James, *Young Mandela*, Weidenfeld & Nicolson, London, 2010
Smith, Ian D., *The Great Betrayal*, Blake, London, 1997
Smith, Stephen and Antoine Glaser, *Ces Messieurs Afrique: Le Paris-Village du continent noire*, Calmann-Lévy, Paris, 1992

Ranger, Terence, *Peasant Consciousness and Guerrilla War in Zimbabwe*, Currey, London, 1985
Ravenhill, John (ed.), *Africa in Economic Crisis*, Macmillan, London, 1986
Reader, John, *Africa: A Biography of the Continent*, Penguin, London, 1998
Reno, William, *Corruption and State Politics in Sierra Leone*, Cambridge University Press, 1995
—— *Warlord Politics and African States*, Lynne Rienner, Boulder, 1998
Reyntjens, Filip, *L'Afrique des Grands Lacs en Crise: Rwanda, Burundi, 1988–1994*, Karthala, Paris, 1994
—— *La Guerre des Grands Lacs: Alliances Mouvantes et Conflits Extraterritoriaux en Afrique Centrale*, L'Harmattan, Paris, 1999
Richards, Paul, *Fighting for the Rain Forest: War, Youth and Resources in Sierra Leone*, Currey, London, 1996
Richburg, Keith B., *Out of America: A Black Man Confronts Africa*, Basic Books, New York, 1997
Riddell, Roger C., *Does Foreign Aid Really Work?*, Oxford University Press, 2008
Rimmer, Douglas, *The Economies of West Africa*, Weidenfeld & Nicolson, London, 1984
—— *Staying Poor: Ghana's Political Economy, 1950–1990*, Pergamon Press, Oxford, 1992
Rimmer, Douglas (ed.), *Africa 30 Years On: The Africas of 1961 and 1991*, Currey, London, 1991
Rivière, Claude, *Guinea: Mobilization of a People*, Cornell University Press, 1970
Roberts, Adam, *The Wonga Coup: The British Mercenary Plot to Seize Oil Billions in Africa*, Profile, London, 2006
Roberts, Douglas, *The Last Resort: A Memoir of Zimbabwe*, Harmony, New York, 2009
Roberts, Hugh, *The Battlefield: Algeria, 1988–2002; Studies in a Broken Polity*, Verso, London, 2003
Rooney, David, *Sir Charles Arden-Clarke*, Collins, London, 1982
—— *Kwame Nkrumah: The Political Kingdom in the Third World*, Tauris, London, 1988
Rosberg, Carl G. and John Nottingham, *The Myth of 'Mau Mau': Nationalism in Kenya*, Praeger, New York, 1966
Rosberg, Carl G. and Thomas M. Callaghy, *Socialism in Sub-Saharan Africa*, University of California, 1979
Rotberg, Robert (ed.), *China into Africa: Trade, Aid and Influence*, Brookings Institute, Washington, DC, 2008
Rothchild, Donald (ed.), *Ghana: The Political Economy of Recovery*, Rienner, Boulder, 1991
Rothchild, Donald and Naomi Chazan (eds.), *The Precarious Balance: State and Society in Africa*, Westview, Boulder, 1988

Omaar, Rakiya, *Rwanda: Death, Despair and Defiance*, African Rights, London, 1995
Orizio, Riccardo, *Talk of the Devil: Encounters with Seven Dictators*, Secker & Warburg, London, 2002
Osaghae, Eghosa, *Crippled Giant: Nigeria Since Independence*, Hurst, London, 1998
O'Toole, Thomas, *The Central African Republic: The Continent's Hidden Heart*, Westview, Boulder, 1986
Ottoway, Marina and David, *Ethiopia: Empire in Revolution*, Africana Publishing, New York, 1978
Pakenham, Thomas, *The Boer War*, Weidenfeld & Nicolson, London, 1979
—— *The Scramble for Africa, 1876–1912*, Weidenfeld & Nicolson, London, 1991
Palmer, Robin, *Land and Racial Discrimination in Rhodesia*, Heinemann, London, 1977
Pankhurst, Richard, *The Ethiopians: A History*, Blackwell, Oxford, 1998
Parsons, Neil, Willie Henderson and Thomas Tlou, *Seretse Khama*, Macmillan Boleswa, Johannesburg, 1995
Parsons, Raymond, *The Mbeki Inheritance: South Africa's Economy 1996–2004*, Ravan Press, Johannesburg, 2004
Perham, Margery, *The Colonial Reckoning*, Collins, London, 1961
Peterson, Scott, *Me Against My Brother: At War in Somalia, Sudan and Rwanda*, Routledge, London, 2001
Petterson, Don, *Revolution in Zanzibar: An American's Cold War Tale*, Westview, Boulder, 2002
—— *Inside Sudan: Political Islam, Conflict and Catastrophe*, Westview, Boulder, 2003
Poku, Nana K. and Alan Whiteside (eds.), *The Political Economy of AIDS in Africa*, Ashgate, Aldershot, 2004
Pool, David, *From Guerrillas to Government: The Eritrean People's Liberation Front*, Currey, Oxford, 2001
Post, Kenneth W. J. and Michael Vickers, *Structure and Conflict in Nigeria, 1960–1966*, Heinemann, London, 1973
Pottier, Johan, *Re-Imagining Rwanda: Conflict, Survival and Disinformation in the Late Twentieth Century*, Cambridge University Press, 2002
Powell, Erica, *Private Secretary (Female)/Gold Coast*, Hurst, London, 1984
Pratt, Cranford, *The Critical Phase in Tanzania, 1945–1968: Nyerere and the Emergence of a Socialist Strategy*, Cambridge University Press, 1976
Prunier, Gérard, *The Rwanda Crisis: History of a Genocide*, Hurst, London, 1995
—— *Darfur: The Ambiguous Genocide*, Hurst, London, 2005
—— *Africa's World War: Congo, the Rwandan Genocide and the Making of a Continental Catastrophe*, Oxford University Press, 2011
Quandt, William B., *Between Ballots and Bullets: Algeria's Transition from Authoritarianism*, Brookings Institution Press, Washington, 1998

Newbury, Catherine, *The Cohesion of Oppression: Clientship and Ethnicity in Rwanda, 1860–1960*, Columbia University Press, 1988
Newitt, Malyn, *Portugal in Africa*, Hurst, London, 1981
—— *A History of Mozambique*, Hurst, London, 1995
Ngbanda Nzambo-ku-Atumba, Honoré, *Ainsi sonne le glas! Les Derniers Jours du Maréchal Mobutu*, Gideppe, Paris,1998
Nguza Karl-i-Bond, *Mobutu, ou l'Incarnation du Mal Zairois*, Collings, London, 1982
Niblock, T., *Class and Power in Sudan: The Dynamics of Sudanese Politics, 1898–1985*, Macmillan, London, 1987
Nkomo, Joshua, *The Story of My Life*, Methuen, London, 1984
Nkrumah, Kwame, *Ghana: The Autobiography of Kwame Nkrumah*, Thomas Nelson, Edinburgh, 1959
Nolutshungu, Sam C., *Limits of Anarchy: Intervention and State Formation in Chad*, University Press of Virginia, Charlottesville, 1996
Nordstrom, Carolyn, *A Different Kind of War Story*, University of Pennsylvania Press, 1997
Nugent, Paul, *Africa Since Independence; A Comparative History*, Palgrave Macmillan, Basingstoke, 2004
Nugent, Paul and A. I. Asiwaju (eds.), *African Boundaries: Barriers, Conduits and Opportunities*, Pinter, London, 1996
Nutting, Anthony, *No End of a Lesson: The Story of Suez*, Constable, London, 1967
—— *Nasser*, Constable, London, 1972
Nyerere, Julius K., *Freedom and Unity: A Selection from Writings and Speeches, 1952–65*. Oxford University Press, 1966
—— *Freedom and Socialism: A Selection from Writings and Speeches, 1965–67*, Oxford University Press, 1968
—— *Ujamaa: Essays on Socialism*, Oxford University Press, 1968
—— *Freedom and Development: A Selection from Writings and Speeches, 1969–1973*, Oxford University Press, 1973
Nzongola-Ntalaja, Georges, *The Congo From Leopold to Kabila: A People's History*, Zed, London, 2002
Odinga, Oginga, *Not Yet Uhuru*, Heinemann, London, 1967
Ogot, B. A. and W. R. Ochieng' (eds.), *Decolonization and Independence in Kenya 1940–93*, Currey, London, 1995
Ogunsanwo, Alaba, *China's Policy in Africa, 1958–1971*, Cambridge University Press, 1974
Okello, John, *Revolution in Zanzibar*, East African Publishing House, Nairobi, 1967
Oliver, Roland, *The African Experience*, Weidenfeld & Nicolson, London, 1991
Oliver, R. and J. Fage, *A Short History of Africa*, Penguin, London, 1988
Oliver, Roland and J. D. Fage (eds.), *Cambridge History of Africa*, 8 vols, Cambridge University Press, 1975–86

—— *In the Name of Apartheid: South Africa in the Post War Period*, Hamish Hamilton, London, 1988
—— *Coming to Terms: South Africa's Search for Truth*, PublicAffairs, New York, 2001
—— *Fischer's Choice: A Life of Bram Fischer*, Jonathan Ball, Johannesburg, 2002
—— *Mugabe: Power, Plunder and The Struggle for Zimbabwe*, Public Affairs, New York, 2007
—— *Mandela: A Biography*, Simon & Schuster, London, 2010
Milne, June, *Kwame Nkrumah: A Biography*, Panaf, London, 2000
Miners, N. J., *The Nigerian Army, 1956–1966*, Methuen, London, 1971
Minter, William, *Apartheid's Contras: An Inquiry into the Roots of War in Angola and Mozambique*, Zed, London, 1994
Monheim, Francis, *Mobutu, l'homme seul*, Editions Actuelles, Brussels, 1963
Morgenthau, Ruth Schachter, *Political Parties in French-Speaking Africa*, Clarendon Press, Oxford, 1964
Morris-Jones, W. H. and G. Fischer (eds.), *Decolonisation and After: the British and French Experience*, Cass, London, 1980
Mortimer, Edward, *France and the Africans, 1944–1960*, Faber, London, 1969
Morton, Andrew, *Moi: The Making of an African Statesman*, O'Mara, London, 1998
Moyo, Dambisa, *Dead Aid: Why Aid Is Not Working and How There is Another Way for Africa*, Allen Lane, London, 2009
Mphahlele, Ezekiel, *Down Second Avenue*, Faber, London, 1959
Mudimbe, V. Y., *The Invention of Africa: Gnosis, Philosophy and the Foundation of Knowledge*, Indiana University Press, 1990
Mugabe, Robert, *Our War of Liberation: Speeches, Articles, Interviews, 1976–1979*, Mambo Press, Gweru, Zimbabwe, 1983
Munslow, Barry, *Mozambique: The Revolution and its Origins*, Longman, London, 1983
Murray-Brown, Jeremy, *Kenyatta*, Allen and Unwin, London, 1972
Museveni, Yoweri, *Sowing the Mustard Seed: the Struggle for Freedom and Democracy in Uganda*, Macmillan, London, 1997
Mutesa II, the Kabaka of Buganda, *Desecration of My Kingdom*, Constable, London, 1967
Nafziger, Wayne E., *Inequality in Africa: Political Elites, Proletariats, Peasants and the Poor*, Cambridge University Press, 1988
Naipaul, Shiva, *North of South: An African Journey*, Deutsch, London, 1978
Naipaul, V. S., *A Bend in the River*, Penguin, London, 1980
Nasser, Gamal Abdel, *The Philosophy of the Revolution*, Public Affairs Press, Washington, DC, 1955
Nazer, Mende and Damien Lewis, *Slave*, Virago, London, 2004
Neguib, Mohammed, *Egypt's Destiny*, Gollancz, London, 1955
Neuffer, Elizabeth, *The Key to My Neighbour's House: Seeking Justice in Bosnia and Rwanda*, Bloomsbury, London, 2002

—— *Conversations with Myself*, Macmillan, London, 2010
Manning, Patrick, *Francophone Sub-Saharan Africa, 1880–1995*, 2nd edn, Cambridge University Press, 1999
Marais, Genovava, *Kwame Nkrumah as I knew him*, Janay, Chichester, 1972
Marchal, Colonel Luc, *Rwanda: la descente aux enfers. Témoinage d'un peace-keeper, December 1993–Avril 1994*, Labor, Brussels, 2001
Marcum, John, *The Angolan Revolution: Vol. 1. The Anatomy of an Explosion (1950–1962). Vol 2. Exile Politics and Guerrilla Warfare (1962–1976)*, MIT Press, Cambridge, MA, 1978
Maren, Michael, *The Road to Hell: The Ravaging Effects of Foreign Aid and International Charity*, The Free Press, New York, 1997
Markakis, John, *Ethiopia: Anatomy of a Traditional Polity*, Oxford University Press, 1974
—— *National and Class Conflict in the Horn of Africa*, Zed, London, 1990
Markakis, John and Nega Ayele, *Class and Revolution in Ethiopia*, Spokesman, Nottingham, 1978
Markakis, John and Michael Waller (eds.), *Military Marxist Regimes in Africa*, Cass, London, 1986
Markovitz, Irving Leonard, *Léopold Sédar Senghor and the Politics of Negritude*, Heinemann, London, 1969
Martens, Ludo, *Pierre Mulele ou la Seconde Vie de Patrice Lumumba*, Edn EPO, Antwerp, 1985
Martin, David, *General Amin*, Faber, London, 1974
Martin, David and Phyllis Johnson, *The Struggle for Zimbabwe: The Chimurenga War*, Faber, London, 1981
Martinez, Luis, *The Algerian Civil War, 1990–1998*, Hurst, London, 2001
Matloff, Judith, *Fragments of a Forgotten War*, Penguin, Johannesburg, 1997
McHenry, Dean, *Tanzania's Ujamaa Villages: The Implementation of a Rural Development Strategy*, University of California Press, 1979
—— *Limited Choices: The Political Struggle for Socialism in Tanzania*, Rienner, Boulder, 1994
Médard, Jean-François (ed.), *États d'Afrique Noire: Formation, mécanismes et crises*, Karthala, Paris, 1994
Meldrum, Andrew, *Where We Have Hope: A Memoir of Zimbabwe*, John Murray, London, 2004
Melvern, Linda, *A People Betrayed: The Role of the West in Rwanda's Genocide*, Zed, London, 2000
—— *Conspiracy to Murder: The Rwandan Genocide*, Verso, London, 2004
Mendes, Pedro Rosa, *Bay of Tigers: a journey through war-torn Angola*, Granta, London, 2003
Meredith, Martin, *The Past Is Another Country: Rhodesia, UDI to Zimbabwe*, Pan, London, 1980
—— *The First Dance of Freedom: Black Africa In the Postwar Era*, Hamish Hamilton, London, 1984

Lofchie, Michael, *Zanzibar: Background to Revolution*, Princeton University Press, 1965
Lofchie, Michael F., *The Policy Factor: Agricultural Performance in Kenya and Tanzania*, Rienner, Boulder, 1989
Logiest, Guy, *Mission au Rwanda: Un blanc dans la bagarre Tutsi-Hutu*, Didier-Hatier, Brussels, 1988
Louis, W. R., *Ruanda–Urundi, 1884–1919*, Clarendon Press, Oxford, 1963
Luckham, Robin, *The Nigerian Military: A Sociological Analysis of Authority and Revolt 1960–67*, Cambridge University Press, 1971
Lumumba, Patrice, *Le Congo, terre d'avenir – est-il menacé?*, Office de Publicité S.A., Brussels, 1961 (English edn: *Congo, My Country*, Pall Mall Press with Barrie and Rockcliff, London, 1962)
Macey, David, *Frantz Fanon: a Biography*, Granta, London, 2000
MacGaffey, Janet, *Entrepreneurs and Parasites: The Struggle for Indigenous Capitalism in Zaire*, Cambridge University Press, 1987
MacGaffey, Janet, et al., *The Real Economy of Zaire: The Contribution of Smuggling and Other Unofficial Activities to National Wealth*, Pennsylvania University Press, 1991
MacGaffey, Janet and Rémy Bazenguissa-Ganga, *Congo-Paris: Transnational Traders on the Margins of the Law*, Indiana University Press, 2000
Mackintosh, John P., et al., *Nigerian Government and Politics*, Northwestern University Press, Evanston, 1966
Macmillan, Harold, *Pointing the Way, 1959–61*, Macmillan, London, 1972
MacQueen, Norrie, *The Decolonization of Portuguese Africa: Metropolitan Revolution and the Dissolution of Empire*, Addison Wesley Longman, Harlow, 1997
Mahoney, Richard D., *JFK: Ordeal in Africa*, Oxford University Press, 1983
Maier, Karl, *Angola: Promises and Lies*, Serif, London, 1996
—— *Into the House of the Ancestors: Inside the New Africa*, Wiley, New York, 1997
—— *This House Has Fallen: Nigeria in Crisis*, Allen Lane, London, 2000
Malan, Rian, *My Traitor's Heart*, Bodley Head, London, 1990
Maliyamkono, T. L. and M. S. D. Bagachwa, *The Second Economy in Tanzania*, Currey, London, 1990
Malkki, Liisa H., *Purity and Exile: Violence, Memory and National Cosmology Among Hutu Refugees in Tanzania*, University of Chicago Press, 1995
Maloba, Wunyabari, *Mau Mau and Kenya: An Analysis of a Peasant Revolt*, Indiana University Press, 1993
Mamdani, Mahmood, *Citizen and Subject: Contemporary Africa and the Legacy of Late Colonialism*, Currey, London, 1996
—— *When Victims Become Killers: Colonialism, Nativism and the Genocide in Rwanda*, Currey, Oxford, 2001
Mandela, Nelson, *No Easy Walk to Freedom*, Heinemann, London, 1965
—— *Long Walk to Freedom: The Autobiography of Nelson Mandela*, Little, Brown, London, 1994

Lapping, Brian, *End of Empire*, Granada, London, 1985
Larkin, Bruce D., *China and Africa, 1949–1970*, University of California Press, 1971
Leakey, M. D., *Olduvai Gorge: My Search for Early Man*, Collins, London, 1979
Lefort, René, *Ethiopia: An Heretical Revolution?*, Zed, London, 1981
Lelyveld, Joseph, *Move Your Shadow: South Africa Black and White*, Joseph, London, 1986
Lema, Antoine, *Africa Divided*, Lund University Press, 1993
Lemarchand, René, *Political Awakening in the Belgian Congo*, University of California Press, 1964
—— *Rwanda and Burundi*, Pall Mall Press, London, 1970
—— *Burundi: Ethnocide as Discourse and Practice*, Cambridge University Press, 1994
Lemarchand, René (ed.), *The Green and the Black: Qadhafi's Policies in Africa*, Indiana University Press, 1988
Lesch, Ann Mosely, *The Sudan: Contested National Identities*, Currey, Oxford, 1999
LeVine, Victor, *Political Corruption: The Ghana Case*, Hoover Institution Press, Stanford, 1975
—— *Politics in Francophone Africa*, Rienner, Boulder, CO, 2004
Levtzion, Nehemia and Randall L. Pouwels (eds.), *The History of Islam in Africa*, Currey, Oxford, 2000
Lewis, I. M., *A Pastoral Democracy: A Study of Pastoralism and Politics Among the Northern Somali of the Horn of Africa*, Oxford University Press, 1961
—— *A Modern History of Somalia: Nation and State in the Horn of Africa*, 4th edn, Currey, Oxford, 2002
Lewis, I. M. (ed.), *Islam in Tropical Africa*, Hutchinson, London, 1980
Lewis, W. Arthur, *Politics in West Africa*, Allen and Unwin, London, 1965
Leys, Colin, *Underdevelopment in Kenya: The Political Economy of Neocolonialism*, Heinemann, London, 1975
—— *The Rise and Fall of Development Theory*, Currey, London, 1996
Liebenow, J. Gus, *Liberia: The Quest for Democracy*, Indiana University Press, 1987
Linden, Ian, *Church and Revolution in Rwanda*, Manchester University Press, 1977
Liniger-Goumaz, Max, *Small is Not Always Beautiful: The Story of Equatorial Guinea*, Hurst, London, 1986
Little, Peter D., *Somalia: Economy Without State*, Currey, Oxford, 2003
Lodge, Tom, *Black Politics in South Africa Since 1945*, Longman, London, 1983
—— *Politics in South Africa: From Mandela to Mbeki*, David Philip, Cape Town, 2002

Keller, Edmond J., *Revolutionary Ethiopia: From Empire to People's Republic*, Indiana University Press, 1988
Kelley, Michael, *A State in Disarray: Conditions of Chad's Survival*, Westview, Boulder, 1986
Kelly, Sean, *America's Tyrant: The CIA and Mobutu of Zaire*, American University Press, Washington, 1993
Kennedy, Paul, *African Capitalism: The Struggle for Ascendancy*, Cambridge University Press, 1988
Kenney, Henry, *Architect of Apartheid: H. F. Verwoerd – An Appraisal*, Jonathan Ball, Johannesburg, 1980
Kenyatta, Jomo, *Facing Mount Kenya*, Secker and Warburg, London, 1938
—— *Suffering Without Bitterness*, East African Publishing House, Nairobi, 1968
Kepel, Gilles, *Muslim Extremism in Egypt: The Prophet and the Pharoah*, University of California Press, 1986
—— *Jihad: The Trail of Political Islam*, Belknap Press, Cambridge, MA, 2002
Kershaw, Greet, *Mau Mau from Below*, Currey, Oxford, 1997
Khalid, Mansour, *Numeiri and the Revolution of Dis-May*, KPI, London, 1985
Killick, Tony, *Development Economics in Action: A Study of Economic Policies in Ghana*, Heinemann, London, 1978
Killingray, David and Richard Rathbone (eds.), *Africa and the Second World War*, Macmillan, London, 1986
King, Preston, *An African Winter*, Penguin, London, 1986
Kingsolver, Barbara, *The Poisonwood Bible*, Faber and Faber, London, 1999
Kirk-Greene, Anthony and Daniel C. Bach (eds.), *State and Society in Francophone Africa since Independence*, Macmillan, London, 1995
Klinghoffer, Arthur Jay, *The Angolan War: A Study in Soviet Policy in the Third World*, Westview, Boulder, 1980
Korn, David, *Ethiopia, the US and the Soviet Union*, Croom Helm, London, 1986
Kriger, Norma, *Zimbabwe's Guerrilla War: Peasant Voices*, Cambridge University Press, 1992
Krog, Antjie, *Country of My Skull*, Random House, Johannesburg, 1998
Kyemba, Henry, *State of Blood*, Corgi, London, 1977
Kyle, Keith, *Suez*, Weidenfeld & Nicolson, London, 1991
—— *The Politics of the Independence of Kenya*, Macmillan, Basingstoke, 1999
Lacouture, Jean, *Nasser*, Secker & Warburg, London, 1973
—— *De Gaulle: The Ruler, 1945–1970*, Harvill, London, 1991
Laitin, David D. and Said S. Samatar, *Somalia: Nation in Search of a State*, Westview, Boulder, 1987
Lamb, David, *The Africans: Encounters from the Sudan to the Cape*, Bodley Head, London, 1983
Lan, David, *Guns and Rain: Guerrillas and Spirit Mediums in Zimbabwe*, University of California Press, 1985

Johnson, R. W., *South Africa's Brave New World; The Beloved Country Since the End of Apartheid*, Allen Lane, London, 2009

Jones, Trevor, *Ghana's First Republic, 1960–1966*, Methuen, London, 1976

Joseph, Richard, *Radical Nationalism in Cameroun: Social Origins of the UPC Rebellion*, Clarendon Press, Oxford, 1977

—— *Democracy and Prebendal Politics in Nigeria: The Rise and Fall of the Second Republic*, Cambridge University Press, 1987

Joseph, Richard (ed.), *State, Conflict and Democracy in Africa*, Rienner, Boulder, 1999

Kaggia, Bildad, *Roots of Freedom*, East African Publishing House, Nairobi, 1968

Kalb, Madeleine G., *The Congo Cables: The Cold War in Africa – From Eisenhower to Kennedy*, Macmillan, New York, 1982

Kalck, Pierre, *Central African Republic: A Failure in Decolonisation*, Pall Mall Press, London, 1971

Kalipeni, Ezekiel, Susan Craddock, Joseph R. Oppong and Jayati Ghosh (eds.), *HIV and AIDS in Africa: Beyond Epidemiology*, Blackwell, Oxford, 2004

Kamarck, Andrew M., *The Economics of African Development*, Praeger, New York, 1967

Kanogo, Tabitha, *Squatters and the Roots of Mau Mau, 1905–63*, Currey, London, 1987

Kanza, Thomas, *Conflict in the Congo: The Rise and Fall of Lumumba*, Penguin, Harmondsworth, 1972

Kaplan, Robert D., *Surrender or Starve: The Wars behind the Famine; Travels in Ethiopia, Sudan, Somalia and Eritrea*, Westview, Boulder, 1988

Kapuscinski, Ryszard, *The Emperor: The Downfall of an Autocrat*, Quartet, London, 1983

—— *Another Day of Life*, Pan, London, 1987

—— *The Soccer War*, Granta, London, 1990

—— *The Shadow of the Sun*, Allen Lane, London, 2001

Karis, Thomas, Gwendolyn M. Carter and Gail M. Gerhart (eds.), *From Protest to Challenge: A Documentary History of African Politics in South Africa, 1882–1990*, 5 vols, Hoover Institution, Stanford, Indiana University Press, 1972–97

Kariuki, J. M., *'Mau Mau' Detainee*, Oxford University Press, 1963

Kasfir, Nelson, *The Shrinking Political Arena; Participation and Ethnicity in African Politics*, University of California Press, 1976

Kasfir, Nelson, (ed.), *Civil Society and Democracy in Africa: Critical Perspectives*, Cass, London, 1995

Kauffman, Kyle D. and David L. Lindauer (eds.), *Aids and South Africa: The Social Expression of a Pandemic*, Palgrave Macmillan, Basingstoke, 2004

Keane, Fergal, *Season of Blood: A Rwanda Journey*, Viking, New York, 1995

Keké, I. Baba, *Sékou Touré: Le Héros et le Tyran*, Jeune Afrique, Paris, 1987

Hoskyns, Catherine, *The Congo since Independence, January 1960–December 1961*, Oxford University Press, 1965
Huband, Mark, *The Liberian Civil War*, Cass, London, 1997
—— *The Skull Beneath The Skin: Africa After the Cold War*, Westview, Boulder, 2001
Human Rights Watch, *Sudan, Oil and Human Rights*, New York, 2003
—— *Angola: Some Transparency, No Accountability. The Use of Oil Revenue in Angola and Its Impact on Human Rights*, New York, 2004
Hyden, Goran, *Beyond Ujamaa in Tanzania: Underdevelopment and an Uncaptured Peasantry*, Heinemann, London, 1980
Hyden, Goran and Michael Bratton (eds.), *Governance and Politics in Africa*, Lynne Rienner, Boulder, 1992
Hyland, Paul, *The Black Heart: A Voyage into Central Africa*, Gollancz, London, 1988
Hymans, Jacques Louis, *Léopold Sédar Senghor: An Intellectual Biography*, Edinburgh University Press, 1971
Iliffe, John, *A Modern History of Tanganyika*, Cambridge University Press, 1979
—— *The Emergence of African Capitalism*, Macmillan, London, 1983
—— *The African Poor*, Cambridge University Press, 1987
—— *Africans: The History of a Continent*, Cambridge University Press, 1995
Ingham, Kenneth, *Obote: A Political Biography*, Routledge, London, 1994
Isaacman, Allen and Barbara Isaacman, *Mozambique: From Colonialism to Revolution, 1900–1982*, Westview, 1983
Itote, Waruhiu, *'Mau Mau' General*, East African Publishing House, Nairobi, 1967
Iyob, Ruth, *The Eritrean Struggle for Independence: Domination, Resistance, Nationalism, 1941–1993*, Cambridge University Press, 1995
Jackson, Robert H. and Carl G. Rosberg, *Personal Rule in Black Africa: Prince, Autocrat, Prophet, Tyrant*, University of California Press, 1982
Jacobs, Sean and Richard Calland (eds.), *Thabo Mbeki's World: The Politics and Ideology of the South African President*, University of Natal Press, 2002
James, Alan, *Britain and the Congo Crisis, 1960–1963*, Macmillan, London, 1996
James, Wendy, Donald L. Donham, Eisei Kurimoto and Eisei Triulzi (eds.), *Remapping Ethiopia: Socialism and After*, Currey, Oxford, 2002
Jansen, Johannes J. G., *The Neglected Duty: The Creed of Sadat's Assassins and the Resurgence of Islamic Militance in the Middle East*, Macmillan, New York, 1986
Janssen, Pierre, *À La Cour de Mobutu*, Lafon, Paris, 1997
Jansson, Kurt, *The Ethiopian Famine*, Zed, London, 1987
Jennings, Christian, *Across the Red River: Rwanda, Burundi & The Heart of Darkness*, Phoenix, London, 2001
Johnson, Douglas, *The Root Causes of Sudan's Civil Wars*, Currey, Oxford, 2003

Hargreaves, John, *Decolonisation in Africa*, 2nd edn, Longman, London, 1996
Harris, Lillian Craig, *Libya: Qadhafi's Revolution and the Modern State*, Croom Helm, Beckenham, 1986
Harrison, Graham, *Issues in the Contemporary Politics of Sub-Saharan Africa: The Dynamics of Struggle and Resistance*, Palgrave Macmillan, Basingstoke, 2002
Harrison, Paul, *The Greening of Africa*, Penguin, London, 1987
Hartley, Aidan, *The Zanzibar Chest: A Memoir of Love and War*, HarperCollins, London, 2003
Hastings, Adrian, *A History of African Christianity 1950–1975*, Cambridge University Press, 1979
—— *The Church in Africa, 1450–1950*, Oxford University Press, 1994
Henrikson, Thomas H., *Mozambique: A History*, Collings, London, 1978
—— *Revolution and Counter-Revolution: Mozambique's War of Independence, 1964–74*, Greenwood, Westport, CT, 1983
Hepple, Alexander, *Verwoerd*, Penguin, London, 1967
Herbst, Jeffrey, *The Politics of Reform in Ghana, 1982–1991*, University of California Press, 1993
—— *States and Power in Africa: Comparative Lessons in Authority and Control*, Princeton University Press, 2000
Hill, Justin, *Ciao Asmara*, Abacus, London, 2002
Hirsch, John L., *Sierra Leone: Diamonds and the Struggle for Democracy*, Lynne Rienner, Boulder, 2001
Hirsch, John L. and Robert B. Oakley, *Somalia and Operation Restore Hope: Reflections on Peacemaking and Peacekeeping*, US Institute of Peace, Washington, DC, 1995
Hochschild, Adam, *King Leopold's Ghost. A Story of Greed, Terror and Heroism in Colonial Africa*, Macmillan, London, 1999
Hodges, Tony, *Angola: Anatomy of an Oil State*, Currey, Oxford, 2004
Hodgkin, Thomas, *Nationalism in Colonial Africa*, Muller, London, 1956
Holden, Paul, *The Arms Deal in Your Pocket*, Jonathan Ball, Johannesburg, 2008
Holland, Heidi, *Dinner with Mugabe*, Penguin, Johannesburg, 2008
Holm, John D. and Patrick P. Molutsi (eds.), *Democracy in Botswana*, Macmillan, Botswana, 1989
Holt, P. M. and M. W. Daly, *A History of the Sudan*, 5th edn, Pearson, Harlow, 2000
Hooper, Edward, *Slim: A Reporter's Own Story of AIDS in East Africa*, Bodley Head, London, 1990
—— *The River: A Journey Back to the Source of HIV and AIDS*, Allen Lane, London, 1999
Hopkins, A. G., *An Economic History of West Africa*, Columbia University Press, 1973
Horne, Alistair, *A Savage War of Peace: Algeria, 1954–1962*, Papermac, London, 1987

Greene, Graham, *Journey Without Maps*, Heinemann, Bodley Head, London, 1978
Greenfield, Richard, *Ethiopia: A New Political History*, Pall Mall Press, London, 1965
Griffiths, Ieuan Ll., *The Atlas of African Affairs*, 2nd edn, Routledge, London, 1994
—— *The African Inheritance*, Routledge, London, 1995
Guest, Robert, *The Shackled Continent, Africa's Past, Present and Future*, Macmillan, London, 2004
Guevara, Ernesto 'Che', *The African Dream: The Diaries of the Revolutionary War in the Congo*, Harvill, London, 2001
Guimarães, Fernando Andresen, *The Origins of the Angolan Civil War: Foreign Intervention and Domestic Political Conflict*, Macmillan, Basingstoke, 1998
Gunther, John, *Inside Africa*, Hamish Hamilton, London, 1955
Gutteridge, W. F., *The Military in African Politics*, Methuen, London, 1969
—— *Military Regimes in Africa*, Methuen, London, 1975
Gyimah-Boadi, E. (ed.) *Democratic Reform in Africa*, Rienner, Boulder, 2004
Hadland, Adrian and Jovial Rantao, *The Life and Times of Thabo Mbeki*, Zebra, Johannesburg, 1999
Hall, Margaret and Tom Young, *Confronting Leviathan: Mozambique since Independence*, Hurst, London, 1997
Hall, Richard, *The High Price of Principles: Kaunda and the White South*, Hodder and Stoughton, London, 1969
Halliday, Fred and Maxine Molyneux, *The Ethiopian Revolution*, Verso, London, 1981
Hamdi, Mohamed Elhachmi, *The Making of an Islamic Political Leader: Conversations with Hasan al-Turabi*, Westview, Boulder, 1998
Hancock, Graham, *Ethiopia: The Challenge of Hunger*, Gollancz, London, 1985
Hanley, Gerald, *Warriors and Strangers*, Hamish Hamilton, London, 1971
Hansen, Holger Bernt and Michael Twaddle (eds.), *Uganda Now: Between Decay and Development*, Currey, London, 1988
—— *Changing Uganda: The Dilemmas of Structural Adjustment and Revolutionary Change*, Currey, London, 1991
—— *From Chaos to Order : The Politics of Constitution-Making in Uganda*, Currey, London, 1995
—— *Religion and Politics in East Africa: The Period Since Independence*, Currey, London, 1995
—— *Developing Uganda*, Currey, Oxford, 1998
Harbeson, John W., Donald Rothchild and Naomi Chazan (eds.), *Civil Society and the State in Africa*, Rienner, Boulder, 1994
Harden, Blaine, *Africa: Dispatches from a Fragile Continent*, HarperCollins, London, 1991
Harding, Jeremy, *Small Wars, Small Mercies; Journeys in Africa's Disputed Nations*, Penguin, London, 1993

Gauze, René, *The Politics of Congo-Brazzaville*, Hoover Institution Press, Stanford, 1973
Geffray, Christian, *La cause des armes au Mozambique: Anthropologie d'une guerre civile*, Karthala, Paris, 1990
Gellar, Sheldon, *Senegal: An African Nation Between Islam and the West*, Westview, Boulder, 1995
Gérard-Libois, Jules, *Sécession au Katanga*, CRISP, Brussels, 1963. (English edn: *Katanga Secession*, University of Wisconsin Press, 1966)
Gerhart, Gail M., *Black Power in South Africa: The Evolution of an Ideology*, University of California Press, 1979
German, Emmanuel, *La Centrafrique et Bokassa, 1965–1979; force et décline d'un pouvoir personnel*, L'Harmattan, Paris, 2000
Gevisser, Mark, *Thabo Mbeki: The Dream Deferred*, Jonathan Ball, Johannesburg, 2007
Gifford, Prosser, and Wm. Roger Louis (eds.), *The Transfer of Power in Africa: Decolonization, 1940–1960,*Yale University Press, 1982
—— *Decolonization and African Independence*, Yale University Press, 1988
Gilkes, Patrick, *The Dying Lion: Feudalism and Modernization in Ethiopia*, Friedmann, London, 1975
Gill, Peter, *A Year in the Death of Africa: Politics, Bureaucracy and Famine*, Paladin, London, 1986
Glaser, Antoine and Stephen Smith, *L'Afrique sans Africaines: Le Rêve Blanc du Continent Noir*, Stock, Paris, 1994
Godwin, Peter, *Mukiwa: A White Boy in Africa*, Macmillan, London, 1996
—— *When a Crocodile Eats the Sun*, Picador, London, 2007
—— *The Fear: The Last Days of Robert Mugabe*, Picador, London, 2009
Godwin, Peter, and Ian Hancock, *Rhodesians Never Die: The Impact of War and Political Change on White Rhodesia, c. 1970–1980*, Oxford University Press, 1993
Goldsworthy, David, *Tom Mboya: The Man Kenya wanted to forget*, Heinemann, London, 1982
Gombeaud, Jean-Louis, Corinne Moutot and Stephen Smith, *La Guerre du Cacao: histoire secrète d'un embargo*, Calmann-Lévy, Paris, 1990
Gordon, Nick, *Murders in the Mist*, Hodder and Stoughton, London, 1993
Gould, David, *Bureaucratic Corruption and Underdevelopment in the Third World: The Case of Zaire*, Pergamon, New York, 1980
Gourevitch, Philip, *We wish to inform you that tomorrow we will be killed with our families: Stories from Rwanda*, Picador, London, 2000
Graf, William D., *The Nigerian State: Political Economy, State, Class and Political System in the Post-Colonial Era*, Currey, London, 1988
Grahame, Iain, *Amin and Uganda: A Personal Memoir*, Granada, London, 1980
Gran, Guy, (ed.), *Zaire: The Political Economy of Underdevelopment*, Praeger, New York, 1979

—— *Political Islam: Revolution, Radicalism or Reform?*, Rienner, Boulder, 1997
Étienne, Bruno, *L'Islamisme radical*, Hachette, Paris, 1992
Fage, J. D. with William Tordoff, *A History of Africa*, 4th edn, Routledge, London, 2001
Fanon, Frantz, *L'An Cinq de la Révolution Algérienne*, Maspero, Paris, 1959
—— *The Wretched of the Earth*, Penguin, London, 1967 (French edn: *Les Damnés de la Terre*, first published in Paris in 1961)
—— *For the African Revolution*, Penguin, London, 1967
—— *A Dying Colonialism*, Penguin, London, 1970
Fatton, Robert, *The Making of a Liberal Democracy: Senegal's Passive Revolution*, Rienner, Boulder, 1987
—— *Predatory Rule: State and Civil Society in Africa*, Rienner, Boulder, 1992
Fauré, Yves A. and Jean-Francois Médard, *Etat et Bourgeoisie en Côte d'Ivoire*, Paris, Karthala, 1982
Feinstein, Andrew, *After The Party: Corruption, the ANC and South Africa's Uncertain Future*, Verso, London, 2009
Fieldhouse, David, *Black Africa, 1945–80, Economic Decolonisation and Arrested Development*, Allen and Unwin, 1986
Finnegan, William, *Crossing the Line: A Year in the Land of Apartheid*, Harper and Row, New York, 1986
—— *A Complicated War: The Harrowing of Mozambique*, University of California Press, 1992
Fitch, Bob and Mary Oppenheimer, *Ghana: End of an Illusion*, Monthly Review Press, New York, 1966
Flint, Julie and Alex de Waal, *Darfur: A New History of a Long War*, 2nd edn, Zed, London, 2009
Flower, Ken, *Serving Secretly: An Intelligence Chief on Record, Rhodesia into Zimbabwe*, 1964–1981, John Murray, London, 1987
Foccart, Jacques and Philippe Gaillard, *Foccart Parle: Entretiens avec Phillipe Gaillard*, 2 vols, Fayard, Paris, 1995, 1997
Forna, Aminatta, *The Devil That Danced On The Water*, HarperCollins, London, 2002
Forrest, Joshua, *Lineages of State Fragility: Rural Civil Society in Guinea-Bissau*, Currey, Oxford, 2003
Freund, Bill, *The Making of Contemporary Africa: The Development of African Society Since 1800*, Macmillan, London, 1988
Fuller, Alexandra, *Don't Let's Go to the Dogs Tonight; an African Childhood*, Picador, London, 2002
Furedi, Frank, *The Mau Mau War in Perspective*, Currey, London, 1989
Furley, Oliver W. (ed.), *Conflict in Africa*, Tauris, London, 1995
Gann, L.H. and Duignan, P. (eds.), *Colonialism in Africa 1870–1960*, vol. 1, Cambridge University Press, 1969
Garang, John, *The Call for Democracy in Sudan*, KPI, London, 1992

Dowden, Richard, *Africa: Altered States, Ordinary Miracles*, Portobello, London, 2008
Drysdale, John, *Whatever Happened in Somalia? A Tale of Tragic Blunders*, Haan Associates, London, 1994
Dualeh, Hussein Ali, *From Barre to Aideed: Somalia – the Agony of a Nation*, Stellagraphics, Nairobi, 1994
Dudley, B. J., *Instability and Political Order: Politics and Crisis in Nigeria*, Ibadan University Press, 1973
Duignan, Peter J. and L. H. Gann (eds.), *Colonialism in Africa 1870–1960*, vols, 2, 3, 4, Cambridge University Press, 1970–75
Duignan, Peter and Robert Jackson (eds.), *Politics and Government in African States*, 1960–85, Hoover Institution Press, 1986
Dumont, René, *L'Afrique Noire Est Mal Partie*, Le Seuil, Paris, 1962 (English edn: *False Start in Africa*, Deutsch, 1966)
Dumont, René and Marie-France Mottin, *L'Afrique Étranglée*, Editions du Seuil, Paris, 1980 (English edn: *Stranglehold on Africa*, Deutsch, London, 1983)
Dungia, Emmanuel, *Mobutu et L'Argent du Zaire*, L'Harmattan, Paris, 1992
Dunn, John (ed.), *West African States: Failure and Promise – A Study in Comparative Politics*, Cambridge University Press, 1978
Dunn, Kevin C., *Imagining the Congo: The International Relations of Identity*, Palgrave Macmillan, New York, 2003
Dutfield, Michael, *A Marriage of Inconvenience: The Persecution of Seretse and Ruth Khama*, Unwin Hyman, London, 1990
Easterly, William, *The White Man's Burden: Why the West's Efforts to Aid the Rest Have Done So Much Ill and So Little Good*, Oxford University Press, 2006
Eden, Anthony, *Full Circle: The Memoirs of Anthony Eden*, Cassell, London, 1960
El-Affendi, Abdelwahab, *Turabi's Revolution: Islam and Power in Sudan*, Grey Seal Books, London, 1991
Ellis, Stephen, *The Mask of Anarchy: The Destruction of Liberia and the Religious Dimension of an African Civil War*, Hurst, London, 1999
Ellis, Stephen (ed.), *Africa Now: People, Policies & Institutions*, Currey, London, 1996
Englebert, Pierre, *Burkino Faso: Unsteady Statehood in West Africa*, Westview, Boulder, 1996
Enoanyi, Bill Frank, *Behold Uncle Sam's Stepchild*, Sanmar, Sacramento, 1991
Esposito, John L., *Political Islam*, Rienner, Boulder, 1997
—— *Islam and Politics*, 4th edn, Syracuse University Press, 1998
—— *The Islamic Threat: Myth or Reality?* 3rd edn, Oxford University Press, 1999
—— *Unholy War: Terror in the Name of Islam*, Oxford University Press, 2002
Esposito, John L.(ed.), *Voices of Resurgent Islam*, Oxford University Press, 1983

—— *No Fist is Big Enough to Hide the Sky: The Liberation of Guinea-Bissau and Cape Verde*, Zed, London, 1981
—— *The Black Man's Burden: Africa and the Curse of the Nation-State*, Currey, London, 1992
Dawit Wolde Giorgis, *Red Tears: War, Famine and Revolution in Ethiopia*, Red Sea Press, Trenton, 1989
Dayal, Rajeshwar, *Mission for Hammarskjold: The Congo Crisis*, Oxford University Press, 1976
Deng, Francis M., *The Dinka of Southern Sudan*, Holt, Rinehart and Winston, New York, 1972
—— *War of Visions: Conflict of Identities in the Sudan*, Brookings Institution, Washington, 1995
de Klerk, F. W., *The Last Trek: A New Beginning – The Autobiography*, Macmillan, London, 1998
de Waal, Alex, *Evil Days: Thirty Years of War and Famine in Ethiopia*, Africa Watch, London, 1991
—— *Famine Crimes: Politics and the Disaster Relief Industry in Africa*, Currey, Oxford, 1997
—— *Food and Power in Sudan: A Critique of Humanitarianism*, African Rights, London, 1997
de Waal, Alex (ed.), *Islamism and its Enemies in the Horn of Africa*, Hurst, London, 2004
De Witte, Ludo, *The Assassination of Lumumba*, Verso, London, 2001
Decalo, Samuel, *Psychoses of Power: African Personal Dictatorships*, Westview, Boulder, 1989
—— *Coups and Army Rule in Africa*, 2nd Edn, Yale University Press, 1990
Den Tuinder, Bastiaan A., *Ivory Coast: The Challenge of Success*, Johns Hopkins University Press, 1978
Des Forges, Alison, *'Leave None to Tell the Story': Genocide in Rwanda*, Human Rights Watch, New York, 1999
Desmond, Cosmas, *The Discarded People: An Account of African Resettlement in South Africa*, Penguin, London, 1971
Destexhe, Alain, *Rwanda and Genocide in the Twentieth Century*, Pluto, London, 1995
Diamond, Larry, *Class, Ethnicity and Democracy in Nigeria: The Failure of the First Republic*, Macmillan, Basingstoke, 1988
Diamond, Larry, Anthony Kirk-Greene, and Oyeleye Oyediran (eds.), *Transition Without End: Nigerian Politics amd Civil Society Under Babangida*, Rienner, Boulder, 1997
Diamond, Larry and Marc Plattner (eds.), *Democratization in Africa*, Johns Hopkins University Press, 1999
Douglas-Home, Charles, *Evelyn Baring: The Last Proconsul*, Collins, London, 1978

Cosma, Wililunga, *Fizi, 1967–1986: le maquis Kabila*, L'Harmattan, Paris, 1997
Coulson, Andrew, *Tanzania: A Political Economy*, Clarendon Press, Oxford, 1982
Coulson, Andrew (ed.), *African Socialism in Practice: The Tanzanian Experience*, Spokesman, Nottingham, 1979
Cowen, Michael and Liisa Laakso (eds.), *Multiparty Elections in Africa*, Currey, Oxford, 2002
Cox, Thomas S., *Civil-Military Relations in Sierra Leone*, Harvard University Press, 1976
Crocker, Chester A., *High Noon in Southern Africa: Making Peace in a Rough Neighbourhood*, Norton, New York, 1993
Crowder, Michael, *The Story of Nigeria*, 4th edn, Faber and Faber, London, 1978
Cruise O'Brien, Conor, *To Katanga and Back*, Hutchinson, London, 1962
Cruise O'Brien, Donal, *The Mourides of Senegal: The Political and Economic Organization of an Islamic Brotherhood*, Clarendon Press, Oxford, 1971
Cruise O'Brien, Donal B., John Dunn and Richard Rathbone (eds.), *Contemporary West African States*, Cambridge University Press, 1989
Cruise O'Brien, Rita (ed.), *The Political Economy of Underdevelopment: Dependence in Senegal*, Sage, Beverly Hills, 1979
Crummey, Donald (ed.), *Banditry, Rebellion and Social Protest in Africa*, Currey, London, 1996
Curtin, Philip, Steven Feierman, Leonard Thompson and Jan Vansina, *African History: From Earliest Times to Independence*, 2nd edn, Longman, London, 1995
Dallaire, Lt-Gen Roméo, *Shake Hands with the Devil: The Failure of Humanity in Rwanda*, Random House, Canada, 2003
Daly, M. W., *Darfur's Sorrow: A History of Destruction and Genocide*, Cambridge University Press, 2007
Daly, Martin and Ahmad Alawad Sikainga (eds.), *Civil War in Sudan*, Tauris, London, 1993
Daniel, John, Roger Southall and Morris Szeftel (eds.), *Voting for Democracy: Watershed Elections in Contemporary Anglophone Africa*, Ashgate, Aldershot, 1999
Daniels, Anthony, *Monrovia Mon Amour: A Visit to Liberia*, John Murray, London, 1992
Davenport, T. R. H. and Saunders, Christopher, *South Africa: A Modern History*, 5th edn, Macmillan, London, 2000
Davidson, Basil *The African Awakening*, Cape, London, 1955
—— *In the Eye of the Storm: Angola's People*, Longman, London, 1972
—— *Black Star: A View of the Life and Times of Kwame Nkrumah*, Allen Lane, London, 1973
—— *Africa in Modern History: The Search for a New Society*, Allen Lane, London, 1978

Clapham, Christopher (ed.), *Private Patronage and Public Power: Political Clientelism in the Modern State*, Pinter, London, 1992
—— *African Guerrillas*, Currey, Oxford, 1998
Clark, John F. (ed.), *The African Stakes of the Congo War*, Palgrave Macmillan, New York, 2002
Clark, John F. and David E. Gardinier (eds.), *Political Reform in Francophone Africa*, Westview, Boulder, 1997
Clarke, Peter, B., *West Africa and Islam: A Study of Religious Development from the 8th to the 20th Century*, Arnold, London, 1982
Clay, Jason W. and Bonnie K. Holcomb, *Politics and the Ethiopian Famine, 1984–1985*, Cultural Survival, Cambridge, MA, 1985
Clayton, Anthony, *The Zanzibar Revolution and its Aftermath*, Hurst, London, 1981
Clements, Frank, *Rhodesia: The Course to Collision*, Pall Mall Press, London, 1969
Cockett, Richard, *Sudan: Darfur and the Failure of an African State*, Yale University Press, 2010
Cohen, Herman, *Intervening in Africa: Superpower Peacemaking in a Troubled Continent*, St Martin's Press, New York, 2000
Coleman, James, *Nigeria, Background to Nationalism*, University of California Press, 1958
Coleman, James, and Carl G. Rosberg (eds.), *Political Parties and National Integration in Tropical Africa*, University of California Press, 1958
Collier, Paul, *The Bottom Billion: Why the Poorest Countries are Failing and What Can Be Done About It*, Oxford University Press, 2007
Collier, Ruth Berins, *Regimes in Tropical Africa: Changing Forms of Supremacy, 1945–1975*, University of California Press, 1982
Collins, Robert O., *A History of Modern Sudan*, Cambridge University Press, 2008
Commission for Africa, *Our Common Interest, Report of the Commission for Africa*, London, 2005
Connell, Dan, *Against All Odds: a Chronicle of the Eritrean Revolution*, Red Sea Press, Trenton, 1993
Conrad, Joseph, *The Heart of Darkness*, Penguin, London, 1976
—— *Last Essays*, Dent, London, 1926
Cooley, John K., *Libyan Sandstorm: The Complete Account of Qaddafi's Revolution*, Sidgwick and Jackson, London, 1983
Cooper, Frederick, *Africa since 1940: The Past of the Present*, Cambridge University Press, 2002
Coquery-Vidrovitch, Catherine, *Afrique Noire: permanences et ruptures*, Editions Payot, Paris 1985 (English edn: *Africa: Endurance and Change South of the Sahara*, University of California Press, 1988)
Coquery-Vidrovitch, Catherine, Alain Forest and Herbert Weiss (eds.), *Rébellions-Révolution au Zaire, 1963–1965*, 2 vols, L'Harmattan, Paris, 1987

Carr, Rosamond Halsey, *Land of a Thousand Hills; My Life in Rwanda*, Penguin, New York, 2000

Carter, Gwendolyn and Patrick O'Meara, *African Independence: The First Twenty-Five Years*, Indiana University Press, 1985

Cartwright, John R., *Political Leadership in Sierra Leone*, Croom Helm, London, 1978

—— *Political Leadership in Africa*, St Martin's Press, New York, 1983

Caute, David, *Under the Skin: The Death of White Rhodesia*, Allen Lane, London, 1983

Chabal, Patrick, *Amilcar Cabral: Revolutionary Leadership and People's War*, Cambridge University Press, 1983

Chabal, Patrick (ed.), *Political Domination in Africa: Reflections on the Limits of Power*, Cambridge University Press, 1986

Chabal, Patrick and Jean-Pascal Daloz, *Africa Works: Disorder as Political Instrument*, Currey, Oxford, 1999

Chabal, Patrick, David Birmingham, Joshua Forrest, Malyn Newitt, Gerhard Seibert and Elisa Silva Andrade (eds.), *A History of Postcolonial Lusophone Africa*, Hurst, London, 2003

Charlick, Robert B., *Niger: Personal Rule and Survival in the Sahel*, Westview, Boulder, 1991

Charlton, Michael, *The Last Colony in Africa: Diplomacy and the Independence of Rhodesia*, Blackwell, Oxford, 1990

Chazan, Naomi, *An Anatomy of Ghanaian Politics: Managing Political Recession, 1969–1982*, Westview, Boulder, 1983

Chazan, Naomi, Robert Mortimer, John Ravenhill and Donald Rothchild, *Politics and Society in Contemporary Africa*, Lynne Rienner, Boulder, 1992

Chazan, Naomi, Peter Lewis, Robert A. Mortimer, Donald Rothchild, and Stephen John Stedman, *Politics and Society in Contemporary Africa*, 3rd edn, Rienner, Boulder, 1999

Chipman, John, *French Power in Africa*, Blackwell, Oxford, 1989

Chomé, Jules, *L'Ascension de Mobutu: du Sergent Joseph Désiré au Général Sese Seko*, Editions Complexe, Brussels, 1974

Chrétien, Jean-Pierre, *Le Défi de l'ethnisme, Rwanda et Burundi, 1990–1996*, Karthala, Paris, 1997

—— *The Great Lakes of Africa: Two Thousand Years of History*, Zone Books, New York, 2003

Chrétien, Jean-Pierre, Jean-Francois Dupaquier, Marcel Kabanda and Joseph Ngarambe, *Rwanda: Les Médias du Génocide*, Karthala, Paris, 1995

Clapham, Christopher, *Haile-Selassie's Government*, Longman, London, 1969

—— *Transformation and Continuity in Revolutionary Ethiopia*, Cambridge University Press, 1988

—— *Africa and the International System: The Politics of State Survival*, Cambridge University Press, 1996

Brautigan, Deborah, *The Dragon's Gift: The Real Story of China in Africa*, Oxford University Press, 2009
Bredon, Miles, *Blood on the Tracks; a rail journey from Angola to Mozambique*, Picador, London, 1994
Bretton, Henry, *The Rise and Fall of Kwame Nkrumah: A Study of Personal Rule in Africa*, Pall Mall Press, London, 1967
—— *Power and Politics in Africa*, Longman, London, 1973
Bridgland, Fred, *Jonas Savimbi: A Key to Africa*, Macmillan South Africa, Johannesburg, 1986
Brittain, Victoria, *Death of Dignity: Angola's Civil War*, Pluto, London, 1998
Brown, Richard, *Private Wealth and Public Debt: Debt, Capital Flight and the IMF in Sudan*, Macmillan, London, 1992
Buckle, Cathy, *African Tears: The Zimbabwe Land Invasions*, Covos Day, Johannesburg, 2001
—— *Beyond Tears: Zimbabwe's Tragedy*, Jonathan Ball, Johannesburg, 2003
Buijtenhuijs, Robert, *Mau Mau: Twenty Years after the Myth and the Survivors*, Mouton, The Hague, 1973
—— *Le Frolinat et les Révoltes Populaires du Tchad, 1965–1976*, Mouton, The Hague, 1978
—— *Essays on Mau Mau*, African Studies Centre, Leiden, 1982
—— *Le Frolinat et les Guerres Civiles du Tchad (1977–1984): la révolution introuvable*, Karthala, Paris, 1987
Burgat, François, *The Islamic Movement in North Africa*, University of Texas, 1993
Burr, J. Millard and Robert O. Collins, *Requiem for the Sudan: War, Drought and Disaster Relief on the Nile*, Westview, Boulder, 1995
—— *Revolutionary Sudan: Hasan Al-Turabi and the Islamist State, 1989–2000*, Brill Academic Publishers, Leiden, 2003
—— *Darfur: The Long Road to Disaster*, Markus Wiener, Princeton, 2006
Butcher, Tim, *Blood River: A Journey to Africa's Broken Heart*, Chatto & Windus, London, 2007
—— *Chasing the Devil: The Search for Africa's Fighting Spirit*, Chatto & Windus, London, 2010
Calderisi, Robert, *The Trouble with Africa: Why Foreign Aid Isn't Working*, Yale University Press, 2007
Callaghy, Thomas M., *The State–Society Struggle: Zaire in Comparative Perspective*, Columbia University Press, 1984
Callaghy, Thomas M. and John Ravenhill (eds.), *Hemmed In: Responses to Africa's Economic Decline*, Columbia University Press, 1993
Cambridge History of Africa, see Oliver and Fage (eds.)
Campbell, Greg, *Blood Diamonds: Tracing the Deadly Path of the World's Most Precious Stones*, Westview, Boulder, 2004
Carlin, John, *Playing The Enemy: Nelson Mandela and the Game That Made a Nation*, Atlantic Books, London, 2008

Berkeley, Bill, *Liberia: A Promise Betrayed*, Lawyers Committee for Human Rights, New York, 1986
—— *The Graves Are Not Yet Full: Race, Tribe and Power in the Heart of Africa*, Basic Books, New York, 2001
Berman, Bruce, *Control and Crisis in Colonial Kenya*, Currey, Oxford, 1990
Berman, Bruce, Peter Eyoh and Will Kymlicka (eds.), *Ethnicity and Democracy in Africa*, Currey, Oxford, 2004
Berman, Bruce and John Lonsdale, *Unhappy Valley: Conflict in Kenya and Africa*, 2 vols, Currey, London, 1992
Berry, Sarah, *No Condition Is Permanent: The Social Dynamics of Agrarian Change in Sub-Saharan Africa*, University of Wisconsin Press, 1993
Beshir, Mohamed Omer, *The Southern Sudan: Background to Conflict*, Hurst, London, 1968
—— *Revolution and Nationalism in the Sudan*, Collings, London, 1974
—— *The Southern Sudan: From Conflict to Peace*, Hurst, London, 1975
Bhebe, Ngwabi and Terence Ranger (eds.), *Soldiers in Zimbabwe's Liberation War*, Currey, London, 1995
—— *Society in Zimbabwe's Liberation War*, Currey, Oxford, 1996
Bigo, Didier, *Pouvoir et obéissance en Centrafrique*, Karthala, Paris, 1988
Biko, Steve, *I Write What I Like*, Bowerdean Press, London, 1986
Birmingham, David and Phyllis M. Martin (eds.), *History of Central Africa: The Contemporary Years Since 1960*, Longman, London, 1998
Blair, David, *Degrees in Violence: Robert Mugabe and the Struggle for Power in Zimbabwe*, Continuum, London, 2002
Blake, Robert, *A History of Rhodesia*, Eyre Methuen, London, 1977
Blundell, Sir Michael, *So rough a wind*, Weidenfeld & Nicolson, London, 1964
Blundy, David and Andrew Lycett, *Qaddafi and the Libyan Revolution*, Weidenfeld & Nicolson, London, 1987
Boraine, Alex, *A Country Unmasked: Inside South Africa's Truth and Reconciliation Commission*, Oxford University Press, 2000
Boutros-Ghali, Boutros, *An Agenda for Peace*, United Nations, New York, 1992
—— *Unvanquished: A U.S.–U.N. Saga*, Random House, New York, 1999
Bowden, Mark, *Black Hawk Down: A Story of Modern War*, Atlantic Monthly Press, New York, 1999
Bowman, Larry, *Politics in Rhodesia: White Power in an African State*, Harvard University Press, 1973
Braeckman, Colette, *Le Dinosaure: le Zaire de Mobutu*, Fayard, Paris, 1992
—— *Rwanda: Histoire d'un génocide*, Fayard, Paris, 1994
—— *Terreur africaine: Burundi, Rwanda, Zaire, les racines de la violence*, Fayard, Paris, 1996
—— *L'Enjeu Congolais: l'Afrique Centrale après Mobutu*, Fayard, Paris, 1999
Bratton, Michael and Nicolas van de Walle, *Democratic Experiments in Africa: Regime Transitions in Comparative Perspective*, Cambridge University Press, 1997

Azikiwe, Nnamdi, *My Odyssey, An Autobiography*, Hurst, London, 1970

Bach, Daniel C., *Regionalisation in Africa: Integration and Disintegration*, Currey, Oxford, 1999

Bahru Zewde, *A History of Modern Ethiopia, 1855–1991*, Currey, Oxford, 2001

Baker, Bruce, *Escape from Domination in Africa; Political Disengagement and its Consequences*, Currey, Oxford, 2000

Barber, James, *Rhodesia: The Road to Rebellion*, Oxford University Press, 1967

Barclay, Philip, *Zimbabwe: Years of Hope and Despair*, Picador, London, 2010

Barkan, Joel D. (ed.), *Beyond Capitalism vs Socialism in Kenya and Tanzania*, Rienner, Boulder, 1994

Barnett, D. L. and Njama Karari, *Mau Mau from Within*, Macgibbon and Kee, London, 1966

Barnett, Michael, *Eyewitness to Genocide: The United Nations and Rwanda*, Cornell University Press, 2002

Barnett, Tony and Piers Blaikie, *AIDS in Africa: Its Present and Future Impact*, Belhaven Press, London, 1992

Barnett, Tony and Alan Whiteside, *AIDS in the Twenty-First Century: Disease and Globalization*, Palgrave Macmillan, Basingstoke, 2002

Bates, Robert H., *Markets and States in Tropical Africa: The Political Basis of Agricultural Policies*, University of California Press, 1981

—— *Essays on the Political Economy of Rural Africa*, University of California Press, 1987

—— *Beyond the Miracle of the Market: The Political Economy of Agrarian Development in Kenya*, Cambridge University Press, 1989

Bayart, Jean François, *L'État au Cameroun*, Presses de la Foundation Nationale de Sciences Politiques, Paris, 1985

Bayart, Jean François, Stephen Ellis and Béatrice Hibou, *The Criminalization of the State in Africa*, Currey, Oxford, 1999

Baynham, Simon (ed.), *Military Power and Politics in Black Africa*, Croom Helm, London, 1986

Bearman, Jonathan, *Qadhafi's Libya*, Zed, London, 1986

Behrend, Heike, *Alice Lakwena and the Holy Spirits: War in Northern Uganda*, 1986–97, Currey, Oxford, 1999

Beinart, William, *Twentieth Century South Africa*, Oxford University Press, 2001

Beinart, William and Saul Dubow (eds.), *Segregation and Apartheid in Twentieth-Century South Africa*, Routledge, London, 1995

Bello, Sir Ahmadu, the Sardauna of Sokoto, *My Life*, Cambridge University Press, 1962

Bender, Gerald J., *Angola under the Portuguese: The Myth and the Reality*, Heinemann, London, 1978

Benson, Mary, *Nelson Mandela*, Penguin, London, 1986

Allen, Chris, Michael S. Radu, Keith Somerville and Joan Baxter (eds.), *Benin, The Congo, Burkina Faso: Politics, Economy and Society*, Pinter, London, 1988

Amin, Samir, *Neo-Colonialism in West Africa*, Penguin, London, 1973

Amondji, Marcel, *Félix Houphouët et la Côte d'Ivoire: L'envers d'une légende*, Karthala, Paris, 1984

Andargachew Tiruneh, *The Ethiopian Revolution, 1974–1987: A Transformation from an Aristocratic to a Totalitarian Autocracy*, Cambridge University Press, 1993

Anderson, David, *Histories of the Hanged: Britain's Dirty War in Kenya and the End of the Empire*, Weidenfeld & Nicolson, London, 2005

Anderson, David M. and Richard Rathbone (eds.), *Africa's Urban Past*, Currey, Oxford, 2000

Anstee, Margaret, *Orphan of the Cold War: The Inside Story of the Collapse of the Angolan Peace Process*, 1992–3, Macmillan, Basingstoke, 1996

Anstey, Roger, *King Leopold's Legacy: the Congo under Belgian Rule, 1908–1960*, Oxford University Press, 1966

Andereggen, Anton, *France's Relationship with Subsaharan Africa*, Praeger, Westport, 1994

Appiah, Kwame Anthony, *In My Father's House: Africa in the Philosophy of Culture*, Oxford University Press, 1992

Armah, Ayi Kwei, *The Beautyful Ones Are Not Yet Born*, Heinemann, London, 1969

Apter, David E., *Ghana in Transition*; Second Revised Edition, Princeton University Press, 1972

Apter, David E. and Carl G. Rosberg (eds.), *Political Development and the New Realism in Sub-Saharan Africa*, University Press of Virginia, Charlottesville, 1994

Attwood, William, *The Reds and the Blacks: A Personal Adventure*, Hutchinson, London, 1967

Atieno Odhiambo, E. S. and John Lonsdale (eds.), *Mau Mau and Nationhood: Arms, Authority and Narration*, Currey, Oxford, 2003

Austen, Ralph, *African Economic History: Internal Development and External Dependency*, Currey, London, 1987

Austin, Dennis, *Politics in Ghana, 1946–1960*, Oxford University Press, 1964

Avirgan, Tony and Martha Honey, *War in Uganda: The Legacy of Idi Amin*, Lawrence Hill, Westport, 1982

Awolowo, Obafemi, *Path to Nigerian Freedom*, Faber and Faber, London, 1947

—— *Awo: The Autobiography of Chief Obafemi Awolowo*, Cambridge University Press, 1960

Ayittey, George B. N., *Africa Betrayed*, St Martin's Press, New York, 1992

—— *Africa in Chaos*, Macmillan, Basingstoke, 1998

Azevedo, Mario J. and Emmanuel U. Nnadozie, *Chad: A Nation in Search of its Future*, Westview, Boulder, 1998

參考書目

Achebe, Chinua, *Things Fall Apart*, Heinemann, London, 1958
—— *A Man of the People*, Heinemann, London, 1966
—— *The Trouble with Nigeria*, Heinemann, London, 1983
—— *Anthills of the Savannah*, Heinemann, London, 1987
Adamafio, Tawia, *By Nkrumah's Side*, Collings, London, 1982
Adamolekun, Ladipo, *Sékou Touré's Guinea*, Methuen, London, 1976
Adamson, Kay, *Algeria: A Study in Competing Ideologies*, Cassell, London, 1998
Adelman, Howard and Govind C. Rao (eds.), *War and Peace in Zaire/Congo*, Africa World Press, Trenton, 2004
Adelman, Howard and Astri Suhrke (eds.), *The Path of a Genocide: the Rwanda Crisis from Uganda to Zaire*, Transaction Press, New Brunswick, 1999
Adwok, Peter, *The Politics of Liberation in South Sudan: An Insider's View*, Fountain Publishers, Kampala, 2000
Afrah, Mohamoud M., *Mogadishu: A Hell on Earth: A Journalist's Diary About the War in Mogadishu*, Copos, Nairobi, 1993
African Rights, *Facing Genocide: The Nuba of Sudan*, London, 1995
Aissaoui, Ali, *Algeria: The Political Economy of Oil and Gas*, Oxford University Press, 2001
Ajami, Fouad, *The Arab Predicament: Arab Political Thought and Practice Since 1967*, Cambridge University Press, 1992
Ake, Claude, *Democracy and Development in Africa*, Brookings Institution, Washington, 1996
Alden, Chris, *Mozambique and the Construction of the New African State: from Negotiations to Nation-Building*, Palgrave Macmillan, Basingstoke, 2001
—— *China in Africa*, Zed, London, 2007
Alden, Chris, et al. (eds.), *China Returns to Africa: A Superpower and a Continent Embrace*, Hurst, London, 2008
Alexander, Jocelyn, Joann McGregor and Terence Ranger, *Violence and Memory: One Hundred Years in the 'Dark Forests' of Matabeleland*, Currey, Oxford, 2000
Allen, Charles, *Tales from the Dark Continent*, Deutsch, London, 1979

紅 書系
熱情的議論 14

非洲：六十年的獨立史（下卷）

The State of Africa: A History of the Continent Since Independence

作者	馬丁・梅雷蒂斯（Martin Meredith）
譯者	黃中憲
總編輯	莊瑞琳
責任編輯	夏君佩
行銷企畫	甘彩蓉
封面設計	黃暐鵬
內文排版	宸遠彩藝
社長	郭重興
發行人兼出版總監	曾大福
出版	衛城出版
發行	遠足文化事業股份有限公司
地址	23141 新北市新店區民權路 108-2 號九樓
電話	02-22181417
傳真	02-86671065
客服專線	0800-221029
法律顧問	華洋法律事務所 蘇文生律師
印刷	勁達印刷有限公司
初版	2017 年 5 月
定價	950 元（上下卷合售）

填寫本書線上回函

非洲：六十年的獨立史 / 馬丁・梅雷蒂斯(Martin Meredith)著；黃中憲譯. -- 初版. -- 新北市：衛城出版：遠足文化發行, 2017.05
冊；　公分. --（紅書系；14）
譯自：The state of Africa : a history of the continent since independence

ISBN 978-986-93518-9-8（平裝）

1.非洲史　2.二十世紀

546.5952　　105017336

ACRO POLIS
衛城出版
Email acropolis@bookrep.com.tw
Blog www.acropolis.pixnet.net/blog
Facebook www.facebook.com/acropolispublish

● 親愛的讀者你好，非常感謝你購買衛城出版品。
我們非常需要你的意見，請於回函中告訴我們你對此書的意見，
我們會針對你的意見加強改進。

若不方便郵寄回函，歡迎傳真回函給我們。傳真電話 —— 02-2218-1142

或上網搜尋「衛城出版FACEBOOK」
http://www.facebook.com/acropolispublish

● 讀者資料

你的性別是 □ 男性 □ 女性 □ 其他

你的職業是 ______________ 你的最高學歷是 ______________

年齡 □ 20 歲以下 □ 21-30 歲 □ 31-40 歲 □ 41-50 歲 □ 51-60 歲 □ 61 歲以上

若你願意留下 e-mail，我們將優先寄送______________衛城出版相關活動訊息與優惠活動

● 購書資料

● 請問你是從哪裡得知本書出版訊息？（可複選）
□ 實體書店 □ 網路書店 □ 報紙 □ 電視 □ 網路 □ 廣播 □ 雜誌 □ 朋友介紹
□ 參加講座活動 □ 其他 __________

● 是在哪裡購買的呢？（單選）
□ 實體連鎖書店 □ 網路書店 □ 獨立書店 □ 傳統書店 □ 團購 □ 其他 __________

● 讓你燃起購買慾的主要原因是？（可複選）
□ 對此類主題感興趣
□ 參加講座後，覺得好像不賴
□ 覺得書籍設計好美，看起來好有質感！
□ 價格優惠吸引我
□ 議題好熱，好像很多人都在看，我也想知道裡面在寫什麼
□ 其實我沒有買書啦！這是送（借）的
□ 其他 __________

● 如果你覺得這本書還不錯，那它的優點是？（可複選）
□ 內容主題具參考價值 □ 文筆流暢 □ 書籍整體設計優美 □ 價格實在 □ 其他 __________

● 如果你覺得這本書讓你好失望，請務必告訴我們它的缺點（可複選）
□ 內容與想像中不符 □ 文筆不流暢 □ 印刷品質差 □ 版面設計影響閱讀 □ 價格偏高 □ 其他 ________

● 大都經由哪些管道得到書籍出版訊息？（可複選）
□ 實體書店 □ 網路書店 □ 報紙 □ 電視 □ 網路 □ 廣播 □ 親友介紹 □ 圖書館 □ 其他 ______

● 習慣購書的地方是？（可複選）
□ 實體連鎖書店 □ 網路書店 □ 獨立書店 □ 傳統書店 □ 學校團購 □ 其他 __________

● 如果你發現書中錯字或是內文有任何需要改進之處，請不吝給我們指教，我們將於再版時更正錯誤

請沿虛線剪下

廣　告　回　信
臺灣北區郵政管理局登記證
第　1　4　4　3　7　號

請直接投郵•郵資由本公司支付

23141
新北市新店區民權路108-2 號 9 樓

衛城出版 收

● 請沿虛線對折裝訂後寄回, 謝謝!

ACROPOLIS 衛城出版

紅書系
熱情的議論

ACRO
POLIS
衛城
出版

ACRO
POLIS
衛城
出版